1945~1995, 광복 이후부터 김일성 사망까지

북한 50년 바로알기

1945~1995, 광복 이후부터 김일성 사망까지

북한 50년 바로알기

초 판 발행일 1996년 10월 10일
개정판 발행일 2018년 11월 15일

엮은이 김광섭
펴낸이 김순일
펴낸곳 미래문화사
등록번호 제2014-000151호
등록일자 1976년 10월 19일
주소 경기도 고양시 덕양구 고양대로 1916번길 50 스타캐슬 3동 302호
전화 02-715-4507 / 713-6647
팩스 02-713-4805
홈페이지 www.miraepub.co.kr
블로그 blog.naver.com/miraepub

ISBN 978-89-7299-500-5 03340

북한 50년 바로 알기

1945~1995,
광복 이후부터 김일성 사망까지

김광섭 엮음

미래문화사

'북한 정세에 대한 어떠한 예언도 하지 않는 것이 현명하다. 얼마나 많은 예측들이 모두 근거 없는 것으로 판명되었는가. 대북 정책수립은 북한에 대해 우리가 알지 못한다는 것을 인정하는 일로부터 시작돼야 한다.'

이 말은 클린턴 미국 행정부 안에서 3년 동안이나 북한 문제를 담당했던 최고 책임자 스탠리 로스가 북한 관련 의회청문회에 출석해 북한 문제를 다루는 미국 관계자들의 고민을 털어놓은 솔직한 표현이었다.

최근 들어 북한으로부터 탈출해 오는 사람, 귀순해 오는 사람 들이 우리 사회 각계 각층의 모임이나 개별 접촉을 통해 남한 사정에 대해 느끼고 있는 공통점이 있다. 그것은 한마디로 '남한에 사는 사람들은 북한을 몰라도 너무 모른다'는 것이다.

그렇다. 우리 남한에 살고 있는 일반 서민들은 자연스럽게 북한의 이모저모 여러 사정을 보거나 접할 기회가 없는 환경에서 생을 영위하고 있기 때문이다. 그런 가운데 뼈저린 일상생활을 통해 직접 체험한 그대로를 전하는 그들의 말을 듣고 '설마 그럴 수가 있을까', '그게 진실일까', '혹시 이곳 당국자들의 지시에 따라 각색해서 늘어놓는 선전은 아닐까' 하며 믿지 못하고 또 믿으려 하지 않는것 또한 현실이다.

우리들 서민의 소박한 소원은 통일이다. 통일이 어디 국토의 합병 같은 통일만을 통일이랄 수 있겠는가. 통일은 기원하면서도 통일의 대상에 대해서 아는 것이 없다는 것 또한 솔직한 심정이다. 게다가 김일성이 사망했을 때 남한에서 조문사절을 파견해야 한다고 목에 힘을 주어 주장한 국회의원이 이번 4·11 총선거에 재선되어 15대 국회의원의 자격으로 국회의사당 문턱을 들어서는 상황이 예사롭게 벌어지는 곳이 남한이다. 그 같은 맥락과 반드시 일치된다고 할 수는 없으나 학생들은 그 성격을 달리하는 학생단체별로, 종교인들은 종교인들대로, 또 교파별로, 문화계에 몸담고 있는 문화인들은 제각기 장르별로 대북접촉을 꿈꾸고 꾀하고 있는 것으로 알려지고 있다. 그들의 종국적 목표는 우리의 염원인 통일을 앞당겨보자는 데 있음은 물론이다.

정치권의 노력도 과소평가할 수 없다. 지금까지 때로는 체통을 손상당하는 경우도 있었고 국민들로부터 지탄을 받는 사례도 있었다. 그런데 근본적으로는 우리가 북녘 사정을 너무도 모르고 있었다는 데 그 요인이 숨어 있다. 한마디로 요약하면, 그들의 모든 언동이 비합리적인 데 있다는 것이다. 모든 사고의 출발이 합리에서 시작되어 합리적인 순리로 사태가 진행되고 운영되는 사회에 길들여진 우리들에게는 그들의 비합리적인 술수에 말려들었던 것이다.

이에 이제라도 늦지 않았으니 북한을, 아니 남북문제를 ABC부터 다시 이해하는 노력을 기울여야 하겠다는 뜻에서 이 책을 엮었다.

이 책의 출판을 흔쾌히 맡아 수고해 주신 미래문화사 임종대 사장님께 감사드린다.

1996년 6월 김광섭

차례

제 1 부

조국의 광복

루스벨트, 한국 신탁통치 제기

 1945년 8월 15일은 5년 여에 걸친 제2차 세계대전이 끝나던 날이자 나치스 독일이 백기를 든 지 3개월 후에야 일본이 패망한 날이다. 또한 40여 년에 걸친 일본의 기반으로부터 풀려나는 한민족의 기쁨이 하늘을 뚫을 듯 용솟음 굽이치던 날이다.

 그러나 형용할 수 없을 정도의 흥분과 감격도 그해를 넘기지 못했다. 국토가 분단됐고 자치 능력을 의심한 연합국의 수뇌들은 한국을 신탁통치하겠다는 결정을 내렸다.

 그 같은 결정이 내려지기까지 소위 연합국이라고 불린 미국의 루스벨트 대통령과 영국의 처칠 수상, 소련의 스탈린 등 세 사람의 음모를 들추어 보는 것이 문제의 핵심을 이해하는 데 도움이 되리라 본다.

 이들 세 사람은 1943년 11월 테헤란에서 만난 이후 독일의 패망이 가까워지면서 세계문제를 처리하기 위해 다시 회합해야 할 판국에 접어들었다. 이들 세 사람 사이에 오고 간 서한을 통해 보면 그들은 '우리 세 사람', '우리 셋', '우리 3대국'이라는 표현을 서슴없이 사용하면서 그들 자신의 단결과 결속을 거듭 강조하며 7개월 동안이나 회담 장소와 날짜를 두고 심사숙고하였다.

 그 결과 장소는 크림반도의 얄타로, 날짜는 루스벨트 대통령의 재선과 아울러 취임식이 끝난 직후인 2월 4일로 최종 합의를 봄으로써 세계문제의 난도질이 시작되었다.

★ **루스벨트 미국 대통령이 스탈린 소련 수상에게 보낸 편지**

1944년 7월 17일

신속하고 성공적인 사태의 추이에 비추어 본인은 가까운 장래에 귀하와 처칠 씨와 본인 간에 회합이 있어야 하겠다고 생각합니다. 처칠 수상은 본인의 이러한 생각에 전적으로 동의하고 있습니다. 현재 본인은 극서 지방을 여행 중에 있으므로 귀국하면 수주일 동안은 워싱턴에서 있어야 하겠습니다. 따라서 본인에게는 9월 10일에서 15일 사이에 회합하는 것이 가장 적당합니다. 귀하와 본인 사이의 중간 지점은 아마 스코틀랜드의 북부가 될 것입니다. 그곳에 본인은 선편으로 갈 수 있고 귀하는 선편이나 비행기편으로 오실 수 있을 것입니다.

현재 귀하의 군대는 훌륭하게 싸우고 있으니까 스코틀랜드까지의 귀하의 비행은 2년 전의 몰로토프 씨의 비행보다 훨씬 짧을 것입니다. 귀하의 생각을 알려주십시오. 비밀과 안전은 선상에서도 육지에서도 보장될 수 있습니다.

★ **소련 주재 미국대사 해리먼이 루스벨트 대통령에게 보낸 극비 친서**

모스크바, 1944년 7월 18일

본인은 각하께서 스탈린 원수에게 보낸 서한(제27호) 중에서 다음 구절의 삭제를 고려하실 것을 건의합니다.

'현재 귀하의 군대는 훌륭하게 싸우고 있으니까 스코틀랜드까지의 귀

하의 비행은 2년 전의 몰로토프 씨의 비행보다 훨씬 짧을 것입니다.'

이 구절은 스탈린 원수가 적지 상공을 비행할 것을 무언중에 시사하고 있습니다. 그러한 비행에는 언제나 위험이 수반하므로 본인은 이 구절이 스탈린 원수의 측근자들에게 분개심을 자아내지나 않을까, 또 그렇게 되면 회담 자체의 전망까지 위태로워지지나 않을까 하는 것을 두려워합니다. 소련 사람들의 그러한 반응을 두려워하기 때문에 본인은 외람되지만 각하의 회한이 있을 때까지 동 서한의 전달을 보류하기로 하였습니다.

★ 루스벨트 대통령이 해리먼 대사에게 보낸 서한
워싱턴, 1944년 7월 18일

7월 18일자 귀하의 서한에 회답합니다. 본인의 서한을 전달하기 전에 다음 구절을 삭제할 것을 귀하에게 허가합니다.
'현재 귀하의 군대는 훌륭하게 싸우고 있으니까 스코틀랜드까지의 귀하의 비행은 2년 전 몰로토프 씨의 비행보다 훨씬 짧을 것입니다.'

★ 스탈린 수상이 루스벨트 대통령에게 보낸 서한
1944년 7월 22일

본인은 귀하와 처칠 씨와 본인 간의 회합이 있는 것이 좋겠다는 귀하의 의견에 동의합니다. 그러나 소련군이 그렇게도 광대한 전선에서 전투를 전개하고 있는 오늘날 본인이 국외로 나가서 얼마 동안

전선 문제의 처리에서 손을 땐다는 것은 불가능하리라는 것을 말씀
드리지 않을 수 없습니다. 본인의 모든 동료들은 그것이 절대 불가
능하다고 생각하고 있습니다.

★ **루스벨트 대통령이 스탈린 수상에게 보낸 전문**
워싱턴, 1944년 7월 27일. 극비 · 요우선 취급

현재 전개되고 있는 신속한 군사 정세의 추이로 말미암아 귀하가
처칠 수상 및 본인과의 회담에 참석하는 것이 곤란하다는 것을 본
인은 충분히 이해할 수 있습니다. 그러나 본인은 각하께서 그러한
회의를 항상 염두에 두실 것과 우리들이 될 수 있는 대로 빨리 회합
하게 되기를 희망하여 마지않습니다. 그러한 회합은 본인에게도 대
내적으로도 도움이 될 것이고 또한 우리는 실제로 앞으로의 전략을
결정할 시기에 도달하고 있습니다.

★ **해리먼 대사가 루스벨트 대통령에게 보낸 극비 친서**
1944년 9월 24일

오늘 저녁 본인은 스탈린 원수에게 각하가 헐리 장군에 대하여 중
국에 대한 각하의 관심을 설명하고 장차의 회합에 관한 메시지를
친히 전달하기 위하여 그를 방문할 것을 요청한 바 있음을 설명하
였습니다.

스탈린은 이야기 도중에 헐리가 모스크바를 방문하였을 때 자기는

인플루엔자로 와병 중이었으며 전에는 수일이면 회복하곤 하였으나 이때에는 수주일 동안이나 앓았다고 말하였습니다. 그는 제가 본 어느 때보다도 피곤해 보였으며 완쾌한 것 같지도 않았습니다. 본인은 각하가 11월 중순 이후에 회담할 것을 염두에 두고 있으며 알래스카는 철이 너무 늦은 만큼 지중해가 좋은 회담 장소가 될 것이라고 설명하였습니다. 스탈린 원수는 회담을 하는 것은 대단히 좋은 일이지만 자기의 전문의들이 여행을 허가할지 그것이 걱정이라고 대답하였습니다. 그는 또한 테헤란에서 비행기로 귀국할 때 귀를 약간 다친 것이 2주일이나 걸렸으며 그의 최근 질병도 전선을 방문하고 돌아온 결과라고 말했습니다. 그래서 본인은 지중해의 따뜻한 기후가 오히려 몸에 좋을 것이라고 말하였으나, 그는 자기의 전문의들은 어떠한 기후의 변화도 좋지 못한 영향을 미칠 것으로 생각하고 있다고 대답하였습니다.

몰로토프는 자기의 동료들이 스탈린은 건강에 유의하여야 하며 여행은 그에게 좋지 않을 것으로 생각한다고 주장하였습니다. 그러니까 스탈린은 몰로토프가 몸이 건강하고 기력이 왕성하니까 자기의 신임하는 대리로서 각하가 원하는 어느 때에도 각하 및 처칠 수상을 만날 수 있을 것이라고 제의하였습니다. 본인은 스탈린에게 각하가 몰로토프를 좋아한다는 것과 언제나 만나는 것을 기쁘게 여긴다는 것을 먼저 말한 다음, 그의 전문의들이 얼마 후에는 따뜻한 기후에 가는 것에 대하여 생각을 달리할지도 모른다고 덧붙여 두었습니다. 본인은 또한 농담조로 그때까지의 의사를 바꾸는 것이 어떻겠느냐고도 시사하였습니다. 스탈린은 이 말에 좋은 생각이라고 대답하였으나 그 이상 더 구체적인 말은 하지 않았습니다. 본인은 스탈린이 정말 귀하와 만나고 싶어 하는 것을 만족히 생각하고 있습니다.

그는 분명히 자기의 건강상태를 걱정하고 있습니다. 그러나 인플루엔자에 걸렸던 모습이 역력하기는 하지만 각하께서 그의 질병이 중대화할 것을 염려하실 필요는 없다고 생각합니다.

★ **루스벨트 대통령이 해리먼 대사에게 보낸 서한**
워싱턴, 1944년 10월 4일

귀하의 10월 3일자 전문은 접수하였습니다.
다음의 메시지를 곧 스탈린 원수에게 전달하여 주십시오.

'본인은 다음 회합이 귀하와 처칠 수상과 본인 사이에 있기를 희망하여 왔지만 처칠 수상은 귀하와의 조속한 회담을 희망하고 있습니다. 물론 귀하는 이 세계적 전쟁에서 정치적이건 군사적이건 간에 미국이 관계되지 않는 문제는 문자 그대로 하나도 없음을 잘 이해하고 있습니다. 나는 우리들 셋이, 아니 우리들 셋만이 아직 해결되지 않고 있는 제 문제의 해결책을 발견할 수 있다고 확신하고 있습니다. 이러한 의미에서 본인은 회담에 대한 처칠 수상의 열망을 고맙게 여기기는 하지만 귀하와 처칠 수상과의 동 회의는 우리들 3인 회의에 대한 예비회담인 것으로 간주하고자 합니다. 우리들 셋이 모이는 회의는 본인으로서는 이곳의 선거가 끝나기만 하면 언제라도 개최할 수 있습니다.

현재의 경우에 있어서 본인은 귀하와 처칠 수상이 승낙하신다면 우리의 주(駐) 소 대사를 본인의 옵서버로서 두 분의 회의에 참석시킬 것을 제안합니다. 물론 해리먼 씨는 귀하와 처칠 수상이 당연히 토의하게 될 중대문제에 관하여 본국 정부의 언질을 줄 수 있는 입장에 서게 되지는 않을 것입니다.

귀하는 그때까지의 딘 장군으로부터 대일전에 관한 우리 통합참모본부의 입장 성명서를 받게 될 것입니다. 이 문제에 관하여 귀하가 우리에게 준 확약을 본인은 완전히 수락하는 바임을 다시금 성명하고자 합니다. 우리 3개국은 대독전을 성공적으로 수행하고 있습니다. 우리는 본인이 소련에 대해서도 우리에 대해서와 마찬가지의 강적이라고 충심으로부터 확신하는 국가의 격멸전에서도 또한 성공적으로 합세할 수 있습니다.'

위의 메시지에서도 알 수 있는 바와 같이 본인은 귀하가 옵서버로서 참석하기를 희망합니다. 귀하에게 솔직히 말씀드리면 본인은 스탈린 원수에게 말한 바로 그 이유 때문에 다음 회의가 우리 세 사람 사이에 개최되기를 몹시 원하였습니다. 그러나 이것은 귀하에게만 하는 말이지 절대로 영국인이나 소련인에게 알려서는 아니 되겠습니다. 본인은 이 양자 회의가 우리들 세 사람 사이의 본회의를 마련하기 위한 영국인 및 소련인 들의 예비토의 이상의 아무것도 아니 되기를 바라고 있습니다. 따라서 귀하는 처칠 수상과 스탈린 사이에 제기될 것으로 예상되는 토의사항 중 본인이 지대한 관심을 갖지 않으리라는 것은 하나도 없다는 것을 명심하여야 합니다. 그러므로 동 회담이 끝날 때 헐 국무장관과 본인은 완전한 행동의 자유를 갖게 되는 것이 매우 필요합니다. 그들의 토의가 끝나면 곧 귀국하여 헐과 본인에게 회담 중에 일어난 모든 것을 완전히 알려주시기 바랍니다.

본인은 우리 세 사람이 회합하기 전에 귀하와 스탈린 서방이 곧 만나야 한다고 귀하께서 생각하는 이유를 충분히 이해할 수 있습니다. 귀하가 그곳에서 토의하실 문제들은 물론 미국에 대하여서도 실제의 이해관계가 되는 것입니다. 이 점에 관해서는 귀하께서도 동의하실 줄 믿습니다. 따라서 본인은 해리먼 대사에게 대기하고 있다가 만일 귀하와 스탈린 서방이 승낙하면 본인의 옵서버로서 참석하라는 지령을 내리는 동시에 스탈린에게도 이 뜻을 전해 두었습니다.

해리먼은 물론 미국의 언질을 줄 수 없는 입장에 서게 될 터이지만 나는 아무에게도 나를 대신해서 사전 언질을 주게 할 수는 없습니다. 본인에게 충분한 보고를 할 수 있을 것입니다. 본인은 이미 그에게 회담이 끝나는 대로 곧 귀국해서 본인에게 보고할 것을 지시하였습니다.

본인이 직접 귀하와 동행하지 못하는 것은 그저 송구할 따름이오나 이곳에서의 선거가 끝나면 어느 때라도 우리들 세 사람의 회의에 참가할 수 있는 만단의 준비가 되어 있습니다. 귀하와 스탈린 서방과의 회담은 그 회의의 유용한 전주곡이 될 것입니다. 본인은 이미 스탈린 서방에게도 그렇게 말해 두었습니다.

귀하와 같이 본인도 우리 세 나라의 계속적인 단결에 최대의 중요성을 부여하고 있습니다. 그러나 표결문제가 지금 제기되어야 한다는 귀하의 의견에는 동의할 수 없음을 섭섭하게 여기는 바입니다. 이것은 우리 셋이 함께 해결할 수 있는 문제라고 본인은 확신하고 있습니다. 따라서 본 문제의 토의는 우리들의 회의 때까지 연기될 것을 본인은 희망합니다. 미국·영국 및 기타 모든 연합국 안의 여론과 직접 관련이 있는 이 문제는 그다지 시급한 일이 아닌 것입니다. 스탈린에게 우리 합동참모본부의 성명서를 귀하에게 보여드리도록 모스크바에 주재하고 있는 우리 무관들에게 일러두겠습니다. 본인의 최대의 축원을 보내드리며 회담의 진행 상태에 관한 귀하의 소식이 있기를 고대하겠습니다.

이러한 서한이 세 사람 사이에 수없이 오고 간 결과 얄타로 장소가 결정된 것이 1944년 12월 23일이었다. 이곳은 제2차 세계대전이 일어나기 전까지는 크림반도 남해안에 있는 휴양지였다. 평상시의 인구는 2만 9천, 연평균 기온은 섭씨 13도 정도이고 3개국 회담 기간이던 2월의 기온은 약 4도였다고 한다.

이 회담 때 3국 대표단이 사용한 건물은 제정러시아 황족들의 하계 별장들이다. 중앙에 제일 큰 건물이 리바디아궁으로 방이 50개나 되는 흰색 화강암으로 건조한 호화건물이고, 공원에는 세계 각처에서 구해 온 각양 각색의 회귀하고 진귀한 식물들로 조경되어 있었다. 리바디아궁은 미국 대표단의 본부로 사용됐으며 아울러 주요 회의는 이곳에서 속개되었다. 소련·영국 대표단의 숙소와 사무실로 사용된 곳도 각각 40~50마일씩 떨어져 있는 크레이즈궁과 보론초프궁이었다. 루스벨트 대통령과 처칠 수상은 육해공로로 회담개최 전날인 2월 3일에, 스탈린 수상은 기차와 자동차로 4일 오전에 각각 얄타에 회합, 4일부터 역사적인 회담이 시작되었다.

회담에 참가한 고문 막료들은 정치·경제·군수뇌 및 특별보좌역 등 각 80여 명씩 250여 명이 모두 3거두회담의 그날그날 회의의 의제·자료 들을 상호 교환, 토의하는 데 참여하였다. 3거두의 회담은 매일 오후 4시부터 8시까지이기 때문에 군수뇌, 정치·경제수뇌 들은 각각 전문분야별로 개별회의 또는 2국, 3국회의를 통해 문제별, 국지별 예비회담 또는 전날 회의의 사후 정리 혹은 의견 조정을 위한 각급 연석회의가 숨돌릴 사이 없이 계속되었다.

여기에 인용하거나 옮기는 자료는 1955년 3월 16일 그동안 비밀에 붙여 두었던 얄타비밀협정의 전후 사정을 미국 국무부가 발표한 바에 의거한 것임을 밝혀 둔다.

3거두들은 전후 8차에 걸쳐 가진 회담을 통해 독일의 분할, 배상 문제를 비롯, 폴란드의 영토 일부를 소련이 차지하는 대신, 점령된 독일의 국토 일부를 폴란드에 양여하는 문제 등 전 세계를 그들 마음 내키는 대로 요리한 모습이 거의 적나라하게 공표되었다.

그 가운데 한 대목만 보아도 '우리들 세 사람', '우리 셋' 하던 그들이면서 독일 배상액을 책정하는 과정에서 소련은 현물배상 100억 달러에 10년간 연불, 현금배상 100억 달러 합쳐서 200억 달러를 고집하는 데 비해, 영국은 사리에 맞지 않는 지나친 거액이라고 반대하는 데 대해서 소련 측은 그렇더라도 패전 독일 사람들의 생활수준은 전쟁 전과 맞먹을 정도로 유지될 것이라며 영국의 주장에 대항하는 것이었다.

전 세계의 정치·경제·군사 문제 등 모든 문제들을 도마 위에 올려놓고 그들의 구미에 맞게 요리하는 모습을 일목요연하게 보는 것 같았다.

그러면서도 그들은 최소한 앞으로 적어도 50년 동안만은 지금과 같은 처절한 전쟁이 없는 평화와 자유를 확보할 수 있을 국제기구를 창설하는 문제가 미국 측의 덤버턴·오크스 제안을 이룩하는 과제도 성사시켰다. 이 로써 오늘의 국제 연합이라는 국제 안전보장기구가 발족된 것이다.

회담이 시작된 지 닷새째 되는 1945년 2월 8일에는 본회담이 열리기 전 오후 3시 30분, 루스벨트와 스탈린 두 사람만이 리바디아궁에서 만났다. 루스벨트 쪽에는 해리먼 소련 주재 미국 대사와 정치 · 군사 · 기술 담당 국무장관 특별보좌관 볼런이 동석했고, 스탈린 쪽에는 몰로토프 외무장관과 파블로프가 자리를 함께한 양자회담이었다. 볼런이 보관하고 있던 극비 의사록을 그대로 옮긴다.

1. 극동 공군기지 문제

루스벨트 대통령은 마닐라의 함락으로 말미암아 태평양전쟁이 새 국면에 들어가고 있다는 것과 보닌스 제도와 대만 근해 도서에 기지를 설치할 것을 희망한다고 말하였다. 이어 그는 대일 추가 폭격의 시기가 도래하였다고 말하였다.

이 발언에서 루스벨트 대통령은 일본 본토에의 실제 상륙이 불필요하게 되기를 바라며 다만 절대로 필요한 때에는 상륙할 것이라고 말하였다.

루스벨트 대통령은 일본은 400만 군대를 보유하고 있었는데, 격렬한 폭격으로 일본과 그 군대를 격파하여 미국인들의 생명을 구할 수 있게 되기를 바란다고 말하였다.

스탈린은, 미국이 콤소몰스크 또는 니콜라옙스크에 기지를 설치하는 데에는 이의가 없으나 전자는 아무르강 하류지역에 있고 후자는 그 어귀에 있다고 말하고, 캄차카 모든 기지에 관하여는 지금 동 지에는 일본 영사관이 있어서 현재로는 필요한 조정을 곤란케 하고 있으므로 우리는 그 문제를 최후 단계까지 보류하지 않을 수 없다고 생각한다고 말하였다.

이어 그는 이미 말한 바 연안 지역의 두 기지는 폭격 목표에 좀 더 접근해 있다고 말하였다. 스탈린은 또 부언하여 루스벨트 대통령 친서 가운데 〈통상 통로〉에 관한 문제에 분명치 않은 일면이 있었다고 말하였다.

루스벨트 대통령은 태평양 및 동부 시베리아를 경유하는 대소 군수보급선의 중대성을 늘 염두에 두고 있었는데, 일단 일본과 소련 사이에 전쟁이 발발되는 때에는 일본 도서를 통과한다는 것은 대단히 중대하기는 하나 동시에 퍽 곤란하게 되리라고 생각한다고 말하였다.

스탈린은 이 말에 대하여 자기 역시 그 보급선의 중요성을 인정한다는 것을 지적하고 전술한 바 연해 지역에 미군 기지를 건설하는 데는 이의가 없다는 것을 거듭 말하였다.

다음 루스벨트 대통령은 소련 참모본부에게 미국 측 참모본부와 기지 건설에 관한 계획에 대한 토의에 들어갈 것을 지시해 달라는 요구서를 스탈린에게 수교하였다. 스탈린은 이에 대해서 필요한 지시를 내리겠다고 언명하였다.

2. 동구라파 및 동남구라파의 비행장 사용 및 폭격 피해상황 조사 문제

루스벨트 대통령은 구라파 관계의 2개 군사 문제에 관하여 스탈린 수상과 더불어 논의할 것을 희망한다고 발언한 다음 러시아어로 번역된 영문 각서 2통을 스탈린에게 수교하였다.(이 2통의 각서는 발견되지 않았단다.)

그 가운데 한 통은 대독 폭격작전을 수행하기 위하여 부다페스트 근교의 몇몇 비행장을 미 공군이 사용하는 것을 허락해 달라는 요구서였다.

루스벨트 대통령은 현재 이탈리아 기지의 미국 폭격부대는 독일에 도달하기 위해서 알프스산맥을 넘어 장거리의 위험한 비행을 하지 않으면 안 된다고 말하였다.

또 한 통의 각서는 미국의 전문가들이 동구라파 및 동남구라파의 적군(赤軍)에 의하여 소위 해방 또는 점령된 지역에 대한 플로에스티 지역의 조사와 비슷한 폭격 성과 조사를 허용해 달라는 요청서였다. 동 각서는 아직도 폭격의 증거가 생생하며 폭격 당시의 피해민들이 아직도 그 지점에 잔류하고 있을 때의 피해 상황을 조사하는 것이 중요하므로 동 조사단 사업이 즉시 진행되도록 허락하여 달라고 요청하는 것이었다.

스탈린은 이 2개 요청은 응낙할 수 있으며 즉시로 필요한 지시를 내리겠다고 말하였다.

3. 전후의 대소 전함 양도 문제

스탈린은 스테티니어스 미 국무장관이 몰로토프에게 전후 미국은 선박 제작의 과잉을 초래할 가능성이 있는데 그것을 소련에 매각할 수도 있다고 말한 바 있다고 언급하였다.

루스벨트 대통령은 법률상 그것은 약간의 변동이 전제되는데 자기의 노력으로 원만한 해결을 보아 전후 미·영 양국의 필요 없는 여잉 함선을 무이자 차관으로 양도하게 되기를 희망한다고 말했다. 그리고 제1차대전 후 잉여자산 처분에 이자를 부가하려던 기도가 실패로 돌아갔는데 그것은 오산이었다고 말하였다.

루스벨트 대통령은 선박을 감가상각액을 뺀 함선 가격을 포함한 일정액의 차관으로 양도하여 25년간에 전체 차관액이 말소되도록 하자는 것이었다.

그는 또 영국 사람들은 상업적 이익이 없이는 무엇이고 매각한 전례가 없으나 자기는 다른 생각을 가지고 있다고 하였다.

스탈린은 루스벨트 대통령의 이 성명에 사의를 표명하고 이 선박 양도는 장차 소련이 맡은 바 임무를 지극히 용이하게 할 것이라고 말하였다.

루스벨트 대통령은 전기 스탈린의 말에 대답하여 소련 자신이 이 선박 양도문제에 대하여 광범위한 관심을 가져주기 바란다고 말하였다.

스탈린은 루스벨트 대통령의 생각은 대단히 훌륭한 것이며 또한 차관계획안은 괄목할 만한 창안으로, 그것이 아니었다면 승리가 지연되었을 것으로 생각된다고 말하였다.

스탈린은 전사상 모든 연합국 간의 상호원조의 전례를 보면 원조를 받는 측의 감정을 상하게 하여 오히려 곤란한 경우가 많은데 이 차관은 그런 감정 문제를 일으키지 않았다고 말한 다음, 동 차관이 2차대전을 승리로 이끄는 데 기여한 바 지대하다고 생각한다는 의견을 재차 천명하였다.

4. 극동 문제 (소련 측 요구)

극동에 관련된 제반 군사 문제에 대한 토의에 뒤이어 스탈린은 소련의 대일 참전에 있어 정치적 조건을 토의하고 싶다고 말하고, 자기는 이미 이 문제에 관하여 해리먼 미국 대사와 회담한 바 있다고 말하였다.

이에 대하여 루스벨트 대통령은 이 회담에 관한 보고를 받았고 전쟁 종결 때 사할린(擇太) 남반부와 쿠릴열도(千島列島)를 소련으로 귀속시키는 데 대해서는 하등의 난관이 없을 것으로 생각한다고 말하였다. 루스벨트 대통령은 또한 소련에 분양될 극동의 부동항 문제에 관하여는 스탈린 자신이 테헤란에서 (1943년 11월) 이미 동 문제가 논의되었다는 것을 상기시킨 바 있다고 말하고, 이어 그 당시 자기가 남만주철도 종점지대의 부동항 아마도 랴오둥반도의 다롄항의 사용권을 소련에게 부여할 것을 시사한 바 있다고 부언하였다.

그러나 그는 아직도 장제스 총통과 이 문제를 의논할 기회를 갖지 못하였으므로 중국 측 견해에 대해서는 자기로서 의견을 표명할 수 없다고 말한 다음, 루스벨트 대통령은 계속하여 소련이 이 항구의 사용권을 획득하는 데 두 가지 방책이 있다고 말하였다.

즉 그 ①은 중국으로부터의 정식적인 조차(粗借), 그리고 ②는 다롄을

혹종의 국제관리위원회 밑에 자유항을 만들 것이 그것이다.

루스벨트 대통령은 홍콩 문제와의 연관으로 미루어 보아 두 번째 방법을 천거하고 싶다고 말하고, 자기는 영국이 홍콩 통치권을 중국에 반환하여 동 항이 국제관리하의 자유항이 되기를 희망한다고 말한 다음, 처칠 수상은 이 시사에 대해서 강경히 반대할 것으로 알고 있다고 언명하였다.

스탈린은 또 하나 다른 문제를 언급하였는데 그것은 소련군의 만주철도 사용에 관한 것이었다. 그는 제정러시아가 만주리 · 하얼빈 간을 달리는 선, 그리고 하얼빈에서 다롄 · 뤼순을 연결하는 선과 함께 하얼빈에서 동쪽으로 '니콜리스크―우수리스크'를 경유하여 하바롭스크, 울라지보스토크(블라디보스토크)를 연결하는 철도를 소유하고 있었다는 것을 진술하였다.

루스벨트 대통령은 이 문제에 관하여서도 장제스 총통과의 상의는 없었으나 이에 대해서도 역시 두 가지 방책이 있다고 언명하였다. 즉 그 ①은 소련의 직접적인 공작으로 동 철도를 조차할 것, 그리고 ②는 중 · 소 두 나라의 각 한 사람씩으로 구성되는 위원회 관리 아래 조차할 것이 그것이다.

스탈린은 이에 대하여 만약 기술한 바 모든 조건이 용납되지 않고는 자기 자신과 몰로토프로서는 소련이 일본과 전쟁하게 되는 이유를 소련 국민에게 설명하기 곤란하다면서, 소련 국민은 소련의 존재 자체를 위협한 대독전쟁은 이해하고 있으나 자기들과 직접적으로 큰 분규가 없는 국가와의 전쟁에 돌입하게 되는 이유는 이해하지 못한다고 설명하였다.

스탈린은 그러나 만약 전기한 바 정치적 조건이 응낙될 수 있다면 소련 국민은 국가적 이해관계가 관여되어 있다는 것을 이해할 것이고, 또한 소비에트연방최고회의에 참전 결정에 대하여 설명하기도 훨씬 용이할 것이라고 부언하였다.

이에 대한 답변으로 루스벨트 대통령은 장제스 총통과 회담할 기회를 갖지 못했고, 또한 무슨 일을 막론하고 중국인에 한 말은 24시간 안에 전 세계가 알게 되므로 곤란하다고 말하였다.

스탈린은 이 말에 동의의 뜻을 표했으며 아직도 이 문제에 대하여 중국인과 상의할 필요는 없는 것이고 소련 최고위원회에서의 비밀은 보증한다고 말한 다음, 3대 강국 간에 합의를 본 이 모든 조건을 서면에 기록해 두는 것이 좋겠다고 제언하였다. 루스벨트 대통령은 이에 대한 찬의를 표명하였다.

스탈린은 계속하여 중국인에 관하여는 4월 말경 쑹쯔원(宋子文) 씨가 모스크바로 온다고 하고 서부전선에서 대량의 소련군 철수가 가능하게 되어 25개 사단을 극동으로 이동할 수 있을 때라야 장제스 총통에게 이 모든 조건에 관한 이야기를 꺼낼 수 있다고 말하였다.

또한 스탈린은 부동항 문제에 관해서 소련인은 대단한 애로가 없을 것이며, 자기는 국제관리 자유항에 대하여 이의가 없다고 언명하였다.

5. 한국의 신탁통치 문제

이어 루스벨트 대통령은 신탁통치 문제를 스탈린과 토의하고 싶다는 의사를 표명하였다. 그는 한국을 미국 · 소련 · 중국 3국 대표로 구성된 신탁통치 관리 아래 둘 의사를 가지고 있다고 말하였다. 루스벨트 대통령은 신탁통치의 유일한 경험이 필리핀의 경우였는데, 필리핀 사람들은 자치에 준비 기간으로서 50년을 요하였다고 설명한 다음, 한국의 경우에는 그것이 불과 20년 내지 30년밖에는 필요치 않을 것이라고 부언하였다.

스탈린은 그 기간이 짧을수록 좋다고 말하고 한국에 외국군을 주둔시킬 것인가의 여부를 질문하였다. 루스벨트 대통령은 이에 대하여 부정적인 답변을 하고 스탈린 역시 그 답변에 동의하였다.

그러자 루스벨트 대통령은 한국에 관하여 또 하나의 문제가 있는데 그것은 매우 미묘한 것이라고 말하면서, 자기 개인으로서는 한국 신탁통치에 영국의 참여를 권유할 필요가 없다고 생각하는데 영국 측은 그 견해에 대해서 감정적으로 불쾌해할지도 모른다고 말하였다.

이에 대하여 스탈린은 물론 틀림없이 영국의 감정을 상할 것이라고 답변하였다.

이어 그는 그렇게 되면 처칠 수상은 정말 '우리를 죽이려(kill us)' 들지도 모른다고 말하였다. 그러므로 스탈린의 의견으로서는 영국도 초청되어야 한다는 것이었다.

이윽고 루스벨트 대통령은 또한 인도차이나 신탁통치 문제도 생각했었다고 말하고, 영국은 버마(미얀마)에 미칠 영향이 신탁통치제가 가져올 연루가 두려워 인도차이나가 프랑스에 반환되기를 희망하기 때문에 이에 반대했다고 말하였다.

스탈린은 이에 대하여 영국은 한때 인도차이나에 의존했다가 버마를 상실한 일이 있다고 말하면서, 자기 의견으로는 영국이 이 지역 방비에 있어서 믿을 만한 나라가 된다고 생각할 수 없다고 말하고, 인도차이나는 지극히 중요한 지역으로 생각된다고 부언하였다.

루스벨트 대통령은 이에 대하여 인도차이나인은 자바인이나 버마인처럼 체격이 왜소하며 비전투적이라고 말하고, 프랑스인들은 그 식민지를 가지게 된 이래 원주민의 제반상태 향상을 위한 하등의 노력도 하지 않았다고 말하였다.

루스벨트 대통령은 또한 드골 장군이 인도차이나로 수송할 선박을 달라고 요청했다고 말하자, 스탈린은 그러면 드골은 어디로 갈 셈이냐고 반문하였다.

루스벨트 대통령은 미국 대통령이 수송할 배만 융통해준다면 드골은 군대를 마련하겠다고 말하였으나 자기는 여지껏 선박을 융통하지 못했다고 답변하였다.

6. 중국 내 사태에 관한 문제

루스벨트 대통령은 한동안 미국은 중국을 구원할 노력을 해왔다고 말하였다.

스탈린은, 중국은 구해질 것이라는 견해를 표명한 다음 중국은 장제스 총통 주위에 새로운 지도자들이 필요하다고 보며 국민당 내부에 좋은 사람들이 많은데도 불구하고 왜 그들이 등용되지 않는지 이해하기 어렵다고 부언하였다.

이 말에 대하여 루스벨트 대통령은 웨드마이어 장군과 신임 중국 주재 미국대사 헐리 장군은 전임자들보다도 북방 공산당을 중경 정부와 접근시키는 데 더 한층 성과를 보았다는 것을 말하고, 소위 공산당보다도 오히려 국민당과 중경 정부에 오류가 있다고 언명하였다.

스탈린은 쌍방이 반일전쟁에 공동전선을 이루어야 함에도 불구하고 단합하지 않는 이유를 알 수 없다고 말하였다. 그는 이 공동전선 결성의 목적을 위하여 장제스 총통이 주도권을 장악해야 된다고 생각하며, 이에 관련해서는 몇 해 전에 국·공 공동전선이 있었던 것을 상기하는데 그것이 유지되지 못한 이유를 이해하지 못하겠다고 말하였다.

1. 소련 대일전 참가 결정

미국 측의 기록대로라면 국무장관이 루스벨트 대통령에게 제출했던 얄타회담에서 토의해야 할 7가지 안건 가운데 중국 문제라고만 맨 끝에 적혀 있는 이 대복이 소위 태평양전쟁, 소련이 대일전쟁에 참가하는 소련 측의 전제조건에 포함되어 있었다.

미국 국무부 발표문에서도 '막후 교섭'이라는 표현이 있지만, 2월 8일 루스벨트는 스탈린과 더불어 두 사람만의 회담을 진행했다.(물론 양국의 외무장관과 통역관을 합해 여섯 사람이긴 했지만.) 이때에 루스벨트가 스탈린에 주었던 언질을 보다 더 구체적으로 문서화해서 3거두와 각급 막료들이 참석한 2월 10일 본회의에 소련이 제출한 것이다.

본회의가 열리기 전 해리먼과 몰로토프 · 파블로프 그리고 루스벨트와 해리먼, 세 번째로 루스벨트와 스탈린 · 해리먼 등 전후 3차에 걸친 실무회담이 따로 열렸던 사실이 실제적으로 소련이 대일전쟁에 참가하는 데 중요한 조건들이 협의되었으리라고 추측된다. 이 일련의 회담 내용은 해리먼 소련 주재 미국 대사의 메모란덤으로 볼런 씨의 수집록에서 발견된 것을 그대로 옮긴다.

① 의제로는 극동—그 정치적 문제

몰로토프의 요청에 의하여 나는 하오 2시, 크레이즈궁(유스포프궁, 소련 대표단의 본부)으로 그를 방문하였다. 그는 나에게 2월 8일 루스벨트 대통령과 토의한 바 소련의 대일전 참가의 정치적 조건에 관한 스탈린 원수의 초안을 영어로 번역한 것을 나에게 주었다.

나는 몰로토프에게 루스벨트 대통령이 그것을 수락하기 전에 수정하고 자 하는 세 가지 조건이 있다고 설명하였다.

제2조 B항은 스탈린이 루스벨트 대통령에게 제안한 바 뤼순과 다롄 이 자유항이 되어야 한다는 것을 수락할 용의를 표명하여야 하며, C항은 중·소 공동관리 아래 운영되고 있는 철도문제의 대안에 관한 것이라야 할 것이며, 스탈린은 이 두 점에 대해서 이미 동의한 바 있다. 이에 첨가 하여 나는 장제스의 동의 없이는 중국 이권이 관련된 이 두 문제에 대해 서 루스벨트 대통령은 최후적 결정을 내리자고 하지 않을 것으로 생각한 다고 말하였다,

몰로토프는 스탈린 원수가 이 두 가지 점에 대해서 동의한 바 있다고 지적하였으나 최후점에 대하여는 그 이유에 관해서 몰로토프에게 설명하 는 데 한참 시간이 걸렸다. 나는 몰로토프에게 루스벨트 대통령의 수정안 을 제출하기로 동의하였다.

리바디아궁으로 돌아와서 나는 루스벨트 대통령에게 전기 두 가지 점 에 관한 수정안의 초안을 제시하였다.

루스벨트 대통령은 그것을 승인하고 몰로토프에게 그것을 다시 제출할 것을 나에게 위임하였다.

오후 루스벨트 대통령과 처칠 수상, 스탈린 등 그들 고문들 간의 정식회 의가 있은 후 스탈린은 나에게 와서 동 협정에 관하여 구상 중인 재수정 사항을 설명하였다. 그는 다롄이 국제관리 아래의 자유항이 된 것을 확실 히 회망하나 뤼순은 별문제라고 하여 그것은 소련 해군기지가 될 것이므 로, 따라서 소련은 조차를 요구한다고 말하였다.

나는 스탈린에게 동 문제에 관해서 루스벨트 대통령과 즉시로 의논할 기회를 가지는 것이 좋겠다고 건의하였으며 이 말을 따라 스탈린은 루스 벨트 대통령을 만났다.

루스벨트 대통령은 상술한 바와 같은 스탈린의 수정안에 동의하였다.

그러고 나서 스탈린은 만주철도가 중·소 공동관리 아래 운영되는 것이 더 적절하다는 점에 합의하였다고 설명하였다.

또한 그는 동 문제에 관해서 장제스의 동의가 필요하다는 데도 동의하였으나 장제스 역시 외몽골의 현상 유지에 관해서도 찬성해야 된다고 말하였다.

루스벨트 대통령은 스탈린에게 동 문제에 관해서 쑹쯔원이 모스크바에 올 때 협의하겠는지 또는 루스벨트 대통령 자신이 장제스와 의논할 것인지에 대해서 질문하였다. 이에 대답하여 스탈린은, 자기는 직접 당사자인 만큼 오히려 루스벨트 대통령이 그것을 맡기 바란다고 말하였다.

루스벨트 대통령은 비밀을 지키기 위하여 동 문제에 관해서 장제스와 언제 토의해야 되겠느냐고 물었다. 스탈린은 준비가 완료되면 루스벨트 대통령에게 알려주겠다고 말하였다.

루스벨트 대통령은 기밀을 확보하기 위해서 육군장교 한 사람을 워싱턴에서 모스크바를 통해서 중경으로 파견하여 헐리 대사에게 훈령을 전달하겠다고 말하였다.

이때 처칠 수상이 회담을 중단시켰다. 그러나 이윽고 나는 스탈린에게 재수정안을 기초하고자 하는지 물을 기회를 가졌었는데 그는 긍정적인 답변을 하였다.

— W. A. 해리먼

② 소련의 대일전 참가에 관한 스탈린의 정치적 조건의 초안

3대국—소비에트 사회주의 공화국연방, 북미합중국 및 대영제국의 지도자들은 독일 항복 후, 그리고 구라파 전쟁의 종결 후 2~3개월 안에 소련이 연합국 측에 가담하여 다음과 같은 조건으로 대일전에 참가할 것에 대해서 합의를 보았다.

1.　외몽골(몽골인민공화국)의 현상이 유지될 것.
2.　1904년의 배신적인 일본의 공격으로 말미암아 침범된 구러시아의 이권은 다음과 같이 회복될 것.
　　A. 사할린 남부 및 이 부분의 사할린에 근접해 있는 모든 도서는 소련에 반환될 것.
　　B. 뤼순의 소유권 및 다롄의 조차권이 회복될 것.
　　C. 일·러전쟁 이전에 소련이 가졌던 권리, 만주철도의 다롄으로 뻗는 남만주 철도운영권은 중국이 만주에 대해서 완전한 주권을 보유한다는 조건 아래 반환되어야 함.
3.　쿠릴열도는 소련에게 양도될 것.

　　3대국 영수들은 소련의 이 요구가 일본 패배 후 의문의 여지없이 만족될 것에 합의를 보았다. 그리고 소련은 중국을 일본의 질곡으로부터 해방시킬 목적으로 그 무장병력으로써 중국을 원조하기 위하여 중국 국민정부와 중·소 우호동맹조약을 체결할 용의가 있음을 표명함.

③ 소련의 대일전 참가의 정치적 조건에 관한 스탈린 초안에 대한 해리먼의 수정안

제2항　B '뤼순 및 다롄(조차)지구의 (소유)조차권은 회복되어야 하거나 또는 이 지구는 국제관리하의 자유항이 되어야 함'이라는 구절을 추가할 것.
제2항　C 동 항 끝의 만주라는 말 다음에 '또는 그 철도는 중·소운영위원회의 운영관리 아래 놓여야 함.'

제3항　마지막 구절에 다음과 같이 추가할 것.

　　　　‘<u>상기한 바 항구 및 철도에 관한 합의에는 장제스 총통의 동의가
　　　　필요하다는 것이 합의되었음.</u>’

(괄호 부분은 삭제한 것이고 밑줄 친 부분은 원문서에 첨부되어 있는 것.)

④ 소련의 대일 참전에 관한 협정 (1947년 3월 24일, 미 국무부에서 언론에 발표)

　3대국 즉 소비에트연방공화국, 미합중국, 대영제국의 지도자는 독일이
항복하고 구라파에서 전쟁이 종결된 후 2~3개월 안에 소련이 다음과 같
은 조건으로 연합국에 가담하여 일본에 대한 전쟁에 참가할 것이라는 점
에 합의를 보았다.

1.　외몽골(몽골인민공화국)의 현상은 존속될 것이다.
2.　1904년 일본의 배신적인 공격에 의하여 침해된 소련의 다음과 같
　　은 종전의 권익은 회복될 것이다. 즉,
　　A. 남부 사할린 및 그 주변의 모든 도서는 소련에 반환될 것이다.
　　B. 다롄의 상항은 국제항이 되고 동 항에 있어서의 소련의 우선적
　　　인 권익은 보장되고 또한 소련 해군군항으로서의 조차권은 회복
　　　된다.
　　C. 다롄으로 이르는 출구가 되고 있는 동지나철도 및 남만주철도는
　　　중·소 합반회사의 설립에 의하여 양국이 공동으로 운영한다. 즉
　　　이 지역의 소련의 우선권을 보장하고 중국은 만주 전토에 주권
　　　을 행사할 것이다.
3.　쿠릴열도는 소련에 양도된다.

앞에서 언급된 외몽골, 항구 및 철도에 관한 협정은 장 총통의 동의가 필요할 것은 재언의 여지가 없다.

루스벨트 대통령은 스탈린 원수의 제의에 의하여 상기 문제에 관해서 장 총통의 동의를 얻기 위한 조치를 취할 것이다.

3개국 정부 수뇌는 일본이 패망한 후 상기의 소련 주장이 틀림없이 충족되리라는 데 합의를 보았다.

그리고 소련 측은 중국을 일본의 질곡으로부터 해방시킬 목적을 가지고 그 무장병력으로써 중국을 원조하기 위하여 중화민국 정부와 우호동맹조약을 체결할 용의가 있다는 것을 천명한다.

1945년 2월 11일

스탈린 · 루스벨트 · 처칠

2. 전후의 한국 문제

한국 문제에 관한 연합국 상호 간의 협의 ①

영 · 중 양국 정부가, 그리고 정세 진전에 따라서는 소련 정부라도 다음의 제문제에 대한 양해가 성립되는 것이 요청되는 바이다. (1) 한국에 대한 군사 점령에는 어느 나라들이 참여할 것인가. (2) 만약 한국에도 과도적 국제관리 행정부나 신탁통치제를 설치하기로 결정한다면 어느 나라들이 거기에 관여할 것인가.

전기 제(1)의 문제에 대한 국무부의 견해는 다음과 같다.

즉 한국 문제는 국제적 성격을 띤 것이므로 한국에서의 군사적 조치가 완료되는 즉시로 ① 한국에 대한 군사점령 및 군정은 가급적 연합 각국의 대표들로서 구성할 것. ② 그러한 대표들은 미 · 영 · 중의 3국과 같이 전후 한국 사태에 대하여 진정한 관심을 가지고 있는 모든 국가로서 구성되어야 할 것이며, 소련 역시 태평양전쟁에 참가하면 이에 속하게 된다. ③ 미국 이외의 각 국 대표 수효는 비율로 보아서 미국 측의 실권을 약화시킬 정도까지 그 세력을 약화시켜서는 아니 된다.

제2의 문제에 대하여 국무부는 다음과 같은 잠정적 견해를 가지고 있다. 즉 ① 과도적 국제관리 행정부 내지 신탁통지제는 제안된 국제기구의 권한 아래 또는 동 기구의 권한과는 독립적으로 설치되어야 한다. ② 미 · 영 · 중 및 소련의 4개국은 그러한 행정기구에 반드시 포함되어야 한다.

한국 문제에 관한 연합국 상호 간의 협의 ②

• 의제

(1) 한국에 대한 군사적 점령에는 어느 나라들이 참여할 것인가.

(2) 만약 한국에 대하여 과도적인 국제관리 행정기구 또는 대한 탁치기구를 설치하기로 결정이 되면 어느 나라들이 이에 관여해야 할 것인가.

• 토의

한국의 독립 달성에 관한 공동 행동은 다음과 같은 이유에서 중대하고도 필요하다.

(1) 중국 및 소련은 한국에 인접해 있으며 한국 문제에 대해서도 전통적인 이해관계를 가지고 있다.

(2) 미국 · 영국 및 중국은 카이로 선언에서 적절한 시기에 한국이 자유로운 독립국이 되어야 한다고 기약한 바 있다.

(3) 어느 단일국가에 의한 한국의 군사점령은 심각한 정치적 반응을 일으킬지도 모른다.

연합국의 육 · 해 · 공군 작전에 관한 문제는 순전히 군사적 성격의 것임은 이론의 여지가 없으며, 따라서 국무부와 직접적으로 관련된 것은 아니라 하나 어느 단일 국가가 한국에서 군사작전을 전개하고, 결국 동 국을 점령하게 되면 정치적으로는 난처한 결과를 초래할지도 모른다.

소련이 단독적으로 주한 군정청의 책임을 가지게 될 경우에는 중국은 만주 및 북부 중국에서 소련 세력권을 조장시키게 될지도 모른다는 것을 알 것이고, 또한 마찬가지로 소련 측은 전후 중국이 한국에서의 군정청에 단독적 책임을 가지게 될 여하한 조치에 대해서도 이를 좋아할 리는 만무하다. 따라서 우리는 다음과 같은 견해를 가지는 바이다.

즉, 한국에서의 군사작전이 완료되는 즉시로 동 지 점령군 및 주한 군
정청에는 실제로 가능한 한 연합 각국 대표가 파견되어야 하며, 동 군정
청은 가급적 한국을 구분될 지역이 아니라 단일체로 취급하여 중앙집권
적 행정 원칙에 입각하여 조직되어야 한다. 그리고 동 대표단은 장차 한
국의 정치적 지위에 대하여 진정한 관심을 가지는 국가들로서 구성될 것이
이며, 기타 제국가의 대표 수효는 미국 측의 한국 점령이 실권에 지장이
없을 정도로 유지되어야 한다. 미국이 한국 문제에 참여하는 것은 한국인
들이 미국을 제국주의적 계략을 꾀하는 국가로 취급하지 않으리라는 신
념에서인 것이다. 따라서 미국은 한국에 대한 점령 및 주한 군정청에서
주도 역할을 해야 된다.

전후 한국 문제는 전후 한국의 정치적 · 군사적 및 경제적 제문제에 대
한 개별적 질문서를 토대로 하여 미 국무부와 영 · 중 양국 외무부에서 검
토 중에 있다. 이 검토가 끝나면 동 외무 당국자들은 자국 정부 정책에는
하등의 저촉시킴이 없이 전기 각종 문제에 관한 문서를 비공식으로 교환
할 것이며, 그 후 서로의 차이점을 밝히기 위해서 비공식의 쌍방 대등 토
의를 가지게 될 것이다.

한국을 점령하게 될 제국가의 선택문제는 직접적인 중요성을 띤 것이
며 다음과 같은 이유에서 신중히 고려되어야 한다.

즉 ① 영국 외무 당국 요청에 의하여 한국에 대한 점령문제는 현재 미
국무부와 영 · 중 양국 외무부에서 검토하고 있는 제문제 중에 포함되어
있지 않다. ② 소련의 대일전 참가는 한국에 소련군 진출을 초래할 것이
며 그것은 점령군 구성을 결정하는 데 중요한 요소가 될 것이다. ③ 한국
에 대한 소련의 전통적 관심은 설혹 소련이 태평양전쟁에 참가하지 않더
라도 한국 군사점령에 참여하고자 할 가능성을 보이고 있다.

독립 이전의 한국에 관한 두 번째의 중요 문제는 만약 한국에다 과도적
인 국제관리 행정기구나 신탁통치제를 설치하기로 결정된다면 어느 나라

들이 거기에 참여해야 되느냐 하는 데 있다. 한국에 대한 군사점령 기간을 최소한도로 단축시키기 위해서, 또한 동시에 한국 국민들로 하여금 독립에 부수되는 여러 가지 책임에 대한 준비를 시키기 위해서 점령 종결시부터 한국 독립정부 수립 전까지 어떤 형식의 국제관리 행정기구나 신탁통치가 설치되어 한국인들 이 자치능력을 가지게 될 때까지 그 기능을 발휘해야 할 것으로 생각한다.

만약 기획된 국제기구의 권위 아래 과도적 국제관리 행정부나 신탁통치제가 한국에 설치되면 동 기구는 미국 · 영국 · 중국 그리고 소련 등을 포함한 한국에 대하여 주요 이해관계를 가진 각국은 신탁통치 이사국으로 임명될 것이다. 더욱이 설혹 동 주한 과도정부가 기획 중의 국제기구와 독립적으로 수립된 경우라도 미국 · 영국 · 중국 및 소련은 자연 동 과도정부에 적극적인 역할을 할 것이다. 극동에 있어서의 소련 입장으로 미루어 소련의 태평양전쟁 참가 여부를 막론하고 과도적 국제관리 정부에 소련 대표를 파견하는 것이 유리할 것 같다.

전후의 한국 문제에 관한 검토는 충분한 진전을 보지 못했으므로 국무부는 아직 한국에 대한 과도적 국제 감독기관의 정확한 구성이나 한국 독립을 허용할 시기 등에 관하여 권고할 만한 단계에 이르지 못하고 있다. 그러나 점령 기간이 연장될 가능성을 회피하기 위해서, 또한 한국 독립의 불필요한 지연을 방지하기 위하여 한국에다 과도적 국제 감독기관을 설치할 것인지, 또 그렇게 한다면 동 기관은 어느 나라 대표들로서 구성할 것인지에 대해서 국무부는 주요 관계 각국 간에 합의가 성립되어야 할 것으로 생각하는 바이다.

3. 소련의 대일전 참가

이 전문은 1944년 10월 4일 루스벨트 대통령이 모스크바 주재 미국 해군무관을 통해 해리먼 소련 주재 미국 대사에게 전달된 전문의 요약이다.

★　스탈린 원수에게 다음의 메시지를 즉시 전달할 것을 바람.

귀하는 이미 딘 장군(소련 주재, 미국 군사사절단장)을 통해서 대일 전쟁에 관한 연합참모본부의 입장을 천명한 성명을 접수했을 것으로 생각합니다. 본인은 이 점에 관하여 귀하가 우리에게 준 보장을 어떻게 본인이 완전 수락했는가를 재차 전하고 싶습니다. 우리 미·영·소 3개국이 독일에 대한 전쟁을 성공리에 수행하고 있으며, 우리에게는 마찬가지로 소련에 대해서도 큰 적이라는 것을 본인이 진심으로 생각하고 있는 국가를 분쇄함에 있어서도 똑같은 성공으로서 협력할 수 있다는 것을 확신하는 바입니다.

이 루스벨트의 전문이야말로 소련의 대일전 참가를 얼마나 갈망했고 그것이 참모들의 합의에 의해 이루어지자 루스벨트가 스탈린에게 고마움과 함께 다시 한 번 다짐한 것으로 이해되는 부분이라고 하겠다. 스탈린으로서는 대일전쟁에 소련이 참가하는 전제 조건을 루스벨트에 제시함으로써 묵시적인(그때까지만 해도) 승낙을 받고 나서부터는 군사전략을 수립하는 데 열중하였는데, 미국 수뇌 간에 오고 간 극비문서를 보면 일목요연할 것 같다. 1944년 10월 15일 해리먼 대사가 루스벨트 대통령에게 보낸 극비 전문은 이러하다.

★ 극동에 있어서의 소련 입장의 개요를 듣기 위하여 오늘 개최된 스탈린과의 회합에서는 이든 씨가 처칠 수상을 대신하여 참석했습니다.

소련의 안토노프(육군참모총장 대리)는 만주에 있는 일본군의 병력 및 소련과의 적대 행위가 개시될 때에 일본군이 어느 정도 증강될 수 있는가에 관한 소련 측의 정보를 공표하였습니다. 동 정보는 우리가 가지고 있는 것보다도 더 좋은 것이었습니다.

안토노프는, 소련이 가능한 공략로에 관해서 설명하고 일본을 공격하기 전에 30개 사단의 소련군을 증강하지 않으면 안 되는데, 현재 소련은 극동에 30개 사단의 병력을 보유하고 있기 때문에 총병력은 60개 사단에 이를 것이라고 말하였습니다.

이 증강은 독일 붕괴 후 2개월 반 내지 3개월이면 완료할 수 있다고 말하였습니다. 이어 스탈린은 자기가 제기한 질문에 자답하였습니다.

그는 즉시 육군의 식량 및 공군 연료의 증강을 위하여 2개월 혹은 3개월분의 저장을 시작하고 소브가반—콤소몰스크 철도를 완성하기 위한 노선용 철재를 포함한 육상 운수 자재를 입수하고 싶다고 말하였습니다. 스탈린은 병참문제에 관한 한 자세한 점은 말하지 않았지만 시베리아 횡단철도는 동방으로 하루 2만 5천 톤을 수송할 수가 있는데 그 가운데 30%는 민수용과 철도운영을 위해서 필요하다고 말하였습니다. 스탈린은, 소련이 공격 개시 후의 대일전쟁은 단기간에 끝날 것이며, 지금 즉시 저장을 증강할 수 있으면 대일 공격은 독일 붕괴 후 2개월 내지 3개월이면 개시될 수 있다고 말하였습니다.

스탈린은 대일 공격 개시일자는 여기서 말할 수는 없지만 공격 계획은 즉시 수립해야 한다고 말했습니다.

스탈린은 이 밖에 정치적으로도 고려할 부면이 있다고 말하였습니다. 스탈린은 현재 소련 극동군 병력으로서도 집적된 저장을 보호할 수 있다는 확신을 표명하고, 만약 일본이 먼저 공격한다면 서전에서는 소련군이 패퇴할지도 모르지만 소련 국민의 사기를 앙양하는 데는 큰 기여가 되므로 그렇게 되기를 바란다고 말하였습니다. 스탈린은 대일전쟁에 사용하기 위하여 4발 폭격기와 전략 공군훈련에 필요한 교관을 제공해 주면 고맙겠다고 말하였습니다. 본인은 스탈린에 대해서 사용 방법에 관한 양해가 성립되는 대로 곧 탑승원의 훈련을 시작하고 비행기도 제공할 것으로 자기는 알고 있다고 말하였습니다. 스탈린은 연해주의 비행장과 함께 페트로파블로프스크의 비행장도 미국 측이 사용할 수 있게 될 것이라고 말하였습니다. 그는 또한 전략 공군이 비행장·숙사·보급 등은 적대행동 개시 전에 건설되며 비행기는 행동 개시 전에 즉시 인도되어야 할 것이라고 말하였습니다. 그러나 우리는 지상부대가 사용할 수 있는 보급로에 대하여 어느 정도 공군의 추가 지지를 얻을 수 있는가에 관해서는 하등 명확한 지시를 얻지 못했습니다. 그리고 스탈린 및 그의 참모와 딘 장군 및 본인 사이의 회의를 내일 혹은 모레 다시 열기로 합의를 보았습니다. 스탈린은, 이번 회의에서는 아무런 결론도 말하지 않았지만, 조속히 계획 수립에 착수하고 대일전쟁을 위한 보급 물자를 지금부터 저장·집적하기 시삭한다는 의사를 명백히 했기 때문에 회의 전도가 유망하게 되었습니다.

1944년 10월 17일

딘 장군과 본인은 오늘 저녁에 스탈린 및 안토노프와 태평양전쟁에 소련이 참가·협력하기 위한 세부계획에 관해서 장시간 회의를 하였습니다. 스탈린은 세부에 걸쳐서 소련의 전략을 우리에게 설명하고 극히 솔직하게 일본에 대해서 조급히 공격을 개시했을 경우에 어떤 지구에 있어서는 소련에게 약점이 있음을 지적하고, 한편 만주에서 일본군을 포위하고 이를 격멸시키기 위한 강력한 지상 공격에 관한 전반적 계획의 대요를 설명하였습니다.

딘 장군은 한층 더 상세한 정보를 참모본부로 보내겠지만 본인은 또 본인으로서 각하 및 참모본부에 이 회의의 경위를 보고하는 바입니다.

스탈린이 즉시 고려를 바라고 있는 한 문제는 일본과의 적대행동 개시에 앞서 태평양 제항구를 통해 극동에 축적된 보급 장비에 대하여 우리로부터의 협조에 관한 것이었습니다. 스탈린은 지상군 및 전술·전략 공군이 필요한 물자의 세목을 적은 목록을 우리에게 지시했는데, 어떤 품목에 있어서는 2개월분의 저장을 예산하고 있으며 필요 장비의 예비까지 합쳐서 도합 100만 톤에 달하고 있습니다. 스탈린이 저장을 계획하고 있는 그 밖의 보급물자는 유럽으로부터 얻기로 되어 있다고 합니다.

스탈린은 언제부터 4발폭격기를 받기 시작했으며 또한 탑승원의 훈련을 시켜 달라느냐에 관한 통보는 2주일 내에 우리에게 할 것입니다. 이 전략공군은 극동에서만 사용하기 위해서 건설한다는 것을 스탈린은 무조건으로 확인하였습니다. 스탈린은 미 해군의 협력을 희망하면서 특히 페트로파블로프스크를 미국 기지로 사용할 것을 제안하였습니다. 스탈린은 미·소 양국의 육·해·공군의 상호 협조의 모든 국면에 있어서 세목계획을 수립할 용의를 가지고 있으며, 모스크바 주재 미국 군사사절단과 함께 이 선에 따라서 수속을 취하도록 소련 육·해 참모부에 허가를 주는 데 동의하였습니다.

스탈린은 이 점에 관해서 미·소 양국이 서로 비밀을 지킬 필요가 있다고 말하고 일본이 사전에 이 일을 의심하게 되면 서로 불리할 것이라고 말하였습니다. 본인은 11월 하순에 개최될 각하와 스탈린과의 회견에 관하여 해리(홉킨스) 씨와 그로미코와의 회담에 언급하여 그때 각하와 스탈린 사이에 정치 및 군사 양 부문에 있어서 결정적인 합의가 이루어질 것이라고 말하였습니다. 한편 스탈린은 이 모든 계획의 수립은 각하와 스탈린과의 회담의 준비로서 이루어져야 한다는 점에 동의하였습니다.

스탈린은 대일전쟁에 관해서 딘 장군이 제출한 미국 참모본부에 시사를 대략 승인하였으나 소련 지상군의 행동에 한층 더 큰 중점을 두고 있었습니다.

그는 딘 장군이 지시한 일반 전략을 명확히 이해하고 있었으며 이를 승인하고 칭찬하였습니다. 스탈린은 전쟁을 조속히 종결시키기 위하여 협력하겠다는 결의를 강조하고 '일본의 척추를 분쇄해버리겠다'고 말하였습니다. 본인은 목요일 당지를 출발할 예정이며 일기만 좋아지면 10월 20일, 즉 토요일 아침이면 워싱턴에 도착하게 될 것입니다.

앞에서 밝혀진 바와 같이 소련은 제2차대전 태평양전쟁에 참여하면서 실제로 참전하기 1년여 전에 다른 연합국, 특히 미국으로부터 정치적·군사적·경제적 사전 조건을 그들이 원하는 바 그대로 확보한 다음에야 참전했음을 확인할 수 있다.

새 역사를 창조하고 전 세계에 평화를 가져왔다고 하는 역사적 얄타비밀협정은 전쟁이 끝난 지 10년 만에 미 국무부에서 공표한 문헌만으로도 그 당시의 실상을 거의 파악할 수 있을 것 같다.

이상에 소개한 것은 소련이 일본에 전쟁 상태를 선포하고 극동전쟁에 참여하기까지의 각종 비화만을 간추려 보았다. 이 밖에도 그들이 세계문제를 도마 위에 올려놓고 그들 마음대로 요리한 것 가운데 중요한 문제들의 제목만 훑어보면 이러하다.

(1) 앞으로 50년 동안만이라도 세계평화를 유지하면서 두 번 다시 피를 보지 않도록 안전을 보장하자는 세계평화기구—국제연합을 창설하는 미국의 덤버턴·오크스 제안을 회담에 참석했던 각급 레벨이 많은 시간을 필요로 하는 회의에 회의를 거듭하여 성사시켰다는 것.

(2) 패전 독일의 분할 해체에 관한 여러 문제. 그에 파생되는 독일의 배상 문제에 있어서는 소련이 200억 달러를 주장한 데 대해서 영국은 처음부터 이에 반대하여 이 문제를 토의하는 회담 때마다 격렬한 논쟁이 벌어졌음을 엿볼 수 있다. 특히 독일의 배상 문제에 있어서는 영국이 소련에 맞서 강경한 태도와 과다하다는 근거를 숫자로 나열하면서 대항했으나 이 경우에서도 루스벨트는 스탈린의 주장에 묵시적으로 동의하는 태도를 견지했다.

(3) 폴란드 문제 : 폴란드는 원래가 강대국 틈바구니에서 떳떳한 독립과 자유를 향유하지 못한 상태에서 제2차대전으로 말미암아 국토

가 찢어지고 민족의 이동이 불가피했던 독일 다음가는 피해국이 되었다. 전후 폴란드의 국경선도 당사국의 의사는 개의됨이 없이 얄타회담에서 확정되었다. 폴란드 문제가 얄타회담에서 상당한 비중을 지님으로써 외무장관들의 회담, 3거두 회담 등에서 많은 시간을 필요로 했다. 그 이유는 소련의 야욕과 음모 때문이었다. 폴란드의 국경문제 초안은 물론 소련 측에서 제안되었다. 폴란드 문제에 약간 설명을 첨가하면 이 글이 편향적이라는 비판을 면치 못할 것 같으나 얄타회담이 새 역사를 재창조하는 회담이었다고는 하더라도 강대 3대국이 얼마나 자의대로 세계를 요리했는가를 단적으로 보여줄 것이기 때문에 감히 옮겨본다.

우선 동부 국경, 즉 소련과의 접경될 동부 국경은 폴란드 본래 국토의 3분의 1이 되는 커즌선 이동지역을 소련에 할양하는 결과가 되는 커즌선을 폴란드의 동부 국경으로 하자는 것이 몰로토프의 최초안이면서 결국 끝내 그렇게 결정되었고, 서부 국경은 독일 국토의 일부를 폴란드에 보상하는 세칭 오데르 · 나이세선이 독일의 새 동부 국경이요 폴란드의 서부 국경이 된 셈이다. 오데르 · 나이세선을 독일 · 폴란드의 새 국경선으로 폴란드 동쪽 국토를 빼앗은 대신 독일의 동쪽 영토를 폴란드에 편입시키자는 소련 제안에 대해, 루스벨트 미국 대통령이 오데르 · 나이세강 동쪽에 거주하던 독일 국민들의 문제는 어쩔 셈이냐고 질문하자, 스탈린은 그곳에 살던 독일 사람들은 이미 다 도망쳐버렸더라고 응수했다는 것이다.
또 폴란드의 임시정부 수립 문제에서도 소련은 어디까지나 자기네 괴뢰가 될 수 있는 인물들로 구성하려고 한 데 대하여, 처질 수상은 런던에 있는 망명정부 지도자들도 당연히 참가시켜야 한다고 강경하게 주장했다. 그러나 소련이 궤변을 늘어놓으며 처칠 수상의 의견을 받아들이지 않자 루스벨트 대통령이 타협안을 제기해 폴란드 내부로부터 민주주의적 지도자들을 참가케 하였다. 민주주의적 지도자라는 표현이 나오자 전후 우리나라에서 벌어졌던 미·소 공동위원회가 결렬됐던 바로 그 어휘의 진정한 의미가 공산 측의 그것과 자유민주주의 진영의 해석이 판이했기 때문이었던 것을 상기하게 된다.

프랑스가 독일의 패망과 함께 연합국의 일원이 된 경위 또한 미묘하다. 미·영·소 3대국이 전후의 독일을 어떻게 처우할 것이냐의 문제에 봉착했을 때 독일 안에 프랑스군에 의하여 점령될 지역을 프랑스에 할당하기로 하는 동시에 프랑스의 임시정부는 연합국 독일관리위원회의 일원으로 초청되는 3개국 외상들에 의해 합의되었다. 이와 함께 국제연합 창립총회에 초청될 국가정부에 보내는 초청장에도 이렇게 표기되었다.

즉, 미합중국 정부는 동 국 및 대영제국, 소비에트 사회주의 공화국연방, 중화민국의 제정부 그리고 프랑스공화국 임시정부를 대표하여……라고 함으로써 국제연합 안전보장이사회 거부권을 보지하는 5개 상임이사국이 된 것이다.

이 밖에도 군 막료들은 두 나라 또는 세 나라 각급 막료들이 각 지역의 군전략을 협의하기도 하고 독일과의 전쟁을 끝내기 위한 작 전문제, 병참지원을 위한 수송문제 등 하루에도 몇 차례씩 개최하였다. 외무장관들도 3거두의 수뇌회담에는 항상 동석하는 것은 물론 두 나라 혹은 세 나라의 외무장관 회의도 하루에 몇 차례씩 연속되는 가운데 포로에 관한 상호협정이 성립되었고, 유고슬라비아·헝가리·불가리아 등 해방된 구라파 여러 나라 문제, 이란의 석유 문제 등이 해결될 수 있는 윤곽을 잡았다. 또 소련의 대일참전과 함께 부수되는 소련 측의 정치적 요구조건, 그에 따르는 군수조달 문제, 나아가 중국 문제 등이 비중 있게 다루어졌던 점을 들 수 있겠다.

소련은 나치스 히틀러의 침략으로 말미암아 제2차세계대전의 피침략국으로 휘말려 들었으나 전쟁을 수행하는 와중에서도 군사 문제는 물론 전후의 정치 문제에도 세심한 주의를 기울였기 때문에, 전쟁으로 말미암아 입은 피해를 보상받고도 그 몇 배의 정신적·물질적·정치적 이득을 본 유일한 국가로 등장되었다.

전쟁이 연합국 측에 유리하게 전개되면서 당하기만 하던 소련의 크렘린 당국은 눈을 전후로 돌릴 수 있는 여유를 갖게 되었고, 루스벨트는 스탈린의 심기를 살펴 극동지역에서 대일전쟁에 소련을 끌어들이려는 계획과 맞물려 1944년 중반부터 흥정이 시작된 것이다.

루스벨트는 소련이 대일전쟁에 참가함으로써 연합군의 피해를 감소시킴과 동시에 대일전쟁의 종말을 하루라도 단축시킬 수 있다고 믿는 한편, 소련의 스탈린은 자기네가 대일전쟁에 참가하는 데 따르는 일체의 군수물자 조달은 물론 병참기지의 설치·확충 그리고 비행기지의 개설·신설, 4발중폭격기의 조달은 물론 그러한 폭격기를 운용할 비행기와 비행사, 훈련용 비행기의 조달 등 하나에서 열까지 일체의 군수물자를 미국으로부터 받아내는 보장을 받고 나서야 전쟁에 참가했다. 이 같은 보장이 확립되는 절차가 얄타비밀협정이라고 알려진 미국의 루스벨트, 영국의 처칠, 소련의 스탈린에 의해서 이루어졌다.

따라서 1945년 8월 9일, 소련은 대일전쟁 상태를 선포했고, 1945년 8월 15일, 일본 천황이 연합국의 포츠담선언을 무조건 받아들임으로써 제2차 세계대전은 그 종막을 고하게 되었다.

이로써 1943년 12월 1일의 카이로선언과 1945년 7월 26일의 포츠담선언에 따라 한국은 일본국의 기반으로부터 해방되었다.

그러나 해방의 기쁨도 잠시일 뿐 한반도가 남북으로 분단되는 비운을 맞이하게 된다. 그 연유는 이러하다.

주둔한 일본군의 무장해제를 누가 담당하느냐는 문제에 봉착했을 때, 연합국 측은 이에 대한 사전 준비나 협의가 전혀 되어 있지 않았기 때문에 잠정적으로 북위 38도선을 경계로 그 이북은 소련군이, 그 이남은 미군이 담당하기로 미·소 양국 군사전문가들에 의해 합의됨으로써 그에 따라 일본군의 무장해제가 진행되었다. 그러니까 만주 지역에 주둔하고 있던 일본군의 무장해제는 소련군이 담당하게 되었다.

그러는 가운데 미·영·소의 3대국 외상들의 종전 후의 국제 문제를 사후 수습하고 처리하기 위한 정치회담이 1945년 12월 하순 모스크바에서 개최되었다.

조국의 독립을 위해 미국에서 활약하던 이승만이 세계대전이 치열하게 전개되던 1943년 당시 미국 대통령 루스벨트에게 서한을 보내면서 워싱턴에 반소전선을 형성할 것을 요구했다. 그 서한을 통해 이승만은 "현재 우리는 소련이 한국에 소비에트공화국을 수립하려 한다는 점을 알려주고 싶다. 동시에 40년 전 미국에 큰 위협이 되었던 극동에서의 러시아의 팽창위협이 전혀 사라지지 않았다는 점을 이해해야 한다"고 권고하고, 미국인과 영국인들은 소련을 이 전쟁에 끌어들이기 위해 모든 노력을 기울였다. 일부 인사는 이것을 외교적 승리라고 생각하고 있으나 미래의 미국의 다음 세대는 이 때문에 대가를 치를 것이다'고 부언하고, 소련은 분명히 만주와 한국 그리고 이들 국가에 있는 군항을 장악할 것이라는 점도 아울러 지적했다.

이는 제2차대전 직후 소련이 한국에 진주하며 이승만을 반동적인 반소인사로 인정, 그의 정치참여를 배제시키기 위해 당시 소련의 주코프 군부에서 본국 정부 스탈린 동무와 비신스키 동무에게 보냈던 비밀 전문을 조선일보 기자가 발굴, 1995년 2월 7일 동 지에 보도함으로써 밝혀진 사실이다.

제2차대전의 강화회의가 샌프란시스코에서 진행되는 기간에도 이승만은 "루스벨트가 얄타에서 한국을 소련의 영향 아래 두기로 동의함으로써 한국민을 배반했다"고 그 소련 비밀 전문은 밝히고 있다.

대한민국 임시정부 대일 선전성명서 (1941. 12. 9)

　오인은 3천만 한국 인민과 정부를 대표하여 삼가 중화민국, 영국, 미국, 캐나다, 호주, 네덜란드, 오스트리아 기타 제국의 대일 선전이 일본을 격패케 하고 동아를 재건하는 가장 유효한 수단이 됨을 축하하여 자에 특히 다음과 같이 성명하노라.

1.　한국 전인민은 현재 이미 반침략전선에 참가하였으니 한 개의 전투 단위로서 추측국에 선전한다.
2.　1910년의 합방조약 및 일체 불평등조약의 무효를 거듭 선포하며 아울러 반침략 국가의 한국에 있어서의 합리적 기득권익을 존중한다.
3.　한국. 중국 및 서태평양으로부터 왜구를 완전히 구축하기 위하여 최후의 승리를 얻을 때까지 혈전한다.
4.　일본 세력하에 조성된 장춘 및 남경 정권을 절대로 승인치 않는다.
5.　루스벨트. 처칠 선언의 각조를 견쾌히 주장하며, 한국 독립을 실현키 위하여 이것을 적용하며, 민주진영의 최후 승리를 기원한다.

대한민국 23년 12월 9일
대한민국 임시정부

카이로 선언 (1943. 12. 1)

    루스벨트 대통령, 장제스 대원수, 처칠 수상은 각자의 군사. 외교고문과 함께 북아프리카에서 회담을 마치고 아래의 일반적 성명을 낸다.

    각 군사사절단은 일본국에 대한 장래의 군사 행동을 협정하였다. 3대 동맹국은 해로 · 육로와 공로에 의하여 야만적인 적국에 대하여 가차 없는 탄압을 가할 결의를 표명하였다. 이 탄압은 이미 증대하고 있으며 3대 동맹국은 일본국의 침략을 정지시키고 이를 벌하기 위하여 이번 전쟁을 속행하고 있는 것이다.

    위 동맹국은 자기 나라를 위하여 하등 이익을 요구하는 것이 아니며, 또 영토를 확장할 아무런 생각도 가지고 있는 것이 아니다.

    위 동맹국의 목적은 일본국으로부터 1914년 제1차세계대전 개시 이후 일본국이 탈취하고, 또는 점령한 태평양의 도서를 일체 박탈할 것과 만주 · 대만 · 펑후 제도와 같이 일본국이 청국인으로부터 도취한 일체의 지역을 중화민국에 반환함에 있다. 일본국은 또 폭력과 탐욕에 의하여 일본국이 약취한 다른 일체의 지역으로부터 구축될 것이다.

    전기 3대국은 조선 인민의 노예 상태에 유의하여 적당한 시기에 조선이 자유와 아울러 독립케 할 것을 결의한다.

    이 목적으로서 위 3대 동맹국은 동맹제국 중 일본국과 교전 중인 제국과 협조하여 일본국의 무조건 항복을 이룩하기에 필요한 간단하고 또 장기에 걸친 작전을 속행한다.

포츠담 선언 (1945. 7. 17)

1. 우리들 미합중국 대통령, 중화민국 주석, 대영제국 총리대신은 우리들의 수억 국민을 대표하여 협의한 결과, 일본국에 대하여 금차 전쟁을 종결시킬 기회를 주기로 의견이 일치되었다.

2. 미합중국, 대영제국 및 중화민국의 거대한 육·해·공군은 사방으로부터 자국의 육군과 공군에 의한 수배의 증강을 받아 일본국에 대하여 최후 공격을 가할 태세를 정비하였다. 우리 군사력은 일본국의 저항이 종지될 때까지 자국에 대하여 전쟁을 수행할 일체의 연합국의 결의에 의하여 지지되고 고무되고 있는 것이다.

3. 궐기한 세계의 자유로운 인민의 힘에 대한 독일국의 무익하고 도무의의한 저항 결과는 일본국 국민에 대한 선례를 극히 명백하게 보인 것이다. 현재 일본국에 대하여 집결하고 있는 힘은 저항하는 나치스에 대하여 적용될 경우에 전국에 대하여 전 독일 인민의 토지, 산업 및 생활잉여를 필연적으로 황폐케 한 힘에 비하여 측정할 수 없을 정도로 강대한 것이다. 우리들의 결의에 지지되는 우리들의 군사력의 최고도의 사용은 일본국 군대의 피할 수 없는 완전한 파멸을 의미하는 것으로 일본국 본토의 완전한 파괴를 의미하는 것이다.

4. 무분별한 타산에 의하여 일본제국을 멸망의 구렁으로 빠지게 한 고집 센 군국주의적 조언자에 의하여 일본국이 계속하여 통어될 것인가, 또는 이성의 길을 밟을 것인가를 일본국이 결정할 시기가 도래한 것이다.

5. 우리들의 조건은 다음과 같다. 우리들은 이 조건에서 이탈할 일은 없다. 이에 대신할 조건은 존재치 않는다. 우리들은 지연됨을 인정할 수 없다.

6. 우리들은 무책임한 군국주의가 세계에서 구축되기까지는 평화 안전과 정의의 신질서가 생길 수 없음을 주장하는 바이므로, 일본국 국민을 기만하여 이로 하여금 세계 정복의 거(擧)에 나서게 한 과오를 범하게 한 권력 또는 세력은 영구히 제거되지 않으면 안 된다.

7. 이 같은 신질서가 건설되고 일본국의 전쟁 수행 능력이 파쇄된 것이 확인되기까지에는 연합국이 지정한 일본국 영역 내의 제 지점은 우리들이 여기서 지시한 기본적 달성을 확보하기 위하여 점령될 것이다.

8. ‘카이로 선언’의 조항은 이행될 것이며, 일본국의 주권은 혼슈(休州) 홋카이도(北海島) 규슈(九州) 시코쿠(四國) 그리고 우리들이 결정할 제도서에 국한될 것이다.

9. 일본국 군대는 완전히 무장이 해제된 후에 각자의 가정에 복귀하여 평화적이고 생산적인 생활을 영위할 기회를 얻게 될 것이다.

10. 우리들은 일본인을 민족으로서 노예화하려 하고 또 국민으로서 멸망케 할 의도를 가진 것은 아니나 우리들의 포로를 학살한 자를 포함한 일체의 전쟁 범죄자에 대하여 엄중한 처벌을 가할 것이다. 일본국 정부는 일본국 국민 간의 민주주의적 경향의 부활 강화에 대항, 장애 일체를 제거하라. 언론 · 종교 · 사상의 자유와 기본적 인권 존중은 확립될 것이다.

11. 일본국은 그 경제를 지지하고 또 공정한 실물 배상을 바칠 만한 산업을 유지함은 용허될 것이나, 단 일본 국토로 하여금 전쟁을 하기 위하여 재군비하게 함과 같은 산업은 차한에 부재한다. 위 목적을 위하여 원료의 입수(그 지배와는 이를 구획)를 허가할 것이다. 일본국은 장래 세계무역 관계에 참가함이 용허될 것이다.

12. 전기 제목적이 달성되고, 또 일본국 국민의 자유로 표현된 의사에 따라 평화적 경향을 가지고, 또 책임 있는 정부가 수립되면 연합군 점령군은 곧 일본으로부터 철수할 것이다.

13. 우리들은 일본국 정부가 곧 전일본국 군대의 무조건 항복을 선언하고, 또 위 행동에 대한 동 정부의 성의를 보이기 위하여 적당하고도 충분한 보장을 제공하기를 동 정부에 대하여 요구한다. 위 이외의 일본국의 선택은 신속하고도 완전한 괴멸이 있을 뿐이다.

일본 천황의 항복 방송 (1945. 8. 15)

짐은 깊이 세계의 대세와 제국의 현상에 감하여 비상조치로서 시국을 수습코자 여기 충량한 그대들 시민에게 고하노라.

짐은 제국정부로 하여금 미·영·소·중 4국에 대하여 그 공동선언을 수락할 뜻을 통고케 하였다. 생각컨대, 제국신민의 강녕을 도모하고 만방 공영의 낙을 같이함은 황조황종의 유범으로서 짐의 권권복응하는 바, 전일에 미·영 양국에 선전한 소이도 또한 실로 제국의 자존과 동아의 안정을 서기함에 불과하고 타국의 주권을 배하고 영토를 범함은 물론 짐의 뜻이 아니었다. 연이나 교전이 이미 시세를 열하고 짐의 육.해 장병의 용전, 짐의 백료유사의 정려, 짐의 1억 중서의 봉공이 각각 최선을 다하였음에도 불구하고 전국은 필경에 호전되지 않으며, 세계의 대세가 또한 우리에게 불리하다. 뿐만 아니라 적은 새로이 잔악한 폭탄을 사용하여 번번이 무고한 백성을 살상하여 참해에 미치는 바 참으로 측량할 수 없게 되었다. 이 이상 교전을 계속하게 된다면 종내에 우리 민족의 멸망을 초래할 뿐더러, 결국에 인류의 멸망까지도 파각하게 될 것이다. 여사히 되면 짐은 무엇으로 억조의 적자를 보하며 황조황종의 신령에 사할 것인가. 이것이 짐이 제국정부로 하여금 공동선언에 응하게 한 소이이다.

짐은 제국과 함께 종시 동아 해방에 노력한 제 맹방에 대하여 유감의 뜻을 표하지 않을 수 없다. 제국신민으로서 전진에 죽고 직역에 순하고 비상에 폐한 자 및 그 유족에 생각이 미치면 오체가 찢어지는 듯하며 또 전상을 입고 재화를 만나 가업을 잃어버린 자의 후생에 관해서는 짐이 깊이 진넘하는 바이다. 생각하면 금후 제국의 받을 바 고난은 물론 심상치 않다.

그대들 신민의 충정은 짐이 선지하는 바이나 짐은 시운의 돌아가는 바 심란함을 감하고 인고함을 인하여서 만세를 위해서 태평을 개하고자 한다.

짐은 여기에 국체의 호지함을 얻어 충량한 그대들 신민의 적성에 신의하여 항상 그대들 신민과 함께 있다. 만약 정에 격하여 사정을 난조하여 혹은 일명배제하여 서로 시국을 어지럽게 하고 대도를 그르치게 하여 신의를 세계에 잃게 함은 짐이 가장 여기에 경계하는 바이다.

모름지기 거국일치 자손상존하여 굳게 신국의 불멸을 믿고 각자 책임이 중하고 갈 길이 먼 것을 생각하여 총력을 장래의 건설에 쏟을 것이며, 도의를 두텁게 하고 지조를 튼튼케 하여 국체의 정화를 발양하고 세계의 진운에 뒤지지 않도록 노력할지어다. 그대들 신민은 짐의 뜻을 받들라.

1945년 8월 15일
히로히토(格仁)

조선에 관한 모스크바 3상회의 결정서 (1945. 12. 27)

1. 조선을 독립국가로 재건설하며 조선을 민주주의적 원칙 아래 발전시키는 조건을 조성하고 가급적 속히 장구한 일본의 조선 통치의 참담한 결과를 청산하기 위하여 조선의 공업 · 교통 · 농업과 조선 인민의 민족문화의 발전에 필요한 모든 시설을 취한 임시 조선민주주의 정부를 수립할 것이다.

2. 조선 임시정부 구성을 원조할 목적으로 먼저 그 적의한 방책을 연구 조정하기 위하여 남조선 미합중국 점령군과 북조선 소비에트연방 점령군의 대표자로 공동위원회가 설치될 것이다. 그 제안 작성에 있어 공동위원회는 조선의 민주주의 정당 및 사회단체와 협의하여야 한다. 그들이 작성한 제안은 공동위원회 대표들의 정부가 최후 결정을 하기 전에 미 · 영 · 소 · 중 각국 정부에 그 참고에 공하기 위하여 제출하여야 한다.

3. 조선인민의 정치적 · 경제적 · 사회적 진보와 민주주의적 자치 발전과 독립국가의 수립을 원조 협력할 방책을 작성함에는 또 한 조선 임시정부와 민주주의 단체의 참여 아래서 공동위원회가 수행하되 공동위원회의 제안은 최고 5년 기한으로 4개국 신탁통치(Tnisteeship)의 협약을 작성하기 위하여 미 · 영 · 소 · 중 제국 정부가 공동 참작할 수 있도록 조선 임시정부와 협의한 후 제출되어야 한다.

4. 남북조선에 관련된 긴급한 제문제를 고려하기 위하여 또 남조 선 미합중국 관구와 북조선 소련 관구의 행정 · 경제면의 항구적 균형을 수립하기 위하여 2주일 이내에 조선에 주둔하는 미 · 소 양군 사령부 대표로서 회의를 소집할 것이다.

신탁통치에 대한 임시정부 결의문 (1945. 12. 18)

A. 결의

1. 본 정부는 각층 각파 및 교회 전국민으로 하여금 신탁통치제에 대하여 철저히 반대하고 불합작운동을 단행할 것.

2. 즉시로 재경 각 정치집단을 소집하여 본 정부의 태도를 표명하고 전도정책에 대하여 절실히 동의합작을 요하며 각 신문 기자도 열석케 할 것.

3. 신탁제도에 대하여 중·미·소·영 4국에 대하여 반대하는 전 문을 급전으로 발송할 것.

4. 즉시로 미·소 군정 당국에 향하여 질문하고 우리의 태도를 표명할 것.

B. 4국 원수에게 보내는 결의문

우리가 모스크바회의에서 신탁통치제를 적용한다는 의결에 대하여 반대한다.

1. 민족자결의 원칙을 고수하고 한국 민족의 총의에 절대로 위반된다.

2. 제2차대전 중 누차 선언한 귀국의 숙약(宿約)에 위반된다.

3. 연합국헌장에 규정한 3종탁치 적용 조례의 어느 항도 한국에는 부합되지 않는다.

4.　한국에 탁치를 실시함은 원동의 안전과 평화를 파괴할 것이다.

　　이상 이유는 한국의 즉시 독립과 세계평화를 위하여 탁치제에 반대하는 철저한 불합작을 미리 성명하고 귀국의 신중한 고려를 촉구한다.

대한민국임시정부 국무위원회
주석 김구(金九)
외무부장 조소앙(趙素昻)

한국 정치회담에 관한 유엔총회 결의 (1953. 8. 28)

A. 한국 정치회담 참가국에 관한 결의

총회는 ;

1. 1953년 7월 27일 한국에 있어서 체결된 휴전협정과 전투의 종식으로 그 지역에 있어서의 국제평화와 안전의 전면적 회복을 위하여 중대조치가 취하여졌다는 사실을 시인 명심하고,

2. 국제연합의 목적이 평화적 방법에 의하여 대의제 정부형태 아래 통일되고 독립된 민주한국을 구현하고 그 지역에 있어서의 국제적 평화와 안전을 전면적으로 회복함에 있음을 재확인하고,

3. 한국 문제의 평화적 해결을 보장하기 위하여 쌍방의 군사령관 은 휴전협정의 조인 발효 후 3개월 안에 한국으로부터의 전 외국 군대의 철수와 한국 문제의 평화적 해결 및 그 밖의 문제를 교섭을 통하여 해결하고자 각각 임명되는 대표들에 의하여 양방 고위 측의 정치회의가 개최될 것을 양방 관계국 정부에게 권고한다는 휴전협정의 권고를 명심하고,

4. 이와 같은 회의의 개최를 환영하고,

5. 다음과 같이 권고한다.

    ㉮ 한국에 통합군 사령부 밑에 군대를 제공한 측은 국제연합의 요구에 의하여 군대를 제공한 회원국 중에서 대한민국을 포함하여 정치회의의 참가국을 선택할 것이다. 참가국 정부들은 동 회의에 있어서 행동의 전반적 자유를 가지고 독자적으로 행동할 것이며

그들이 동의하는 결정이나 또는 협정에 의하여서만 제약을 받을 것이다.

㉯ 미합중국 정부는 A항에 언급된 다른 참가국과의 협의 후 정치회의가 1953년 10월 28일 이내로 쌍방이 만족하는 장소와 시일에 가급적 속히 개최되기 위하여 타방과 협의할 것이다.

㉰ 국제연합 사무총장은 쌍방이 동의한다면 가능한 역할과 편의를 정치회의에 제공할 것이다.

㉱ ㉮항에 의하여 참가하는 회원국은 동 회의에서 합의가 성립할 때 국제연합에 통고하며 수시로 국제연합에 계속 보고할 것이다.

6. 한국에 있어서 구호와 재건 계획을 수행하려는 의도를 재확인하며 동 사업에 기여할 것을 모든 회원국 정부에게 호소한다.

B. 소련의 공산 측 대표로서의 한국정치 회의 참가에 관한 결의

총회는;

한국 휴전협정 60항의 이행이란 제목의 결의를 채택함으로써 소비에트 사회주의 공화국연방은 타 측이 원한다면 한국 정치회의에 참가할 것을 건의한다.

C. 한국 문제에 관한 총회 결의 통고에 관한 결의

총회는;

사무총장에게 제7회 총회의 추가회기에 제출되고 총회에 의하여 건의된 한국 문제에 관한 제의를 총회의 관계 의사록과 함께 중화인민공화국 중화인민 정부와 조선민주주의인민공화국 정부에게 통고할 것과 수시로 보고할 것을 요청한다.

제 2 부

통일 문제

통일방안에 대한 변영태 대표의
제네바 본회의 연설 (통칭 14개항 통일 방안 1954. 5.11~5.22)

의장

대한민국 대표는 지금까지 자유 · 공산 양진영 각국 대표가 하신 제안을 참을성 있게 들어왔습니다. 이제 우리 자신도 제안을 할 때가 온 줄로 생각합니다. 여기 계신 대표 여러분이 수락하여 주시기를 충심으로 희망하며 다음과 같은 제안을 하는 바입니다.

1. 통일독립 민주한국을 확립할 목적으로 이에 관한 종전의 국제 연합 결의에 의거하여 국제연합 감독 아래 자유선거를 실시할 것.
2. 자유선거는 이러한 선거가 종래 가능하지 못하였던 북한에서 시행하고 대한민국 헌법의 절차에 의거하여 남한에서도 행할 것.
3. 선거는 이 제안이 채택된 때로부터 6개월 이내에 실시할 것.
4. 선거 전후와 선거 중을 통하여 선거감시에 관계 있는 국제연합 직원은 전 선거지역에서 자유분위기 조성의 조건을 감시하고 그 조건 조성을 원조하기 위한 이동 및 언론 등의 자유를 전적으로 향유할 것.
5. 선거 전후와 선거 중을 통하여 입후보자 그 운동원과 그 가족은 이동 및 언론 등의 자유와 민주국가에서 인정하고 보호하는 기타 인권을 전적으로 향유할 것.
6. 선거는 비밀투표와 보통 성년선거의 원칙에 의하여 할 것.
7. 전 한국 국회의 대표는 전국 인구의 비율에 의할 것.

8. 선거 지역의 인구에 대한 정확한 비율에 의하여 대표 수를 배정하기 위하여 국제연합 감시 아래 인구조사를 시행할 것.

9. 전 한국 국회는 선거 직후 서울에 소집할 것.

10. 특히 다음과 같은 문제는 전 한국 국회의 입법에 위임할 것.
    ㉮ 통일한국의 대통령을 새로 선거하는 여부
    ㉯ 현행 대한민국 헌법의 개정 문제
    ㉰ 군사단체의 해체 문제

11. 현행 대한민국 헌법은 전 한국 국회에서 개정될 경우를 제외하고는 그 효력이 존속될 것.

12. 중공군은 선거일 1개월 전에 철퇴를 완료할 것.

13. 국제연합군의 철퇴는 선거 전에 시작할 수 있으되 통일한국 정부가 전 한국을 완전히 지배할 수 있게 되고 이 사실을 국제연합이 증명하기 전에는 완료하지 못할 것.

14. 통일독립 민주한국의 판도와 독립은 국제연합에 의해 보장될 것.

한국 정전협정

본 협정은 일방 유엔군 총사령관과 타방 조선인민군 최고사령관 및 중국인민의용군 사령관과의 사이에 한국에서의 군사휴전에 관한 것이다.

(전문)

쌍방이 다 막대한 손해와 유혈을 입은 한국전쟁을 휴전시키며 종국적 평화조치가 성취될 때까지, 한국 내에서의 적대 행위와 군대의 제활동의 완전 중지를 보장하는 휴전을 확립할 목적으로 일방 유엔군 총사령관과 타방 조선인민군 총사령관 및 중국인민의용군 사령관인 서명자는 하기 조항에 규정된 제휴 전 조건을 수락하며, 차에 의하여 구속되며 지배될 것을 개별적으로 공동으로 또한 상호동의한 바 하기 조항은 성격상 순수히 군사적인 것을 목적으로 하며 전적으로 한국에서의 교전국에만 관계되는 것이다.

(제1조) 군사경계선 및 비무장지대

1) 군사경계선을 설치한다. 쌍방 군대 간에 비무장지대를 설치하기 위하여 쌍방은 군사경계선으로부터 2Km씩 철수한다. 비무장지대는 전쟁의 재기를 유발할 사건의 발생을 방지하기 위하여 완충지대로

서 설정되어야 한다.

2) 군사경계선의 위치는 첨부한 지도(지도 I)상에 표시한 바와 같다.

3) 이 비무장지대는 첨부한 지도상에 표시된 바와 같이 북방경계선 및 남방경계선으로 한정된다.

4) 군사경계선은 차후에 설치되는 군사휴전위원회의 지시에 따라 명확히 표지되어야 한다. 적대하는 쌍방 사령관은 비무장지대와 각기 해당 구역 내의 경계선을 연하여 적당한 표지물을 세워야 한다. 군사휴전위원회는 군사경계선 및 비무장지대의 양계선을 연하여 설치될 전 표지물의 설립을 감독하여야 한다.

5) 한강 하구의 영강을 동강의 일방 제방이 일방에 의하여 지배 되고 타방 제방은 타방에 의해서 지배된다 하더라도 쌍방의 모든 선박에 대하여 동등히 개방되어야 한다. 군사휴전위원회는 별도상에 표시되어 있는 것과 같이 한강 하구의 항행에 대하여 규칙을 규정하여야 한다.(지도 II) 쌍방은 일반 항행에 있어 타방의 군사 통괄하에 타방 육지에 제한 없이 입착륙할 수 있어야 한다.

6) 양측은 비무장지대 안에서나 이 지대서부터 또는 동 지대에 대해서 어떠한 적대 행위도 하여서는 안 된다.

7) 군인·민간인을 막론하고 군사휴전위원회로부터 특별히 허가되지 않는 한 군사경계선을 횡단하지 못한다.

8) 비무장 지대 안에 있어서 군인·민간인을 막론하고 입영하고자 하는 영역의 사령관으로부터 특별히 허가되지 않는 한 각 측의 군사적 지배 아래 있는 지역으로 출입할 수 없다.

9) 군사·민간인을 막론하고 민간 행정업무 및 민간 구제사업에 관하는 자 및 특별히 군사위원회에 의해서 출입 허가를 얻은 자를 제외하고는 비무장지대에 출입할 수 없다.

10) 군사경계선 이남의 비무장지대의 민간 행정업무 및 구제사업은 유

엔군 총사령관의 책임이며, 군사경계선 이북의 비무장지대의 민간 행정업무 및 구제사업은 조선인민군 최고사령관과 중국인민의 용군 사령관의 공동 책임이다. 민간 행정업무 및 구제사업의 실시를 위하여 비무장지대 출입을 허가할 수 있는 쌍방의 군인 및 민간인 수는 해당 사령관의 결정에 의하여 일방에서 허가되는 총 인원수가 일시에 1천 명을 초과하지 못한다. 민간경찰 및 그들이 휴대하는 무기의 수는 군사휴전위원회에서 규정하며, 타인은 특별히 군사휴전 위원회에 의해서 무기 휴대는 허가되지 않으며 무기 휴대를 금한다.

11) 본조에 포함되어 있는 것은 군사휴전위원회와 그의 보조자, 동 위원회의 합동감시반과 그의 보조자, 차후에 설치되는 중립국 감시위원회와 그의 보조자 및 동 위원회의 중립국 검열반과 그의 보조자 및 군사휴전위원회에 의해서 특별히 비무장지대 출입이 허가된 그 밖의 인원, 물자 및 장비의 비무장지대로 또는 동 지대로부터 혹은 동 지대 안에서의 완전한 이동의 자유를 방지하는 것으로 해석되어서는 아니 된다. 비무장지대 안에 있어 각각 군사의 통괄하 영역 및 완전히 도로가 연결되어 있지 않은 비무장지대 안의 제지점 간의 이동에 필요한 어느 도로든지 쌍방은 다 같이 이동 편리를 기하여 허락되어야 한다.

(제2조) 정전과 휴전에 관한 구체적 협정

A. 총칙

12) 전 지상군, 해군, 공군의 각 부대를 포함하는 각자의 지배 아래 있는 전 부대로서 한국 안의 모든 적대 행위에 대하여 양측 사령관은

완전 중지 하명과 이를 강제할 수 있다. 이는 본 휴전협정이 조인된 후 12시간 만에 효력이 발생한다. (본 휴전협정의 잔여 규정에 관한 유효 시일은 63항 참조.)

13) 쌍방의 상급기관의 정치적 회의를 통하여 평화적 조치를 용이하게 함으로써 군사휴전의 안정을 확정하기 위하여 대립하는 양 측 사령관은:

ⓐ 본 휴전협정의 효력이 발생한 후 72시간 이내에 본 협정에 규정된 것을 제외하고 비무장지대로부터 모든 군대 보급물자, 장비를 철수하여야 한다. 비무장지대로부터 군대가 철수한 후에 잔존하여 있는 모든 폭발물, 지뢰지대, 철조망 기타 군사휴전위원회 및 동 위원회의 합동감시반원의 안전 이동에 장애되는 구역들은 장애 구역으로 유도하지 않은 소로와 함께 그러한 장애물을 설치한 측의 사령관이 군사휴전위원회에 보고하여야 한다. 다음에 부가된 소도로는 제거 정돈하여야 하며, 최후로 72시간 훈련 기간의 종결 후 45일 이내에 모든 장애물은 비무장지대로부터 군사휴전위원회의 지시 및 감독 아래 철수하여야 한다. 72시간 유효 기간의 종결에 즈음하여 군사휴전위원회의 감시 아래 폐품수집 작전을 완료하기 위하여 허락된 45일 효력 기간 안에 비무장의 군대 및 군사휴전위원회에 의하여 특히 요청되고 대립하는 쌍방 사령관에 의하여 합의된 경찰의 성질을 가지고 있는 부대 와 및 제10항과 제11항에 해당하여 허락된 자를 제하고는 양측의 어느 측도 비무장지대 출입을 허가하지 못한다.

ⓑ 본 휴전협정 발효 후 10일 안에 상대방 측의 후방 및 연안 바다와 연안 도서로부터 모든 군대 보급물자와 장비를 철수하여야 한다. 만일 그러한 군대가 상기한 제한 기간 안에 철수되지 않고 상호 이 문제에 대해서 합의 없이 또한 지연에 대한 유효 이유

없이는 상대방은 안전과 질서를 유지함에 필요한 여하한 행동이라도 취할 권한이 있다. 상기한 '연안도서'라 함은 본 휴전협정의 발효시에 일방에 의하여 점령된 것이라도 1950년 6월 24일에 타방의 통괄 아래 있었던 도서들을 말한다. 황해도와 경기도와의 도계선의 북방 및 서방에 위치하고 있는 모든 도서는 조선인민군 최고사령관 및 중국인 민의용군 사령관의 군사 지배 아래 둔다. 단 백령도(북위 87°58' 동경 124°40'), 대청도(북위 37°50' 동경 124°42'), 소청도(북위 37° 46' 동경 124°46'), 연평도(북위 37°36' 동경 125°58') 및 우도(북위 37°36' 동경 125°58') 등의 도(島) 군(郡)과 유엔군 총사령관의 군사 통괄 관하에 포함되어야 할 도군은 이 규정에 의하지 아니한다. 한국 서연안을 연하여 상기한 도계선 남방에 위치된 모든 도서는 유엔군 총사령관의 군사통괄 아래 둔다.

ⓒ 다음과 같은 조건부로 한국으로의 원병의 도입을 중지한다. 군(郡)부대 및 병력교대 한국파견기측(基則)에 따르는 병력 도착 및 단기간의 한국 밖으로의 휴가 또는 출장근무 완료 후의 한국 귀환에 관해서는 하술하는 범위 안에서만 허락된다. '교대'는 한국 교대 복무를 시작하는 다른 부대 및 병력으로서 부대 및 병력을 대치함을 정의로 한다. 교대 병력은 제43항에 지적한 입항구를 통하여서만 한국으로 도입 또는 한국에서 철수하여야 하며 교대 방책 아래의 한국 내 군사 복무자는 1개월 3만 5천 명 이하라야 한다. 만약 군에 복무하고 있는 자의 한국 입국으로 인하여 본 휴전협정의 발효 기일 이후 입국 허가된 일방의 군인 총수가 동일 이후 한국을 떠난 동측의 군복무자 총수를 초과할 경우에는 그쪽의 군에 복무하고 있는 자의 한국 도입은 허가되지 않는다.

군인의 한국 도착 및 출발에 관한 것은 매일 군사휴전위원회 및 중립국 감시위원회에 보고하여야 한다. 동 보고에는 도착 예정지와 출발지 및 각각 도착 인원수 및 출발 인원수를 포함하여야 한다. 중립국 감시위원회와 그의 중립국 검열반을 상기 허락된 부대급 병력의 교대를 제43항에 지적한 입항구에서 감시, 검열을 실시한다.

Ⓓ 다음과 같은 조건으로 증강을 목적으로 하는 전투항공기, 장갑차, 무기 및 탄약의 한국 도입을 중지한다. 즉 휴전 기간 중 상해 폐화된 전투항공기, 장갑차, 무기 및 탄약은 같은 효력 및 동형의 것으로 1 대 1의 기초로 보충할 수 있다. 그러한 전투항공기, 장갑차, 무기 및 탄약은 제43항에 기록한 입항구만을 통하여 한국에 도입할 수 있다. 보충 목적으로 한국에 도입되는 전투항공기, 장갑차, 무기 및 탄약의 청구를 정당히 하기 위하여, 이러한 품종의 수입적하에 관한 보고를 군사휴전위원회 및 중립국 감시위원회에 보고하여 이미 보충된 품종의 처치에 관한 진술도 포함되어야 한다. 보충된 품종이 한국에서 이동할 때에는 제43항에 기록한 입항구를 통해서만 이동할 수 있다. 중립국 감시위원회와 중립국 검열반은 상기에서 허락된 전투항공기, 장갑차, 무기 및 탄약의 보충을 제43항에 기록된 입항구에서 감시, 검열하여야 한다.

Ⓔ 본 휴전협정의 어느 규정이라도 위반하는 자는 해당 휘하에서 처벌되어야 한다.

Ⓕ 매장 장소가 실제로 기록 및 묘지 문제에 관계된 경우 상대방 의 군인 시체 및 포로의 시체를 발견 후송하는 묘지 사업을 시작할 목적으로, 본 휴전협정의 발효 후 일정한 제한 시간 안에 상대방 의 묘지 등록 관계원들의 군사통치하의 한국지역 출입을 허가한다. 상 기무 수행의 특수절차 및 시간제한은 군사휴전위원회에

의하여 정된다. 양측의 사령관은 상대방의 군사 복무자의 시체의 매장지에 관계되는 모든 정보를 제공하여야 한다.

ⓖ 차후에 규정되는 기능 및 책임 운영에 군사휴전위원회와 그의 합동감시반, 중립국 감시위원회 및 그의 중립국 검열반을 충분히 보호하여 가능한 모든 협조를 제공하며, 중립국 감시위원회 및 그의 중립국 검열반에게 중립국 감시위원회 본부와 제143항에 기록한 입항 구간의 이동 편리 및 중립국 감시위원회와 보고된 본 휴전협정 위반 발생장소 간의 이동 편리를 양측에 의해서 합의된 중요 통신망으로써 제공한다. 불필요한 지연을 방지하기 위하여 중요 통신망의 단절 및 가설 불가능한 장소에는 교체회로 사용 및 수송 방법의 사용이 허가된다.

ⓗ 군사휴전위원회 중립국 감시위원회 및 그의 반들이 요청하는 통신 및 수송시설을 포함하는 군수 지원을 제공한다.

ⓘ 각각 해당하는 비무장지대 안의 군사휴전위원회 본부 부근에 동 위원회가 사용하기 위하여 적당한 비행장을 설치 · 운용 및 유지한다.

ⓙ 중립국 감시위원회 및 차후에 설치될 중립국 송환위원회의 모든 직원은 국제적 관례 아래 신임외교원이 일반적으로 향유하고 있는 것과 동등한 권한대우 및 면역 또는 기능을 적절히 발휘함에 필요한 자유 및 편리를 향유한다.

14) 본 휴전협정은 양측의 군 지배하의 모든 지상군에 적용한다. 동 지상군은 비무장지대 및 상대방의 군사 지배하의 한국 영역을 존중하여야 한다.

15) 본 휴전협정은 상대하는 모든 해군에 적용한다. 동 해군은 비무장지대에 접근하여 있는 영해 및 상대방의 군 지배하의 한국 영역의 육지를 존중하여야 하며, 한국의 하등의 여하한 폐쇄에도 종사하여서

는 아니 된다.

16) 본 휴전협정은 양측의 모든 공군에 적용하며, 동 공군은 비 무장지대상의 공역 상대방의 군사 지배하의 한국 영역에 인접한 지역을 존중하여야 한다.

17) 본 휴전협정의 제조항의 복종과 실행의 책임은 동 협정의 조인자 및 지휘권의 계승자에 있다. 상대하는 쌍방의 사령관은 당 휘하의 모든 부대가 본 제규정에 복종하기에 필요한 모든 조치와 절차를 설정하여야 한다. 본 휴전협정 제규정의 정의와 본질정신의 준수를 기함에 있어 군사휴전위원회 및 중립국 감시위원회와 상호 협정하여야 한다.

18) 군사휴전위원회 및 중립국 감시위원회와 그의 반의 운영자금은 상대하는 쌍방이 동등히 부담한다.

B. 군사휴전위원회

1. 구성

19) 본조에 의하여 군사휴전위원회를 설정한다.

20) 군사휴전위원회는 10명의 수석장교로서 구성하며, 그중 5 명은 유엔군 총사령관이 임명하고 잔여 5명은 조선인민군 최고사령관과 중국인민의용군 사령관이 공동임명한다. 10명 중 양측에서 각각 3명은 장관 또는 제독, 잔여 2명은 소장·준장·대령 혹은 동등한 자로서 임명하여야 한다.

21) 군사휴전위원회의 직원은 필요에 따라 보좌참모를 둘 수 있다.

22) 군사휴전위원회는 기록 보존 서기와 통역의 제기능을 수행함으로

써 동 위원회를 원조함을 그 임무로 하는 사무국을 설정하는 데 필요한 행정 요원이 제공된다. 양측은 1명의 서기와 1명의 서기보 및 사무국을 조력하는 데 소요되는 서기와 전문요원을 사무국에 임명하여야 한다. 기록은 영어·한국어·중국어로서 보관되어야 하며 이들은 모두 동등한 신빙을 갖는다.

23) Ⓐ 군사휴전위원회에는 10반의 합동감시반이 제공되어 협력을 받는다. 그 반원은 쌍방의 군사정전위원회 수석장교의 합의에 의해서 감소될 수도 있다.

　　　Ⓑ 각 감시반은 4명 이상 6명 이하의 영관급 장교로서 구성되며, 그 반수는 유엔군 총사령관이 임명하며 반수는 조선인민군 총사령관과 중국인민의용군 사령관이 공동임명한다. 운전수, 서기 및 통 역관 등의 부가적 요원은 합동감시반의 기능 발휘에 소요되는 대로 각 측이 제공한다.

2. 기능 및 권한

24) 군사휴전위원회의 일반 임무는 본 휴전협정 이행의 감독과 본 휴전협정 위반을 협의를 통하여 조정함에 있다.

25) 군사휴전위원회는;

　　　Ⓐ 그의 본부를 판문점 부근(북위37° 57'29" 동경 126° 40'00")에 위치하여 군사위원회는 상대하는 양측의 수석대표 합의 아래 비무장 지대 안의 다른 지점에 그의 본부를 재선정할 수 있다.

　　　Ⓑ 의장 없이 합동 편제된 기관과 같이 운영한다.

　　　Ⓒ 때때로 필요하다고 생각되는 모든 절차의 규칙을 제정한다.

　　　Ⓓ 비무장지대와 한강 하구에 관계되는 본 휴전협정의 모든 규칙 운영을 지시한다.

ⓔ 합동감시반의 운영을 지시한다.

ⓕ 본 휴전협정의 모든 규칙 위반을 협의를 통하여 조정한다.

ⓖ 본 휴전협정의 모든 규칙 위반 조사 및 중립국 감시위원회에서 접수하는 절차에 관한 모든 기록 보고를 즉시로 상대하는 사령관에 송부하여야 한다.

ⓗ 포로 교환위원회와 민간인 송환위원회의 모든 활동을 일반적으로 지시·감독한다.

ⓘ 쌍방 사령관의 서신을 송부하는 데 있어 중개인의 역할을 한다. 그러나 이는 사령관들이 사용코자 하는 기타의 여하한 방법으로서도 상호 문서를 교환함을 금지하는 것으로 해석하여서는 아니된다.

ⓙ 동 위원회 직원과 그의 합동감시반에 대하여 신임장과 특수한 휘장을 구비시키며, 동 위원회의 임무 수행에 사용되는 차량, 항공기, 함정에 대하여 명확한 표지를 하여야 한다.

26) 합동감시반의 임무는 비무장지대 및 한강 하구에 관한 본 휴전협정의 모든 규정 운영을 감독함으로써 휴전위원회를 협조함에 있다.

27) 군사휴전위원회 혹은 동 회의 양측 수석대표는 비무장 지대와 한강 하구에서 발생되었다고 보고된 본 휴전협정의 위반 사실을 조사하기 위하여 합동감시반을 파견할 수 있으나, 군사휴전위원회에 의하여 파견되어 있지 않은 반수 이하의 합동감시반원만이 군사 휴전위원회의 일방 수석대표에 의하여 하시든지 파견될 수 있다.

28) 군사휴전위원회 또는 양측의 동 위원회 수석대표는 휴전협정에 대한 위반이 발생하였다고 항의되거나 보고된 비무장지대 밖의 장소에 대한 특별조사 및 검사를 할 것을 중립국 감시기관에 요구할 수 있다.

29) 군사휴전위원회가 휴전협정에 대한 위반이 발생하였다고 결정하는 경우에는 즉시로 그 위반을 쌍방 사령관에 보고하여야 한다.

30) 군사휴전위원회가 휴전협정에 대한 위반이 원만히 교정되었다고

결정하는 경우에 동 위원회는 쌍방 사령관에게 그와 같이 보고하여야 한다.

3. 총칙

31) 군사휴전위원회는 매일 회합한다. 7일 이내의 휴회는 양측 수석대표에 의하여 합의될 수 있으나, 그러한 휴회는 일방 수석대표에 의한 24시간의 공시로써 종료한다.

32) 군사휴전위원회의 전 회담의 진행 기록의 사본은 매 회담 후 가능한 한 빨리 쌍방 사령관에게 송달하여야 한다.

33) 합동감시반은 군사휴전위원회에서 요구하는 정기 보고를 제출하여야 하며, 그 외에 그들이 필요하다고 생각하거나 군사휴전위원회가 요구하는 특별보고서를 제출하여야 한다.

34) 군사휴전위원회는 본 휴전협정에 의하여 요구되는 보고서와 진행 기록의 서류철을 각각 2통씩 보관해야 한다. 동 위원회는 그 사무상 필요하다고 생각되는 기타 보고서 및 서류철을 2통씩 보관할 수 있다. 동 위원회가 해산할 경우에는 상기의 서류철을 각 측에 1통씩 회송한다.

35) 군사휴전위원회는 본 휴전협정의 개정 첨가에 관하여 쌍방 사령관에게 권고할 수 있다. 이와 같이 권고된 변경은 일반적으로 일층 유효한 휴전을 보장하기 위한 것이어야 한다.

C. 중립국 감시위원회

1. 구성

36) 중립국 감시위원을 본 협정에 의하여 설정한다.

37) 중립국 감시위원회는 4명의 고급장교로서 구성하며 그중 2명은 유

엔군 총사령관에 의하여 지명된 중립국, 즉 스웨덴·스위스에 의하여 임명되며, 잔여의 2명은 조선인민군 최고사령관과 중국 인민의용군 사령관이 공동 지명한 중립국, 즉 폴란드·체코슬로바키아에 의해서 지명된다. 여기서 사용되는 '중립국'이란 용어는 그의 전투부대가 한국전쟁에 참가하지 않은 국가들로 규정한다. 동 기관에 임명되는 대표는 임명국의 군에서 임명된다.

각 대표는 본 대표가 어떠한 이유로 인하여 출석할 수 없게 된 회합에 참석할 대리 대표를 지명한다. 그 대리 대표는 본 대표와 동 국적을 가진 자라야 한다. 중립국 감시위원회는 일방에서 지명한 중립국에서 출석할 대표의 수와 타방이 지명한 중립국으로부터 출석한 대표의 수가 동수일 때는 항시 활동을 개시할 수 있다.

38) 중립국 감시위원회 대표들은 필요시는 중립국이 제공하는 보조 참모들을 사용할 수 있다. 이 보조 참모들은 동 기관의 대리 대표로서 임명된다.

39) 중립국은 기록 보관, 서기, 통역과 같은 기능을 수행함으로써 중립국 감시위원을 원조할 책임이 있는 사무국을 설치하는 데 필요한 행정요원을 중립국 감시위원회의 대표들에게 제공하도록 요청된다.

40) Ⓐ 중립국 감시위원회는 20반의 중립국 검열반이 제공 보조되며, 당직원은 군사휴전위원회의 양측 수석대표의 합의 아래 감소될 수 있다. 중립국 검열반은 책임이 없다.

Ⓑ 각 중립국 감시반은 영관급 장교 4명 이상으로 구성되며, 그 반수는 유엔군 총사령관이 지명한 중립국에서 파견되고 기타 반수는 조선인민군 최고사령관과 중국인민의용군 사령관의 공동으로 지명한 중립국에서 파견된다. 중립국 검열반에 임명되는 대표들은 임명국의 군이어야 한다. 중립국 감시반의 기능 발휘를 촉진시키기 위하여 2명 이상의 대표로서 구성되는 보조감시반이

필요시에는 구성된다. 이 2명의 대표 중 1명은 유엔군 총사령관
이 지명한 중립국에서 차출되며 1명은 조선인민군 최고사령관
과 중국인민의용군 사령관이 공동으로 지명한 중립국에서 차출
됨을 원칙으로 하되 사정에 의하여 편리하게 구성될 수 있다. 중
립국 감시반이 그의 임무를 수행함에 필요한 운전수, 서기, 통역
관, 통신요원과 그의 설비 등을 요구에 따라 비무장지대 및 각
측의 군사지배 구역 안에 해당 사령관이 제공하여야 한다. 중립
국 감시위원회 및 중립국 감시반은 상기 인원 및 장비를 필요에
따라 각자가 제공하되 그 인원은 중립국 감시위원회의 구성 중
립국인이어야 한다.

2. 기능 및 권한

41) 중립국 감시위원회의 임무는 본 협정의 13항의 ⓒ절과 ⑧절 및 23항
에 규정된 감시 · 감독 및 검열급 조사의 이행과 그러한 감시 · 감독
및 조사의 결과를 군사위원회에 보고하는 것이다.

42) 중립국 감시위원회는;

ⓐ 그의 본부를 군사휴전위원회 본부 근방에 둔다.

ⓑ 수시로 필요하다고 생각되는 절차 규정을 제정한다.

ⓒ 동위원회의 대표 및 중립국 감시반을 통하여 본 휴전협정 제44
항에 열거된 출입 항구를 제13항 ⓒ절 및 제13항 ⓓ절에 의하
여 감시, 검열하며, 또한 본 휴전협정에 대한 위반이 발생되었다
고 보고된 장소에 관하여 규정된 본 협정 제23항의 특별 감시 ·
검열을 실시한다. 중립국 감시반의 전투항공기, 장갑차, 무기와
탄약에 대한 검열은 증강을 목적으로 하는 전투항공기, 장갑차,
무기 및 탄약의 한국 도입은 못한다는 것을 적절히 인식 · 확인함

에 있으며, 모든 전투항공기, 장갑차, 무기 및 탄약의 비밀계획 및 특징의 검열 시험을 허락하는 것으로 해석되어서는 아니 된다.

ⓓ 중립국 감시반의 운영을 지시·감독한다.

ⓔ 유엔군 총사령관의 군사통괄 영역 안에 위치될 5개 중립국 감시반을 제43항에 열거된 출입 항구에 위치하여 조선인민군 최고 사령관과 중국인민의용군 사령관의 군사적 통괄 영역 안에 위치될 5개 중립국 감시반은 제43항에 열거한 출입 항구에 위치하여야 한다. 10개의 기동중립국 감시반을 예비로 보유하고 대체로 중립국 감시위원회 본부 부근에 위치하며, 그 수는 군사휴전위원회의 양측 수석대표들의 합의 아래 감소될 수 있다. 또한 반수 이하의 기동중립국 감시반이 군사휴전위원회의 일방 수석대표의 요청에 따라 일시에 파견될 수 있다.

ⓕ 전항의 규칙에 복종하며 군사휴전위원회 또는 동 위원회의 일방 수석대표가 요청하는 본 휴전협정의 위반에 대한 조사를 포함하여 모든 본 휴전협정에 대한 위반 사실을 신속히 조사한다.

ⓖ 동 위원회의 보조 직원과 그의 중립국 감시반에게 신임장 및 특수한 완장을 제공하며 임무 수행에 사용하는 모든 차량, 항공기, 선박에 특수한 표지를 하여야 한다.

43) 중립국 감시반은 하기의 출입 항구에 위치한다.

유엔군 총사령관의 군사 통괄 영역 내

인천 (북위 37° 23' 동경 126° 33')

대구 (북위 35° 52, 동경 128° 36')

부산 (북위 35° 06' 동경 129° 02')

강릉 (북위 37° 45' 동경 128° 45')

군산 (북위 35° 59' 동경 126° 43')

조선인민군 최고사령관과 중국인민의용군 사령관과의 군사 통괄 영역 내

신의주 (북위 40° 06' 동경 124° 24')

청진 (북위 41° 46' 동경 129° 49')

흥남 (북위 39° 50' 동경 127° 37')

만포 (북위 41° 09' 동경 126° 18')

신안주 (북위 39° 36' 동경 125° 36')

본 중립국 감시반은 영역 안에서 자유로이 이동할 수 있으며 첨도상(添圖上)에 표시한 통신망을 자유로이 사용할 수 있다.

3. 총칙

44) 중립국 감시위원회는 매일 회담한다. 7일 이내의 휴회는 동 위원회의 직원의 합의하에 성립한다. 단 그와 같은 휴회는 어느 한 대표에 의한 24시간 공시로서 종료한다.

45) 중립국 감시위원회의 전 회담 진행 기록의 사본은 각 회담 후 가능한 한 빨리 군사휴전위원회에 제출하여야 하며 기록은 영어·한국어·중국어로 기입한다.

46) 중립국 감시반은 중립국 감시위원회가 요구하는 대로 감독, 관찰, 검열, 조사의 결과에 관한 정기 보고를 제출한다. 또한 동 위원이 요구하거나 필요하다고 생각되는 특별보고도 추가하여 제출하며, 동 보고서는 대체로 1개 반에 의해서 제출되거나 아래와 같은 조건으로 동 감시반의 1인 혹은 그 이상의 대표가 제출한다. 1인 혹은 그 이상의 대표에 의해서 제출되는 보고서는 정보에 관한 것으로 생각되는 보고서뿐이다.

47) 중립국 감시반에 의하여 인도되는 서류는 중립국 감시위원회에 의하

여 지체없이 접수하였을 때의 언어 그대로 군사위원회에 송환되어야 한다. 또한 보고서는 번역이나 평가에 의해서 지연되어서는 안 된다. 중립국 감시위원회에서는 이러한 서류를 가능한 한 속 히 평가하여 군사휴전위원회에 그 판정을 우선순위로 제출하며 군사휴전위원회는 중립국 감시위원회로부터 동 서류의 판정을 접수하기 전에 아무런 활동도 못한다. 중립국 감시위원회 및 그의 반 직원은 제출된 보고서를 명확히 하기 위하여 군사휴전위원회의 일방 수석대표의 요구가 있을 때에는 군사휴전위원회에 출두할 것에 복종하여야 한다.

48) 중립국 감시위원회는 본 휴전협정이 요구하는 바의 진행에 관한 보고 및 기록 등의 서류철을 각각 2통씩 보관하여야 한다. 또 한 동 위원회는 그의 사무처리상 필요한 기타 기록 보고서의 서류철을 각각 2통씩 보관할 수도 있다. 동 위원회가 해산되는 경우에는 상기 서류철을 1통씩 쌍방에 회송한다.

49) 중립국 감시위원회는 본 휴전협정의 수정 추가에 관하여 군사휴전위원회에 권고할 수 있다. 이와 같이 권고된 변경은 대체로 휴전을 일층 더 유효하게 할 수 있는 것이어야 한다.

50) 중립국 감시위원회 또는 동 위원회 대표는 군사휴전위원회의 어느 대표와도 통신할 수 있다.

(제3조) 포로에 관한 협정

51) 본 협정의 발효시에 쌍방의 관리 아래 보호되어 있는 전 포로의 석방 및 송환을 본 휴전협정의 조인 전에 양측에 의해서 합의된 하기 조항에 준하여 실시하게 된다.

Ⓐ 본 휴전협정이 발효된 후 60일 이내로 쌍방은 하등의 장애도 받지 않고 직접 송환을 주장하는 모든 포로를 포로 당시에 속한 측의 관리에 집단으로 송환 혹은 인계하여야 한다. 본국 송환은 본 조의 관계 규정에 의하여 완수되어야 한다. 본 휴전협정의 조인 전에 그러한 사람의 송환을 민속히 하기 위하여 쌍방으로 직접 송환될 합계 인원수를 국적별로 하여 교환한다. 타방에 송환될 각 포로군은 국적별로 성명, 계급(있을 때) 및 억류번호 혹은 군번을 포함한 명부를 동반하여야 한다.

Ⓑ 쌍방은 직접 송환되지 않은 모든 잔여 포로를 각각 군사지배 또는 관리로부터 해제하고 하기에 부록한 규정에 의해서 처리하기 위하여 중립국 송환위원회에 인계한다.(즉 중립국 송환위원회의 참고 조항의 부록임.)

Ⓒ 본 휴전협정의 목적을 성취함에 있어 3개 언어의 동시 사용으로 인한 오해를 제거하기 위해서 포로의 국적 및 거주지 등을 무시하고 일방에 의해서 타방으로 포로를 전달하는 행동을 영어로 'Repartriation', 한국어로는 '송환', 중국어로서 'Chien fan' 이라 칭한다.

52) 쌍방은 본 휴전협정의 효력에 부수하여 석방 또는 송환된 전 포로는 한국전쟁에 가담하지 못한다.

53) 송환을 주장하는 모든 상병 포로는 우선적으로 송환되어야 한다. 가능한 한 가료와 도중 간호를 제공하기 위하여 의무관은 송환되는 상병자와 함께 체류된다.

54) 본 협정 제51항 Ⓑ가 요구되는 전 포로의 송환은 본 휴전협정의 발효 후 60일 제한기일 안에 완수되어야 한다. 이 제한기일 안에 쌍방은 각자의 관리 아래 있는 상기 포로의 송환을 신속히 완료하도록 하여야 한다.

55) 쌍방의 포로의 인도 및 인수 장소를 판문점으로 한다. 필요시에는 포로송환위원회에 의해서 비무장지대 안에 포로 인도 및 인수 장소를 선정할 수도 있다.

56) Ⓐ 본 협정에 의해 포로송환위원회를 설치한다. 동 위원회는 영관급 장교 6명으로서 구성되며, 그중 3명은 유엔군총사령관이 임명하고 또 3명은 조선인민군 총사령관과 중국인민의용군 사령관이 공동임명한다. 군사휴전위원회의 일반 감독과 지휘 아래 있는 본 위원회는 포로송환과 포로송환에 관한 본 휴전협정의 제규정의 이행 감시에 관한 쌍방의 특별 의안의 협조에 책임을 진다. 본 위원회의 임무는 쌍방의 포로수용소로부터 포로 인도 및 인수장소에 포로 도착시간을 조정하며, 필요시 수송 및 상병포로의 복리에 관한 특수협정을 제정하며, 본 협정 제57항에 의해서 설정된 포로송환의 협조를 목적으로 하는 합동 적십자반의 사무를 조정하며, 본 협정 제53항 및 제54항에 협정되어 있는 실제 포로 송환의 제협정의 이행을 감시하며, 필요시 추가 포로 인도 및 인수장소를 선정하며, 포로 인도 및 인수장소의 안전 경계대책을 준비하며, 또 다른 포로 송환에 필요한 모든 임무의 수행에 있다.

Ⓑ 각각의 책임에 관한 어떠한 문제라도 합의를 보지 못할 경우에는 포로송환위원회는 즉시로 그러한 문제를 군사휴전위원회에 위탁하여 해결을 짓는다. 포로송환위원회는 그의 본부를 군사휴전위원회 본부 부근에 설치·유지한다.

Ⓒ 포로송환위원회는 포로송환 계획의 완료 후 군사휴전위원회에 의해서 해산한다.

57) Ⓐ 본 휴전협정의 발효 후 즉시로 일방 유엔군이 가담한 국가의 국제적십자사의 대표 타방 조선인민공화국의 적십자사 대표와 중

국인민공화국의 적십자사 대표들로 구성되는 합동 적십자반이 설치된다. 본 합동 적십자반은 포로의 안녕을 위하여 인도적 봉사를 함으로써 본 협정 제51항 Ⓐ에 상세히 규정한 송환을 주장하는 전 포로의 송환에 관한 본 휴전협정 제협정의 쌍방 이행을 협조한다. 본 임무를 수행하기 위하여 합동 적십자반은 포로 인도 및 인수 장소에서 실시하는 쌍방의 각 포로 인도와 인수를 조력하며, 쌍방의 각 포로수용소를 방문하여 포로를 위안하며 포로의 위안과 복리를 위하여 선물을 수집·배급하여 준다. 또한 동 합동 적십자반은 포로수용소로부터 포로교환 장소까지의 중도에서 포로들에게 봉사를 제공한다.

Ⓑ 합동 적십자반은 하기 규정에 의해 편성한다.

ㄱ 1개 반은 20명의 직원으로 하되 각 국제적십자사에서 각각 10명씩의 대표로서 구성, 포로교환 장소에서의 인도 및 인수를 조력한다. 본 반의 반 책임자는 매일 쌍방의 적십자사의 대표 중에서 교대로 한다. 또한 본 반의 사무급 봉사는 포로 송환위원에 의해서 조정된다.

ㄴ 1개 반은 60명의 직원으로서 구성하며 쌍방의 국제적십자사에서 각각 30명씩의 대표자로서 조선인민군 및 중국인민의용군의 관리 아래 있는 포로수용소를 방문한다. 또한 동 반은 포로에 대하여 포로수용소로부터 포로교환 장소까지의 중도에서 봉사를 제공하며, 동 반의 책임자는 조선인민공화국의 적십자사 혹은 중국인민공화국의 적십자사의 대표 중 어느 1명이 한다.

ㄷ 1개 반은 60명의 직원으로 구성하며 쌍방의 국제적십자사에서 각각 30명씩의 대표로서 유엔군 관리하의 포로수용소를 방문한다. 동 반은 또한 포로에 대하여 포로수용소로부터 포

로교환 장소까지의 도중 봉사를 제공한다. 동 반의 책임자는 유엔군에 가담한 국가의 적십자사 대표 중 어느 1명이 한다.

ⓔ 각 합동적십자반의 임무 완수를 용이하게 하기 위하여 경우에 따라 동 수의 쌍방 대표로 하되 2명 이하의 대표로서 보조반을 설정할 수 있다.

ⓜ 합동적십자반의 임무 수행에 필요한 운전수, 서기, 통역관 및 장비와 같은 추가 직원은 쌍방의 사령관이 각각 자기 군사 지배구역 안에서 운영하고 있는 반에게 제공되어야 한다.

ⓗ 합동적십자의 쌍방 대표 합의시에는 포로송환위원회의 비준 하에 동반의 규모가 증가 또는 축소될 수 있다.

ⓒ 쌍방의 사령관은 합동적십자반과 그의 임무 수행에 있어 충분히 협조·조정하여야 하며, 각자의 군사지배 구역 안에 있는 합동적십자반원의 안전보장을 기하여야 한다. 쌍방 사령관은 각자의 군사통괄 구역 안에서 운영하고 있는 반에게 필요한 군수, 행정급 통신시설을 제공하여야 한다.

ⓓ 합동적십자반은 본 협정 제51항 Ⓐ에 상세히 규정된 송환을 주장하는 모든 포로송환 계획을 완료함으로써 해산한다.

58) Ⓐ 쌍방 사령관은 가능한 한 민속한 시간 안에 본 휴전협정이 발효한 후 10일 이내로 하기의 포로에 관한 정보를 타방 사령관에 통달하여야 한다.

㉠ 최근 교환된 제안의 발효 이래 도주한 포로에 관한 완전한 의제.

㉡ 각자가 관리 보호 중 사망한 포로의 사망 일부, 사망 원인, 매장지 또한 성명·국적·계급 및 인식제원 등에 관여되는 가능한 한도의 제정보.

Ⓑ 상기 추가 통보의 유효일자 후에 도망 혹은 사망한 포로가 있을

경우 억류측은 이에 관한 모든 제원을 본 협정 제58항 ©의 협
정에 의하여 포로송환위원회를 통하여 쌍방에 통보하여야 한다.
이러한 제원은 포로 양도 및 인수 계획이 완료될 때까지 10일마
다 제공하여야 한다.

© 포로 인도 및 인수 계획의 완료 후 도망 포로가 억류 측의 관리
아래로 돌아올 때는 군사휴전위원회에 양도하여 처치한다.

59) Ⓐ 1950년 6월 20일부 본 휴전협정에 규정한 군사경계선 북 방에
거주하던 자로서 본 휴전협정의 발효시에 유엔군 총사령관 통괄
구역 안에 있는 모든 민간인은 귀가를 원하는 자에 한해서 유엔
군 총사령관은 군사경계선 북방지역으로의 귀환을 허락하며 조
력하여야 한다. 또한 1950년 6월 24일부 본 휴전협정 발효시에
조선인 민군 최고사령관과 중국인민의용군 사령관의 군사 통괄
역 내에 있는 모든 민간인은 귀가를 원하는 자에 한하여 조선인
민군 최고사령관과 중국인민 의용군 사령관은 군사경계선 이남
지역으로의 귀환을 허락하며 조력하여야 한다. 쌍방 사령관은 본
절의 규정 내용을 자기 군사지배하의 전 지역에 공시하며, 귀가
를 원하는 모든 민간인에 필요한 지도 및 협력을 하기 위하여 해
당 민간 당국에게 시달하여야 한다.

Ⓑ 본 휴전협정의 발효시 조선인민군 최고사령관과 중국인민의용
군 사령관과의 군사지배 구역 안에 있는 외국 국적을 소유한 모
든 민간인은 원하는 자에 한해서 유엔군 총사령관의 군사지배
구역 아래로의 월입을 허락하며 협조를 받는다. 또한 본 휴전협
정 발효시 유엔군 총사령관의 군사지배 구역 안에 있는 외국 국
적을 소유한 조선인민군 최고사령관과 중국인민의용군 사령관
과의 군사지배 구 역 안에 월입을 허락하며 협조한다. 쌍방 사령
관은 본 절의 규정 내용을 자기 군사지배 아래 전 지역에 공시하

여 상대방 사령관의 군사지배 지역에 월입을 원하는 외국 국적을 소유한 모든 민간인에 필요한 지도와 조력을 할 것을 해당 민간 당국에 시달하여야 한다.

ⓒ 본 협정 제59항 Ⓐ에 규정된 민간인 송환에 대한 협조 조치 및 본 협정 제59항 Ⓑ에 규정된 민간인 이동은 본 휴전협정의 발효 후 가능한 민속히 쌍방에 의해서 시작된다.

ⓓ ㉠ 본 협정에 의해서 민간납치인 귀환협조위원회를 설정한다. 동 위원회는 4명의 영관급 장교로서 구성하되 그중 2명은 유엔군 총사령관이 임명하며 잔여 2명은 조선인민군 최고사령관과 중국인 민의용군 사령관이 공동임명한다. 군사휴전위원회의 일반적 감시와 지휘 아래 있는 동 위원회는 상기 민간인 귀환의 협조에 대한 쌍방의 특별 계획을 조정하며 상기 민간인 귀환에 본 휴전협정의 제규정의 쌍방 이행을 감시하는 책임을 진다. 동 위원회의 임무는 상기 민간인의 이동을 조정·민속화하기 위하여 필요한 조치를 하며 수송 조치도 포함한다. 또한 상기 민간인이 통과할 군사경계선의 교차점의 선정, 동 교차점의 안전경계 준비와 상기 민간인 귀환 완수에 요구되는 기타 임무의 운영 등을 그의 임무로 한다.

㉡ 책임 문제에 관여되는 문제에 대해서 합의를 보지 못한 경우, 민간납치인 귀환협조위원회는 즉시 동 문제를 군사휴전위원회에 의뢰하여 해결한다. 민간납치인 귀환협조위원회는 그의 본부를 군사 휴전위원회 본부 부근에 설치·유지한다.

㉢ 민간납치인 귀환협조위원회는 그의 임무 완수 여하에 의해 군사휴전위원회가 해산시킨다.

(제4조) 양측 정부에 대한 권고

60) 한국 문제의 평화적 해결을 보장하기 위하여 양측 사령관은 각기 정부에 본 휴전협정의 조인과 발효 후 3개월 이내에 한국으로부터의 외군 철퇴 및 한국 문제의 평화적 해결 등에 관한 문제를 협의를 통하여 해결하기 위하여 각 정부로부터 임명된 대표로 쌍방 고위 정치회담을 개최할 것을 권고한다.

(제5조) 잡칙

61) 본 휴전협정의 수정 및 추가는 적대하는 사령관의 상호합의 아래 할 수 있다.

62) 본 휴전협정의 조항은 상호 합의된 추가 혹은 자기 측 정부에서 각각 평화적 해결을 합의한 규칙에 의해서 명백히 될 때까지 효력을 보지하여야 한다.

63) 본 휴전협정의 제규정은 제12항을 제하고 서기 1953년 7월 27일 22:00시부터 발효한다.

   서기 1953년 7월 27일 오전 10시 한국 판문점에서 작성된 영어, 한국어, 중국어의 모든 원문은 동등히 인증된다.

조선인민군 및 중화인민의용군 대표단 수석대표
조선인민군대장 남일(南日)

유엔 대표단 수석대표
미합중국 육군중장 윌리엄 해리슨(William K. Harrison Jr.)

북한의 연방제 통일방안

1. 1960년대 남북연방제 방안

김일성은 1960년 8월 14일, 8.15해방 15주년 경축대회에서 전례 없는 적극적 대남 평화공세를 폈다. 남북의 통일방안으로서 과도적 대책으로 남북연방제를 실시할 것을 주장한 것이다.

북한이 최초로 주장한 남북연방제 통일방안은 일반 국제법상에서 통용되는 논리와 흡사할 정도의 분단현실을 인정하는 내용을 담고 있다.

김일성은, "어떠한 외국의 간섭도 없이 민주주의적 기초 위에서 자유로운 남북총선거를 실시하는 것이 평화적 조국 통일의 가장 합리적이고 현실적이라는 것은 논박할 여지가 없다. 만일 그래도 남조선 당국이 남조선이 다 공산주의화가 될까 두려워서 아직도 자유로운 남북총선거를 받아들일 수 없다면 먼저 민족적으로 긴급하게 나서는 문제부터 해결하기 위하여 과도적인 대책이라도 세워야 할 것이다. 우리는 이러한 대책으로서 남북 조선의 연방제를 실시할 것을 제의한다. 우리가 말하는 연방제는 당분간 남북 조선의 현재 정치제도를 그대로 두고 조선민주주의인민공화국 정부와 대한민국 정부의 독자적인 활동을 보존하면서, 동시에 두 정부의 대표들로 구성되는 최고민족위원회를 조직하여 주로 남북조선의 경제·문화 발전을 통일적으로 조절하는 방법으로 실시하자는 것이다. 이러한 연방제의 실시는 남북의 접촉과 협상을 보장함으로써 상호이해와 협조를 가능하게 할 것이며, 상호간의 불신임도 없애게 될 것이다. 그렇게 되었을 때에 자유로운 남북 총선거를 실시한다면 조국의 완전한 평화적 통일을

실현할 수 있으리라 우리는 인정한다. 특히 이러한 연방제 실시는 통일적
인 국가적 지도는 못더라도 이 연방의 최고민족위원회에서 전 민족에
이로운 경제·문화적 문제들을 협의하여 남북 조선의 경제·문화 교류와
상호 협조를 보장함으로써 남조선의 경제적 파국을 수습할 수 있을 것이
다"라고 연설했다.

여기서 김일성의 주장 가운데 주목해야 할 두 가지 점을 명기할 필요가
있다. 그 하나는 남북총선거안이 가장 합리적이고 현실적인 평화통일의
길이라고 주장한 것이요, 또 하나는 남북연방제는 분명 과도적 대책임을
밝히는 동시에 당분간 두 정치제도를 인정하고 있다는 점이다. 그래서 사
실상 통일 과정의 평화공존을 받아들이겠다는 뜻으로 해석될 수 있다.

2. 1970년대 고려연방공화국 방안

1971년 대한적십자 총재 최두선이, 남북으로 흩어진 이산가족들의 고
통을 덜어주기 위해 그들의 주소와 생사를 알아내어 알려주기 운동을 전
개하자는 제의에 북한이 호응함으로써, 근 일 년 동안 20차례의 예비회
담 끝에 1972년 8월에 본회담이 열려 분단 27년 만에 남북이 한자리에
마주 앉은 역사적 변화가 일어났다. 그와 때를 같이하여 1972년 7월 4
일에 통칭 7·4공동성명이 같은 시간에 평양과 서울에서 선포됨으로써
남북 대화의 시대가 개막되었다.

적십자 본회담과 7·4공동성명에 따른 남북 조절위원회 회담이 평양
과 서울을 오가며 개최되면서 화해의 분위기가 고조되어갔다.

1973년 6월 23일, 당시 대통령 박정희는 특별성명을 통해 평화통일
외교정책을 선언하기에 이르렀다. (별항) 바로 그날 오후 김일성은 '조국
통일 5대 강령'을 발표했는데, 이 발표는 체코슬로바키아 총비서 후사크

의 북한 방문을 환영하는 평양시 군중대회에서 한 연설에서 공표되었다.

그 내용을 요약하면 첫째, 군사적 대치 상태의 종식, 둘째, 다방면적인 합작과 교류의 실현, 셋째, 대민족회의 소집, 넷째, 나라의 통일을 앞당기는 데서 중요한 뜻을 가지는 것은 단일 국호에 의한 남북연방제를 실시하는 것이라고 주장하며 김일성은 다음과 같이 부연했다.

"우리는 조성된 조건에서 대민족회의를 소집하고 민족적 단결을 이룩한 데 기초하여 북과 남이 추구하는 두 제도는 당분간 그대로 두고 남북연방제를 실시하는 것이 통일을 실현하기 위한 가장 합리적인 방도로 인정한다. 남북연방제를 실시하는 경우 연방국가의 국호는 우리나라 판도 위에 존재하였던 통일국가로도 세계에 널리 알려진 고려라는 이름을 살려 '고려연방공화국'이라고 하는 것이 좋을 것이다."

다섯째는 단일 국호에 의한 유엔 가입을 들고 있다. 김일성은 "우리는 유엔에도 북과 남이 같이 들어가서는 안 된다고 주장한다. 나라의 통일이 이루어지기 전에 유엔에 들어가려고 한다면 적어도 연방제라도 실현된 다음 고려연방공화국의 국호를 가지고 하나의 국가로 들어가야 한다고 인정한다"고 말했다.

6월 25일 조선노동당 정치위원회 확대회의서 김일성은 "남조선 당국자들이 들고 나온 반민족적인 주장을 제때에 단호히 짓부숴 버리고 온 민족 앞에 조국통일의 확고한 전망과 뚜렷한 방도를 제시하는 것이 필요하였다"고 하면서 새로운 구국대책으로서 조국통일 5대 강령을 내놓은 것이라고 했다.

이 조국통일 5대 강령은 1960년 8월 14일 연설에서 밝혔던 과도 대책으로서의 남북연방제와는 판이하게 다른 것을 발견할 수 있겠다. 우선 앞서의 과도적 대책으로서의 연방제라는 표현이 사라졌다. 그 대신 대민족회의를 소집하고 민족적 단결을 이룩한 데 기초하여 현존하는 두 제도를 당분간 그대로 둔다는 것이다. 무엇보다도 "어떠한 외국의 간섭도 없이 민주주의적 기초 위에서 자유로운 남북총선거를 실시하는 것이 평화적 조국통일의 가장 합리적이고 현실적인 길"이라고 했던 제1차 제의에 비해 보면 남북 자유총선거라는 의미가 잠적한 것이다. 그리고 남북한 당국 대표로 구성되는 최고민족위원회에 대체되는 군중집회 형태의 대민족회의로 바뀐 것에 주목된다. 앞에서는 정치·군사·외교 분야의 문제를 제외시켰는데, 이번에는 대외관계에 있어서의 공동보조와 정치·군사 분야의 합작을 다방면에 걸쳐 실시할 것을 주장하고 있다. 한편 내용은 오히려 변질되었으면서도 국호를 고려연방공화국이라고 통일된 단일국호를 강하게 부각시키고 있다. 따라서 유엔 가입도 그 단일국호로 하나의 국가로 들어가야 한다고 했다.

3. 1980년대 고려민주연방공화국 창립 방안

1980년 10월 10일 노동당 제6차대회 중앙위원회에서 행한 김일성의 사업총화 보고 가운데 포함되어 있는 남북통일 방안은 연방제 통일방안이라고 불려오던 그 명칭에서 내용에 이르기까지 작금의 그것과는 너무도 판이하다. 명칭부터가 '고려민주연방공화국'이라는 국호가 통일돼야 한다고 주장해온 고려연방공화국에서 '민주'가 삽입됨으로써 보다 구체화되었는가 하면 통일방안도 구체화 집약되었다는 점에 유의하게 된다. 첫째, 자주적 평화통일을 위한 선결조건의 제시, 둘째, 고려민주 연방공화국 창립 방안까지 10대 시정방침으로 발표된 것이다.

1) 자주적 평화통일을 위한 선결조건
① 남한 정권의 청산 및 사회의 민주화 실현
남조선의 반공법과 국가보안법을 비롯한 파쇼적인 악법들을 폐지하고 모든 폭압적 통치기구들을 없애버려야 한다. 이와 함께 모든 정당 사회단체들을 합법화하고, 정당·사회단체·개별적 인사들의 자유로운 정치활동을 보장하여야 하며, 부당하게 체포, 투옥된 민주인사들과 애국인사들을 석방하고 그들에게 가해진 모든 형벌을 무효로 하여야 한다. 남조선의 군사 파쇼정권은 광범한 인민대중의 의사와 이익을 옹호하며 대변하는 민주주의적인 정권으로 교체되어야 한다.

② **긴장상태의 완화 및 전쟁 위협의 제거**

우리나라에서 긴장상태를 완화하고 전쟁 위협을 제거하는 문제는 오직 정전협정을 평화협정으로 바꿀 데 대한 문제를 가지고 협상할 것을 미국에 다시 한 번 제의한다. 미국 당국자들은 남조선에서 자기의 군대를 하루 빨리 철거함으로써 미국 인민을 포함한 세계 인민들의 일치한 염원과 의사에 맞게 행동하여야 될 것이다.

③ **자주·평화통일·민족대단결의 3대 원칙에 기초한 통일 실현**

우리는 7·4남북 공동성명에서 북과 남이 공동으로 천명한 숭고한 이념과 원칙에 기초하여, 그리고 나라의 북과 남에 서로 다른 사상과 제도가 있는 우리나라의 구체적 현실로부터 출발하여 가장 빠르고 확실성 있는 조국통일 방도를 찾아야 하며 적극적인 노력으로서 그것을 실현하여야 한다.

2) 고려민주연방공화국 창립 방안의 제시

① 연방 형성의 원칙

우리 당은 조국을 자주적으로, 민족대단결의 원칙에서 통일하는 가장 현실적이며 합리적인 방도는 북과 남에 있는 사상과 제도를 그대로 두고 북과 남이 연합하여 하나의 연방국가를 형성하는 것이라고 인정한다. 우리 당은 북과 남이 서로 상대방에 존재하는 사상과 제도를 그대로 인정하고 용납하는 기초 위에서 북과 남이 같은 권한과 의무를 지니고 각각 지역자치제를 실시하는 연방공화국을 창립하여 조국을 통일할 것을 주장한다.

② **연방기구의 구성과 임무 및 기능**

연방 형식의 통일국가에서는 북과 남의 같은 수의 대표들과 적당한 수의 해외동포 대표들로 '최고민족연방회의'를 구성하고, 거기에서 연방상설위원회를 조직하여 북과 남의 지역정부를 지도하며, 연방국가의 전반적 사업을 관할하도록 하는 것이 합리적일 것이다.

최고민족연방회의와 그 상임기구인 연방상설위원회는 연방국가의 통일정부로서 정치문제와 조국 방위문제, 대외관계 문제를 비롯하여 나라와 민족의 전반적 이익과 관계되는 공동의 문제를 토의 · 결정하며, 나라와 민족의 통일적 발전을 위한 사업을 추진하고 모든 분야에서 북과 남 사이의 단결과 합작을 실현하여야 할 것이다.

③ **연방국가의 국호 및 대외 정책노선**

'고려민주연방공화국'은 어떠한 정치 · 군사적 동맹이나 블록에도 가담하지 않는 중립국가로 되어야 한다.

④ **고려민주연방공화국의 10대 시정방침**

ⓐ 자주적 정책의 실시

ⓑ 전 지역 · 사회의 민주주의 실시 및 민족의 대단결 도모

ⓒ 경제적 합작과 교류 실시 및 민족경제의 자립적 발전 보장

ⓓ 과학 · 문화 · 교육 분야의 교류 협조 실현 및 과학기술과 민족 문화 예술, 민족교육의 통일적 발전

ⓔ 교통 · 체신의 연결 및 전국적 범위의 교통 · 체신수단의 자유

로운 이용 보장

ⓕ 노동자·농민을 비롯한 근로대중과 전체 인민들의 생활안정
도모 및 복지의 계통적 증진

ⓖ 군사적 대치상태의 해소와 민족연합군 조직 및 외래 침략으
로부터의 민족 보위

연방국가는 조선인민과 남조선 국군을 통합하여 단일한 민족
연합군을 조직하여야 한다. 민족연합군은 북과 남의 어느 쪽
에도 속하지 않는 통일국가의 민족군대로서 연방정부의 통일
적인 지휘 밑에 조국 보위의 임무를 수행하여야 한다.

ⓗ 해외동포들의 민족적 권리와 이익의 옹호

ⓘ 통일 이전의 대외관계의 처리 및 두 지역 정부의 대외활동의
통일적 조절

ⓙ 평화애호적 대외정책의 실시

4. 1990년대 고려민주연방공화국 창립 방안

1991년도 김일성의 신년사에서 그는 조국통일을 앞당기는 데서 중요
한 문제는 통일방도를 확정짓는 것이라고 강조하면서, 기왕의 연방제론
을 수정·보완하는 데 중점을 두고 있다.

"북과 남에 서로 다른 두 제도가 존재하고 있는 우리나라의 실정에서
조국통일은 누가 누구를 먹거나 누구에게 먹히지 않는 원칙에서 하나의
민족, 하나의 국가, 두 개 제도, 두 개 정부에 기초한 연방제 방식으로 실
현되어야 한다. 하나의 민족, 하나의 국가, 두 개 제도, 두 개 정부를 그대
로 두고 그 위에 하나의 통일적인 민족 국가를 세우는 방법으로 통일을
실현하자는 것이다. 우리의 연방제 통일방안은 하나의 민족국가 안에 서

로 다른 두 제도와 정부가 함께 있을 수 있다는 데로부터 출발하고 있다."

김일성은 또 이렇게 부연하고 있다.

"우리는 고려민주연방공화국 창립 방안에 대한 민족적 합의를 보다 쉽게 이루기 위해 잠정적으로 연방공화국의 지역 자체정부에 더 많은 권한을 부여하며, 장차로는 중앙정부의 기능을 더욱 높여 나가는 방향에서 연방제 통일을 점차적으로 완성하는 문제도 협의할 용의가 있다. 우리는 유엔에 들어가는 문제도 연방제 통일이 실현된 다음 단일한 국호를 가지고 가입하는 것이 가장 좋다고 인정하지만, 하나의 의석으로 가입하는 조건에서라면 그 전이라도 북과 남이 유엔에 들어가는 것을 반대하지 않을 것이다."

이상으로 북한의 1960년대, 1970년대, 1980년대, 1990년대의 연방제 통일방안을 김일성의 입을 통해서 발표된 그대로를 옮겨 소개했다. 연방제 통일방안이라는 표현도 '남북연방제 방안', '고려연방공화국 방안', '고려민주연방공화국 창립 방안' 등 해마다 달라졌으나, 1990년대 들어서만은 그 명칭은 크게 변함이 없으면서도 내용이 또 바뀌고 있음을 간과할 수 없겠다.

1960년대 때만 해도 북한은 비록 과도적 대책이며 당분간 두 정치제도를 인정하면서 남북의 자유총선거 방안이 가장 합리적이고 현실적인 통일의 길이라고 주장했었다. 그러나 1970년대의 그들의 통일방안에서는 과도적 조처란 말이 사라졌을 뿐 아니라 자유총선거 항목도 제외됨으로써, 정치·군사권의 단일화를 전제로 제시하고 있음에 크게 달라진 것을 주목할 수 있게 되었다. 그러던 연방제 통일방안이 1980년 10월 10일에 와서는 남한 정권의 청산, 사회의 민주화가 선결조건이어야 한다며, 선결조건을 전제로 연방 형성의 원칙, 연방기구의 구성, 임무 및 기능, 연방국가의 국호 및 대외 정책노선, 고려민주연방공화국의 10대 시정방침에 이르기까지 상세한 그들의 방안을 제시했다.

그러나 1988년 9월부터는 또 달라지기 시작했다. 북한정권 창건 40돌 경축보고 대회에서 김일성은 전례 없이 공존의 원칙이라는 어휘를 원용하면서 "우리나라의 북과 남에 현실적으로 서로 다른 사상과 제도가 존재하는 조건에 조국통일을 실현하기 위해서는 누가 누구를 먹거나 먹히지 않고, 일방이 타방을 압도하거나 압도당하지 않는 공존의 원칙에서 두 제도를 그대로 두고 두 자치정부를 연합하는 방법으로, 하나의 통일국가를 형성할 것"을 주장한 이래 1991년도 그의 신년사에서도 통일방안의 내용을 또 수정하면서도 공존의 원칙은 계속 강조되었다.

사상과 제도를 각각 그대로 유지하면서 상징적인 연방정부와 정치·외교·군사권을 독립적으로 행사하는 두 개의 지역정부가 병존한다는 것은 정치적 완전통일로의 과도적 통일체제요, 평화공존체일 수는 있어도 완성된 민족통일국가일 수는 없다. 따라서 김일성이 표방하고 있는 1995년을 통일원년으로 하자는 주장에는 거리가 먼 것이라고 하지 않을 수 없겠다.

북, 남북회담 제의

(북한 최고인민회의 의장이 남한의 민·참의원 의장에게 보낸 서한 1960. 11. 23)

1. 남한은 남북한을 통한 유엔 감시 아래 총선거를 요구하는 입장을 포기하고 이승만의 전철을 밟지 않는다. 만약 남한 당국이 남북한 자유선거를 아직 수락할 수 없다고 생각한다면, 같은 나라 사이의 단교 관계를 회복하고 그 분열 세력을 재통합시킴으로써, 최종 통일의 길을 마련하기 위한 잠정적 조치라도 취해져야 한다.

2. 남한은 당분간 남북한의 정치제도를 유지하고 2개 정부의 독립적 활동을 유지하면서 북한 수상 김일성이 임시조치로서 제안한 남북한 연방체 조직에 동의한다. 동 연방체는 경제·문화 활동의 조정 및 발전에 총력을 경주한다.

3. 만약 한국 당국이 연방안조차 수락할 수 없다면 우리는 남북한의 실업자(實業者)로서 구성되는 순수한 경제위원단을 설치하고, 정치문제를 떠나 경제적 협조의 교류가 틀림없이 실현되게 할 것을 제안한다.

4. 남한에서 토지문제는 몰수와 무상분배로 영원히 해결하기 위하여 토지개혁을 수행한다.

5. 자유 비행과 우편교환을 허락하고 기자들을 교환한다. 남북 간의 상호 교류를 보장하기 위하여 전국에 화물 여객 수송 조치를 취할 것이 필요하며 해상운송을 위하여 항구를 개방하고 전화·전보 연락 및 우편교환을 위한 조치를 취할 것이 필요하다.

6. 쌍방의 병력을 10만 내지 그 이하로 감축한다.

7. 남북협상회의를 판문점 평양 또는 서울에서 곧 개최한다.

북측 남북회담 제의에 대한 외무장관 담화 (1960. 11. 24)

1. 국제연합 권위의 배격에 대하여

이것은 대한민국이 국제연합의 결의에 의하여 민주자유선거로 수립된 한국의 유일한 합법정부임을 무(無)로 돌리고, 또한 한국동란에 있어서 공산 괴뢰를 침략자로 규정하며, 국제연합군을 파견하여 침략군을 격퇴·응징한 역사적 사실을 은폐하여 앞으로 통일선거에 있어서 자유와 공정성을 보장할 국제연합을 배격하는 데 목적이 있는 것이다.

2. 외국군의 철수에 대하여

국제연합군을 남북통일 이전에 대한민국으로부터 철수케 하여 남한의 군사적 열성(劣性) 내지 공백 상태를 조성함으로써, 제2의 6.25사변을 꿈꾸어 무력행사 또는 위협을 배경으로 한 공산통일의 기초를 닦자는 것이다.

3. 남북 협상에 대하여

국제연합 감시 아래의 총선거를 통한 자유·민주·통일을 반대하는 한편, 민주선거에 의하여 수립된 합법적인 한국정부와 외세 강권에 의하여 북한 동포에게 강요된 공산 괴뢰집단을 동등히 취급하고, 양측의 동수 대표로 구성되는 조직체를 만들어 통일 준비를 위한 협상을 한다는 것이다.

4. 경제 및 문화 교류에 대하여

대한민국의 경제 및 사회 기본 조직을 파괴함이 목적인 것이 명백하니 그들의 상투적 선전책동의 일례에 불과한 것이다. 공산주의자들의 모든 행동은 그들이 표방하는 목적대로 취할 수 없고 그것 이 의도하는 이면의 궁극적 목적을 고려하여야 하는데, 소위 남북 경제교류가 결코 통상적인 교역이 아니라 공산 괴뢰의 흉계, 즉 공 산통일이라는 정치적 목적을 달성하는 수단으로 사용될 것임을 명심하여야 할 것이다.

한국군 현대화 및 주한 미군 감축에 관한
한 · 미 공동성명 (1971. 2. 6)

대한민국 정부와 미합중국 정부는 한국군 현대화 계획과 주한 미 군 감축에 대한 제반 조처에 관하여 만족스러운 회담을 완료하였다.

미합중국은 대한민국 정부가 그 국군을 현대화하려는 노력에 대하여 양국 군사 당국의 공동 건의에 입각한 장기적 군사 원조계획을 통하여 대한민국 정부를 원조할 것에 동의하였다.

대한민국 정부는 미국 의회가 전기 현대화 계획의 제1차연도분을 위한 추가예산으로서 1억5천만 달러를 승인한 것을 만족스럽게 생각하는 바이다.

주한 미군 2만 병력의 감축과 이에 따른 한국군 및 미군의 재배치에 관한 양국 정부 간의 협의 역시 상호 이해와 긴밀한 협력의 정신에서 종결되었다.

주한 미군 병력 수준의 감축은 1954년에 발효된 대한민국과 미합중국 간의 상호방위조약에 의거, 대한민국에 대한 무력공격에 대처한다는 미합중국 정부의 결의에 추호도 영향을 미치지 않는 것이다.

대한민국에 대한 군사적 위협의 성격을 분석 · 평가하기 위하여 양국 정부의 외교 및 국방관계의 고위관리가 참석하는 연례안보협의 회의가 개최될 것이다. 이와 같은 토의에 있어서는 그러한 위협에 대한 전반적 방위 능력이 평가될 것이다.

(1971년 2월 6일 서울과 워싱턴서 동시 발표)

대한적십자사 8 · 12 특별성명 (1971. 8. 12)

4세기 반에 걸친 남북 간의 장벽은 온갖 민족 비극의 원천이며, 특히 남북으로 갈린 이산가족들의 비극은 금세기 인류의 상징적 비극이라 아니할 수 없습니다. 이러한 상태는 인류애와 재난의 구호를 위한 봉사를 기본으로 하는 적십자 정신을 구현해야 할 우리에게 있어서 실로 가슴 아픈 일입니다. 물론 이러한 이산가족의 비극은 남북 간의 장벽이 해소됨으로써 완전히 종식될 것이나, 이것이 단시일 내에 이룩되기 어려운 현실 하에서 적어도 1천만 남북 이산가족들의 실태를 확인하고 이들의 소식을 알려주며 재회를 알선하는 가족찾기운동이라도 우선 전개해야 하겠습니다. 그러므로 나는 대한적십자사를 대표하여 적십자 정신에 따라 남북 간의 순수한 인도적 문제들을 조속히 해결할 목적으로 북한 적십자사에 대해 다음과 같이 제의합니다.

첫째, 남북 간의 가족찾기운동을 구체적으로 협의하기 위해 가까운 시일 내에 남북 적십자 대표가 한자리에 마주 앉아 회담할 것을 제의한다.

둘째, 본회담의 절차상의 문제를 협의하기 위해 늦어도 오는 10월 안으로 제네바에서 예비회담을 개최할 것을 제의한다.

이상과 같은 우리의 제의에 대하여 북한 적십자사가 방송 통신망 또는 국제적십자사를 통해서나 여타 가능한 방법으로 그 의사를 우리에게 전달하여줄 것을 희망한다. 우리는 북한 적십자사의 적십자 정신과 그 기본 임무에 입각하여 이러한 순수한 인도적 제의를 호의적으로 받아들일 것을 확신하는 바입니다.

대한적십자사 총재, 최두선

북한 적십자사 회답 (1971. 8. 14)

　귀하가 이번에 처음으로 우리들의 시종일관한 애국적인 호소에 호응하여 남북 접촉을 실현할 용단을 내린 것은 참으로 다행한 일이라고 생각합니다.

　의제에 대해서 말한다면 우리는 남북에 헤어져 있는 가족과 친척·친우의 절실한 염원에 비추어 다만 가족찾기운동만으로는 부족하다고 인정합니다. 남북한 전체 인민의 공통된 염원과 인도주의적인 원칙에서 출발하여 남북한 적십자 단체의 대표회의에 가족찾기 운동을 포함한 다음과 같은 문제를 토의할 것을 여기에 정중히 제안합니다.

1.　남북으로 헤어져 있는 가족과 친척·친우의 자유로운 왕래와 상호
　　방문을 실현하는 문제.
2.　남북 간 분산된 가족과 친척·친우의 자유로운 편지 교환을 실시할
　　문제.
3.　귀하가 제안한 바 있는 가족을 찾아 재회시키는 문제.

　우리는 남북 적십자단체 대표가 순수한 인도주의적 입장에서 일당에 모여 진지하고 허심탄회하게 의견을 교환할 수 있다면, 반드시 상호간에 공통점을 발견하여 민족적인 이익에 부합되도록 모든 문제를 원만히 해결할 것이라고 확신하고 있다.

　예비회담 장소와 관련한 귀하의 의견에 대해 말한다면 우리는 제3국을 회담 장소로 하는 것은 비민족적이라고 생각한다.

우리 민족의 내부 문제를 토의하기 위해서는 우리 국토를 취할 것이지 무엇 때문에 먼 타국에서 만날 필요가 있는가.

우리는 우리나라의 국토인 판문점에서 회담할 것을 제의한다. 판문점은 제네바에 못지않은 세계적으로 유명한 곳이다.

만약 판문점의 회장 시설이 군사정전위원회에서 사용하고 있는 관계상 불합리하다고 하면, 우리들은 빠른 시일 내에 필요한 새로운 건물을 세워 회담의 성과적인 진행을 위한 모든 편의를 제공할 충분한 용의가 있다. 우리들은 판문점에서 만나는 것이 빠르면 빠를수록 좋다고 생각한다. 그러므로 우리는 9월 말까지 쌍방 대표가 예비회담을 열 것을 제안한다.

양 적십자단체 간의 연락 방법으로는 통신과 라디오 또는 TV를 이용할 수도 있을 것이다. 그러나 문제의 중요성에 비추어 우리들은 연락의 정확성을 기하기 위해, 당해 적십자단체의 신임장을 소지한 파견원이 판문점에서 서신을 교환하는 방법으로 연락의 임무를 수행하는 것이 가장 좋다고 생각한다.

오는 8월 20일 정오 우리 적십자사 서한을 가진 2명의 파견원을 판문점에 보내려고 한다. 그 시각에 귀사의 파견원이 현장에서 우리들의 서한을 기꺼이 받아주기 바란다.

북한 적십자사는 우리들의 동포애와 인도주의적 제안에 대하여 귀하의 긍정적인 회답이 있으리라는 확신을 표명한다.

적십자회 중앙위원회 위원장
손성필

7 · 4 남북 공동성명 (1972. 7. 4)

　남과 북으로 갈라진 조국의 통일을 위하여 1972년 5월부터 문제의 협의를 위한 회담이 벌어졌다.

　서울의 이후락 중앙정보부장이 평양을 방문하여 평양의 김영주 조직지도부장과 회담을 진행했으며, 제2차로는 김영주를 대신한 박성철 제2부수상이 1972년 5월 29일부터 6월 1일까지 서울을 방문하여 이후락 부장과 더불어 회담을 진행했다.

　이 두 번에 걸친 남북 당사자 간의 회담을 통해 남과 북은 조국의 평화적 통일을 하루 빨리 가져와야 한다는 공통된 염원을 안고 허심탄회하게 의견을 교환하였으며, 서로의 이해를 증진시키는 데서 큰 성과를 거두었다. 이 과정에서 쌍방은 오랫동안 서로 만나 보지 못한 결과로 생긴 남북 사이의 오해와 불신을 풀고 긴장의 고조를 순화시키며, 나아가 조국통일을 촉진시키기 위하여 다음과 같은 문제들에 완전한 견해의 일치를 보았다.

1. 　쌍방은 다음과 같은 조국통일 원칙들에 합의를 보았다.
　　첫째, 통일은 외세에 의존하거나 외세의 간섭을 받음이 없이 자주적으로 해결하여야 한다.
　　둘째, 통일은 서로 상대방을 반대하는 무력행사에 의거하지 않고 평화적 방법으로 실현하여야 한다.
　　셋째, 사상과 이념, 제도의 차이를 초월하여 우선 하나의 민족으로서 민족적 대단결을 도모하여야 한다.

2. 쌍방은 남북 사이의 긴장상태를 완화하고 신뢰의 분위기를 조성하기 위하여 서로 상대방을 중상·비방하지 아니하며, 크고 작은 것을 막론하고 무장도발을 하지 않으며, 불의의 군사적 충돌 사건을 방지하기 위한 적극적인 조치를 취하기로 합의하였다.

3. 쌍방은 끊어졌던 민족적 연계를 회복하여 서로의 이해를 증진시키고 자주적 평화통일을 촉진시키기 위하여 남북 사이에 다 방면적인 제반 교류를 실시하기로 합의하였다.

4. 쌍방은 지금 온 민족의 거대한 기대 속에 진행되고 있는 남북 적십자 회담이 하루빨리 성사되도록 적극 협조하는 데 합의하였다.

5. 쌍방은 돌발적 군사사고를 방지하고 남북 사이에 제기되는 문제들을 직접 신속·정확히 처리하기 위하여 서울과 평양 사이에 상설 직통전화를 놓기로 합의하였다.

6. 쌍방은 이러한 합의사항을 추진시킴과 함께 남북 사이의 제반 문제를 개선·해결하며, 또 합의된 조국통일 원칙에 기초하여 나라의 통일 문제를 해결할 목적으로 이후락 부장과 김영주 부장을 공동위원장으로 하는 남북 조절위원회를 구성하기로 합의하였다.

7. 쌍방은 이상의 합의사항이 조국통일을 일일천추로 갈망하는 온 겨레의 한결같은 염원에 부합된다고 확신하면서, 이 합의사항을 성실히 이행할 것을 온 민족 앞에 엄숙히 약속한다. 서로 상부의 뜻을 받들어.

1972년 7월 4일
이후락, 김영주

남북 조절위원장 회의 공동발표문 (1972. 10. 12)

1. 제1차 회의

1972년 10월 12일, 판문점 자유의집에서 남북 조절위원회 서울 측 공동위원장인 이후락 정보부장과 평양 측 공동위원장을 대리한 박성철 제2부수상 사이에 남북 조절위원회 공동위원장의 제1차 회담이 있었다. 이 회담에서는 남북 공동성명이 발표된 이후의 남북 간의 제문제를 협의하고 남북 공동성명의 정신을 재확인했다. 또한 쌍방은 남북 공동성명의 합의사항을 성실하게 이행함으로써 남북 간의 오해와 불신을 풀고 민족적 대단결을 도모해서 조국의 자주적 평화통일을 촉진하는 데 대한 문제를 진지하게 토의하였다.

쌍방은 남북 조절위원회 공동위원장의 제2차 회의를 10월 하순께 가지기로 합의했다.

2. 제2차 회의

구성 운영 합의서

1. 1972년 11월 2일부터 4일까지 평양에서 남북 조절위원회 공동 위원장의 제2차 회의가 진행되었다.
2. 남북 조절위원회 서울 측 공동위원장 이후락 중앙정보부장과 그 일행은 1972년 11월 3일 김일성 수상을 예방하고 담화를 나누었다.

3. 남북 조절위원회 공동위원장 제2차 회의는 11월 2일, 3일 두 차례에 걸쳐 열렸다.

이 회의에는 서울 측에서 이후락 공동위원장과 장기영 전 부총리, 최규하 대통령 특별보좌관, 그리고 강인덕 중앙정보부 제 2국장, 정홍진 협의조정국장이 참석했으며, 평양 측에서는 김영주 공동위원장을 대리한 박성철 제2부수상과 유장식 조직지도부 부부장 겸 대외사업부장, 이경석 내각참사, 그리고 노동당 중앙위원회 정치위원회 직속 한응식 책임지도위원과 노동당 중앙위원회 직속 김현실 책임지도원이 참석했다.

4. 회의는 하루 빨리 남북관계를 개선하고 조국의 자주 평화통일 을 실현하자는 염원에서 진지한 민족애 분위기 속에서 협의를 진행한 결과, 서로 이해를 심화시키고 일련의 문제를 풀어나가는 데 전진을 이룩하였다.

5. 쌍방은 남북 공동성명의 정신에 따라 남북 사이의 각 분야에 걸쳐서 서로 힘을 합쳐 같이 사업하는 데 대하여 의견의 일치를 보았다.

이번 회의에서 쌍방은 다음과 같은 문제에 합의를 보았다.

㉮ 쌍방은 남북 조절위원회 구성 및 운영문제에 대하여 의견의 일치를 보았으며, 이에 따라 남북 조절위 구성 및 운영에 관한 합의서를 서명 · 교환했다.

㉯ 쌍방은 서로 비방 · 중상을 하지 않기로 한 남북 공동성명의 조항에 따라 1972년 11월 11일 0시를 기하여 대남 대북방송과 군사분계선상의 확성기에 의한 대남 대북방송, 상대방 지역에 대한 삐라 살포를 그만두기로 하였다.

남북 조절위원회 구성 및 운영합의서 (1972. 11. 4. 평양)

쌍방은 남북 조절위의 구성 및 운영에 관하여 다음과 같이 합의하였다.

1. 남북 조절위원회는 1972년 7월 4일부 남북 공동성명의 합의사항을 추진하고 남북 사이의 관계를 개선·발전시키며, 각 분야에서 힘을 합쳐 같이 사업하는 등 합의된 조국통일 원칙에 기초하여 나라의 통일문제를 해결하는 것을 목적으로 한다.

2. 남북 조절위원회의 기능은 다음과 같다.

    ㉮ 합의된 조국통일 원칙에 기초하여 나라의 자주적 평화통일을 실현하는 문제를 협의·결정하며 그의 실행을 보장한다.

    ㉯ 남북의 정당. 사회단체 및 개별적 인사들 사이의 광범한 정치적 교류를 실현할 문제를 협의·결정하며 그의 실행을 보장한다.

    ㉰ 남북 사이의 경제·문화·사회적 교류와 힘을 합쳐 같이 사업하는 등의 문제를 협의·결정하며 그의 실행을 보장한다.

    ㉱ 남북 사이의 긴장상태를 완화하며 군사적 충돌을 방지하고 군사적 대치상태를 해소하는 문제를 협의·결정하며 그의 실행을 보장한다.

    ㉲ 대외활동에서 남북이 공동보조를 취하며 단일민족으로서 민족적 긍지를 선양하는 문제를 협의·결정하며 그의 실행을 보장한다.

3. 남북 조절위원회는 다음과 같이 구성한다.

    ㉮ 남북 조절위원회는 쌍방에서 각각 공동위원장과 부위원장 1명, 간사장 1명, 위원 2명으로 구성한다. 위원수는 필요에 따라 증가

시킬 수 있다. 공동위원장은 이후락 중앙정보부장과 김영주 조직지도부장으로 한다. 부위원장과 간사위원 및 위원은 장관 또는 차관급으로 하되 사전협의를 거쳐 각각 쌍방 공동위원장이 임명한다.

㉯ 남북 조절위원회 안에 간사회의를 둔다. 간사회의는 쌍방 공동위원장의 위임에 의하여 남북 조절위원회의 휴회 기간에 제기되는 제반문제를 협의 · 결정하고 그의 실행을 보장한다. 간사회의는 쌍방 간사위원과 각각 간사 2명으로 구성한다.

㉰ 남북 조절위원회 안에 정치 · 군사 · 외교 · 경제 · 문화 위원회를 둔다. 각 분과위원회는 남북 조절위원회 사업이 진척되는 데 따라 설치하며 그 기능과 구성은 쌍방의 합의에 의하여 따로 규정한다.

㉱ 남북 조절위원회 공동사무국을 판문점에 둔다. 공동사무국 장은 쌍방이 각각 1명씩 임명하며 그 밑에 필요한 수의 인원을 둔다.

4. 남북 조절위원회는 다음과 같이 운영한다.

㉮ 남북 조절위원회는 서울과 평양에서 번갈아 진행하는 것을 원칙으로 하며 필요에 따라 판문점에서 할 수 있다.

㉯ 남북 조절위원회 회의는 2~3개월에 1차, 간사회의는 1개월에 1차 진행하며, 이 밖에 쌍방의 합의에 따라 임시회의를 개최할 수 있다.

㉰ 남북 조절위원회는 공개회의 또는 비공개회의로 한다.

㉱ 남북 조절위원회 회의와 간사회의에서는 쌍방의 합의에 따라 필요한 수의 전문위원들과 공동사무국 요원들을 참가시킬 수 있다.

㉲ 남북 조절위원회의 최종 합의는 쌍방 공동위원장들이 합의 문건에 서명하는 것으로 이루어지며, 합의서는 쌍방의 합의에 따라 공동사무국을 통해 동시에 발표한다.

ⓑ 남북 조절위원회 운영 세칙은 따로 규정한다.

5. 이 합의서는 쌍방의 합의에 의하여 수정·보충할 수 있다.

6. 이 합의서는 쌍방이 서명하여 교환한 때로부터 효력을 갖는다.

남북 조절위원회 공동발표문 (1972. 11. 4)

1. 1972년 11월 2일부터 4일까지 평양에서 남북 조절위원회 공동 의
   장의 제2차 회의가 진행됐다.

2. 남북 조절위원회 서울 측 공동의장인 이후락 중앙정보부장과 그 일
   행은 1972년 11월 3일 김일성 수상을 예방하고 담화를 나눴다.

3. 남북 조절위원회 공동위원장 제2차 회의는 11월 2일과 3일 두 차
   례에 걸쳐 열렸다. 이 회의에는 서울 측에서 이후락 공동위원장과
   장기영 전 부총리, 최규하 대통령 특별보좌관 그리고 강인덕 중앙정
   보부 제9국장, 정홍진 협의조정국장이 참석했으며, 평양 측에서는
   김영주 공동위원장을 대리한 박성철 제2부 수상과 유장식 당지도
   부 부부장 겸 대외사업부장, 이경석 내각참사 그리고 노동당 중앙위
   원회 정치위 직속 한응식 책임지도원과 노동당 중앙위원회 정치위
   직속 김덕현 책임지도원이 참석했다.

4. 회의는 하루 빨리 남북관계를 개선하고 조국의 자주적 평화통일을
   실현하려는 염원에서 진지한 민족애의 분위기 속에서 협의를 진행
   한 결과 서로 이해를 심화시키고 일련의 문제를 풀어나가는 데 진
   전을 이룩하였다.

5. 쌍방은 남북 공동성명의 정신에 따라 남북 사이의 각 분야에 걸쳐
   서 서로 힘을 합쳐 같이 사업하는 데 대하여 의견의 일치를 보았다.

6. 이번 회의에서 쌍방은 다음과 같은 문제에 대해 합의를 보았다.
   ㉮ 쌍방은 남북 조절위원회 구성 및 운영문제에 대하여 의견의 일
   치를 보았으며 이에 따라 남북 조절위 구성 및 운영에 관한 합의

서를 서명 · 교환했다.

㉕ 쌍방은 서로 비방 · 중상을 하지 않기로 한 남북 공동성명의 조항에 따라 1972년 11월 11일 0시를 기하여 대남 · 대북방송과 군사분계선상에서의 확성기에 의한 대남 · 대북방송, 상대방 지역에 대한 삐라 살포를 그만두기로 하였다.

평양에서

남북 조절위원회 서울 측 공동위원장
이후락

남북 조절위원회 평양 측 공동위원장
김영주를 대신하여 박성철

남북 조절위원회 구성 발표문 (1972. 11. 30. 서울)

남북 조절위원회 공동위원장 제3차 회의는 1972년 11월 30일 서울에서 개최되었다. 이 회의에서 쌍방은 다음과 같이 합의하였다.

1) 남북 조절위원회를 다음과 같이 구성한다.
    ① 서울 측
       위원장   이후락 중앙정보부장
       부위원장   장기영 전 부총리
       위원   최규하 대통령 특별보좌관
                   강인덕 중앙정보부 제9국장
       간사위원   정홍진 중앙정보부협의조정국장
    ② 평양 측
       위원장   김영주 노동당 중앙위원회 조직지도부장
       부위원장   유장식 노동당 중앙위원회 조직지도부 부부장 겸
                   대외사업부장
       위원   이완기 내각참사
                   한응식 노동당 중앙위원회 정치위원회 직속 책임지
                   도위원
       간사위원   김덕현 노동당 중앙위원회 정치위원회 지도원

2) 따라서 남북 조절위원회 제1차 회의를 11월 30일 하오 5시 30분
    에 개최했다.

제1차 남북 조절위원회 공동발표문 (1971. 12. 2. 서울)

1. 남북 조절위원회 제1차 회의는 1972년 11월 30일과 12월 1일 두 차례에 걸쳐 서울에서 개최되었다.

2. 박정희 대통령은 1972년 12월 1일 김영주 평양 측 공동위원장 을 대리하여 남북 조절위원회 제1차 회의에 참석한 박성철 제2 부수상과 평양 측 조절위원의 예방을 받고 환담했다.

3. 남북 조절위원회 제1차 회의에서는 서울 측에서 이후락 공동위 원장, 장기영 부위원장, 최규하 위원, 강인덕 위원, 정홍진 간사위원이 참석했으며, 평양 측에서 김영주 공동위원장을 대리한 박성철 제2 부수상, 유장식 부위원장, 이완기 위원, 한응식 위원, 김덕현 간사위원이 참석하였다.

4. 쌍방은 남북 조절위원회 제1차 회의에서 7 · 4남북 공동성명 정신과 남북 조절위 공동위원장 제2차 회의의 합의사항에 따라 각 분야에서 교류와 힘을 합쳐 같이 사업하는 데 대하여 의견을 교환했다.

5. 쌍방은 남북 조절위원회가 그 기능을 원만히 수행할 수 있도록 하기 위해 조속히 간사회의를 구성하고 공동사무국을 설치하며, 남북 조절위원회의 운영 세칙을 작성하기로 합의했다.

이후락 공동위원장 8 · 29성명 (1973. 8. 29)

　남북 조절위원회 김영주 평양 측 공동위원장은 8월 28일 오후 6시 돌연 성명을 발표하고, 중앙정보부가 김대중 납치 사건을 주모하였다느니 남북 조절위원회 서울 측 공동위원장인 본인이 공동성명의 합의사항을 구체화하려 하지 않고 말로는 완전 개방을 떠들면서 실제적 대책을 취하는 것은 회피하며 반공정책을 강화하여 수많은 친공 인사를 체포 · 탄압하고 수많은 간첩을 잡아 죽이며 국가보안법 위반자들을 체포 · 구금했다느니, 또 박 대통령 각하의 6 · 23평화통일 외교선언이 2개의 한국을 획책하는 것이라느니 하는 등등의 이유로 이후락과는 남북 조절위원회를 더 이상 진행시키지 않겠다는 일방적인 선언을 하였습니다.

　이러한 북한 측의 일방적인 성명으로 말미암아 그동안 7 · 4공동성명의 정신에 입각하여 한반도에 항구적인 평화를 정착시키고 남북관계를 개선 · 발전시키며 분단조국의 자주적 평화통일을 모색하여 5천만 민족의 영원한 복지와 번영의 길을 개척하려는 숭고한 목적 아래 진행되어온 남북대화는 중대한 국면에 접어들었습니다.

　이러한 북한의 돌변한 태도는 단적으로 말해서 박정희 대통령 각하의 6 · 23 평화통일 외교선언이 국내외로 큰 지지를 받게 되고, 다가오는 유엔총회에서도 그들의 입장이 비세로 몰리게 됨을 자인하고 당혹한 나머지 이를 모면하려는 임시변통이며, 평화를 지향하는 대화의 진행을 기피하겠다는 것으로 해석할 수밖에 없습니다.

　돌이켜보면 작년 5월 2일 본인은 죽음을 각오하고 박 대통령 각하의 뜻을 받들어 평양을 방문하였으며, 성의를 다하여 북한 측을 설득시킴으

로써 남북대화의 통로를 마련하였던 것입니다.(중략)

그때 김일성 씨도 본인을 보고, 나는 공산당 잡는 사람이 찾아왔으니까 믿지 다른 사람이 왔다면 불신임할 수도 있다고 함축성 있게 말한 바 있습니다.

이러한 기왕의 일을 두고 볼 때 이제 와서 그들이 반공법을 위반한 공산주의자들을 체포, 처벌한다 하여 본인을 애국지사를 처형하는 민족반역자로 규정한다는 것은 전후가 모순되는 자가당착의 처사로서 도저히 이해할 수 없는 일이라 아니할 수 없습니다. (중략)

본인은 작년 11월 평양에서 김일성 씨를 만났을 때 반공법과 국가보안법이 필요 없는 사회를 갖는 것이 우리의 희망이라고 말하고, 그러기 위해서는 북한이 대남폭력혁명 지령을 그만두어야 한다고 분명히 못박아 말한 일이 있습니다.

이제 그들이 남북 조절위원회 평양 측 공동위원장의 이름으로 발표한 성명에서 말한 모든 문제의 씨앗은 바로 그들 스스로가 뿌린 것들입니다.

본인은 확신하거니와 남북의 5천만 동포들은 평화적 조국통일을 위한 민족의 대헌장인 7 · 4 남북 공동성명의 건재를 갈망하고 있습니다.

남북 조절위원회 대북성명 (1982. 7. 3)

민관식 남북 조절위원회 서울 측 공동위원장 대리는 1982년 7월 3 일 '7 · 4 남북 공동성명' 발표 10주년에 즈음한 성명을 발표, "북한 측은 조국의 평화통일이라는 민족의 소망을 더 이상 외면하지 말고 민족적 이성을 되찾아 7 · 4 남북 공동성명의 정신에 입각, 하루 속히 대화의 광장에 나와 우리 민족의 장래문제와 현안문제를 허심탄회하게 협의 · 해결하는 데 호응하라"고 촉구했다.

민 위원장 대리는 이 성명에서 "7 · 4 남북 공동성명의 기본 정신은 조국의 평화적 통일을 하루 빨리 이룩해야 한다는 민족적 염원에 입각해서 오랫동안의 단절과 대립에서 비롯된 남북 간의 오해와 불신을 해소하고 긴장을 완화시키며, 나아가 조국의 평화통일을 촉진시키는 일이었다"고 상기시키고, 조국 평화통일의 대경대도는 남북한이 7 · 4 공동성명의 기본 정신으로 돌아가 무조건 대화를 재개 하고 서로 마주 앉아 민족의 장래문제와 남북의 현안문제를 대화를 통해 해결해나가는 데 있음을 확신한다고 밝혔다. 그는 이어 7 · 4 남북 공동성명 정신에 입각하여 한반도의 평화정착과 민족적 신뢰회복을 위해 경주해온 한국 측의 노력을 상기시킨 후 이같은 성의 있는 노력에도 불구하고 통일문제를 정치 선전과 대남 모략에만 이용하면서 대화의 광장에 나오지 않고 있는 북한의 태도를 개탄하고, 북한 측은 대한민국 정부가 1980년대의 새로운 평화 노력을 다짐하면서 대화의 광장을 마련키 위해 제안한 민족화합 민주통일 방안을 하루 속히 수락할 것을 촉구했다.

남북 적십자 제1차 본회담 (1972. 8. 30)

  한국적십자 수석대표에는 이범석, 북한 적십자 수석대표에는 김태희가 참석한 가운데 남북 적십자 회담이 1972년 8월 30일 평양에서 개최되었다. 회의가 끝난 후 발표된 합의서는 다음과 같다.

1. 남북 적십자 회담 쌍방 대표단은 1972년 6월 16일 판문점에서 열린 제20차 남북 적십자 예비회담에서 채택된 다음과 같은 남북 적십자 회담 의제를 1972년 8월 30일 평양에서 개최된 제1차 남북 적십자 회담에서 확인하고 이를 남북 적십자 회담의 의제로 한다.

    ① 남북으로 흩어진 가족들과 친척들의 주소와 생사를 알아내며 알리는 문제
    ② 남북으로 흩어진 가족들과 친척들 사이의 자유로운 방문과 자유로운 상봉을 실현하는 문제
    ③ 남북으로 흩어진 가족들과 친척들 사이의 자유로운 서신 거래를 실시하는 문제
    ④ 남북으로 흩어진 가족들의 자유의사에 의한 재결합 문제.
    ⑤ 기타 인도적으로 해결할 문제

2. 쌍방은 자주·평화통일·민족적 대단결의 3대 원칙이 천명된 남북 공동성명과 그리고 적십자 인도주의 원칙에 기초하여 남북 적십자 회담 의제로 설정된 모든 문제들을 성과적으로 토의·해결함으

로써 남북으로 흩어진 겨레들의 고통을 하루 속히 풀어주며, 나아가 조국통일의 디딤돌이 되도록 모든 노력을 다한다.

남북 적십자 제2차 회의 합의서

서울에서 개최된 제2차 남북 적십자 회담에서 쌍방은 다음과 같이 합의하였다.

1. 쌍방은 온 겨레의 의사와 염원을 반영하여 남북 적십자 회담의 의제로 설정된 모든 문제들의 해결에 있어서 민주주의적 원칙과 자유로운 원칙, 남북 공동성명의 정신과 동포애 그리고 적십자 인도주의적 정신을 철저히 구현한다.
2. 쌍방은 제1차, 제2차 남북 적십자 본회담을 통하여 더욱 다져진 쌍방 간의 신뢰와 신뢰 분위기를 바탕으로 제3차 회의부터는 의제에 관한 토의를 진행한다.
3. 제3차 남북 적십자 본회담은 1972년 10월 24일 평양에서, 제4차 적십자 본회담은 1972년 11월 22일 서울에서 진행키로 한다.

서울에서 쌍방 수석대표

유엔 한국 문제 공동성명 (1973. 11. 20)

유엔 정치위원장은 한국 문제에 대한 2개 결의안 공동제안국과 협의한 결과 이 2개 결의안을 금년도 유엔총회 표결에 붙이지 않기로 했음을 발표하도록 권한을 부여받았다. 의장은 또한 다음과 같은 성명을 내도록 승인받았다.

유엔은 남북한 양측이 1972년 7월 4일, 3가지 통한원칙을 밝힌 공동선언을 발표한 것에 만족하여 이를 주시한다. 7 · 4선언의 3개 통한원칙은,

1. 한반도 통일은 외세에 의존하거나 외세의 간섭 없이 이루어져야 한다.
2. 통한은 상대방에 대한 무력사용에 의하지 않는 평화적 수단에 의해 달성되어야 한다.
3. 민족적 통합이 촉진되어야 한다.

유엔은 남북한이 대화를 계속할 것과 7 · 4선언의 정신에 입각하여 독자적이고 평화적인 통일을 촉진하기 위해 남북한 간에 다방면의 교류와 협조가 이루어지기를 희망한다. 유엔총회는 언커크(유엔 한국통일부흥위원단)의 즉각 해체를 결의한다.

이 성명에서 2개 결의안은 각각 아래와 같다.

서방 측 유엔 한국 결의안 (1973. 9. 10)

총회는 국제평화와 안전의 유지에 관한 유엔헌장의 제목적과 원 칙에

따라 유엔은 한반도에 관한 이 목표의 달성을 보장할 영속적 인 책임을 갖고 있음을 인식하고 1972년 7월 4일 서울과 평양에서 동시 발표된 공동성명과 한반도의 두 당사자 간의 계속적인 대화에 만족을 표하여, 한국 (ROK)과 북한(DPRK) 모두가 이제 유엔체제에 참여하고 있음을 염두에 두고, 언커크의 보고에 주목했으나 한국에서 긴장이 완전히 제거되지 않았고, 1953년 7월 27일의 정전협정은 이 지역의 평화와 안전의 유지에 아직 필요불가결하다는 것을 인식한다.

① 한반도의 긴장을 완화하고 평화통일을 촉진시키기 위해 남북한이 벌이고 있는 대화를 환영하며, 이 대화의 목적들이 성취되기를 희망한다.
② 언커크 연례보고서에 포함되어 있는 언커크 자체해체 결정을 지지하기로 결정한다.
③ 보편성 원칙에 입각하여 남북한이 한반도의 평화와 안전을 증진시키고, 그리하여 평화적 통일을 촉진시킬 수단으로서 유엔에 동시 가입하는 것을 희망한다.
④ 또한 유엔안보이사회는 한반도 평화의 유지와 한국 정전협정의 준수를 보장하기 위해 직접적인 관련 당사자들과 적당한 과정을 통해 한국 문제를 고려하도록 희망한다.

공산 측 유엔 한국 결의안 (1973. 9. 11)

유엔총회는 남북한이 분단된 지 이미 28년의 세월이 지났고 한국에서 휴전이 성립된 지 20년이 흘렀음에도 불구하고, 한국 통일이 아직도 실현되지 않은 사실을 유의하고 각국의 국내 문제는 민족자결 원칙에 따라서 그 국민들 스스로에 의해서 해결되어야 함을 고려함과 동시에 1972년 7월 4일 남북 공동성명에서 남북한이 민족통일을 위한 다음과 같은 3

개 기본원칙, 즉 ① 한반도의 통일은 외세에 의존하거나 또는 외세의 간섭 없이 자주적으로 이루어져야 하며, ② 통일은 상호간에 무력사용에 의하지 않은 평화적 방법에 의해 이루어져야 하고, ③ 위대한 민족적 단합은 촉진되어야 한다는 데 합의한 사실을 주목하며, 남북한 간의 군사적 대결이 제거되고 평화협정이 체결되며, 가능한 한 빠른 시일 내에 평화통일의 목적 이 달성될 수 있도록 정치·군사·경제·문화 및 외교적 분야의 다 각적인 협조와 상호교류가 이루어질 것을 희망하는 한편, 한국의 내정에 대한 외국의 간섭 중지가 한국의 긴장완화를 위한 관건이며, 한국 휴전을 영구적인 평화로 전환시키며 남북한 대화를 원활 하게 촉진시켜 한국의 자주 평화통일을 달성토록 함을 인정하며, 남북한 공동성명과 민족자결 원칙에 입각한 한국 통일 문제의 조속한 해결을 촉진하고 한국의 평화를 유지 강화함과 아울러 단일 통합한국으로 유엔에 가입하고, 또한 이를 위한 여건을 조성하는 것이 유엔 헌장의 제원칙과 부합함을 인정하여, ㉮ 유엔 한국통일 부흥위원단의 해체를 결의하고, ㉯ 한국에 주둔하는 외국 군대가 유엔기를 사용할 권리를 취소하고 유엔군을 해체할 필요성을 고려하며, ㉰ 모든 한국 주둔 외국 군대는 철퇴하며 한국의 자주 평화통일을 촉진하기 위한 조치를 추진함을 인정한다.

제3공화국의 통일방안 (1973. 6. 23)

　1971년 8월 21일 대한적십자사 최두선 총재가 남북으로 흩어져 있는 이산가족의 아픔을 덜어 주기 위한 최소한의 방안으로 남북간의 가족찾기운동이라도 벌이자는 제의가 북한 적십자회에 의하여 받아들여져 20차에 걸친 예비회담 끝에 남북 적십자 본회담이 1972년 8월 30일 평양에서 개최되었고 1972년 7월 4일 남북 공동성명이 천명되고, 따라서 1972년 10월 12일 그 제1차 회의가 역시 판문점에서 개최되어 두 회담은 각각 진지하게 회합을 거듭하였다.

　이같은 남북 간의 긴장이 해소되는 듯한 정세 변화에 따라 박정희 대통령은 1973년 6월 23일 특별성명을 발표, 평화통일 외교정책을 선언하기에 이르렀다.

　남북대화는 시작되었으나 근 2년이 되는 오늘에 이르기까지 그 성과는 우리의 기대와는 거리가 먼 것이라고 지적한 박 대통령은, 북한 측은 불신 요소를 남겨둔 채 대한민국의 안전보장을 위태롭게 할 군사 및 정치문제의 일괄 해결을 주장할 뿐 아니라 통일을 위한 남북대화 도중 밖으로는 사실상 조국의 분단을 고정화시키는 행동을 계속해왔다고 지적하면서 이렇게 정부의 정책을 천명하였다.

　"조국통일이라는 민족 지상의 염원과 목표를 국제 정세의 현실 속에서 어떻게 추구할 것인가의 문제입니다. 우리는 객관적 현실에 대하여 능동적으로 대처해나가야 하겠습니다. 우리는 조국통일을 국내외의 현실 속에서 실현하는 현명하고도 확고한 방안을 수립하고 이를 강인하게 추구해나가야 하겠습니다. 그것은 현실을 직시 하고 평화를 이 땅에 정착시킴으로써 그 바탕 위에서 우리의 자주 역량으로 통일을 기필코 이룩하자는 것입니다. 그러므로 나는 이에 다음과 같은 정책을 선언하는 바입니다."

1. 조국의 평화통일은 우리 민족의 지상 과업이다. 우리는 이를 성취하기 위한 모든 노력을 계속 경주한다.
2. 한반도의 평화는 반드시 유지되어야 하며 남북한은 서로 내정에 간섭하지 않으며 침략을 하지 않아야 한다.
3. 우리는 남북 공동성명의 정신에 입각한 남북대화의 구체적 성과를 위하여 성실과 인내로써 계속 노력한다.
4. 우리는 긴장완화와 국제협조에 도움이 된다면 북한이 우리와 같이 국제기구에 참여하는 것을 반대하지 않는다.
5. 국제연합의 다수 회원국의 뜻이라면 통일에 장애가 되지 않는 다는 전제 아래 우리는 북한과 함께 국제연합에 가입하는 것을 반대하지 않는다.
   우리는 국제연합 가입 전이라도 대한민국 대표가 참석하는 국제연합 총회에서의 한국 문제 토의에 북한 측이 같이 초청되는 것을 반대하지 않는다.
6. 대한민국은 호혜 평등의 원칙 아래 모든 국가에 문호를 개방할 것이며, 우리와 이념과 체제를 달리하는 국가들도 우리에 게 문호를 개방할 것을 촉구한다.
7. 대한민국의 대외정책은 평화선린에 그 기본을 두고 있으며, 우방들과의 기존 유대관계는 이를 더욱 공고히 해나갈 것임을 재천명한다.

"나는 이상에서 밝힌 정책 중 대북한 관계사항은 통일이 성취될 때까지 과도적 기간 중의 잠정조치로서, 이는 결코 우리가 북한을 국가로 인정하는 것이 아님을 분명히 하여 둡니다"고 박 대통령은 다짐해두었다.

그런데 박정희 대통령의 통일정책이 발표된 2개월 후인 1973년 8월 28일 남북 조절위원회 김영주 평양 측 공동위원장은 돌연 성명을 발표하고, 중앙정보부가 김대중 납치 사건을 주모했다느니 남북 조절 위원회 서울 측 공동위원장인 이후락이 공동성명의 합의사항을 구체화하려 하지 않고, 말로는 개방을 떠들면서 반공정책을 강화하여 수많은 친공인사를 체포·탄압하고 수많은 간첩을 잡아 죽이며 국가보안법 위반자들을 체포. 구금했다느니, 또 박 대통령의 6·23 평화통일 외교선언이 2개의 한국을 획책하는 것이라느니 하는 등등의 이유로 이후락과는 남북 조절위원회를 더 이상 진행시키지 않겠다는 일방적인 선언을 했다.

이후 남북 조절위원회의 회담은 사실상 중단되어 오늘에 이르고 있으나 1991년 12월 11일 노태우 정부 시대에 접어들어 개최되어온 남북 총리회담에서 '남북 사이의 화해와 불가침 및 교류·협력에 관한 합의서'가 남한을 대표한 정원식 총리와 북한을 대표한 연형묵 총리에 의해 서명됨으로써 남북 조절위원회의 임무는 남북 총리회담으로 이관되었다고 보아야 하겠다.

국가보안법

(1980. 12. 31. 전개법률 3318호, 개정 1991. 5. 31. 법4373호)

제1장 총 칙

제1조(목적 등)

1. 이 법은 국가의 안전을 위태롭게 하는 반국가 활동을 규제함으로써 국가의 안전과 국민의 생존 및 자유를 확보함을 목적으로 한다.

2. 이 법을 해석 적용함에 있어서는 제1항의 목적 달성을 위하여 필요한 최소한도에 그쳐야 하며, 이를 확대 해석하거나 헌법상 보장된 국민의 기본적 인권을 부당하게 제한하는 일이 있어서는 아니 된다.(1991. 5. 31. 본조 개정)

    (判) 본법 및 반공법(폐)은 헌법이 지향하는 조국의 평화통일과 자유민주적 기본 질서를 부인하면서 공산계열인 북괴 등 불법 집단이 우리나라를 적화변란하려는 활동을 봉쇄하고, 국가의 안전과 국민의 자유를 확보하기 위하여 제정된 것이므로 헌법에 위배된다고 할 수 없다.(대법 1980. 12. 23. 80도 2570)

제2조(정의)

1. 이 법에서 반국가단체라 함은 정부를 잠칭하거나 국가를 변란할 것을 목적으로 하는 국내외의 결사 또는 집단으로서 지휘통솔 체제를 갖춘 단체를 말한다.

2. (1991. 5. 31. 삭제) (1991. 5. 31. 본조 개정) (判) 북한공산당의 소

위 평화조국통일 촉진위원회는 대한민국 전역을 공산화할 목적하에 조직된 단체이므로 국헌을 위배하여 국가 변란을 목적으로 하는 단체에 상위 없다.(대법 1957. 9. 20. 4290刑 228)

제2장 죄와 형

제3조(반국가 단체의 구성 등)

1. 반국가 단체를 구성하거나 이에 가입한 자는 다음의 구별에 따라 처벌한다.
   ① 수괴의 임무에 종사한 자는 사형 또는 무기징역에 처한다.
   ② 간부 기타 지도적 임무에 종사한 자는 사형, 무기 또는 5년 이상 의 징역에 처한다.
   ③ 그 이외의 자는 2년 이상의 유기징역에 처한다.
2. 타인에게 반국가 단체에 가입할 것을 권유한 자는 2년 이상의 유기 징역에 처한다.
3. 제1항 및 제2항의 미수범은 처벌한다.
4. 제1항 제3호의 죄를 범할 목적으로 예비 또는 음모한 자는 10 년 이하의 징역에 처한다.(1991. 5. 31. 본항 개정)
   (判) 국가 변란을 목적으로 하는 결사 또는 집단을 구성하는 죄는 그 범죄의 성립과 동시에 완성하는 즉시범이므로 이때부터 공소시효가 진행된다.(대법 1961. 9. 28. 4294刑 378)
   (判) 간첩으로부터 일정한 내용의 지령을 받고 이를 묵시적으로 응락하였다는 사실 자체만으로서는 그것이 반국가단체의 구성원이 된 것이라고 단정할 수 없다.(대법 1967. 6. 13. 67도 584)
   (判) 반국가 단체에 가입하는 범죄는 그 가입 행위의 완료로써, 가

입죄는 끝나는 것이고 이에 탈퇴하지 아니하면 언제까지나 범죄 행위가 계속 중이라고 볼 수는 없는 것이다.(대법 1961. 10. 5. 4294刑上 208)

(判) 피고인들이 정권 타도에 관하여 상호 주장과 의견을 교환하고 북괴 수괴를 찬양하는 자리에서 계 형식의 모임을 만들기로 합의하고 이 사건 아람회를 결성한 것인 바, 동 아람회 구성에 이르기까지 피고인들은 정부를 전복할 목적과 그 실천 방법 및 임무 분담 내용을 정하고, 이에 따라 활동하기로 숙의 결정하고 국가를 변란할 목적으로 불법 비밀결사를 계 형식의 위장 조직으로 구성키로 한 사실이 인정되는 바이니, 위 아람회 결성 당시에 그 목적과 임무에 관하여 명시적으로 논의된 바 없다 하여 그 특정이 없다고 볼 수는 없다.(대법 1982. 9. 28. 82도 2016)

제4조(목적 수행)

1. 반국가 단체의 구성원 또는 그 지령을 받은 자가 그 목적 수행을 위한 행위를 한 때에는 다음의 구별에 따라 처벌한다.

    ① 형법 제92조 내지 제97조 · 제99조 · 제250조 제2항, 제338조 또는 제340조 제3항에 규정된 행위를 한 때에는 그 각조에 정한 형에 처한다.

    ② 형법 제98조에 규정된 행위를 하거나 국가 기밀을 탐지 · 수집 · 누설 · 전달하거나 중개한 때에는 다음의 구별에 따라 처벌한다.

    ㉮ 군사상 기밀 또는 국가기밀이 국가 안전에 중대한 불이익을 회피하기 위하여 한정된 사람에게만 지득이 허용되고 적국 또는 반국가단체에 비밀로 하여야 할 사실, 물건 또는 지식인 경우에는 사형 또는 무기징역에 처한다.

ꂁ ꂀ목 외의 군사상 기밀 또는 국가기밀의 경우에는 사형, 무기 또는 7년 이상의 징역에 처한다.(1991. 5. 31. 본호 개정)

③ 형법 제115조, 제119조 제1항, 제147조, 제148조, 제164조 내지 제169조, 제177조 내지 제180조, 제192조 내지 제195조, 제 207조, 제208조, 제210조, 제250조 제1항, 제252조, 제253조, 제 333조 내지 제337조, 제339조 또는 제340조 제1항 및 제2항에 규정된 행위를 한 때에는 사형, 무기 또는 10년 이상의 징역에 처한다.(1991. 5. 31. 본호 개정)

④ 교통·통신, 국가 또는 공공단체가 사용하고 있는 건조물, 기타 중요시설을 파괴하거나 사람을 약취. 유인하거나 함선·항공기·자동차·무기 기타 물건을 이동 취거한 때에는 사형, 무기 또는 5년 이상의 징역에 처한다.

⑤ 형법 제214조 내지 제217조:
제257조 내지 제259조 또는 제262조에 규정된 행위를 하거나 국가기밀에 속하는 서류 또는 물품을 손괴·은닉·위조·변조한 때에는 3년 이상의 유기징역에 처한다.

⑥ 제1호 내지 저15호의 행위를 선동·선전하거나 사회질서의 혼란을 초래할 우려가 있는 사항에 관하여 허위 사실을 날조하거나 유포한 때에는 2년 이상의 유기징역에 처한다.(1991. 5. 31. 본호 개정)

2. 제1항의 미수범은 처벌한다.

3. 제1항 제1호 내지 제4호의 죄를 범할 목적으로 예비 또는 음모한 자는 2년 이상의 유기징역에 처한다.

4. 제1항 제5호 및 제6호의 죄를 범할 목적으로 예비 또는 음모한 자는 10년 이하의 징역에 처한다.

※ 간첩 형98

(判) 간첩의 개념

1. 국가보안법에서 "반국가단체의 지령을 받은 자"라 함은 반국가단체 로부터 직접 지령을 받은 자뿐 아니라 위 지령을 받은 자로부터 다시 받은 자도 포함한다.(대법 1972. 5. 23. 12도 687)

2. 국가보안법 2조(구) "소정의 반국가단체의 구성원 또는 그 지령을 받은 자"라는 요건은 정범인 간첩죄에 있어서만 필요로 하는 것이고, 그 방조죄에 있어서는 이러한 요건이 필요없이 '반국가단체의 간첩'이라는 인식만 있으면 그 주체가 될 수 있는 것이다.(대법 1973. 5. 8. 73도 249)

(判) 국가기밀

1. 피고인이 북한에서 괴뢰지도원 후모에게 남한 군사정부의 시책, 남한의 고위층 인물, 남한 농민의 생활상태, 국민의 정부 지지 상황 등을 설명하여준 행위는 국가기밀을 누설한 행위라고 볼 수 있는 것이다.(대법 1964. 9. 22. 64도 290)

2. 국가보안법상 간첩죄의 대상이 되는 국가기밀은 순전한 의미에서의 국가기밀에만 국한한 것은 아니고, 정치·경제·사회·문화 등 각 분야에 걸쳐서 대한민국의 국방정책상 북한 괴뢰집단에게 알리지 아니하거나 확인되지 아니함이 대한민국의 이익이 되는 모든 기밀사항이 포함되고, 이러한 기밀사항이 국내에 일반적으로 알려진 것이고 일상생활을 통해서 경험할 수 있는 것이라 할지라도 북한 괴뢰집단에게 유리한 자료가 될 경우에는 이를 탐지·수집하는 행위는 간첩죄를 구성한다.(대법 1987. 6. 23. 제3부(다) 판결 87도 705)

제5조(자진지원, 금품 수수)

1. 반국가단체나 그 구성원 또는 그 지령을 받은 자를 지원할 목적으로 자진하여 제4조 제1항 각호에 규정된 행위를 한 자는 제4조 제1항의 예에 의하여 처벌한다.

2. 국가의 존립·안전이나 자유민주적 기본 질서를 위태롭게 한다는 점을 알면서 반국가단체의 구성원 또는 그 지령을 받은 자로부터 금품을 수수한 자는 7년 이하의 징역에 처한다.(1991. 5. 31. 본항 개정)

3. 제1항 및 제2항의 미수범은 처벌한다.

4. 제1항의 죄를 범할 목적으로 예비 또는 음모한 자는 10년 이하의 징역에 처한다.

5. (1991. 5. 31. 삭제)

제6조(잠입·탈출)

1. 국가의 존립·안전이나 자유민주적 기본 질서를 위태롭게 한다는 점을 알면서 반국가단체의 지배하에 있는 지역으로부터 잠입하거나 그 지역으로 탈출한 자는 10년 이하의 징역에 처한다.(1991. 5. 31. 본항 개정)

2. 반국가단체나 그 구성원의 지령을 받거나 하기 위하여 또는 그 목적 수행을 협의하거나 협의하기 위하여 잠입하거나 탈출한 자는 사형·무기 또는 5년 이상의 징역에 처한다.

3. (1991. 5. 31. 삭제)

4. 제1항 및 제12항의 미수범은 처벌한다.(1991. 5. 31. 본항 개정)

5. 제1항의 죄를 범할 목적으로 예비 또는 음모한 자는 7년 이하의 징역에 처한다.

6. 제2항의 죄를 범할 목적으로 예비 또는 음모한 자는 2년 이상의 유기징역에 처한다.(1991. 5. 31. 본항 개정)

제7조(찬양 · 고무 등)

1. 국가의 존립 · 안전이나 자유민주적 기본 질서를 위태롭게 한다는 점을 알면서 반국가단체나 그 구성원 또는 그 지령을 받은 자의 활동을 찬양 · 고무 · 선전 또 이에 동조하거나 국가 변란을 선전 · 선동한 자는 7년 이하의 징역에 처한다.

2. (1991. 5. 31. 삭제)

3. 제1항의 행위를 목적으로 하는 단체를 구성하거나 이에 가입한 자는 1년 이상의 유기징역에 처한다.

4. 제3항에 규정된 단체의 구성원으로서 사회질서의 혼란을 조성 할 우려가 있는 사항에 관하여 허위사실을 날조하거나 유포한 자는 2년 이상의 유기징역에 처한다.

5. 제1항, 제3항 또는 제4항의 행위를 목적으로 문서 · 도면 기타의 표현물을 제작 · 수입 · 복사 · 소지 · 운반 · 반포 · 판매 또는 취득한 자는 그 각항에 정한 형에 처한다.

6. 제1항 또는 제3항 내지 제5항의 미수범은 처벌한다.

7. 제3항의 죄를 범할 목적으로 예비 또는 음모한 자는 5년 이하의 징역에 처한다.(1991. 5. 31. 본조 개정)

제8조(회합 · 통신)

1. 국가의 존립 · 안전이나 자유민주적 기본 질서를 위태롭게 한다는 점을 알면서 반국가단체의 구성원 또는 그 지령을 받은 자와 회합 · 통신 기타의 방법으로 연락을 한 자는 10년 이하의 징역에 처한다.(1991. 5. 31. 본항 개정)

2. (1991. 5. 31. 삭제)

3. 제1항의 미수범은 처벌한다.

4. (1991. 5. 31. 삭제)

제9조(편의 제공)

1. 이 법 제3조 내지 제8조의 죄를 범하거나 범하려는 자라는 점을 알면서 총포·탄약·화약 기타 무기를 제공한 자는 5년 이상의 유기징역에 처한다.(1991. 5. 31. 본조 개정)

2. 이 법 제3조 내지 제8조의 죄를 범하거나 범하려는 자라는 점을 알면서 금품, 기타 재산상의 이익을 제공하거나 잠복·회합·통신·연락을 위한 장소를 제공하거나 기타의 방법으로 편의를 제공한 자는 10년 이하의 징역에 처한다. 다만, 본범과 친족관계가 있는 때에는 그 형을 감경·면제할 수 있다.(1991. 5. 31. 본항 개정)

3. 제1항 및 제2항의 미수범은 처벌한다.

4. 제1항의 죄를 범할 목적으로 예비 또는 음모한 자는 1년 이상의 유기징역에 처한다.

5. (1991. 5. 31. 삭제)

제10조(불고지)

제3조, 제4조, 제5조 제1항·제3항(제1항의 미수범에 한한다)·제4항의 죄를 범한 자라는 점을 알면서 수사기관 또는 정보기관에 고지하지 아니한 자는 5년 이하의 징역 또는 200만 원 이하의 벌금에 처한다. 다만 본범과 친족관계에 있는 때에는 그 형을 경감 또는 면제한다. (1991. 5. 31. 본조 개정)

제11조(특수직무 유기)

범죄 수사 또는 정보의 직무에 종사하는 공무원이 이 법의 죄를 범한 자라는 점을 알면서 그 직무를 유기한 때에는 10년 이하의 징역에 처한다. 본범과 친척관계가 있는 때에는 그 형을 감경 또는 면제할 수 있다.

제12조(무고, 날조)

1. 타인으로 하여금 형사처분을 받게 할 목적으로 이 법의 죄에 대하여 무고 또는 위증하거나 증거를 날조·인멸·은닉한 자는 그 각 조에 정한 형에 처한다.

2. 범죄 수사 또는 정보의 직무에 종사하는 공무원이나 이를 보조하는 자, 또는 이를 지휘하는 자가 직권을 남용하여 제1항의 행위를 한 때에도 제1항의 형과 같다. 다만 그 법정형의 최저가 2년 미만일 때에는 이를 2년으로 한다.

제13조(특수 가중)

이 법, 군형법 제13조, 제15조 또는 형법 제2 편 제1장 내란의 죄, 제2장 외환의 죄를 범하여 금고 이상의 형의 선고를 받고 그 형의 집행을 종료하지 아니한 자 또는 그 집행을 종료하거나 집행을 받지 아니하기로 확정된 후 5년이 경과하지 아니한 자가 제3조 제1항 제3호 및 제2항 내지 제5항, 제4조 제1항 제1호 중 형법 제94조 제2항, 제97조 및 제99조 동항 저15호 및 제 6호, 제2항 내지 제4항, 제5조, 제6조 제1항 및 제4항 내지 제6항, 제7조 내지 제9조의 죄를 범한 때에는 그 죄에 대한 법정형의 최고를 사형으로 한다.

제14조(자격 정지의 병과)

이 법의 죄에 관하여 유기징역형을 선고할 때에는 그 형의 장기 이하의 자격정지를 병과할 수 있다. (1991. 5. 31. 본조 개정)

제15조(몰수·추징)

1. 이 법의 죄를 범하고 그 보수를 받은 때에는 이를 몰수한다. 다만 이를 몰수할 수 없을 때에는 그 가액을 추징한다.

2. 검사는 이 법의 죄를 범한 자에 대하여 소추를 하지 아니할 때에는 압수물의 폐기 또는 국고 귀속을 명할 수 있다.

제16조(형의 감면)

다음 각 호의 1에 해당한 때에는 그 형을 감경 또는 면제한다.

Ⓐ 이 법의 죄를 범한 후 자수한 때,

Ⓑ 이 법의 죄를 범한 자가 이 법의 죄를 범한 타인을 고발하거나 타인이 이 법의 죄를 범하는 것을 방해할 때,

Ⓒ (1991. 5. 31. 삭제)

제17조(타법 적용의 배제)

이 법의 죄를 범한 자에 대하여는 노동 쟁의조정법 제9조의 규정을 적용하지 아니한다.

제3장 특별형사소송 규정

제18조(참고인의 구인. 유치)

1. 검사 또는 사법경찰관으로부터 이 법에 정한 죄의 참고인으로 출석을 요구받은 자가 정당한 이유 없이 2회 이상 출석 요구에 불응한 때에는 관할 법원 판사의 구속영장을 발부받아 구인할 수 있다.
2. 구속영장에 의하여 참고인을 구인하는 경우에 필요한 때에는 근접한 경찰서, 기타 적당한 장소에 임시로 유치할 수 있다.

제19조(구속 기간의 연장)

1. 지방법원 판사는 제3조 내지 제10조의 죄로서 사법경찰관이 검사에게 신청하여 검사의 청구가 있는 경우에 수사를 계속함에 상당한 이유가 있다고 인정한 때에는 형사소송법 제202조의 구속 기간의 연장을 일차에 한하여 허가할 수 있다.
2. 지방법원 판사는 제1항의 죄로서 검사의 청구에 의하여 수사를 계속함에 상당한 이유가 있다고 인정한 때에는 형사소송법 제 203조의 구속 기간의 연장을 2차에 한하여 허가할 수 있다.
3. 제1항 및 제2항의 기간의 연장은 각 10일 이내로 한다.

제20조(공소 보류)

1. 검사는 이 법의 죄를 범한 자에 대하여 형법 제51조의 사항을 참작하여 공소 제기를 보류할 수 있다.
2. 제1항에 의하여 공소 보류를 받은 자가 공소의 제기 없이 2년을 경과한 때에는 소추할 수 없다.
3. 공소 보류를 받은 자가 법무부장관이 정한 감시 · 보도에 관한 규칙에 위반한 때에는 공소 보류를 취소할 수 있다.
4. 제3항에 의하여 공소 보류가 취소된 경우에는 형사소송법 제 208조의 규정에도 불구하고 동일한 범죄 사실로 재구속할 수 있다.

제4장 보상과 원호

제21조(상금)

1. 이 법의 죄를 범한 자를 수사기관 또는 정보기관에 통보하거나 체포한 자에게는 대통령이 정하는 바에 따라 상금을 지급한다.
2. 이 법의 죄를 범한 자를 인지하여 체포한 수사기관 또는 정보기관에 종사하는 자에 대하여도 제1항과 같다.
3. 이 법의 죄를 범한 자를 체포할 때 반항 또는 교전상태 하에서 부득이한 사유로 살해하거나 자살하게 한 경우에는 제1항에 준하여 상금을 지급할 수 있다.

제22조(보로금)

1. 제21조의 경우에 압수물이 있을 때에는 상금을 지급하는 경우에 한하여 그 압수물 가액의 2분의 1에 상당하는 범위 안에서 보로금을 지급할 수 있다.
2. 반국가단체나 그 구성원 또는 그 지령을 받은 자로부터 금품을 취득하여 수사기관 또는 정보기관에 제공한 자에게는 그 가액의 2분의 1에 상당하는 범위 안에서 보로금을 지급할 수 있다. 반국가 단체의 구성원 또는 그 지령을 받은 자가 제공한 때에도 또한 같다.
3. 보로금의 청구 및 지급에 관하여 필요한 사항은 대통령령으로 정한다.

제23조(보상)

이 법의 죄를 범한 자를 신고 또는 체포하거나 이에 관련하여 상이를 입은 자와 사망한 자의 유족은 대통령령이 정하는 바에 따라 국가유공자 예우 등에 관한 법률에 의한 공상군경 또는 순직군경의 유족으로 보아 보상

할 수 있다.(1991. 5. 31. 본조 개정)

제24조(국가보안 유공자 심사위원회)

1. 이 법에 의한 상금과 보로금의 지급 및 제23조에 의한 보상대상자를 심의 · 결정하기 위하여 법무부장관 소속하에 국가보안 유공자 심사위원회(이하 위원회라 한다)를 둔다.(1991. 5. 31. 본항 개정)
2. 위원회는 심의상 필요한 때에는 관계자의 출석을 요구하거나 조사할 수 있으며, 국가기관 기타 공 · 사단체에 조회하여 필요한 사항의 보고를 요구할 수 있다.
3. 위원회의 조직과 운영에 관하여 필요한 사항은 대통령령으로 정한다.

제25조(군법 피적용자에 대한 준용 규정)

이 법의 죄를 범한 자가 군사법원법 제2조 제1항 각 호의 1에 해당하는 자인 때에는 이 법의 규정 중 판사는 군사법원 군판사로, 검사는 군검찰부 검찰관으로 사법경찰관은 군사법경찰관으로 본다. (1993. 12. 본조 개정)

부칙

제1조(시행일)

이 법은 공포한 날로부터 시행한다.

제2조(폐지 법률)

반공법은 이를 폐지한다. 다만 동법 폐지 전의 행위에 대한 벌칙의 적용에 있어서는 종전의 규정에 의한다.

제3조(다른 법률의 개정 및 다른 법률과의 관계)

(생략)

제4조(경과 조치)

1. 구형법 제2편 제2장 내란에 관한 죄, 제3장 외환에 관한 죄, 구 국방경비법 제32조, 제33조, 구 해안경비법 제 8조의 2, 제9조, 구 비상사태하의 범죄 처벌에 관한 특별조치령, 종전의 국가보안법 또는 반공법의 죄를 범하여 유죄의 판결을 받은 자 또한 같다.
2. 이 법 시행 전에 특수범죄 처벌에 관한 특별법 제6조의 규정에 의하여 유죄의 판결을 받은 것으로 본다.
3. 이 법 시행 전에 종전의 국가보안법 또는 반공법의 규정에 의하여 행한 처분은 이 법의 규정에 의하여 행한 것으로 본다.
4. 이 법 시행 전에 한 반공법의 규정에 의한 상금 또는 보로금의 청구는 이 법의 규정에 의하여 한 것으로 본다.

부칙(1991. 5. 31)

1. (시행일) 이 법은 공포한 날부터 시행한다.
2. (경과 조치) 이 법 시행 전의 행위에 대한 벌칙의 적용에 있어서는 종전의 규정에 의한다.
3. (경과 조치) 이 법 시행 전에 국가보안법의 죄를 범하여 유죄의 판결을 받은 자는 이 법에 의하여 유죄의 판결을 받은 자로 본다.

민족화합 촉진 시범 실천사업 20개항 (1982. 2. 1)

한국 정부는 1982년 2월 1일 성명을 발표하고 "남북한 당국 최고책임자 회담을 실현시키기 위한 각료급 예배회담을 개최하는 데 북한 당국이 하루속히 동의할 것을 거듭 촉구한다'고 말하고, 전 대통령이 제시한 '민족화합 민주통일 방안의 실천 정신에 입각한 민족화합 촉진 조치의 일환으로서 북한 당국에 우선 당장에라도 실천에 옮길 수 있는 시범사업을 추진할 것을 요구한다"고 밝혔다.

손재식 통일원 장관이 이 성명에서 제시한 시범 실천사업 20개항은 아래와 같다.

(1) 남북한 간에 자유로운 통행을 보장하는 하나의 조치로서 서울·평양 간 도로를 연결·개통한다.

(2) 남북 이산가족들의 고통을 조금이라도 덜어주기 위하여 우선 그들 간의 우편교류 및 상봉을 실현한다.

(3) 설악산 이북과 금강산 이남 지역을 관광 휴양지로 설정하여 자유관광 공동지역으로 개방한다.

(4) 해외동포들의 조국 방문을 공동으로 주관하고 판문점을 통과하여 쌍방지역을 자유로이 방문하도록 한다.

(5) 남북한 간의 자유로운 교역을 실시하기 위하여 인천항과 진남 포항을 우선적으로 개방한다.

(6) 남북한 간에 상호 이해를 증진하기 위하여 모략 방송과 방송 청취 통제장치를 제거하여 쌍방 정규방송을 자유로이 청취하도록 한다.

(7) 1986년 아시아 경기대회 및 1988년 올림픽 대회에 북한 측 선수 단이 판문점을 통과하여 쌍방지역을 자유로이 왕래할 수 있도록 보 장한다.

(8) 남북을 방문하려는 모든 외국인들에게 판문점을 통과하여 쌍방지 역을 자유로이 왕래할 수 있도록 보장한다.

(9) 남북 어부들의 불편을 덜어주기 위하여 자유로운 공동어구를 설정 한다.

(10) 남북한 간의 관계 개선 및 신뢰 증진을 위하여 정치인 · 경제인 · 청 년 학생 · 근로자 · 문예인 · 체육인 등 각계 인사 간에 상호친선 방 문을 실시한다.

(11) 남북 사회의 실상을 올바르게 전달하기 위하여 쌍방 기자들의 상대 방 지역 안에서의 자유로운 취재활동을 보장한다.

(12) 민족문화의 계승 · 발전을 위하여 민족사의 공동연구를 추진한다.

(13) 남북한 간에 각 종목별 체육친선 교환경기를 개최하며 각종 국제경 기 대회에 단일팀을 구성하여 참가한다.

(14) 쌍방 주민의 생활 편의를 도모하기 위하여 일용생산품의 교역을 실 시한다.

(15) 민족경제의 번영을 위하여 남북한 간 자연자원의 공동개발 및 공동 이용을 실현한다.

(16) 남북한 간의 산업발전에 기여하기 위하여 동일 제조업체 간 의 기 술자 교류 및 생산품 전시회를 교환 · 개최한다.

(17) 비무장지대 내에 공동경기장 시설을 마련하고 이를 남북 간의 친선 경기에 이용한다.

(18) 비무장지대 내의 동식물 자연생태계를 연구하기 위하여 공동 학술 조사를 실시한다.

(19) 남북한 간에 군사적 긴장을 완화하기 위하여 비무장지대 내의 군사

시설을 완전히 철거한다.

⒇   남북한 간에 군비 통제조치를 협의하며 쌍방 군사책임자 간에 직통
    전화를 설치·운용한다.

노태우 대통령의 통일을 위한 7 · 7 특별선언

(1988. 7. 7)

노태우 대통령은 1988년 7월 7일. 온 겨레의 염원인 조국의 평화적 통일을 실현해나가기 위한 정책을 선언했다.

남북 분단은 우리 민족의 의사에 의한 것이 아니었으나 민족통합은 우리의 책임 아래 우리의 자주 역량으로 이루어야 할 것임을 노태우 대통령은 강조했다. 서로 문화와 역사가 다른 민족 사이에도 과감한 개방과 교류의 새 물결이 넘쳐 흐르고 있는 이때야말로 전쟁의 위험과 대결의 긴장이 상존하고 있는 한반도에 평화를 정착하고 통일의 새로운 전기를 마련하여야 할 역사적인 시점이라고 확신하면서, 그는 오늘을 사는 우리 겨레 모두에게 맡겨진 민족사의 소명인 남북 간에 화해와 협력의 밝은 시대를 열어가자고 제의했다.

노태우 대통령은 "우리가 아직 비극적인 분단 현실을 극복하지 못하고 있는 근본적인 이유는 남과 북이 민족공동체라는 의식을 등진 채 서로를 대결의 상대로 여겨 적대관계를 격화시켜온 데 있음"을 지적하고, "우리 민족은 하나의 공동체로서 그 속에서 삶을 영위하여 겨레의 힘과 슬기를 모아 시련과 도전을 극복하면서 빛나는 역사와 문화전통을 창조해왔기 때문에 남과 북이 함께 번영을 이룩하는 민족공동체로서 발전시켜나가는 것이야말로 통일조국을 실현하는 길이요, 그 길이 곧 민족자존의 길이며 민족통합의 길"임을 밝혔다.

남과 북은 분단의 벽을 헐고 모든 부문에 걸쳐 교류를 실현해 상호신뢰를 회복하고 민족적 유대를 강화해나갈 적극적 조처를 취해 나가야 하며,

또한 대외적으로도 하나의 공동체라는 인식을 바탕으로 대결의 관계를 지양해야 함은 물론, 북한이 책임 있는 성원으로 국제사회에 기여하고 그 것이 북한사회의 개방과 발전을 촉진하게 되기를 노태우 대통령은 희망하기도 했다.

노태우 대통령은 자주, 평화, 민주, 복지의 원칙에 입각하여 민족구성원 전체가 참여하는 사회·문화·경제·정치공동체를 이룩함으로써, 민족자존과 통일 번영의 새시대를 열어나갈 것임을 약속하면서 다음과 같은 정책을 추진해나갈 것을 내외에 선언했다.

(1) 정치인·경제인·언론인·종교인·문화예술인·학자·체육인 및 학생 등 남북 동포 간의 상호교류를 적극 추진하며, 해외 동포들이 자유로이 남북을 왕래하도록 문호를 개방한다.

(2) 남북 적십자회담이 타결되기 이전이라도 인도주의적 견지에서 가능한 모든 방법을 통해 이산가족들 간의 생사, 주소 확인, 서신 왕래, 상호 방문 등이 이루어질 수 있도록 적극 주선·지원한다.

(3) 남북 간 교역의 문호를 개방하고 남북 간 교역을 민족 내부 교역으로 간주한다.

(4) 남북 모든 동포의 삶의 질을 향상시킬 수 있도록 민족경제의 균형적 발전이 이루어지기를 희망하며, 비군사적 물자에 대해 우리 우방들이 북한과 교역을 하는 데 반대하지 않는다.

(5) 남북 간의 소모적인 경쟁과 대결외교를 종결하고 북한이 국제 사회에 발전적 기여를 할 수 있도록 협력하며, 또한 남북 대표가 국제무대에서 자유롭게 만나 민족의 공동이익을 위하여 서로 협력할 것을 희망한다.

(6) 한반도의 평화를 정착시킬 여건을 조성하기 위하여 북한이 미국·일본 등 우리 우방과의 관계를 개선하는 데 협조할 용의가 있으며,

또한 우리는 소련·중국을 비롯한 사회주의 국가들과의 관계 개선을 촉구한다.

이상과 같은 6개항의 정책을 선언하면서 노태우 대통령은 북한 측이 이에 대해 긍정적인 자세를 보여온다면 남한은 보다 전진적인 조치를 취해나갈 적극적 소신도 피력하였다. 그는 오늘의 이 선언이 통일을 향한 남북 간의 관계 발전에 새로운 장을 여는 계기가 되기를 바란다며, 6천만 우리 겨레 모두가 슬기와 힘을 모은다면 이 세기가 가기 전에 남과 북은 하나의 사회적·문화적 경제공동체로 통합될 수 있을 것이고, 이러한 바탕 위에서 우리는 멀지 않아 하나의 나라로 통일하는 위업을 달성할 수 있을 것이라는 확신을 덧붙였다.

한반도의 비핵화와 평화 축구에 관한
노태우 대통령의 선언 (1991. 11. 8)

나는 오늘 한반도와 나아가 동북아시아에 대한 항구적인 평화를 구축하기 위한 중요한 결단을 밝히려 합니다. 오늘날 세계는 반세 기간의 암울했던 냉전시대의 유산을 청산하고 평화를 구현하기 위해 지난 시대에는 생각할 수 없었던 과감한 조처를 이루어나가고 있습니다. 지난날의 적대세력들이 손을 잡고 인류공동의 미래를 위해 우호와 협력을 기약하고 있습니다. 순식간에 인류를 파멸로 이끌 수 있는 대량 파괴무기에 대해서도 획기적인 조처가 이루어지고 있습니다. 미국과 소련은 핵무기의 폐기와 대폭적인 감축을 추진하고 있으며, 가공할 무차별 살상력을 가진 화학무기의 완전 폐기를 위한 협상도 제네바에서 진행되고 있습니다. 이처럼 화해와 협력의 물결이 넘치고 있는 세계를 보며 우리가 사는 한반도에도 대결의 위험이 사라진 것으로 생각하는 사람도 있습니다. 그러나 불행히도 이 세계에서 유독 한반도에서만 역사의 거대한 흐름과 배치되는 상황이 계속되고 있습니다.

세계적으로 핵무기의 폐기와 감축이 이루어지고 있는 이 시간에도 북한은 핵확산방지조약 가입국으로서 마땅히 해야 할 의무를 거부한 채 핵무기를 제조하려는 노력을 포기하지 않고 있습니다. 북한이 화학생물 무기를 만들어 보유하고 있는 것도 잘 알려진 사실입니다. 한반도에는 동족상잔과 비극적인 전쟁이 있었고, 그 후 근 40년간 군사적 대결과 군비경쟁이 지속되어왔습니다. 이러한 상황에서 북한의 핵무기 개발은 이제까지의 문제와는 차원을 달리하는 심각한 문제입니다. 그것은 민족의 생존 자체를 위협하는 것일 뿐만 아니라, 그로 인해 동북아시아와 세계의 평화가 한순간에 파괴될 수 있는 위험을 안게 되는 것입니다. 온 세계가 북한의 핵무기 개발에 큰 우려를 갖고 이를 저지하기 위해 우리와 함께 온갖 노력을 기울이고 있는 것도 이 때문입니다.

나는 지난 9월 유엔총회 연설을 통해 북한이 핵안전협정에 서명하여 핵무기 개발을 포기하고 남북한 간에 군사적인 신뢰를 구축하기 위한 조처에 응한다면 한반도의 핵문제에 대하여 북한과 협의할 용의가 있다는 것을 분명히 밝혔습니다. 북한은 우리의 이러한 적극적인 제의에 호응하는 대신 오히려 더욱 비현실적인 주장만을 내세우며 국제적인 의무 이행에 등을 돌리고 있습니다. 나는 한반도의 핵문제를 선도적으로 해결하고 이 땅에 평화를 정착시키기 위해 중대한 결단을 내리고, 이를 실행하는 조처를 취해나가기로 결정하였습니다. 나는 우리의 평화 의지를 바탕으로 한반도의 비핵화를 실현하고 화학생물 무기를 이 땅에서 제거하기 위하여 우리의 정책을 다음과 같이 선언합니다.

첫째, 우리는 핵에너지를 평화적 목적을 위해서만 사용하며 핵무기를 제조 · 보유 · 저장 · 배비 · 사용하지 않는다.

둘째, 우리는 '핵무기의 확산 방지에 관한 조약과 이에 따라 국제원자력기구와 체결한 핵안전조치협정을 준수하여, 한국 안의 핵시설과 핵물질은 철저한 국제사찰을 받도록 하며 핵연료 재처리 및 핵 농축시설을 보유하지 않는다.

셋째, 우리는 핵무기와 무차별 살상무기가 없는 평화적인 세계를 지향하며, 화학생물 무기의 전면적 제거를 위한 국제적 노력에 적극 참여하고 이에 관한 국제적 합의를 준수한다. 우리는 핵과 화학 · 생물 무기를 갖지 않는 이와 같은 정책을 성실히 이행해나갈 것입니다. 이제 북한이 국제사찰을 피하며 핵무기를 개발해야 할 아무런 이유도 명분도 있을 수 없습니다.

나는 이 자리에서 북한도 나의 이 선언에 상응하는 조처를 취할 것을 강력히 촉구합니다. 북한은 우리와 함께 핵 재처리 및 농축시설의 보유를 분명히 포기해야 할 것입니다. 북한이 핵안전조치협정에 조속히 서명하고, 이와 같은 조치를 취한다면 남북은 고위급 회담을 통해 핵문제를 포함한 모든 군사안보 문제를 협의, 해결해나갈 수 있을 것입니다. 한반도의 계반문제는 어디까지나 남북한 당사자 간의 직접 협의를 통해 자주적으로 해결되어야 합니다. 나는 북한의 핵개발 기도를 하루 빨리 포기하여 핵무기가 없는 한반도를 실현함으로써, 이 땅에 진정한 평화의 시대를 열게 되기를 7천만 동포와 더불어 진심으로 바랍니다. 오늘 이 정책을 선언하기에 앞서 정부는 이 정책이 안보에 미칠 영향을 면밀히 검토하였으며, 우리의 안보에는 흔들림이 없을 것이라는 확신 위에서 이와 같은 결단을 내렸습니다. 나는 북한이 이 세계의 현실을 직시하여 우리와 함께 민족적 비극의 소지를 없애고 민족화합과 평화통일을 이루는 길로 나아가기를 기원합니다.

남북 사이의 화해와 불가침 및
교류·협력에 관한 합의서 (1991. 12. 13)

　남과 북은 분단된 조국의 평화적 통일을 염원하는 온 겨레의 뜻에 따라 7·4 남북 공동성명에서 천명된 조국통일 3대 원칙을 재확인하고, 정치·군사적 대결상태를 해소하여 민족적 화해를 이룩하고 무력에 의한 침략과 충돌을 막고 긴장완화와 평화를 보장하며, 다각적인 교류·협력을 실현하여 민족공동의 이익과 번영을 도모하며, 쌍방 사이의 관계가 나라와 나라 사이의 관계가 아닌 통일을 지향하는 과정에서 잠정적으로 형성되는 특수관계라는 것을 인정하고 평화통일을 성취하기 위한 공동의 노력을 경주할 것을 다짐하면서 다음과 같이 합의한다.

제1장 남북화해

제1조　남과 북은 서로 상대방의 체제를 인정하고 존중한다.

제2조　남과 북은 상대방의 내부문제에 간섭하지 아니한다.

제3조　남과 북은 상대방에 대한 비방·중상을 하지 아니한다.

제4조　남과 북은 상대방을 파괴·전복하려는 일체 행위를 하지 아니한다.

제5조　남과 북은 현 정전 상태를 남북 사이의 공고한 평화 상태로 전환시키기 위하여 공동으로 노력하며, 이러한 평화상태가 이룩될 때까지 현 군사 정전협정을 준수한다.

제6조 남과 북은 국제무대에서 대결과 경쟁을 중지하고 서로 협력하며 민족의 존엄과 이익을 위하여 공동으로 노력한다.

제7조 남과 북은 서로의 긴밀한 협력과 협의를 위하여 합의서 발효 후 3개월 안에 판문점에서 남북 연락사무소를 설치 · 운영한다.

제8조 남과 북은 이 합의서 발효 후 1개월 안에 본회담 테두리 안에서 남북 정치분과위원회를 구성하여 남북 화해에 관한 합의의 이행과 준수를 위한 구체적 대책을 협의한다.

제2장 남북 불가침

제9조 남과 북은 상대방에 대하여 무력을 사용하지 않으며 상대방을 무력으로 침략하지 아니한다.

제10조 남과 북은 의견 대립과 분쟁 문제들을 대화와 협상을 통하여 평화적으로 해결한다.

제11조 남과 북은 불가침 경계선과 구역은 1953년 7월 27일자 군사정전에 관한 협정에 규정된 군사분계선과 지금까지 쌍방이 관할하여온 구역으로 한다.

제12조 남과 북은 불가침의 이행과 보장을 위하여 이 합의서 발효 후 3개월 안에 남북 군사공동위원회를 구성 · 운영한다. 남북 군사공동위원회에서는 대규모 부대이동과 군사 연습의 통보 및 통제 문제, 비무장지대의 평화적 이용문제, 군인사 교류 및 정보교환 문제, 대량 살상 무기와 공격 능력의 제거를 비롯한 단계적 군축 실현 문제, 검증 문제 등 군사적 신뢰 조성과 군축을 실현하기 위한 문제를 협의 · 추진한다.

제13조 남과 북은 우발적인 무력충돌과 그 확대를 방지하기 위하 여 쌍

방 군사당국자 사이에 직통 전화를 설치 · 운영한다.

제14조 남과 북은 이 합의서 발효 후 1개월 안에 본회담 테두리 안에서 남북 군사분과위원회를 구성하여 불가침에 관한 합의의 이행과 준수 및 군사적 대결상태를 해소하기 위한 구체적 대책을 협의한다.

제3장 남북 교류 · 협력

제15조 남과 북은 민족경제의 통일적이며 균형적인 발전과 민족 전체의 복리향상을 도모하기 위하여 자원의 공동개발, 민족 내부 교류로서의 물자 교류, 합작 투자 등 경제 교류와 협력을 실시한다.

제16조 남과 북은 과학 · 기술 · 교육 · 문화 · 예술 · 보건 · 체육 · 환경과 신문 · 라디오 · 텔레비전 및 출판물을 비롯한 출판 · 보도 등 여러 분야에서 교류와 협력을 실시한다.

제17조 남과 북은 민족 구성원들의 자유로운 왕래와 접촉을 실시한다.

제18조 남과 북은 흩어진 가족 · 친척들의 자유로운 서신 거래와 왕래와 상봉 및 방문을 실시하고 자유의사에 의한 재결합을 실현하며, 기타 인도적으로 해결할 문제에 대한 대책을 강구한다.

제19조 남과 북은 끊어진 철도와 도로를 연결하고 해로 · 항로를 개설한다.

제20조 남과 북은 우편과 전기통신 교류에 필요한 시설을 설치 · 연결하며, 우편 · 전기통신 교류의 비밀을 보장한다.

제21조 남과 북은 국제무대에서 경제와 문화 등 여러 분야에서 서로 협력하며 대외에 공동으로 진출한다.

제22조 남과 북은 경제와 문화 등 각 분야의 교류와 협력을 실현하기 위한 합의의 이행을 위하여 이 합의서 발효 후 3개월 안에 남북 경

제교류, 협력공동위원회를 비롯한 부문별 공동위원회를 구성 · 운영한다.

제23조 남과 북은 이 합의서 발효 후 1개월 안에 본회담 테두리 안에서 남북 교류 · 협력에 관한 합의의 이행과 준수를 위한 구체적 대책을 협의한다.

제4장 수정 및 발효

제24조 이 합의서는 쌍방의 합의에 의하여 수정 · 보충할 수 있다.

제25조 이 합의서는 남과 북이 각기 필요한 절차를 거쳐 그 문본을 서로 교환할 날부터 효력을 발생한다.

1991년 12월 13일

남북고위급회담 남측 대표단 수석대표
대한민국 국무총리 정원식

북남고위급회담 북측 대표단 단장
조선민주주의인민공화국 정무원총리 연형묵

남한 내 핵부재 선언 (노태우 대통령 발표, 1991. 12. 18)

지난주 남북한은 반세기에 걸친 한반도의 냉전을 종식하고 평화의 시대를 열기 위한 구체적인 합의를 이루었습니다. 제5차 남북 고위급회담에서 서명된 합의서는 남과 북이 오랜 단절과 대립을 청산하여 상호 신뢰를 바탕으로 이 땅에 평화의 질서를 구축하고, 교류·협력을 통해 민족의 화해와 공동 번영을 이루어가기 위해 필요한 조치들을 망라하고 있습니다. 우리는 남과 북이 평화 속에 공존 공영의 관계를 이루는 것이 통일을 위해 반드시 거쳐야 할 과정이라는 신념으로 이를 추구해왔습니다.

이번 고위급회담에서 남과 북이 한반도에 핵무기가 없어야 된다는 데 뜻을 같이한 것은 다행스러운 일입니다. 이를 바탕으로 이달 안에 판문점에서 열리는 남북 대표 접촉에서는 핵문제에 관한 분명한 해결이 이루어져야 할 것입니다. 핵문제의 조속한 해결을 위해 나는 이 자리를 빌어 국민 여러분과 북한 그리고 온 세계에 한 가지 분명한 사실을 밝힙니다. 내가 여러분께 말씀드리는 이 시각 우리나라 어디에도 단 하나의 핵무기도 존재하지 않습니다. 우리에 관한 한 11월 8일 선언한 비핵화 정책은 완전히 실현되었음을 밝힙니다. 나는 이 자리에서 북한 측에 말합니다. 우리가 비핵화를 구현하고 남북한 동시 핵사찰을 수용한 상황에서 북한이 핵무기를 개발하거나 사찰을 거부할 어떠한 명분이나 이유도 사라졌습니다. 이제 북한은 국제원자력 기구와 핵안전조치협정을 조속히 체결·비준하여, 아무런 조건 없이 국제사찰을 수락하고 핵 재처리 및 농축시설을 포기해야 합니다. 북한은 남북합의서의 정신에 바탕하여 핵문제를 빨리 마무리 지음으로써 한반도에 진정한 평화가 오고 있다는 믿음을 온 겨레와 세계에 심어주어야 합니다. 핵 문제를 그대로 두고 민족의 화해와 평화를 실현할 수는 없습니다. 세계 각국과 국제사회가 북한의 핵개발은 이 지역의 평화를 위협하고 세계적인 핵확산을 촉진할 위험성을 안고 있는 중대 사안으로 보고 이에 대한 대응책을 강구하고 있습니다.

비핵화 공동선언 (남북 공동발표문, 1991. 12. 31)

⑴ 남과 북은 1991년 12월 13일 '남북 사이의 화해 · 불가침 및 교류
  협력에 관한 합의서'에 서명하였으며, 빠른 시일 안에 각기 발효에
  필요한 절차를 거치기로 하였다.

⑵ 남과 북은 한반도에 핵무기가 없어야 한다는 데 인식을 같이하며,
  핵 문제를 협의하기 위해 12월 안으로 판문점에서 대표 접촉을 갖
  기로 하였다.

⑶ 남과 북은 제6차 본회담을 1992년 2월 18일 평양에서 갖기로 합
  의하였다.

한반도 비핵화 공동선언문 (1992. 1. 30)

　남과 북은 한반도를 비핵화함으로써 핵전쟁 위험을 제거하고 우리나라의 평화와 평화통일에 유리한 조건과 환경을 조성하며, 아시아와 세계의 평화와 안전에 이바지하기 위하여 다음과 같이 선언한다.

(1)　남과 북은 핵무기의 시험 · 제조 · 생산 · 접수 · 보유 · 저장 · 배비 · 사용을 하지 아니한다.

(2)　남과 북은 핵에너지를 오직 평화적 목적에만 이용한다.

(3)　남과 북은 핵 재처리 시설과 우라늄 농축시설을 보유하지 아니한다.

(4)　남과 북은 한반도의 비핵화를 검증하기 위하여 상대측이 선정하고 쌍방이 합의하는 대상들에 대하여 남북 핵통제공동위원회가 규정하는 절차와 방법으로 사찰을 실시한다.

(5)　남과 북은 이 공동선언의 이행을 위하여 공동선언이 발효된 후 1개월 안에 남북 핵통제공동위원회를 구성 · 운영한다.

(6)　이 공동선언은 남과 북이 각각 발효에 필요한 절차를 거쳐 그 문본을 교환한 날부터 효력을 발생한다.

1992년 1월 20일

남북고위급회담 남측 대표단 수석대표
대한민국 국무총리 정원식

북남고위급회담 북측 대표단 단장
조선민주주의인민공화국 정무원총리 연형묵

남북 고위급 회담 분과위원회
구성 · 운영에 관한 합의서 (1992. 2. 7. 판문점에서 가서명)

남과 북은 '남북 사이의 화해와 불가침 및 교류 · 협력에 관한 합의서'의 이행과 준수를 위한 구체적 대책을 협의하기 위하여 남북 고위급회담 테두리 안에서 남북 정치분과위원회, 남북 군사분과위원회, 남북 교류 · 협력분과위원회를 다음과 같이 구성 · 운영하기로 합의하였다.

제1조 각 분과위원회는 다음과 같이 구성한다.

① 각 분과위원회는 쌍방에서 각각 위원장 1명과 위원 6명으로 구성하며, 위원장은 남북 고위급회담 대표로 한다.

② 쌍방은 각 분과위원회 위원장과 위원들을 교체할 경우 사전에 상대측에 이를 통보한다.

③ 수행원은 6명으로 하며 필요에 따라 쌍방이 합의하여 조정할 수 있다.

제2조 각 분과위원회의 기능은 다음과 같다.

① 각 분과위원회는 남북 사이의 화해와 불가침 및 교류 · 협력에 관한 합의서 해당 부문의 이행과 준수를 위한 구체적인 대책을 협의한다.

② 각 분과위원회는 '남북 사이의 화해와 불가침 및 교류 · 협력에 관한 합의서' 해당 부문의 구체적인 이행 대책을 협의한 데 따라 각각 부속합의서를 작성한다.

③ 각 분과위원회는 해당 부문의 남북 공동위원회의 구성 · 운영
　에 관한 합의서를 작성한다.

제3조　각 분과위원회는 다음과 같이 운영한다.
① 각 분과위원회 회의는 월 1회 개최하는 것을 원칙으로 하며
　쌍방이 협의하여 수시로 개최할 수 있다.
② 각 분과위원회 회의는 판문점 남측 지역 평화의집과 북측 지
　역 통일각에서 번갈아 하는 것을 원칙으로 하며, 쌍방이 합의
　하여 다른 장소에서도 할 수 있다.
③ 각 분과위원회 회의는 쌍방위원장이 공동으로 운영한다.
④ 각 분과위원회 회의는 비공개로 하는 것을 원칙으로 하며 쌍
　방이 합의하여 공개로 할 수도 있다.
⑤ 각 분과위원회 회의를 위해 상대측 지역을 왕래하는 인원들
　에 대한 신변안전 보장, 편의 제공과 회의 기록 등 실무 절차
　는 관례대로 한다.
⑥ 각 분과위원회 운영과 관련한 그 밖의 필요한 사항은 해당 분
　과위원회에서 협의하여 정한다.

제4조　각 분과위원회 위원장은 분과위원회 회의에서의 협의 결과를 남
　북 고위급회담에 보고하여야 한다.

제5조　각 분과위원회 회의의 합의사항은 남북 고위급회담에서 쌍방 총
　리가 합의 문건에 서명한 날로부터 효력을 발생한다. 경우에 따
　라 쌍방 총리가 서명하고 발효에 필요한 절차를 거쳐 그 문본을
　교환한 날로부터 효력을 발생한다. 또한 쌍방이 합의하여 쌍방
　총리가 합의 문건을 서명 · 교환하는 방식으로도 발효할 수 있으

며, 이 경우 남북 고위급회담에 보고하여야 한다.

제6조　이 합의서는 쌍방의 합의에 따라 수정 · 보충할 수 있다.

제7조　이 합의서는 쌍방이 서명하여 교환한 날부터 효력을 발생한다.

1992년 2월 19일

남북 고위급회담 남측 대표단 수석대표
대한민국 국무총리 정원식

북남고위급회담 북측 대표단 단장
조선민주주의인민공화국 정무원총리 연형묵

남북 고위급회담 공동발표문 (1992·2·20. 평양)

남과 북은 1992년 2월 19일 평양에서 개최된 제6차 남북 고위급 회담에서 '남북 사이의 화해와 불가침 및 교류·협력에 관한 합의서'와 '한반도의 비핵화에 관한 공동선언'을 발효시키고 '남북 고위급회담 분과위원회 구성·운영에 관한 합의서'를 서명·발효시켰다. 남과 북은 이 역사적인 회담에서 남북 합의서와 비핵화 공동선언을 성실히 이행할 것을 다짐하면서 다음과 같이 합의하였다.

(1) 남북 쌍방은 남북 정치분과위원회, 남북 군사분과위원회, 남북 교류·협력 분과위원회 위원장 및 위원들의 명단을 1992년 3월 9일 판문점 남측지역 평화의집에서 개최하기로 하였다.

(2) 남북 쌍방은 남북 정치분과위원회 제1차 회의를 1992년 3월 9일 판문점 남측지역 평화의집에서 개최하기로 하였다.

(3) 남북 쌍방은 남북 군사분과위원회 제1차 회의를 1992년 3월 13일 판문점 북측지역 통일각에서 개최하기로 하였다.

(4) 남북 쌍방은 남북 교류. 협력 분과위원회 제1차 회의를 1992년 3월 18일 판문점 남측지역 평화의집에서 개최하기로 하였다.

(5) 남북 쌍방은 1992년 2월 19일 남북 핵통제공동위원회 구성·운영문제를 협의하기 위한 제1차 접촉을 가진 데 이어 제2차 대표 접촉을 1992년 2월 27일 판문점 북측 지역 통일각에서 가지기로 하였다.

(6) 남북 쌍방은 제7차 남북 고위급회담을 1992년 5월 5일부터 8일까지 서울에서 개최하기로 하였다.

남북 화해공동위원회
구성 · 운영에 관한 합의서 (1992. 9. 17)

남과 북은 '남북 사이의 화해와 불가침 및 교류 · 협력에 관한 합의서' 의 제1장 남북 화해의 합의사항 이행을 위하여 남북 화해공동위원회를 다음과 같이 구성 · 운영하기로 합의하였다.

제1조 남북 화해공동위원회는 다음과 같이 구성한다.

① 남북 화해공동위원회는 쌍방에서 각각 위원장 1명과 부위원 장 1명, 위원 5명으로 구성한다.

② 남북 화해공동위원회 위원장은 장관 또는 차관급으로 하며 부위원장과 위원들의 급은 각기 편리한 대로 한다.

③ 쌍방은 남북 화해공동위원회 위원장과 부위원장, 위원들을 교체할 경우 이를 상대측에 통보한다.

④ 수행원은 15명으로 하며 필요에 따라 쌍방이 합의하여 조정 할 수 있다.

⑤ 쌍방은 남북 화해공동위원회의 원활한 운영을 위하여 법률심 의협의회, 비방 · 중상 중지 실무협의회를 두며, 그 밖에 쌍방 이 합의하는 필요한 수의 실무협의회를 둔다. 실무협의회의 구성 · 운영에 관한 합의서는 남북 화해공동위원회에서 따로 작성한다.

제2조 남북 화해공동위원회는 다음과 같이 기능을 수행한다.

① 남북 화해공동위원회는 '남북 사이의 화해와 불가침 및 교류·협력에 관한 합의서'의 '제1장 남북화해'의 이행과 준수를 위 한 부속합의서(이하 부속합의서라 함)를 이행한다.

② 남북 화해공동위원회는 부속합의서의 실천을 위하여 필요한 경우 부록 또는 세부적인 합의 문건을 작성할 수 있다.

③ 남북 화해공동위원회는 각 실무협의의 활동을 종합 조정한다.

제3조 남북 화해공동위원회는 다음과 같이 운영한다.

① 남북 화해공동위원회 회의는 분기에 1회 개최하는 것을 원칙으로 하며 필요한 경우 쌍방이 합의하여 수시로 개최할 수 있다.

② 남북 화해공동위원회 회의는 판문점과 서울·평양 또는 쌍방이 합의하는 다른 장소에서도 개최할 수 있다.

③ 남북 화해공동위원회 회의는 쌍방 위원장이 공동으로 운영한다.

④ 남북 화해공동위원회 회의는 비공개로 하는 것을 원칙으로 하며 쌍방의 합의에 따라 공개로 할 수도 있다.

⑤ 남북 화해공동위원회 회의에는 필요에 따라 쌍방이 합의하여 해당 전문가들을 참가시킬 수 있다.

⑥ 남북 화해공동위원회 회의를 위하여 상대측 지역을 왕래하는 인원들에 대한 신변안전 보장, 편의 제공과 회의 기록 등 실무 절차는 관례대로 한다.

⑦ 남북 공동위원회 운영과 관련한 그 밖의 필요한 사항은 남북 화해공동위원회 회의에서 쌍방이 협의하여 정한다.

제4조 남북 화해공동위원회 회의의 합의사항은 남북 화해공동위 원회 회의에서 쌍방 위원장이 각기 합의 문건에 서명한 날로부터 효력을 발생한다. 경우에 따라 합의 문건은 쌍방 위원장이 서명·

교환하는 방식으로도 발효시킬 수 있으며 이 경우 남북 화해공동위원회 회의에 보고하여야 한다. 중요한 합의 문건은 쌍방위원장이 서명하고 각기 발효에 필요한 절차를 거쳐 그 문본을 교환한 날로부터 효력을 발생한다.

제5조 이 합의서는 쌍방의 합의에 따라 수정 · 보충할 수 있다.

제6조 이 합의서는 쌍방이 서명하여 교환한 날로부터 효력을 발생한다.

남북 불가침의
이행과 준수를 위한 부속 합의서 (1992. 9. 17)

남과 북은 남북 사이의 화해와 불가침 및 교류 · 협력에 관한 합의서 '제
2장 남북 불가침'의 이행과 준수 및 군사적 대결상태를 해소하기 위한 구
체적 대책을 협의한 데 따라 다음과 같이 합의하였다.

제1장 무력 불사용

제1조 남과 북은 군사분계선 일대를 포함하여 자기 측 관할 밖에 있는
상대방의 인원과 물자 · 차량 · 선박 · 함정 · 비행기 등에 대하여
총격 · 포격 · 폭격 · 습격 · 파괴를 비롯한 모든 형태의 무력사용
행위를 금지하며 상대방에 대하여 피해를 주는 일체 무력도발
행위를 하지 않는다.

제2조 남과 북은 무력으로 상대방의 관할 구역을 침입 또는 공격 하거나
그 일부 또는 전부를 일시라도 점령하는 행위를 하지 않는다. 남
과 북은 어떠한 수단과 방법으로도 상대방 관할 구역에 정규 무력
이나 비정규 무력을 침입시키지 않는다.

제3조 남과 북은 쌍방의 합의에 따라 남북 사이에 오가는 상대방의 인
원과 물자수송 수단에 대하여 공격, 모의공격하거나 그 진로를
방해하는 일체 적대행위를 하지 아니한다. 이 밖에 남과 북은 북
측이 제기한 군사분계선 일대에 무력을 증강하지 않는 문제, 상

대방에 대한 정찰 활동을 하지 않는 문제, 상대방의 영해·영공을 봉쇄하지 않는 문제와 남측이 제기한 서울 지역과 평양 지역의 안전보장 문제를 남북 군사공동위원회에서 계속 협의한다.

제2장 분쟁의 평화적 해결 및 우발적 무력충돌 방지

제4조 남과 북은 상대방의 계획적이라고 인정되는 무력침공 징후를 발견하였을 경우 즉시 상대 측에 경고하고 해명을 요구할 수 있으며, 그것이 무력충돌로 확대되지 않도록 필요한 사전대책을 세운 다. 남과 북은 쌍방의 오해나 오인, 과실 또는 불가피한 사고로 인하여 우발적 무력충돌이나 우발적 침공 가능성을 발견하였을 경우, 쌍방이 합의한 신호 규정에 따라 상대측에 즉시 통보하며 이를 방지하기 위한 사전 대책을 세운다.

제5조 남과 북은 어느 일방의 무장집단이나 개별적인 인원과 차량·선박·함정·비행기 등이 자연재해나 항로미실과 같은 불가피한 사정으로 상대 측 관할 구역을 침범하였을 경우, 침범측은 상대 측에 그 사유와 적대 의사가 없음을 즉시 알리고 상대측의 지시에 따라야 하며, 상대 측은 그를 긴급 확인한 후 그의 대피를 보장하고 빠른 시일 안에 돌려보내기 위한 조치를 취한다. 돌려보내는 기간은 1개월 이내로 하되 그 이상 걸릴 수도 있다.

제6조 남과 북 사이에 우발적 침범이나 우발적 무력충돌과 같은 분쟁 문제가 발생하였을 경우, 쌍방의 군사 당국자는 즉각 자기 측 무장집단의 적대행위를 중지시키고 군사 직통전화를 비롯한 빠른 수단과 방법으로 상대측 군사 당국자에게 즉시 통보한다.

제7조 남과 북은 군사 분야의 모든 의견대립과 분쟁문제들을 쌍방 군

사당국자가 합의하는 기구를 통하여 협의 · 해결한다.

제8조　남과 북은 어느 일방이 불가침의 이행과 준수를 위한 이 합의서
　　　를 위반하는 경우 공동조사를 하여야 하며, 위반사건에 대한 책
　　　임을 규명하고 재발 방지대책을 강구한다.

제3장 불가침 경계선 및 구역

제9조　남과 북의 지상불가침, 경계선과 구역은 군사정전에 관한 협정
　　　에 규정한 군사분계선과 지금까지 쌍방이 관할하여온 구역으로
　　　한다.

제10조　남과 북의 해상불가침 경계선은 앞으로 계속 협의한다. 해상불
　　　가침 구역은 해상불가침 경계선이 확정될 때까지 쌍방이 지금까
　　　지 관할하여온 구역으로 한다.

제11조　남과 북의 공중불가침 경계선과 구역은 지상 및 해상불가침 경
　　　계선과 관할 구역의 상공으로 한다.

제4장 군사 직통전화의 설치 · 운영

제12조　남과 북은 우발적 무력충돌과 확대를 방지하기 위하여 남측 국
　　　방부장관과 북측 인민무력부장 사이에 군사 직통전화를 설치 ·
　　　운영한다.

제13조　군사 직통전화의 운영은 쌍방이 합의하는 통신수단으로 문서 통
　　　신을 하는 방법 또는 전화문을 교환하는 방법으로 하며 필요한
　　　경우 쌍방 군사 당국자들이 직접 통화할 수 있다.

제14조 군사 직통전화의 설치 · 운영과 관련하여 제기되는 기술 · 실무적 문제들은 이 합의서가 발효된 후 빠른 시일 안에 남북 각기 5명으로 구성되는 통신 실무자 접촉에서 협의 · 해결한다.

제15조 남과 북은 이 합의서 발효 후 50일 이내에 군사 직통전화를 개통한다.

제5장 협의 · 이행기구

제16조 남북 군사공동위원회는 '남북 기본합의서' 제12조와 '남 북 군사공동위원회 구성 · 운영에 관한 합의서' 제2조에 따르는 임무와 기능을 수행한다.

제17조 남북 군사분과위원회는 불가침의 이행과 준수 및 군사적 대결상태를 해소하기 위하여 더 필요하다고 서로 합의하는 문제들에 대하여 협의하고 구체적인 대책을 세운다.

제6장 수정 및 발효

제18조 이 합의서는 쌍방의 합의에 따라 수정 · 보충할 수 있다.

제19조 이 합의서는 쌍방이 서명하여 교환한 날부터 효력을 발생한다.

남북 화해 부속합의서 (1992. 9. 17)

　남과 북은 남북 사이의 화해와 불가침 및 교류·협력에 관한 합의서의 제1장 남북화해의 이행과 준수를 위한 구체적 대책을 협의한 데 따라 다음과 같이 합의하였다.

제1장 체제(제도) 인정·존중

제1조　남과 북은 상대방의 정치·경제·사회·문화 체제(제도)를 인정·존중한다.

제2조　남과 북은 상대방의 정치·경제·사회·문화 체제(제도)의 실상을 소개하는 자유를 보장한다.

제3조　남과 북은 상대방 당국의 권한과 권능을 인정·존중한다.

제4조　남과 북은 남북화해와 불가침 및 교류·협력에 관한 합의서에 저촉되는 법률적·제도적 장치를 개정 또는 폐기하는 문제를 법률실무협의회에서 협의·해결한다.

제2장 내부문제 불간섭

제5조　남과 북은 상대방의 법질서와 당국의 시책에 대하여 간섭 하지 아니한다.

제6조 남과 북은 상대방의 대외관계에 대하여 간섭하는 행위를 하지 아니한다.

제7조 남과 북은 '남북 사이의 화해와 불가침 및 교류·협력에 관한 합의서'에 저촉되는 문제에 대해서는 상대방에 그 시정을 요구할 수 있다.

제3장 비방·중상 중지

제8조 남과 북은 언론·삐라 및 그 밖의 다른 수단과 방법을 통하여 상대방을 비방·중상하지 아니한다.

제9조 남과 북은 상대방의 특정인에 대한 지명 공격을 하지 아니한다.

제10조 남과 북은 상대방 당국을 비방·중상하지 아니한다.

제11조 남과 북은 상대방에 대한 사실을 왜곡하지 않으며 허위사실을 조작·유포하지 아니한다.

제12조 남과 북은 사실에 대한 객관적 보도를 비방. 중상 중지 대상으로 하지 아니한다.

제13조 남과 북은 군사분계선 지역에서 방송과 시각매개물(게시 물)을 비롯한 그 밖의 모든 수단을 통하여 상대방을 비방·중상하지 아니한다.

제4장 파괴·전복행위 금지

제15조 남과 북은 상대방에 대한 테러·포섭·납치·살상을 비롯한 직접 또는 간접 폭력 또는 비폭력 수단에 의한 모든 형태의 파괴·전복 행위를 하지 아니한다.

제16조 남과 북은 상대방에 대한 파괴·전복을 목적으로 하는 선전·선동 행위를 하지 아니한다.

제17조 남과 북은 자기 측 지역과 상대측 지역 및 해외에서 상대방의 체제와 법질서에 대한 파괴·전복을 목적으로 하는 테러단체나 조직을 결성 또는 지원·보호하지 아니한다.

제5장 정전 상태의 평화 상태로의 전환

제18조 남과 북은 현 정전 상태를 남북 사이의 공고한 평화 상태로 전환시키기 위하여 '남북 사이의 화해와 불가침 및 교류·협력에 관한 합의서'와 '한반도의 비핵화에 관한 공동선언'을 성실히 이행·준수한다.

제19조 남과 북은 현 정전 상태를 남북 사이의 공고한 평화 상태로 전환시키기 위하여 적절한 대책을 강구한다.

제20조 남과 북은 남북 사이의 공고한 평화 상태가 이룩될 때까지 현 군사 정전협정을 성실히 준수한다.

제6장 국제무대에서의 협력

제21조 남과 북은 국제기구나 국제회의 등 국제무대에서 상호 비방·중상하지 아니하며 민족의 존엄을 지키기 위하여 긴밀하게 협조한다.

제22조 남과 북은 국제무대에서 상대방의 이익을 존중하며 민족의 이익과 관련되는 문제들에 대하여 긴밀히 협의하고 필요한 협조 조치를 강구한다.

제23조 남과 북은 민족공동의 이익을 도모하기 위하여 재외공관 (대표부)이 함께 있는 지역에서 쌍방공관(대표부) 사이에 필요한 협의를 진행한다.

제24조 남과 북은 해외동포들의 민족적 권리와 이익을 옹호하고 보호하며 그들 사이의 화해와 단합이 이룩되도록 노력한다.

제7장 이행기구

제25조 남과 북은 '남북 사이의 화해와 불가침 및 교류·협력에 관한 합의서'의 제1장 남북화해에 관한 합의사항의 이행을 위하여 '남북 화해공동위원회'를 구성·운영한다. 남북 화해공동위원회의 구성·운영에 관한 합의서는 따로 작성한다.

제26조 남과 북은 '남북 화해공동위원회' 안에 법률실무협의회와 비방·중상 중지 실무협의회를 두며, 그 밖에 쌍방이 합의하는 필요한 수의 실무협의회를 둔다. 실무협의회 구성·운영에 관한 합의서는 '남북 화해공동위원회'에서 별도로 작성한다.

제8장 수정 및 발효

제27조 이 부속합의서는 쌍방의 합의에 따라 수정·보충할 수 있다.

제28조 이 부속합의서는 쌍방이 서명하여 교환한 날로부터 효력을 발생한다.

(부기) 북측이 제기한 '북과 남은 국제기구들에서 하나의 의석, 하나의 명칭으로 가입하기 위하여 노력한다', '북과 남은 국제회

의를 비롯한 정치행사들에 전 민족을 대표하여 유일 대표단으로 참가하기 위하여 노력한다', '북과 남은 국제무대에서 제3국이 상대방의 이익을 침해하는 일체의 행위에 가담하거나 협력하지 않는다', '북과 남은 다른 나라들과 맺은 조약과 협정 가운데서 민족의 이익과 단합에 배치되는 것을 개정 또는 폐기하는 문제를 법률실무협의회에서 협의·해결한다'는 조항들은 합의에 이르지 못했으므로 남북 정치분과위원회에서 앞으로 계속 토의한다.

남북 교류 · 협력 부속합의서 (1992. 9. 17)

　　남과 북은 남북 사이의 화해와 불가침 및 교류 · 협력에 관한 합의서'의
제3장 남북 교류 · 협력의 이행과 준수를 위한 구체적 대책을 협의한 데
따라 다음과 같이 합의하였다.

제1장 경제교류 · 협력

제1조　남과 북은 민족경제의 통일적이며 균형적인 발전과 민족 전체의
　　　　복리 향상을 도모하기 위하여 자원의 공동개발, 민족 내부 교류
　　　　로서의 물자교류 · 합작투자 등 경제교류와 협력을 실현한다.

　　　　① 남과 북은 물자교류와 석탄 · 광물, 수산자원 등 자원의 공동
　　　　　개발과 공업 · 농업 · 건설 · 금융 · 관광 등 각 분야에서의 경
　　　　　제협력을 실시한다.

　　　　② 남과 북은 자원의 공동개발, 합영 합작 투자 등 경제협력 사
　　　　　업의 대상과 형식, 물자교류의 품목과 규모를 경제교류 · 협
　　　　　력 공동 위원회에서 협의하여 정한다.

　　　　③ 남과 북은 자원의 공동개발, 합영 합작 투자 등 경제협력 사
　　　　　업의 규모, 물자교류의 품목별 수량과 거래 조건을 비롯한 기
　　　　　타 실무적 문제들을 쌍방 교류 · 협력 당사자들 사이에 토의
　　　　　하여 정한다.

　　　　④ 남과 북 사이의 경제협력과 물자교류의 당사자는 법인으로

등록된 상사 · 회사 · 기업체 및 경제기관이 되며 경우에 따라 개인도 될 수 있다.

⑤ 남과 북은 교류 · 협력 당사자 간에 직접 계약을 체결하고 필요 한 절차를 거쳐 물자교류와 경제협력 사업을 실시하도록 한다.

⑥ 교류 물자의 가격은 국제시장 가격을 고려하여 물자교류 당사자 간에 협의하여 정한다.

⑦ 남과 북 사이의 물자교류는 상호성과 유무상통의 원칙에서 실현한다.

⑧ 남과 북 사이의 물자교류에 대한 대금 결제는 청산 결제방식을 원칙으로 하며, 필요한 경우 쌍방의 합의에 따라 다른 결제방식으로 할 수 있다.

⑨ 남과 북은 청산 결제은행 지정, 결제통화 선정 등 대금결제와 자본의 이동과 관련하여 필요한 사항은 쌍방이 합의하여 정한다.

⑩ 남과 북은 물자교류에 대하여 관세를 부과하지 아니하며 남북 사이의 경제 관계를 민족 내부 관계로 발전시키기 위하여 조치 · 협의 · 추진한다.

⑪ 남과 북은 경제교류와 협력을 원활히 추진하기 위하여 공업규격을 비롯한 각종 자료를 서로 교환하며, 교류 · 협력 당사자가 준수하여야 할 자기 측의 해당 법규를 상대 측에 통보한다.

⑫ 남과 북은 경제교류와 협력을 원활히 추진하기 위하여 필요한 투자 보장, 이중과세 방지, 분쟁조정 절차 등에 대해서는 쌍방이 합의하여 정한다.

⑬ 남과 북은 자기 측 지역에서 경제교류와 협력에 참가하는 상대 측 인원들의 자유로운 경제활동과 편의를 보장한다.

제2조   남과 북은 과학·기술·환경 분야에서 교류와 협력을 실시한다.

① 남과 북은 과학·기술·환경 분야에서 정보자료의 교환, 해당 기관과 단체 인원들 사이의 공동연구 및 조사, 산업 부문의 기술협력과 기술자·전문가들의 교류를 실현하며 환경보호 대책을 공동으로 세운다.

② 남과 북은 쌍방이 합의하여 정한 데 따라 특허권·상표권 등 상대측 과학·기술상의 권리를 보호하기 위한 조치를 취한다.

제3조   남과 북은 끊어진 철도와 도로를 연결하고 해로·항로를 개설한다.

① 남과 북은 우선 인천항·부산항·포항과 남포항·원산항·청진항 사이의 해로를 개설한다.

② 남과 북은 남북 사이의 교류·협력 규모가 커지고 군사적 대결상태가 해소되는 데 따라 해로를 추가로 개설하고 경의선 철도와 문산—개성 사이의 도로를 비롯한 육로를 연결하며, 김포공항과 순 안비행장 사이의 항로를 개설한다.

③ 남과 북은 교통로가 개설되기 이전에 진행되는 인원 왕래와 물자교류를 위하여 필요한 경우 쌍방이 합의하여 임시교통로를 개설할 수 있다.

④ 남과 북은 육로·해로·항로 개설, 운영의 원활한 보장을 위하여 필요한 정보교환 및 기술협력을 실시한다.

⑤ 남북 사이의 교류물자는 쌍방이 합의하여 개설한 육로·해로·항로를 통하여 직접 수송토록 한다.

⑥ 남과 북은 자기 측 지역에 들어온 상대측 교통수단에 불의의 사고가 발생할 경우 긴급 구제조치를 취한다.

⑦ 남과 북은 교통로 개설 및 운영에 관련한 해당 국제협약들을 존중한다.

⑧ 남과 북은 남북 사이에 운행되는 교통수단과 승무원들의 출입 절차, 교통수단, 운행 방법, 통과지점 선정 등 교통로 개설과 운영에서 제기되는 기타 실무적 문제들을 경제 교류·협력 공동위원회에서 토의하여 정한다.

제4조 남과 북은 우편과 전기통신 교류에 필요한 시설을 설치·연결하며 우편과 전기통신 교류의 비밀을 보장한다.

① 남과 북은 빠른 시일 안에 우편과 전기통신을 판문점을 통하여 교환·연결하도록 하며, 우편과 전기통신 교류에 필요한 정보교환 및 기술협력을 실시한다.

② 남과 북은 우편과 전기통신 교류에서 공적 사업과 인도적인 사업을 우선 보장하며, 점차 그 이용 범위를 확대하여 운영하도록 한다.

③ 남과 북은 우편과 전기통신 교류의 비밀을 보장하며 어떠한 경우에도 이를 정치·군사적 목적에 이용하지 않는다.

④ 남과 북은 우편과 전기통신 교류와 관련한 해당 국제협약들을 존중한다.

⑤ 남과 북 사이에 교류되는 우편 및 전기통신의 종류와 요금, 우편물의 수집, 전달 방법 등 기타 실무적 문제들은 경제 교류·협력 공동위원회에서 협의하여 정한다.

제5조 남과 북은 국제 경제의 여러 분야에서 서로 협력하며 대외에 공동으로 진출한다.

① 남과 북은 경제 분야의 여러 국제행사와 국제기구들에서 서

로 협력한다.

② 남과 북은 경제 분야에서 대외에 공동으로 진출하기 위한 대
책을 협의 · 추진한다.

제6조 남과 북은 경제 분야의 교류와 협력을 지원 · 보장한다.

제7조 남과 북은 경제 분야의 교류와 협력을 실현하는 데 필요한 기구
설치 문제와 기타 실무적 문제들을 경제 교류 · 협력 공동위원회
에서 협의하여 정한다.

제8조 이 합의서 제1장 경제 교류 · 협력 부문의 이행 및 이와 관련한
세부 사항의 협의 · 실천은 남북 경제교류 · 협력 공동위원회에
서 한다.

제2장 사회 문화교류 · 협력

제9조 남과 북은 교육 · 문학 · 예술 · 보건 · 체육 · 신문 · 라디오 · 텔
레비전 및 출판물을 비롯한 출판 · 보도 등 여러 분야에서 교류
와 협력을 실시한다.

① 남과 북은 교육 · 문학 · 예술 · 보건 · 체육 · 출판 · 보도 등
여러 분야에서 이룩한 성과와 경험 및 연구 · 출판 · 보도자료
와 목록 등 정보자료를 상호 교환한다.

② 남과 북은 교육 · 문학 · 예술 · 보건 · 체육 · 출판 · 보도 등 여
러 분야에서 기술 협력을 비롯한 다각적인 협력을 실시한다.,

③ 남과 북은 교육 · 문학 · 예술 · 보건 · 체육 · 출판 · 보도 등

여러 분야에서 국토종단 행진, 대표단 파견, 초청, 참관 등 기
관과 단체원들 사이의 접촉과 교류를 실시한다.

④ 남과 북은 교육 · 문학 · 예술 · 보건 · 체육 · 출판 · 보도 등
여러 분야에서 연구 · 조사. 편찬사업 행사를 공동으로 실시
하며, 예술작품, 문화유물, 도서출판물의 교환 전시회를 진행
한다.

⑤ 남과 북은 쌍방이 합의하여 정한 데 따라 상대측의 저작물에
대한 권리를 보호하기 위한 조치를 취한다.

제10조 남과 북은 민족 구성원들의 자유로운 왕래와 접촉을 실현 한다.

① 남과 북은 민족 구성원들이 자기 의사에 따라 자유롭게 상대
측 지역을 왕래하도록 하기 위한 조치를 공동으로 취한다.

② 민족 구성원들의 왕래는 남북 사이에 개설된 육로 · 해로 · 항
로를 편리한 대로 이용하도록 하며, 경우에 따라 국제항로도
이용할 수 있다.

③ 남과 북은 민족 구성원들이 방문 지역에서 자유로운 활동을
하도록 하며 신변안전 및 무사귀환을 보장한다.

④ 남과 북은 민족 구성원들이 상대측의 법과 질서를 위반함이 없
이 왕래하고 접촉하도록 하기 위한 조치를 취한다.

⑤ 남과 북을 왕래하는 인원들은 필요한 증명서를 소지하여야
하며, 쌍방이 합의한 범위 내에서 물품을 휴대할 수 있다.

⑥ 남과 북은 자기 측 지역에 들어온 상대측 인원에 대하여 왕래
와 방문 목적 수행에 필요한 편의를 제공한다.

⑦ 남과 북은 자기 측 지역에 들어온 상대측 왕래자에게 불의의
사고가 발생할 경우 긴급 구제조치를 취한다.

⑧ 남과 북은 민족 구성원들의 자유로운 왕래와 접촉을 실현하

는 데 필요한 절차와 실무적 문제들을 사회 문화 교류·협력 공동위원회에서 협의하여 정한다.

제11조 남과 북은 사회 문화 분야의 국제무대에서 서로 협력하며 대외에 공동으로 진출한다.

① 남과 북은 사회 문화 분야의 여러 국제 행사와 국제기구들에서 서로 협력한다.

② 남과 북은 사회 문화 분야에서 대외에 공동으로 진출하기 위한 대책을 협의·추진한다.

제12조 남과 북은 사회 문화 분야의 교류와 협력을 지원·보장한다.

제13조 남과 북은 사회 문화 분야의 교류와 협력을 실현하는 데 필요한 기구설치 문제와 기타 실무적 문제들을 사회 문화 교류·협력 공동위원회에서 협의하여 정한다.

제14조 이 합의서 '제2장 사회 문화 교류·협력' 부문의 이행 및 이와 관련한 세부사항의 협의·실천은 남북 사회 문화 교류·협력 공동위원회에서 한다.

제3장 인도적 문제의 해결

제15조 남과 북은 흩어진 가족·친척들의 자유로운 서신 거래와 왕래와 상봉 및 방문을 실시하고 자유의사에 의한 재결합을 실현하며 기타 인도적으로 해결할 문제에 대한 대책을 강구한다.

① 흩어진 가족, 친척들의 범위는 쌍방 적십자단체들 사이에 토의하여 정하도록 한다.

② 남과 북은 흩어진 가족, 친척들의 자유 왕래와 방문을 쌍방이 합의하여 정한 왕래 절차에 따라 실현한다.

③ 남과 북은 흩어진 가족, 친척들의 상봉 · 면회소 설치 문제를 쌍방 적십자단체들이 협의 · 해결하도록 한다.

④ 남과 북은 흩어진 가족, 친척들의 자유 의사에 의한 재결합을 실현하기 위한 대책을 협의 · 추진한다.

⑤ 남과 북은 인도주의 정신과 동포애에 입각하여 상대측 지역에 자연재해 등 재난이 발생할 경우 서로 도우며 흩어진 가족, 친척들 가운데 사망자의 유품처리, 유골 이전 등을 위한 편의를 제공한다.

제16조 남과 북은 이미 진행하여오던 쌍방 적십자단체들의 회담을 빠른 시일 안에 다시 열도록 적극 협력한다.

제17조 남과 북이 흩어진 가족, 친척들의 불행과 고통을 덜어주기 위한 적십자단체들의 합의를 존중하며 그것이 순조롭게 실현되도록 지원 · 보장한다.

제18조 이 합의서 '제3장 인도적 문제의 해결' 부문의 이행 및 이와 관련한 세부사항의 협의 · 실천은 쌍방 적십자단체들이 한다.

제4장 수정 · 발효

제19조 이 합의서는 쌍방의 합의에 의하여 수정 · 보충할 수 있다.

제20조 이 합의서는 쌍방이 서명하여 교환한 날부터 효력을 발생한다.

남북 고위급회담 합의문 (1992. 9. 17)

제8차 남북 고위급회담이 1992년 9월 16일부터 9월 17일 평양에서 진행되었다. 회담에서 쌍방은 남북합의서 이행과 관련하여 제기 되는 문제들을 진지하게 협의하였다. 회담에서는 남북 화해공동위원회 구성·운영에 관한 합의서, 남북 사이의 화해와 불가침 및 교류·협력에 관한 합의서의 제1장 남북 화해의 이행과 준수를 위한 부속합의서, 남북 사이의 화해와 불가침 및 교류·협력에 관한 합의서의 '제2장 남북 불가침'의 이행과 준수를 위한 부속합의서, 남북 사이의 화해와 불가침 및 교류·협력에 관한 합의서의 '제3장 남북 교류·협력'의 이행과 준수를 위한 부속합의서를 채택·발효시켰다.

회담에서 쌍방은 합의서를 성실히 이행하기 위하여 함께 노력할 것을 확인하고 다음과 같은 사항에 합의하였다.

1. 남북 화해공동위원회를 1992년 10월 15일(목요일)에 구성과 동시에 각기 자기 측 구성원 명단을 상대측에 통보한다.
2. 각 공동위원회의 제1차 개최 일자와 장소를 다음과 같이 한다.
    ① 남북 화해공동위원회는 1992년 11월 5일(목요일), 판문점 북측 지역 통일각에서 개최한다.
    ② 남북 군사공동위원회는 1992년 11월 12일(목요일) 판문점 남측 지역 평화의집에서 개최한다.
    ③ 남북 경제교류·협력 공동위원회는 1992년 11월 19일(목요일) 판문점 북측 지역 통일각에서 개최한다.

④ 남북 사회문화 교류 · 협력공동위원회는 1992년 11월 26일(목
요일) 판문점 남측 지역 평화의집에서 개최한다.

3. 제9차 남북 고위급회담은 1992년 12월 21일(월)부터 12월 24일
(목)까지 서울에서 개최한다.

3개 부속합의서 서명 발효 (1992. 9. 17)

남북한은 1992년 9월 17일, 화해, 불가침, 교류. 협력 등 3개 분야 부속합의서를 공식 발효시키고, 11월중 분야별 공동위원회를 가동시키기로 합의했다. 이에 따라 1992년 2월에 발효된 '남북 기본합의서'가 본격적인 실천 단계에 들어갔다. 남북 쌍방은 평양 인민문화궁에서 제8차 고위급회담 이틀째 회의를 공개로 개최하고 3개 부속합의서와 화해공동위구성 · 운영에 관한 합의서를 쌍방 총리의 서명 절차를 거쳐 발효시켰다.

따라서 정원식 남한 측 수석대표는 이날 폐회 발언을 통해 '이번 회담은 3개 부속합의서와 화해공동위원회의 구성 합의서를 발효시킴으로써 남북합의서의 실천단계 진입이라는 획기적 결실을 거두었다며 이제부터 쌍방은 화해, 불가침, 교류 · 협력이 힘차게 실현되도록 해 통일을 앞당겨 나가야 할 것이라고 강조했다.

제8차 남북 고위급회담은 1992년 9월 16일부터 17일까지 평양에서 개최되었다. 이 회담에서 쌍방은 남북합의서 이행과 관련하여 제기되는 문제들을 토의했다.

회담에서는 남북 화해공동위원회 구성 · 운영에 관한 합의서, 남북 사이의 화해와 불가침 및 교류. 협력에 관한 합의서의 '제1장 남북화해'의 이행과 준수를 위한 부속합의서, 남북 사이의 화해와 불가침 및 교류 · 협력에 관한 합의서의 '제2장 남북 불가침'의 이행과 준수를 위한 부속합의서, 남북 사이의 화해와 불가침 및 교류 · 협력에 관한 합의서의 '제3장 남북 교류 · 협력'의 이행과 준수를 위한 부속합의서를 채택 · 발효시켰다.

김영삼 정부의 통일방안 (한민족공동체 건설을 위한 3단계 통일방안)

　김영삼 대통령은 1994년 8월 15일 경축사를 통해 민족발전 공동체를 위한 통일방안을 거듭 밝혔다.

　그는 세계사의 남북관계의 흐름이 새로운 국면으로 접어든 이 시점에서 통일에 대한 우리 정부의 기본 입장을 다시 한 번 가다듬고자 한다고 전제하고, 진정한 의미의 광복은 민주주의가 꽃피고 번영이 넘치는 통일된 나라를 이룩할 때 완성된다고 강조했다. 우리는 민주주의의 굳건한 토대 위에서 민족의 자주적 역량으로 냉전과 분단을 극복하고 민족의 숙원인 평화통일을 반드시 이룩해야 한다고 주장하고, 그 통일방안을 이렇게 명시했다.

　통일은 어떻게 권력을 분배하느냐보다는 우리 민족이 어떻게 함께 살아가느냐에 초점이 맞춰져야 한다. 또 계급이나 집단 중심의 이념보다도 인간중심의 자유민주주의가 바탕이 되어야 한다. 그리고 통일은 가공적인 국가체제의 조립보다는 더불어 살아가는 민족 공동체 건설에 우선을 두어야 한다.

　통일은 우리 민족의 뜻에 따라 우리 민족의 역량에 의해 자주적이고 평화적으로 이루어져야 한다. 전쟁이나 상대방에 대한 전복을 통해 이루어질 수는 없다.

통일은 민족구성원 모두의 자유와 권리를 바탕으로 이루어지는 민주적 통일이어야 한다.

　통일은 점진적이고 단계적으로 하나의 민족공동체를 건설하는 방향으로 이루어 나가야 한다.

정부의 '한민족공동체 건설을 위한 3단계 통일방안'은 통일의 중간 과정을 거쳐 궁극적으로는 1민족 1국가로 통일을 완성해나가는 것이다. 통일의 길은 민주와 번영의 길이 되어야 한다.

통일조국은 7천만 민족구성원 모두가 주인이 되며, 개개인의 자유와 복지 그리고 인간존엄성이 보장되는 민족공동체를 토대로 건설되어야 한다.

이제 한반도에서도 냉전의 시대는 지났다. 남북한 사이의 체제경쟁도 이미 끝이 났다. 북한 당국은 구시대적 대남 적화전략을 마땅히 포기해야 한다. 또한 인권을 개선하는 과감한 개혁을 시도해야 한다. 이산가족 문제를 기본적인 인권문제로 인식하는 것은 물론 억류자 문제의 해결에도 지체 없이 협력해야 한다.

최근 북한에서는 정권 탄생 이후 처음으로 권력승계 작업을 진행하는 커다란 변화가 일고 있다. 우리는 북한이 안정 속에서 개혁과 개방의 길로 나오기를 바라 마지않는다. 한국 정부와 국민은 같은 민족으로서 할 수 있는 협력과 지원을 아끼지 않을 것이다. 남북이 협력 속에 경제적 번영을 이룩하여 하나의 경제공동체가 형성될 때 자연스러운 통일, 바람직한 통일이 이루어질 수 있기 때문이다. 우리가 흡수통일을 원하지 않는 까닭이 바로 여기에 있다.

통일은 예기치 않은 순간에 갑자기 닥쳐올 수도 있다. 우리는 모든 가능성을 점검하고 충분히 준비해야 한다.

민족공동체 통일방안 해설

통일은 단순히 남과 북이 분단 이전의 상태로 되돌아가는 것이 아니라 민족 모두가 다 함께 잘사는 선진 민주국가를 만들어가는 창조의 과정이다.

즉, 우리의 이상과 일치하고 바람직한 통일을 성취하기 위해서는 먼저 통일조국이 지향해야 할 기본 가치와 미래상에 대한 뚜렷한 목표가 서 있어야 함은 물론이다.

통일은 7천만 민족구성원 모두가 주인이 되며, 개개인이 '자유'와 '복지'와 '인간존엄성'이 보장되는 민족공동체를 토대로 건설되어야 한다.

여기서 '자유'라 함은 분단으로 말미암은 고통과 불편이 사라지고 민족구성원 모두의 자율과 창의가 존중되며 정치적 · 경제적 자유가 확보되는 것을 말한다. '복지'는 민족의 총체적 역량이 크게 신장되어 풍요로운 경제를 이루고 그 혜택이 모두에게 골고루 돌아가는 것을 의미한다.

'인간존엄성'이란 분단으로 인한 인간적 고통과 억압이 해소되고 정의의 기초 위에서 인권이 존중되는 것을 말한다.

우리가 이루고자 하는 통일조국은 민족의 전통과 문화에 뿌리를 둘 뿐 아니라, 구성원 개개인의 행복과 민족의 번영을 보장하는 나라다.

민족구성원 모두가 주인이 되는 하나의 민족공동체로서 개개인의 '자유'와 '복지'와 '인간존엄성'이 보장되는 국가, 다가올 아시아 · 태평양 시대를 선도하는 주역 국가, 세계 평화와 인류 공영에 이바지하는 위대한 선진 민주국가, 이것이 바로 우리가 이룩해나가야 할 통일조국의 모습이다.

이제 통일은 단순한 꿈이나 희망의 문제가 아니라 현실의 실천 과제로 우리 앞에 다가오고 있다. 통일을 실현해 나가기 위해서는 먼저 통일문제에 대한 국민적 합의가 선행되어야 한다. 이러한 바탕 위에서 언제 어떤 형식의 통일의 가능성에도 대비할 수 있는 내부적 역량과 준비를 착실히 다져나가야 한다. 이를 위해서는 먼저 우리 사회부터 모범적인 민주공동체로 키워나가야 하겠다. 통일에 따르는 영광과 환희뿐만 아니라 그에 수반되는 고통과 희생을 함께 나누어 가질 수 있는 힘과 용기를 가져야 한다. 또한 북한 주민이 겪고 있는 생활상의 어려움을 생각하고 같은 민족으로서 협력할 수 있는 길을 모색해나가는 것도 중요한 일이다.

통일은 우리의 일방적 노력에 의해서만 이루어질 수는 없다. 통 일의 동반자로서 북한도 통일 실현을 위한 노력에 적극 협력해야 한다. 북한은 우선 우리에 대한 적대적 자세부터 버려야 한다. 우리 에 대한 비방과 중상을 즉각 중지해야 한다. 이와 함께 북한 주민의 인권을 개선하고 이산가족 문제를 비롯한 억류자 문제 해결에도 지체 없이 호응해나와야 한다.

북한은 무엇보다 남북이 이미 약속한 바 있는 '남북 기본합의서' 와 '한반도 비핵화 공동선언'을 성실히 준수해나감으로써 화해 협력의 새 시대를 여는 과정에 동참해나와야 할 것이다.

미 · 북 기본합의문 (1994. 10. 21. 조인)

미합중국 대표단과 조선민주주의 인민공화국 대표단은 1994년 9월 23일부터 10월 17일까지 제네바에서 한반도 핵문제의 전반적 해결을 위한 협상을 가짐.

양측은 비핵화된 한반도의 평화와 안전을 확보하기 위해서는 1994년 8월 12일 미국과 북한 간의 합의 발표문에 포함된 목표의 달성과 1993년 6월 11일 미국과 북한 간 공동발표문상의 원칙의 준수가 중요함을 재확인함. 양측은 핵문제 해결을 위해 다음과 같은 조치들을 취하기로 결정함.

(1) 양측은 북한의 흑연감속 원자로 및 관련 시설을 경수로 원자로 발전소로 대체하기 위해 협력함.

　① 미국 대통령의 1994년 10월 20일자 보장서한에 의거하여, 미국은 2003년을 목표 시한으로 총발전용량 약 2,000MWe의 경수로를 북한에 제공하기 위한 조치를 주선할 책임을 짐. 미국은 북한에 제공할 경수로의 재정조달 및 공급을 담당할 국제 컨소시엄을 미국의 주도 아래 구성함. 미국은 동 국제컨소시엄을 대표하여 경수로사업을 위한 북한과의 주 접촉선 역할을 수행함. 미국은 국제컨소시엄을 대표하여 본 합의문 서명 후 6개월 내에 북한과 경수로 제공을 위한 공급 계약을 체결할 수 있도록 최선의 노력을 경주함. 계약 관련 협의는 본 합의문 서명 후 가능한 조속한 시일 내 개시함. 필요한 경우 미국과 북한은 핵에너지

의 평화적 이용 분야에 있어서의 협력을 위한 양자협정을 체결함. 대체에너지는 난방과 전력 생산을 위해 중유로 공급됨. 중유의 공급은 본 합의문 서명 후 3개월 내 개시되고 양측 간 합의된 공급 일정에 따라 연간 50만 톤 규모까지 공급됨.

② 경수로 및 대체에너지 제공에 대한 보장서한 접수 즉시 북한은 흑연감속 원자로 및 관련 시설을 동결하고 궁극적으로 이를 해체함. 북한의 흑연감속 원자로 및 관련 시설의 동결은 본 합의문 서명 후 1개월 내 완전 이행됨. 동 1개월 동안 및 전체 동결 기간 중 IAEA가 이러한 동결 상태를 감시하는 것이 허용되며, 이를 위해 북한은 IAEA에 대해 전적인 협력을 제공함. 북한의 흑연감속 원자로 및 관련 시설의 해체는 경수로 사업이 완료될 때 완료됨. 미국과 북한은 5MWe 실험용 원자로에서 추출되는 사용 후 연료봉을 경수로 건설기간 동안 안전하게 보관하고, 북한 안에서 재처리하지 않는 안전한 방법으로 동 연료가 처리될 수 있는 방안을 강구하기 위해 상호 협력함.

③ 본 합의 후 가능한 조속한 시일 내에 미국과 북한의 전문가들은 두 종류의 전문가 협의를 가짐. 한쪽의 협의에서 전문가들은 대체에너지와 흑연감속 원자로의 경수로 대체와 관련된 문제를 협의함. 다른 한쪽의 협의에서 전문가들은 사용 후 연료 보관 및 궁극적 처리를 위한 구체적 조치를 취함.

(2) 양측은 정치적 · 경제적 관계의 완전 정상화를 추구함.

① 합의 후 3개월 내 양측은 통신 및 금융거래에 대한 제한을 포함한 무역 및 투자 제한을 완화시켜나감.

② 양측은 전문가급 협의를 통해 영사 및 여타 기술적 문제가 해결된 후에 쌍방의 수도에 연락사무소를 개설함.

③ 미국과 북한은 상호 관심사항에 대한 진전이 이루어지는 데 맞추어 양국 관계를 대사급으로까지 격상시켜나감.

(3) 양측은 핵이 없는 한반도의 평화와 안전을 위해 함께 노력함.
① 미국은 북한에 대한 핵무기 불위협 불사용에 관한 공식 보장을 제공함.
② 북한은 한반도 비핵화 공동선언을 이행하기 위한 조치를 일관성 있게 취함.
③ 본 합의문이 대화를 촉진하는 분위기를 조성해나가는 데 도움을 줄 것이기 때문에 북한은 남북 대화에 착수함.

(4) 양측은 국제적 핵비확산 체제강화를 위해 노력함.
① 북한은 핵비확산조약(NPT) 당사국으로 잔류하며 동 조약상의 안전조치 협정 이행을 허용함.
② 경수로 제공을 위한 공급 계약체결 즉시 동결 대상이 아닌 시설에 대하여 북한과 IAEA 간 안전조치 협정에 따라 임시 및 일반 사찰이 재개됨. 경수로 공급계약: 체결시까지 안전조치와 연속성을 위해 IAEA가 요청하는 사찰은 동결 대상이 아닌 시설에서 계속됨.
③ 경수로 사업의 상당 부분이 완료될 때, 그러나 주요 핵심 부품의 인도 이전에 북한은 북한 내 모든 핵물질에 관한 최초 보고서의 정확성과 완전성을 검증하는 것과 관련하여 IAEA와의 협의를 거쳐 IAEA가 필요하다고 판단하는 모든 조치를 취하는 것을 포함하여 IAEA 안전조치협정(INFEIRE/403)을 완전히 이행함.
(두 나라의 명칭을 편의상 미국·북한으로 약칭)

미합중국 수석대표

미합중국 본부 대사 로버트 갈루치(Robert Gallucci)

조선민주주의 인민공화국 수석대표

조선민주주의인민공화국 외교부 제1부부장 강석주(姜錫柱)

미·북 경수로회담 합의문 (1995. 6. 12)

미국 대표단과 북한 대표단은 쿠알라룸푸르에서 1995년 5월 19일부터 6월 12일까지 1994년 10월 21일의 미·북 기본합의문 이행과 관련한 회담을 가졌다. 양측은 미·북 기본합의문의 이행에 관한 정치적 약속을 재확인했으며, 특히 합의문에 입각한 경수로 사업의 원활한 이행에 관해 아래와 같이 결정했다.

① 미국은 경수로 및 대체에너지 제공에 관한 1994년 10월 20일자 미 대통령의 보장 서한이 계속 유효함을 재확인한다. 한반도 에너지개발기구(KEDO)는 미국 주도하에 미·북 기본합의문에 입각해 북한에 제공될 경수로 사업의 재정 조달 및 공급을 담당한다. 합의문에 명기되어 있는 바에 따라 미국은 경수로 사업에 있어서 북한과의 주접촉선 역할을 수행한다.

이와 관련 미국 국민이 필요에 따라 이러한 역할을 수행하기 위해 KEDO 대표단 및 작업반의 대표가 된다.

② 경수로 사업은 각각 2개의 냉각재 유로를 가진 약 1천MW 발전 용량의 가압경수로 2기로 구성된다. KEDO가 선정하는 경수로의 노형은 미국의 원설계와 기술로부터 되어 현재 생산 중인 개량형으로 한다.

③ 북한 정부를 대표한 대외경제위원회와 KEDO가 북한에 경수로를 턴키 베이스로 제공하기 위한 공급협정을 가능한 한 최단시일 내에 체결한다. 이 발표문에 기초하여 경수로 공급협정에 관한 현안을 협의하기 위해 가능한 한 조속한 시일 내에 KEDO는 경수로 사업의 건설과 운

전에 필요한 요건들을 확인하기 위해 부지 조사를 실시한다. 부지 조사와 부지 준비에 소요되는 경비는 경수로 사업의 공급 범위에 포함된다. KEDO는 경수로 사업을 수행할 주계약자를 선정한다. 경수로 사업의 전반적 이행에 관해 KEDO는 감리 업무를 보조할 프로그램 코디네이터의 역할을 미국 기업이 담당하며 KEDO는 프로그램 코디네이터를 선정한다. 북한 기업은 경수로 사업의 추진을 위해 필요에 따라 이행에 관련된 계약에 참여한다.

④ 경수로 사업에 추가해 양측은 기본 합의문의 이행을 위해 다음과 같은 조치를 취하기로 결정했다. 양측의 전문가들은 기본 합의문에 따른 중유의 단계적 공급을 위한 일정과 제반 협력 조치를 합의하기 위해 6월중 가능한 한 조속한 시일 내에 북한에서 만난다. KEDO는 그러한 합의가 이루어짐에 따라 중유의 1차분 공급을 위한 조치들을 즉시 취한다. 1995년 1월 20일자 사용 후 연료봉의 안전한 보관에 관한 미·북 간의 회담 기록은 신속하게 실천에 옮겨진다. 이와 관련 동 이행을 위해 미국 전문가들이 6월 중 가능한 조속한 시일 내에 북한을 방문한다.

제 3 부

북한의
어제와 오늘

지상낙원의 실상

산하가 수려하고 예로부터 금수강산이라고 불려온 이 나라는 특히 인심이 아름답다. 이 아름다움의 원인이 유교에 연유되었음인지는 몰라도 공자 · 맹자 · 주자의 사상이 중국보다도 더 철저하게 침투되어 변태적이라고 할 수 있을 정도로 국민은 군주를 숭상할 뿐 아니라, 젊은이들은 연장자를 존경하고 자손들은 선조를 존경하는 미덕이 이 나라 국민들의 생활 자세에 깊이 뿌리를 내려왔다.

지상학적으로 볼 때 강대한 중국을 머리 위에 이고 있으면서 침략의 상습범인 일본을 코앞에 보고 있는 조선은 수세기에 걸쳐 외우와 봉건적 집정자들의 파벌 싸움에 의한 내환에 의해 항상 주민들은 고통에 시달려왔다.

1945년 연합국에 의해 해방되는 동시에 북반부의 주민들은 소련 주둔군의 지휘 아래 인민정권을 수립하고 민주와 부흥을 위한 제1보를 내딛게 되었다.

1950년대 초에는 전쟁의 비참함을 체험했을 뿐 아니라 의연 둘로 절단된 국토는 벌써 일제 통치하의 36년과 같은 세월을 맞이하게 되었다. 이 오랜 세월을 북반부는 사회주의혁명의 시행착오 가운데 갖가지 영광과 암흑이 교차하는 길을 걸어왔다.

지금 한반도의 북반부에서는 '주체의 조국'이라는 말이 조선민주주의인민공화국의 대명사처럼 통하게 되었고, '지상낙원의 나라', '사회주의의 모범의 나라' 등등 불가사의한 선전이 전 세계에 널리 퍼져 있다.

'김일성의 조선'은 오늘 지구상의 어떠한 나라와도 비교할 수 없는 특징과 독특성을 갖추고 있다. 스탈린의 나라, 모택동의 나라와도 다르고, 차우세스크의 나라, 티토의 나라와도 많은 점에서 상당한 거리가 있다.

이 나라에는 한 사람의 강도도 절도도 없고, 은행과 상점 등에도 야경 경비원을 배치할 필요가 없다. 이 나라에는 세계가 골머리를 앓고 있는 알콜중독자나 마약 사용자도 없고 불량배도 깡패도 없다. 이 나라에는 한 사람의 강간범도 없으며, 매춘 문제도 플레이보이의 문제도 없다. 이 나라에는 한 사람의 기독교인이나 불교도도 없으며 무당이나 점쟁이도 존재할 수가 없다. 이 나라에는 진정한 의미의 노래라든가 시는 한 편도 없고 무용도 조각도 없다. 인생과 자연에 대해서는 물론 행복과 인생살이의 근심 걱정에 대해서도 누구 하나 노래하거나 글로 쓰는 사람이 없다. 삶과 우정, 창조와 사랑의 선율은 어디에서도 들을 수가 없다.

이 나라에는 대소를 불문하고 한 사람의 고리대금업자도 없을 뿐 더러 소위 암상인도 투기업자도 없다.

인류 역사상 처음으로 이 나라에서는 소득세와 지방세 등 일체의 세금을 철폐했을 뿐 아니라 화폐의 기능도 사실상 유명무실하게 변하고 말았다. 상품의 극단적인 부족으로 인해 약간의 임금도 쓸 데가 없어 그대로 수중에 남아 있을 뿐이다.

이 나라의 모든 주민들은 모두 같은 색으로 된 옷감으로, 같은 모양새의 질박한 옷차림으로 살지 않으면 안 되며, 여성들의 헤어스타일도 하나같이 똑같은 스타일이라야 하고 남성들의 두발 길이 역시 조금도 달라서는 안 된다.

농업 조건이 지리적으로 보아 비교적 불리하기 때문에 식량사정은 변함없이 어려운 편이다. 그러나 식량 배급제가 '철저하게' 실시되고 있다. 극히 제한된 특권층을 제외한다면 부유한 사람이 없다는 조건 아래서 가난한 사람도 있을 수 없다. 선진국에서는 '감식'이 건강관리상 효과가 있다는 이론까지 발표되고 있는 이때에 이 나라에서는 식량 부족이 원인이 되어 감식이 강제되어 있는 것이다. 이 나라에서는 입법기관인 대의원 선거를 실시한다면 유권자 의 100%가 참가하고 참가자의 100%가 입후보자에 대해 찬성 투표를 한다. 중앙과 지방신문에 선거된 대의원의 명부가 발표되지 않으면 선거인들은 그것을 알려고도 하지 않으며 또 알 권리도 없다. 누가 언제 입법기관의 대의원에 선출됐다던가 혹은 또 언제 어떻게 돼서 그 지위로부터 제외되었다던가 하는 것을 알 수도 없을 뿐 아니라 알려주지도 않는다.

모든 주민들은 항상 있어야 할 장소에 있으면서 지시하는 작업을 그대로 시행하지 않으면 안 된다. 즉, 모든 사람들은 '위'에서 돌리는 큰 기계 가운데의 하나의 나사못 구실만 하게 되는 것이다. 거리와 길, 광장과 공원 등도 이상적으로 청결하고 자연의 경관도 잘 정돈되어 있지 않으면 안 된다.

이 나라에서는 외국의 정치활동가들을 그들 본국에서보다도 더 성대하게 환영해주고 있으며, 특별히 초대한 외국인 손님에 대해서도 환대가 특별하다.

빛깔이 짙은 저고리를 입힌 귀여운 화동들이 훈련된 미소를 띠면서 꽃다발을 바치며 언제 어디서 만나더라도 곧이곧대로의 인사를 잊지 않는다. 외국인들을 안내하는 코스도 엄격하게 제한되어 있으며, 외국인들과 회화를 나누는 데도 좋은 자격의 소유자도 엄격하게 선정되어 있다. 우연히라 할지라도 외국 사람과 대화를 나누는 것은 절대로 있을 수 없다.

인류 역사에 있어서 이처럼 완전하고 또 철저하게 통제되거나 관리되는 사회는 어떠한 시대에도 일찍이 존재한 적이 없을 것이다. 이는 '이상적인 사회'라기보다는 '비정상적인 사회'라 해야 옳을 것이다. 이는 인공적이요 비인도적인 사회인 것이다.

그야말로 술에서 알콜을 제거하거나 꽃에서 향기와 빛깔을 제거시킨 것과 같은 것이다.

이 사회에선 어린아이가 이웃 마을에 있는 부모를 방문하는 경우에도 특별한 허가가 필요하며, 취직이나 취학·주택·거주지 등 그 어느 것 하나에도 본인의 희망이나 지원과는 관계없이 선정된다.

이 사회에서 허용되는 것은 오직 하나뿐이다. 그것은 '위대한 수령'을 위하여 살고 투쟁하고 노동하고 '조직적으로' 즐기는 것뿐이다. 이와 같은 권리와 의무 이외에는 아무것도 없다. 이것이 이 나라 주민들의 생활 내용과 형식의 전부인 것이다.

레닌에 의해서 규정된 '한 사람은 전체를 위하여, 전체는 한 사람을 위하여'라는 집단주의 이상이 완전히 기형화되어 이 땅에서는 문자 그대로 '전체는 오직 한 사람을 위하여'라는 지극히 악질적인 전체주의로 변해버리고 말았다. 심지어는 외국의 신임 대사들이 김일성 주석에게 신임장을 제정하려고 하면 먼저 대사 자신이 '혈액검사'를 받지 않으면 아니된다.

그 까닭은 세균의 전염이 두렵기 때문이다. 1945년 9월 말경 김일성이 해방 후 처음으로 귀국해서 평양 정계에 첫발을 디뎠을 당시는 그래도 아직 인간이 겸손했다. 죽을 때까지도 어딘가 별세계에나 있는 양, 즉 피를 바치지 않으면 알현할 수 없다. 그러한 인간은 아니었다.

북반부에는 교회당과 사원이 한 곳도 없다. 따라서 목사나 승려 가 설교하는 일이 없고 찬송가나 염불이 없어진 지 이미 오래다. 교회당은 파괴되었거나 그렇지 않으면 공공기관의 부속건물이나 창고로 이용되고 있다. 헌법에는 '신앙의 자유'가 구가되어 있지만 오늘의 북조선에선 누가 예배 드리는 것을 보았으며 누가 성경 읽는 것을 볼 수 있었던가. 이른바 신도가 없는 종교가 어디에 있단 말인가.

종교인들은 모두 수령 김일성이 교조인 '주체'라는 신흥종교로 개종했음일까. 아니면 육체적으로 말살되어버렸기 때문일까. 이미 저 세상으로 간 조선민주당 당수 강량욱 목사에 대해서 말한다면, 그는 목사 당수이기 보다는 김일성 어머니의 (6촌 할아버지) 친척이라는 인연 때문에 목숨을 부지하며 영광의 자리를 지켜온 사람이었다. 이 일을 오늘날 조선에서 모르는 사람은 한 사람도 없다.

기독교 신자들은 '주'를 믿으며 이 세상의 모든 고통을 참고 견디며 죽으면 주님 앞에 갈 것이며, 불교도들도 극락왕생의 세계로 간다고 믿고 있다.

그런데 오늘의 주체종교의 신자들은 죽은 후에 가야 할 곳을 생각할 필요가 없다. 그 까닭은 현재 이미 위대한 수령 아버지라는 태양이 비춰 주는 지상의 낙원에서 살 수 있는 권리의 '거주증'을 수령과 '당중앙'이라고 불리우는 수령의 아들에 대하여 대를 이어 충성을 다할 것을 맹세함으로써 받을 수 있기 때문이다. 십자가에 대신해서 김일성의 초상을 앞가슴에 붙이고 다니지 않으면 아니되며, 성경이나 불경과 같이 그들의 '독창적'인 교시만을 밤낮 가리지 않고 복창하지 않으면 안 되는 의무가 있기는 하지만……

오늘의 북조선에서는 이렇게 해서 '도'를 닦고 있다. 이것이 신흥종교가 아니고 무엇이겠는가. 어쨌든 이 나라에는 최소한 문자 그대로의 '종교'는 없다. 그리고 예수와 부처 앞에 신앙심으로 참배하는 종교인도 없다. 이 사실을 논증하기 위해서는 긴 논증이나 설명이 필요치 않다. 평양에서 출판된 권위 있는 잡지《조선문학》에 게재된 작품의 극 일부를 소개 인용하는 것으로 충분할 것 같다.

★ 지금 지구상에는 2백에 가까운 나라가 있으며 40억이 넘는 사람들이 살고 있습니다. 그 가운데 종교와 미신이 깨끗이 없어진 나라는 영광스러운 우리 조국 조선민주주의인민공화국 단 한 나라뿐입니다.

이는 〈불후의 고전적 명작 혁명연극 성황당〉이라는 작품 서장에 서 인용한 것이다.

북반부에 있어서의 오늘의 공포정치와 불합리한 경제는 남반부의 군사독재체제와 재벌경제에 비할 때에도 완전히 불리한 입장에 있다. 그렇기 때문에 '진정 공평하고 대등한 입장에서의 남북대화'는 김일성이 반드시 원하는 것도 아니었다. 국제적인 고립, 경제의 부진, 전례가 없을 정도의 공포정치의 강행, 특히 남조선 출신의 간부와 납치 민주인사들의 숙청 등은 남북 교섭과 대화에 있어서 북조선 당국의 약점이 되지 않을 수 없다. 따라서 조국통일 문제에서 김일성측이 때때로 불합리한 제의와 독선적이랄 수 있을 정도의 황당무계한 문제를 제기함으로써 사전에 계획된 결렬로 사태를 몰고 가는 따위의 일은 결코 우연한 일이 아니다. '영구 분열에 반대'하는 것은 대의명분도 있어서 그 나름대로 좋다고 하겠으나, 사실상으로는 현재와 같은 분단 상태의 영구 계속을 의미하는 것밖에는 하등의 플러스 되는 것도 없다.

남조선 당국의 무조건 항복을 기다리거나 그와 같은 상태를 조성하기 위하여 있는 힘과 지혜를 다한다. 이것이 김일성의 통일정책의 기본이 될 것이다. 합리적 구상이 없는 시종일관성은 정책빈곤의 증거요 무성의와 무책임의 표현이라고밖에 할 수 없다.

이 밖에도 김일성에게는 '통일정책'이 있었으나 그것은 '무력통일'이었다.

1950년대의 전쟁 도발과 그 후의 김일성 일파가 들고 나왔던 '우리들 시대에 조국은 통일되지 않으면 안 된다', '김일성 동지의 환갑을 맞이하기 전에 조국은 통일될 것이다(1972년)' 등등의 슬로건이 휘날린 무모하다고 할 정도의 모험주의 정책을 조선 사람이면 모르는 사람이 없다. 보기에 따라서는 적어도 현 단계에서는 통일보다도 분단 상태의 계속이 김일성에게는 유리한 측면도 있다. 김일성 숭배의 조장, 그를 신격화하는 운동의 강행은 실제에 있어서 북조선에서의 그의 개인 독재체제의 강화를 목적으로 할 뿐 아니라, 김일성의 통일 구상과 관련이 있다고 보아야 할 것이다. 통일이 되면(어떻게라는 해명도 없이) 이미 준비된 '수령'이 있다는 것이다. 그뿐만이 아니다. 그 수령은 일반적인 수령이 아니라 '위대하고 영명하고 전지전능한 일등급의 수령'인 것이다.

★ 또 어떤 지방에서는 '김일성 장군께서는 술법이 조화무쌍하여 전법이 탁월하고 교묘하다. 그래서 金一世라고 불리며 숭앙과 존경을 받았다. 즉 이 세상에서 어디를 보나 제일인자라는 의미다.'

《전설적 영웅, 김일성 장군님》(1976년 평양, 금성청년 출판사 발행.)

★ 1950년 후반기부터 김일성은 노골적인 공포정치를 펴면서 자기의 정적(어디까지나 김일성 본인의 판단에서) 및 그 정적과 다소라도 관련이 있다고 보여지는 남노당 출신의 수백 명에 달하는 주요 간부와 연안 출신 수백 명의 간부들도 98% 이상이 사살·투옥·해직·국외 추방 등에 의해 탄압되었다. 그뿐만이 아니다. 김일성은 자기의 동료였던 항일 빨치산 출신의 활동가들도 약 35%는 추방, 박해했다.

김일성의 살육 방법은 지극히 잔인무자비한 것이었다. 그는 죄상을 논증할 필요도, 재판과 심의의 수순을 밟는 일도 하지 않았다. 과거 혁명활동에 참가한 사람들도 소련 및 중국·남조선에서 왔다는 이유 하나만으로 숙청의 대상자가 되었고, 또 당의 국가 간의 책임 있는 지위에 있었다거나 군대와 사회단체에서 일정한 지위에 있었다는 사실만으로도 숙청의 대상에 오르는 일이 비일비재하였다. 김일성이 주관적으로 보아 자기의 정적이라고 판단할 경우 그 정적의 친척이나 친구. 부하. 상관은 말할 것도 없고, 정적과 더불어 아는 사이라는 이유만으로도 숙청의 대상이 되었다. 북반부 전 지역에서 한 사람의 숙청자도 없었다는 가정이 과연 있을까 싶을 정도이다.

김일성은 김일성에 반대하는 수천 명의 용의자를 처단하는 것보다는 한 명의 죄인을 도망치게 놓치는 것을 더욱 두려워하는 인간이었다. 숙청의 규모와 잔인한 방법에 있어서 김일성은 자신의 스승이요 선험자인 스탈린과 모택동을 능가하고 히틀러와 일본의 무사들조차 얼굴을 들 수 없을 만큼 만들어 버리고 말았다. 그는 이처럼 극악하고 무제한적인 폭력 행위와 함께 주민들에게 '주체'라는 독소를 백방으로 주입함으로써 공산주의 이론을 왜곡했다. 또 지성을 마비시키는 동시에 인간성까지도 타락시키는 죄악을 범하고 말았다. 혁명전통의 확립이라든가 유일사상 체계의 확립 운운하는 것은 김일성식 인간 개조의 가장 강력한 무기로 되어 있다. 이 인간 개조의 종국적인 목적은 주민을 모두 백치화하는 일이며, 인민을 수령의 손가락으로 조종할 수 있을 인형으로 만드는 데 있었다.

이리하여 총명하고 재능이 풍부한 우리 주민은 전대미문의 폭군, 김일성의 마수에 걸려 민족의 정기와 선량한 품성이 거세되어 무기력한 노예 상태로 몰락해버리고 말았다. 이와 같이 병에 걸린 비인간적인 사회의 건설이 김일성 통치 30년간의 '성과'요 '위훈'인 것이다.

이상은 임은(林隱)이라는 필명으로 일본에서도 조선 문제에 깊은 관심을 가지고 있는 자유사(自由社) 사장에게 보내진 원고를 일본어로 번역 출판된 《북조선 왕조성립 비사》라는 방대한 책자에서 〈이러한 나라가 있다〉라는 서장(序章) 일부를 옮긴 것이다. 이 저자는 "나는 동양의 반봉건적 식민지에서 출생했다"고 밝히고, 지금 이 시대에 과연 몇 사람이나 자기가 태어난 고향에 살고 있을까라며 자신의 주거지는 밝히기를 꺼려하면서도 자기의 경력은 조선의 사회주의 건설에 참가하여 조선의 공산주의 운동에 헌신한 조선 혁명가라고 과거의 경력과 현재의 직업을 말하는 투철한 공산주의자임을 스스로 밝히고 있다.

"20세기 후반에 들어서 폭로된 스탈린의 '피의 숙청', 모택동의 '문화대혁명', 폴 포트의 '살육정책' 등에 의해 신성한 공산주의 이상은 크게 훼손되고 모독되었다. 이같은 일은 적에게 반공활동의 절호의 구실을 주었고, 일부 동지들에게는 동요와 환멸을 주었다. 이러한 시기에 그 범죄의 내용과 심각성에 있어서 또 그 수단과 방법이 추악하고 잔인함에 이르러 전술한 지도자들의 오류보다도 악랄하다고 생각되는 또 한 사람의 공산주의자의 죄상을 세상에 폭로하지 않으면 아니 된다는 것은 결코 유쾌한 일이 아니다. 아니 그것은 오히려 번민스럽고 슬픈 일이기도 하다."

이는 김일성의 죄상을 폭로해야 하겠다는 사실을 염두에 두고 하는 말이라고 저자는 통탄하고 있다.

"항차 그가 나와 피를 나눈 조선인이라는 점에서, 또 그가 나와 같은 공산주의자라는 이름을 갖고 있기 때문에 더욱 그러하다. 이는 이 책을 엮는 나의 솔직한 심정이다"라고 저자는 그의 서문에서 밝히고 있다. 또 그는 어느 시기에는 김일성이 자기에게는 위대한 애국자요 성실한 공산주의자의 상징이요 체험자였으며 자기가 젊었을 때의 우상이며 첫사랑이기도 했다고 했다. 그렇기 때문에 김일성의 실체가 적나라하게 폭로되었을 때의 그의 환멸은 그만큼 컸다는 것이다. 그는 계속 이렇게 말하고 있다.

"나에게 이 글을 쓰도록 고무하고 격려한 사람들은 많았다. 그들은 조국의 자유와 독립, 사회주의 조국의 번영을 위하여 일생을 바치고 최후에는 김일성의 흉탄에 희생된 공산주의자들이다. 그들은 교수형장, 총부리 앞에 서서 비로소 김일성의 정체를 보았고 그가 어떠한 자인가를 깨

닫게 된 것이다. 죽음을 앞둔 그 찰나에 이들 혁명가들은 우리 동포에 대해서 뭔가를 남기고 싶어 했고 전해 주고 싶어 했다. 또 뭔가를 부탁하고 싶어 했고 경고하고 싶어 했다. 그들의 무념의 절규가, 그들의 원념이 오늘날 나로 하여금 이 글을 쓰게 한 것이다"라고 필자는 이 책을 출판하게 된 직접적인 동기를 절실히 밝히고 있다. 그리고 필자는 그의 서문 끝 무렵에서 이렇게 말하고 있다.

"김일성의 육체적 생명의 종말이 김일성 공포정치 체제의 종막은 아니라는 사실이 제6회 당대회가 모든 것을 밝혀주었다. 사태가 이에 이르러서는 내가 주저할 아무 까닭도 없다. 이 글은 신비스러운 김일성의 공로와 죄상을 분명하게 밝힌 것이기 때문에, 필자인 나 자신도 신비스러운 존재로 남아 있으리라고 생각된다."

스스로 지상낙원이라는 동서고금에도 볼 수 없는 독창적인 나라를 창건한 김일성은 누구도 상상할 수 없는 '불세출의 영웅'이며 '위대한 수령'인가. 김일성의 어용학자들은 1946년부터 그동안 김일성에 관련되는 인물지를 발행할 때마다 물론 일치되는 부분도 없지는 않지만, 출판될 때마다 새로운 부분이 삽입되거나 과거의 행적에서 상치되는 부분이 비일비재했다는 것은 그들 자신도 부인하지 못할 것이다. 왜냐하면, 먼저 발행된 인쇄물은 일제히 회수해버리는 특권과 함께 밑도 끝도 없이 없애버리는 수법을 쓰고 있기 때문이다.

북한 당국자들은 국내는 물론 국외를 철저히 인식하고 있으면서도 또 용감하게도 자신들을 기만하고 제3자를 속이는 데 있어서는 걸출한 치기를 보이고 있다.

"김일성 수상 동지께오서는 제3세계의 모든 문제들에 관해서 완벽한 해답을 내려주셨다. 우리들은 이와 같은 세련된 사상을 김일성주의라고 부를 것이다. 정치적 독립을 쟁취했으면서도 신식민주의의 경제적 억압에 반대하여 투쟁하고 있는 우리들 제3세계 모든 나라들은 김일성주의

원칙에 의해 지도되고 있다. 사회주의 건설의 선진적 노선에 따라 전진할 것이다."

이렇게 북한 당국자들은 때로는 김일성을 마르크스, 엥겔스보다도 위대하고 현명한 철학자, 철저한 유물론자로 떠받들기도 한다. 마르크스, 엥겔스조차 인간에 대한 올바른 유물론적 해명을 내리지 못했던 것을 새로이 완벽하게 해명해준 위대한 사상철학자로 김일성을 칭찬하고 있다.

북한 당국은 1960년대 중기 이전에 출판된 김일성 관련서적은 모두 회수했고, 심지어는 김일성 자신이 이미 오래 전에 행한 연설문이나 보고문까지도 대폭으로 삭제하거나 보충·개작했다.

그 이유는 간단하다. 김일성의 신격화를 계속하면서 보다 고차원으로 확대·강화시켜나가기 위해서는 그 경력을 연속적으로 위조하고 과장할 필요가 있어서이다. 그리고 이 같은 과정에서 적절하지 않다고 보이는 것이거나 장애가 된다고 생각되는 일체의 자료나 인물 등은 무자비하게 삭제하고 제거해버리지 않으면 아니 되었다.

평양에서는 가장 권위 있는 조선노동당 출판사가 1958년에 출판한 이나영(李羅英)의 《조선 민족해방 투쟁사》를 보더라도 출판 당시는 김일성의 개인숭배를 조장하는 데 최대의 막대한 소임을 했고 김일성 우상 창조의 최첨단을 걷는 저작물의 하나였다. 그랬음에도 불구하고 김일성의 공로를 인공적으로 과장하고 그의 경력을 미화, 위조한 이 책이 지금에 와서는 아무런 쓸모가 없게 되었을 뿐 아니라, 오히려 김일성의 신격화에는 위험한 증거물이 되어버리고 만 것이다. 그 일례를 들면 다음과 같다.

이나영은 이 책에서 김일성의 아버지 김형직(金亨稷)을 조선국민회의 창건자로 위조하는 데 관심을 보이지 않았다. 또 그를 오늘과 같은 민족해방운동의 탁월한 지도자로서도 떠받들지 않았다. 이나영은 김일성이 1926년 공산청년동맹에 가맹했다고는 썼으나 타도제국주의동맹과 같은 진짜 마르크스-레닌주의적 혁명조직을 만듦으로써 전 세계 혁명가와 혁명적 인민에 대해서 위대한 혁명가의 모범을 보여주셨다고는 쓰지 않았다. 저자 이나영은 또 김일성은 1931년에 공산당에 입당했다고 썼기 때문에 그 당시 조선공산당이 존재하지도 않은 상황에서 그가 중국공산당원이 됐다는 허점을 소홀하게 스스로 폭로하고 말았다.

김일성의 청소년기

　김일성이 북한에서 영도자로 선출된 것은 전면적으로 소련군 당국의 절대적 보살핌에 힘입은 바가 크다. 1945년 10월, 평양 공설 운동장에서는 해방 후 처음으로 대규모 군중대회가 개최되었다. 그 군중대회는 오늘날 북한 당국이 선전하고 있는 것처럼 김일성 개선 환영 군중대회가 아니라, 소련 해방군을 환영하는 군중대회였다. 군중대회에서는 조만식(曺晩植)의 환영사가 있은 다음 소련 제5군 군사위원인 레베르제프 소장의 답사가 있었다. 그는 자기 연설 가운데서 오늘 이 주석단에는 조선인민의 영웅 김일성 동지도 있다고 했다.

　그러자 그때까지 조용하던 광장이 술렁이기 시작했다. 군중들은 김일성을 한 번이라도 보기 위해 주석단 쪽으로 몰려드는 소란을 피웠다. 조선 주둔 소련군 당국은 이 군중대회의 광경을 목격하고, 김일성의 인기가 조선 인민들 사이에 예상 외로 높다는 것을 알고 지극히 만족해했다. 물론 이날 김일성도 연설을 했다. 그는 자기 연설 가운데서 해방자 소비에트군에 대해서 무한한 감사를 표한다고 말한 다음 조선 인민들에게는 다음과 같이 호소했다.

★　조선 민족은 이제부터 신민주조선에 힘을 모으지 않으면 안 됩니다. 어떠한 당파나 개인의 힘으로는 이 위대한 사명을 완수할 수 없습니다. 노동력을 지닌 사람들은 노동력으로, 지식과 기술을 가진 사람들은 지식과 기술로, 돈이 있는 사람들은 돈으로, 실로 나라를 사랑하고 민주를 사랑하는 전 민족이 완전히 대동단결하여 민주주의

＊ 자립독립국가를 건설합시다.

   김일성이 언제 북조선의 수령으로 지명되었는가는 알 수 없으나 1945
년 10월 14일이 그가 출세하는 길에서 중요한 하루가 되었다는 것은 틀
림이 없다.
   그러나 오늘의 김일성이 평양에 입성하기 직전에는 김일성이 아니라
김영환(金英煥)·김성주(金成柱)로 불려왔다. 또 한때는 집권자 그룹에서
도 김성주라고 호칭했으며 또 그렇게 통용되었다. 집권을 하고 나서 조선
민주주의인민공화국이 수립된 후에도 김일성이 김성주임을 묵인하고 있
은 것이다. 따라서 본명 김성주를 따라 그의 가계(家系)와 그의 친인척들
을 한번 살펴보고 넘어가는 순서를 밟아볼까 한다. 현 북한 당국에서도
김성주가 오늘의 김일성임을 공식으로 인정하고 있는 것은, 그들의 선조
인척들의 과거 행적을 사실 그대로는 아니더라도 과장하거나 부분적으로
날조·미화하는 인쇄물이 계속 출판된 사실로 미루어 알 수 있다. 또 여
기 그들의 가계를 살펴보는 것도 중요한 자료가 되어줄 것이다. 여기 그
중심인물은 김성주, 즉 오늘의 김일성으로 한다.

강돈욱(康敦煜) : 김성주의 처 강반석(康盤石)의 조부.
강량욱(康良煜) : 강돈욱의 6촌 동생, 기독교회 목사, 조선민주당 당수.
강진석(康晋錫) : 김성주의 처삼촌, 조선민주당 당수.
김응우(金應禹) : 김성주의 증조부.
김보현(金輔鉉) : 김성주의 조부.
김보현(金寶鉉) : 김성주의 조모.
김형직(金亨稷) : 김성주의 부친, 김형직의 일생부터 북한 당국은 조작
                 서술함으로써 오늘의 김일성 신격화에 이용하고 있다.
김형권(金亨權) : 김성주의 숙부.

김철주(金哲柱) : 김성주의 동생(사망).

김영주(金英柱) : 김성주의 동생, 평남 대동군 만경대 1922년생. 1993
년 부주석. 남북 조절위원회 북측 수석대표.

김창주(金昌柱) : 김성주의 사촌 동생. 1923년 평양 태생. 김일성종합대
학, 모스크바대학 졸업, 숙부 김형권의 아들이고 김정
숙(金貞淑)과의 남매, 1984년 부총리, 1989년 농업위
원장.

강덕수(康德洙) : 김성주의 외사촌 동생. 1979년 인민무력부 후방총 국
부대장, 제8기, 9기 대의원, 1987년 소장.

강석숭(美親崇) : 김성주의 외척. 1923년생. 제8기, 9기 대의원, 1985년
남북 적십자회담 수석자문위원, 김일성 가족의 우상화
본산인 역사문제연구소 소장 20년 역임중. 강석주의 형

강석룡(美親龍) : 1938년생. 김성주의 외5촌 조카. 노동적위 대장 (소장).

강영섭(康永燮) : 김성주의 외종제. 조선종교인협회 부회장, 통일 정책
심의위원, 제9기 대의원.

강현수(康賢味) : 김성주의 외사촌 동생이자 덕수의 동생. 중앙인민위원,
1974년 평안남도 인민위원장, 당중앙검열 제1부위원
장, 제9기 대의원.

강희원(美希源) : 김성주의 외척. 1994년 7월 사망. 1989년부터 부총리
역임, 제9기 대의원.

강반석(康盤石) : 김성주의 모친, 김형직의 아내.

김정일(金正日) : 김성주의 아들. 1942년 소련 브야츠크 태생. 김일성
체제의 김일성 후계자이자 국방위원장, 인민군 최고사
령관, 원수. 김정숙의 소생.

김경희(金敬姬) : 1946년 평양 태생. 김성주의 딸, 김정숙의 소생, 장성
택의 아내, 당중앙위 부부장, 경공업 부장, 당경제정책

검열부장, 제9기 대의원.

장성택(張成沢) : 1946년생. 김성주의 딸 경희의 남편인 사위, 국가보위
부장, 3대 혁명소조 부장.

강성산(善成山) : 김성주의 이종사촌 동생, 혁명 1세대이며 김성주의 옛
전우 강건의 아들. 1931년 함경북도 청진 출생. 만경
대 혁명학원 출신, 총리.

황장엽(黃長燁) : 1925년 함경북도 주을 출생. 김성주의 이종조카, 최고
인민회의 의장, 김일성종합대학 교수, 사회과학자협회
위원장. 소련에서 철학박사 학위 취득.

김신숙(金信被) : 김성주의 고종사촌 여동생, 최고인민회의 의장 양형섭의
처. 대학 교수, 중앙역사박물관 관장, 사회과학원 원장.

김성애(金聖愛) : 김성주의 셋째 아내. 평일(平一)의 생모, 1924년 황해
도 해주 태생. 김일성의 경호실 비서로 있다가 1953년
김일성과 결혼. 제7기, 8기, 9기 대의원, 최고회의 상설
위원회 위원.

김평일(金平一) : 김성주의 차남으로 김성애의 소생. 1954년 평양 출생.
김일성종합대학 졸업. 핀란드 주재 대사.

양형섭(揚亨燮) : 1928년 함경남도 영흥 출생. 김성주의 사촌 매제, 김
신숙(金信被)의 남편. 최고인민회의 의장.

박성철(朴成哲) : 김성주의 사촌 매제. 1913년 함경북도 길주 태생. 니혼
대학 전문부, 조치대학 졸업. 일본공산당 입당, 1977년
부주석에 오른 이래 18년 동안 현직. 만주 빨치산 1세대.

손성필(孫成強) : 1927년 평안남도 안주 태생. 김성주의 처조부 강량욱
의 사위. 적십자회 위원장. 러시아 주재 대사.

김철수   : 김영주의 아들, 김성주의 조카, 국가안전보위부 상장,
김정일의 수행비서.

이 같은 엄연한 가계를 지니고 있는 김성주(金聖柱)를 김성주(金成柱)라고 주장하다가 어느 날 갑자기 김일성(金日成)이라고 지칭하면서 많은 군중 앞에 나섰을 때, 그 군중들의 놀라움과 의혹은 또다시 입에서 입으로 지금까지의 구전설화가 일기 시작한 것이다. 그 당시만 해도 나이 서른을 넘었을 정도의 김일성이라는 이름의 인물이 국민들의 우상처럼 가슴에 새겨져 있었던 것은 누구도 부인할 수 없었던 일이다.

그러한 상황 아래서 1945년 10월 14일, 평양 공설운동장에서 김일성이라고 자칭하면서 나타난 33세의 청년을 목도한 군중들은 연만한 장수일 것으로만 생각했다가 실망하지 않을 수 없었을 것이다. 여기서 가짜 김일성이다, 진짜 김일성은 따로 있을 것이다라는 억측과 구전이 다시 시작되었다.

일제시대에 일반에게 알려진 김일성은 입에서 입으로 전해진 김일성이 있었고, 신문 지상으로 보도된 세 명의 김일성(金日成), 김일성(金一星), 김일성(金一成)이 있었던 것도 성균관대학교 이명영 교수의 저술《김일성 열전》에 의해서 오늘의 북한 김일성 외에 실재했던 다른 김일성들을 밝힌 바 있다. 그러나 그 여러 김일성들의 정체는 앞으로 지면이 허락되는 대로 별도로 훑어보기로 하고, 여기서는 우선 북한의 김성주가 소련의 음모로 변명한 김일성(金日成)의 행적만을 살펴보기로 한다.

북한은 해방 후 초기에는 김성주가 만주에 있는 중국공산당 유격대였던 동북인민혁명군의 대장 노릇을 했다가 다시 1950년대 전반까지는 만주사변 직후에 동북인민혁명군과는 관계 없는 항일무장유격대를 조직해서 그것으로 해방 때까지 싸운 것처럼 선전했다. 그러다가 1958년부터는 만주사변 직후가 아니라 1934년 초에 조선인민혁명군을 조직하여 해방될 때까지 싸웠다고 그의 경력을 수정했다. 그런데 1968년부터 경력이 또다시 수정되었다. 안도현(安圖縣)에서 최초의 항일유격대를 조직했다는 때가 1932년 4월 25일이라고 하고, 조선인민혁명군의 조직은

1934년 초가 아니라 1936년 2월의 일이라고 백봉(白筆)이라는 사람이 쓴《민족의 태양 김일성 장군》이라는 책자에서 밝히고 있다. 또 김성주는 조선인민혁명군을 이끌고 해방 때까지 일본군·만주군과 더불어 10만여 회의 전투를 벌여 백전백승의 전과를 올렸다고 주장한다. 그러면 1932년 봄부터 해방 때까지라면 14년간이 되는데, 그 가운데 1941년부터 해방 때까지는 지하공작 때문에 전투가 없었다고 주장하는 대로라면 실제로 전투를 계속한 것은 9년 동안이 된다. 그러니까 9년 동안에 10만여 회의 전투가 있었다면 하루도 쉬지 않고 싸웠다고 해도 하루에 30회의 전투가 있었다는 산술적 계산이 나온다. 북한 당국은 김성주의 업적을 소개하는 데 있어서 이런 정도의 허위 사실을 조금도 거리낌 없이 선전하고 있다.

김일성으로 변명한 김성주는 평안남도 대동군 고평면 남리에서 출생했다. 김성주의 조부 김보현(金輔鉉)과 그의 처 안 씨와의 사이에 형직(亨稷)·형록(亨祿)·형권(亨權)의 세 형제가 있었는데, 형직과 그의 처 강반석(康盤石)은 성주(聖柱)·철주(哲柱, 소년 시절에 사망)·영주(英柱) 세 형제를 두었고, 형록과 그의 처 현양심(玄壤心) 사이에는 6남매가 있었으며, 형권은 일찍 죽었다.

김형직의 집안은 가난했다. 그러나 그의 처가는 비교적 일찍 개화된 집안이었고 김성주의 외할아버지 강돈욱(康敦煜)은 기독교장로 교회의 장로이기도 했다. 김성주는 외가 마을인 대동군 동산면(童山面) 하리(下里) 칠골의 창덕(彰德)학교 5학년까지 다니다가 만주 무송(憮松)에 살고 있는 부모 곁으로 갔다. 그때 김성주의 나이는 13세였다.

김성주의 부친 김형직은 당시의 선각자 임제훈(林濟勳)이라는 사람이 아니었더라면 학교에도 다니지 못했을 것이라고 했다. 임 씨는 교육진흥만이 항일운동의 밑거름이라고 하면서 초등교육 기관인 신망(信望)학교를 마을에 설립·운영하고 있었기 때문이다. 임 씨는 이때 김형직을 신망학교에 다니게 했고, 계속해서 평양에 있는 기독교 선교기관에서 설립·

운영되고 있던 숭실(崇實)중학교에도 진학시켰다. 그러나 김형직은 그 중학교도 채 마치지 못하고 향리로 돌아와 모교인 신망학교와 이웃 서당에서 교편생활을 했다. 그러나 생계가 여의치 않아 솔가해서 만주 무송으로 이사를 가서 한의원으로 생계를 이어갔다. 이때 부모를 따라가 그곳에서 소학교를 잠시 다니다가 다시 고향인 외가에 와서 창덕학교를 다시 다녔다. 그럼에도 불구하고 북한 당국은, 해방 초기에서부터 1968년에 이르기까지 김성주의 경력을 밝힌 출판물이 일곱 가지나 되는데 그때마다 내용도 다르고 동일한 사안에서도 상치되는 부분이 한두 가지가 아니었다.

그 이유는 간단하다. 그의 경력이 정치적 목적에 따라 달라지고 또 날조되기 때문이었다. 김성주의 학업 과정도 역시 그러하다. 처음에는 김성주 소년이 만주의 모아산(帽兒山) 소학교에 입학했다가 길림시에 있는 소학교를 졸업한 후 길림 모중학교에 입학해서 1929년 졸업했다고 했는데, 1958년에 발행된 책에서는 1924년에 만주에 가서 무송제일우급 소학교를 졸업하고 1926년에 길림 유문중학교에 입학했다고 했다. 그리고 1961년에 발행된 책에는 1926년에 무송우급 소학교를 졸업하고 화전현(樺甸縣)에 있는 화성의숙에 입학했다가 곧 그만두고 그해로 유문중학교에 입학한 것으로 갈팡질팡이다.

김성주가 1925년에 외가가 있는 마을의 창덕학교를 중퇴하고 무송에 사는 부모 곁으로 간 것은 사실이다. 그리고 1926년 화성의숙을 다닌 것도 사실이나, 화성의숙의 민족주의 교육의 고루함을 알 게 된 소년 김성주는 미련 없이 그 학교를 그만두었다고 하면서 북한 당국은 그때부터 김 소년의 혁명가적 기질을 주장하고 있는 것이다. 화성의숙은 우리 독립운동 단체인 정의부(正義府)에서 설립한 교육기관이다. 당시 숙장은 최덕신의 선친인 임정요인 최동오(崔東旿)였다.

그뿐 아니라 김성주의 부친 김형직의 죽음에 대해서도 거짓말을 하고 있다. 김형직은 무송에서 한의원을 하면서 항일투쟁을 음으로 양으로 계속하였다. 당시 무송에 함께 살고 있던 김형직을 잘 아는 사람은 월남해 부산에 살고 있으면서 그의 말년을 이렇게 밝혀주었다.

그는 김형직과 함께 독립운동 단체인 백산무사단(白山武士團)에 관계하고 있었다. 이 단체는 김호(金虎)라는 사람이 단장이었는데 순수한 민족주의 단체였다는 것이다. 그때 공산당 운동이 벌어지면서 독립운동 진영도 두 편으로 갈라지게 되었다. 한의원인 김형직은 독립군한테는 약도 주고 치료도 해주었으나, 공산당은 아예 상대도 하지 않아 공산당한테 원한을 사 공산당들이 살해했는데도 성주는 아버지를 누가 죽였는지도 모르고 지금 공산당을 하고 있다고 개탄했다.

백산학교에 관해서는 사료에도 상세한 기록이 있다. 정의부 계열의 백산무사단의 단장은 김호였으며, 백산학교는 김호가 창설·경영했는데 독립사상을 품고 만주로 오는 조선 청년들을 교육·훈련시켰다. 정의부에서는 국어·역사 등 교과서를 만들어 여러 곳의 민족주의 교육기관에 배포하기도 했다. 김호라는 사람은 1907년 의병 때 북청·삼수 지역에서 의거를 하다가 만주로 건너가 무송을 중심으로 독립운동을 전개했고, 정의부를 창설할 때에는 중심적인 소임을 다한 투사였다. 그는 1881년 함흥에서 태어나 김호익이라는 별명을 쓰기도 했다. 그런데 북한 당국은 김형직이 왜경의 고문으로 병사했다고 했으며, 김호가 백산학교를 설립하고 교과서와 교구를 나누어준 교육사업을 김형직의 업적인 양 날조하고 있는 것이다.

김성주는 1929년 봄, 그러니까 그의 나이 열일곱 살, 유문중학생으로서 공산 서클에 참석한 일이 발각되어 길림에서 도망쳐 이종낙(李鐘洛) 부대로 갔다가 이종낙의 추천으로 남만학원에 입학했지만 거기에서도 또 퇴학을 당해 이종낙 부대로 되돌아갔다. 1929년 4월에 발족한 국민부(國民府, 정의부의 후신)는 자치행정부 같은 소임을 하기로 하고 그 국민부를 발족시킨 모체인 민족유일당조직동맹을 그해 12월에 민족 독립운동을 전담하는 조선혁명당으로 개편하면서 부터 그 당군으로 조선혁명군을 조직한 것이다. 그때의 이종낙은 자동적으로 조선혁명군의 한 소대장이 된 셈이었으나, 그는 이미 국민부파의 반대편에 서서 자기 부대와 자기의 조직을 재편·강화하는 데에만 힘을 쏟았다. 즉 국민부를 둘러싼 좌우 양파의 분열은 극에 이르렀다. 이종낙은 자기가 추천·파견했던 부하 김성주 등 세 학생이 남만학원에서 쫓겨나자 이종낙은 당과 군에 반기를 들기 시작했다.

이종낙은 그 후 김광열(金光烈)이라는 사람과 손을 잡고 조선혁명군 길강(吉江) 지휘부를 조직, '소비에트 건설', '중공당 지도하의 지방 폭동에의 적극 참가' 등을 표방하고 나섰으나, 성분이 분명치 않은 한인공산주의자들에 대한 중국공산당의 원칙은 이미 확고하게 서 있었던 때였다. 이때에도 김성주는 여전히 한 대원에 불과했다.

김성주의 두목 이종낙은 1930년 8월에 조선혁명군 길강지휘부와 아무 관련도 없는 길흑(吉黑) 농민동맹을 통해 회덕(懷德)·이통(伊通) 두 현에 사는 조선인에게 지배력을 휘두르기 시작했다. 이때 김성주는 이종낙의 지시에 따라 조선인부락을 찾아다니며 세금을 강제로 징수하면서 농민동맹의 일도 거들고 있었다. 남만학원에 입학하기 직전까지 조선인들이 만주에서 가장 많이 집단적으로 거주하고 있던 곳이 오가자(伍家子)라는 곳인데 김성주가 기거하는 곳이 바로 그 인방이었다.

1930년 11월께 김성주는 오가자에 몇 달 동안 묵은 일이 있는데 이때 그는 김일성(金日成)이라는 별호를 얻게 된다. 김일성(金一星)이라는 당호를 지어줬던 최형우(崔衡宇)라는 사람은 해방 후 월남해서 남한 정부 농림부에 취직해 있다가 6.25 때 김일성의 인민군에게 총살당했다는 것까지 확인되었으나 그 경위는 지나치게 장황해질 것 같아 생략한다.

그러나 김성주는 그 별호를 그들끼리 썼다는 사실만은 그 당시 주변 인물들로 월남한 사람들의 입을 통해 더욱 입증되었다.

그러나 북한 당국은 김성주가 오가자에 있을 때 김일성(金一星)으로 불리다가 곧바로 김일성(金日成)으로 고쳐 불렀다고 주장하고 있는 것이다. 만주사변 몇 해 후에 중국공산당 유격대장으로 등장하는 김일성(金日成)은 김성주가 아님이 분명하다. 북한 당국자들도 중국공산당 유격대장 김일성(金日成)이 김성주 장본인이라고는 감히 주장하지 못한다.

후일 중국공산당에서 만주 일대에서 벌어졌던 만주국을 반대하며 항일투쟁을 벌였던 비사가 출판되었는데, 그 어디에도 오늘의 북한 김일성은 한 곳도 언급됨이 없는 것으로 반증되었다.

그런 상황임에도 북한 당국은 그 중공당 유격대장 김일성(金日成)의 거사 행적을 끌어다가 오늘의 북한 김일성이 한 것으로 조작해놓고 있는 것이다.

1931년 9월 18일 만주사변이 일어났고, 1932년 3월 1일 일제조작의 만주국이 성립되었다. 따라서 전 만주에는 새 질서가 들어서기 시작, 일제의 지배권이 확립되어가면서 관동군이 전 만주의 치안을 도맡는 판국에 이르고 있었다. 이때까지 김성주와 그 일당 패거리들의 실제 행적은 아무 기록에도, 누구의 입에서도 증언을 들을 수가 없는 몇 달 동안의 공백이 있었다. 이 기간 동안을 북한 당국의 역사책에는, 아비 김형직이 쓰던 것을 어머니 강반석으로부터 물려받았다는 권총 이야기며, 트럭을 습격하여 빼앗았다는 무기 이야기며, 조선독립군을 참살하고 빼앗은 무기의 이야기를 날조하고 있는 것이다. 김성주 일당은 만주국을 반대하고 항일을 목표로 전 만주 곳곳에서 궐기하고 있는 어느 중국인 의병단체에도 끼어들 수가 없었다. 그때는 아직 중국공산당 계열의 빨치산이나 항일군의 조직이 거의 없었을 때였기 때문이다. 김성주 일당을 소탕하려고 출동했던 조선혁명군 본부는 고동뢰 소대장 일행 열 명이 동시에 무참하게 참살됨으로써 큰 충격을 받은 데 이어 만주국이라는 일제의 괴뢰정권의 성립이 또한 장학냥(張學良)의 동북 정권과의 연계도 위태롭게 되었다. 동북 정권은 퇴진했으나 그 당시 환인(桓仁) 주둔 군단장이었던 당취오(唐聚伍)가 반만항일의 기치를 높이 들고 요령(遼寧)민중자위군을 조직하고 병력을 모집했다. 이때 양세봉은 당취오 부대와 더불어 손을 잡고 그 특무대로서 공동작전을 폈고, 조선혁명군 총사령 양세봉은 동시에 요령 민중자위군 특무대 총사령이라는 직함을 갖기에 이르렀다. 이 무렵인 1932년 여름 김성주는 김일성(金一星)이라는 이름을 쓰며 또래 친구 몇 명과 함께 조선혁명군 본부를 찾아왔다. 몸에 지닌 것은 아무것도 없이 과거의 잘못을 용서해달라고 사죄하면서 조선혁명군에서 일을 할 수 있는 기회를 열어달라고 빌고 들었다. 이때 무송에서의 고동뢰 소대장의 사건으로 보아 용서할 수 없다는 지배적인 의견에 대하여, 양세봉은 항복해온 자는 죽이지 않는 법이라 하여 김성주를 살려주면서 혁명군의 일을 거들게 했다. 목숨을 살려준 것만으로도 감지덕지해야 했던 김성주는 그 본래의 성격대로 남의 앞에서 우쭐거리고 싶은 마음에 소대장이나 중대장을 하나 맡겨 달라고 청탁을 했으나 그것은 받아들여지지 않았다. 이때 김성주는 자기가 신임을 받지 못하고 있다는 사실을 깨달았고, 과거의 전과 때문에 언제 어느 때 무슨 일이 생길지 모르겠다는 생각에 조선혁명군의 조직에서도 또 자취를 감추고 만다.

김성주가 조선혁명군을 떠나 그의 종적을 알 수 없게 된 1932년 여름은 그의 나이 만 스무 살이 되던 때이다.

김성주의 만주에서의 소년 시절은 당시 조선인들이 공산주의사상에 물들어 극좌 모험주의적 맹동을 서슴없이 저지르고, 그같은 행동거지를 혁명운동으로 착각하고 있을 무렵이었다. 따라서 가진 자의 물건을 약탈하거나 자기들의 비위에 거슬리는 이웃들을 서슴없이 살상하는 행위가 혁명운동인 양 오판된 사회환경 속에서 김성주는 성장, 소년시절을 보냈고 청년기에 접어드는 스무 살을 맞이했다.

만주의 반만항일군 가운데에는 조선인 독립군도 많이 끼어 있었다.

일·만 당국은 그들을 선비(鮮匪)라고 불러 다른 항일군과 구별했다. 한·일 병합 이래 만주에 근거를 두고 풍찬노숙하면서 조국 광복의 칼을 갈아오던 우리 독립군은 1925년에 조선총독부와 봉천성 당국이 맺은 삼시협정(三失協定)으로 말미암아 활동 범위의 축소와 곤경을 헤쳐가면서 기회를 엿보고 있었고, 북만주에 자리잡은 조선족연합회의 조선독립당 소속 조선독립군과 남만주에 자리잡은 국민부의 조선독립군이 그것이다. 그러나 북만주에 근거를 둔 조선독립군은 만주국이 성립되고 일·만 연합군이 북상하게 되자 중국 호로군(護路軍)과 합병하여 중.조 연합군을 편성하여 완강한 항일전을 곳곳에서 벌였으나 결국 1933년을 전후해서 중국 본토로 뿔뿔이 흩어져 버렸고, 남은 병력이라고는 남만주에 있던 조선혁명군뿐이었다.

이 조선혁명군은 당초 400명가량의 병력으로 동북정권에 예속되어 있던 당취오의 요령 민중자위군과 동맹하여 싸워왔으나, 당취오가 북경으로 피신해버리고 총사령 양세봉이 1934년 가을에 전사하고 김활석(金活石)이 총사령이 되면서부터는 병력도 300명가량으로 줄었고, 왕봉각(王鳳閣)이 주도하는 요령 구국위용군과 중·조 항일동맹회를 조직하여 공동전선을 펴기도 했다.

1936년 12월과 1937년 3월의 두 차례에 걸친 조선총독부와 관동군 및 만군합동의 대공격을 받아 조선혁명군은 결정적인 타격을 받는다. 병력의 손실과 함께 조직적으로 죄어오는 일본군과 만주군의 압력에도 불구하고 조국광복의 일념으로 조선혁명군의 깃발은 1938년까지 이어졌다.

그러나 1938년 9월 총사령 김활석이 체포됨으로써 만주에 있어서의 우리 독립군의 마지막 부대였던 조선혁명군은 그 최후를 마친다. 김성주가 민족주의자로서 무장활동을 했다면 그는 의당 조선혁명군에 들어가 있어야 했다. 그리고 공산주의자로서라면 중공당의 동북인민혁명군에 참가되어 있어야 함에도 불구하고 실제로 존재하지도 않았던 '조선인민혁명군'이라는 가공의 단체를 들고 나온 데에는 당시 중공당의 동북인민혁명군의 생태를 모방하고 싶었던 심정을 엿볼 수 있기에 여기 중공당의 활동을 다소 소개할 필요를 느낀다.

1932년 3월 1일, 일제의 책략에 의해 청조 최후의 황제 선통제(宣統帝)를 부의(薄儀)로 옹립하고 그를 집정으로 하는 만주국을 성립시킴으로써 장학낭이 이끄는 동북정권은 하루아침에 무너졌고 중국의 종주국 정부도 속수무책 상태에 함몰되고 말았다. 이에 따라 신생 만주국을 반대하고 일본에 항쟁하는 반만·항일운동이 중국인들 사이에서 요원의 불길처럼 일어난다. 그 주동세력들은 구 동북 정권의 지방 주둔군 지휘관들과 그 부하들이었다. 그 밖에 유명했던 반만 항일군은 예부터 유명했던 마적들이다. 이들은 원래 도적에 불과했지만 그들의 본거지로 삼고 있던 산악지대일망정 일제의 지배 아래 들어가자 반만 항일의 기치를 높이 들고 정치활동에 참가한 것이다.

만주의 반만·항일 가운데에는 조선독립군도 들어 있었다. 북만에 자리잡고 있는 조선족연합회의 한국독립당 소속 조선독립군과 남만에 자리잡은 국민부의 조선혁명당 소속 조선혁명군이 그것이다. 조선혁명군은 1938년 9월에 총사령 김활석이 살해됨으로써 만주에서의 우리 독립군은 그 최후를 마친다. 이보다 약 2년 더 생명을 부지한 것이 1939년까지 3000여 명을 헤아렸던 재만중공당의 유격대와 마적 출신 항일부대였는데, 그때의 구성 비율은 8대 2의 비중으로 중공당원이 우세했다. 중공당 유격대는 처음에는 동북인민혁 명군이라는 이름을 썼으나 그 최초의 부대인 동북인민혁명군 제1군의 성립 기반이 남만 반석현에 조직되어 있던 조선인 유격대였다. 조선인 공산주의자들의 가입으로 활기를 띤 반석현위원회(통칭 반석공산당)는 간부들도 모두 조선인으로 충원되었다. 반석공산당은 만주사변 후인 1932년 봄에 당안에 군사부를 두고 그 지도 아래 사변 전부터 농민단체의 자위조직으로 있어왔던 유격대를 정식으로 당이 관장하는 유격대로 재조직했다.

이것이 만주사변 후 중국공산당에 의해 조직된 최초의 유격대이며 그 구성원은 모두가 조선인 공산주의자들이었다.

그런데 북한 당국은 김성주가 1932년 봄에 안도에서 최초의 유격대를 조직했다고 날조하고 있는 것이다. 즉 반석현에서 있었던 일, 반석현위원회가 했던 일들을 김성주가 똑같은 시기에 자기가 했던 것으로 조작하고 있는 것이다. 말하자면, 농민협회니 반제동맹이니 반일회 같은 것들이 반석현위원회 각급 간부들이 설치·운영한 것들을 김성주 자신이 한 일인 양 조작하고 있다.

1932년 10월에 반석공산당은 중국 홍군 제32군 남만유격대라는 것을 발족시켰다. 병력은 230명 정도였고, 그 가운데 조선인이 80명가량 있었지만 이 유격대의 총대장은 조선인 여인 이홍광(李紅光)이었다.

그녀는 중공당 본부로부터 유격활동 지령을 받고 반석에 와서 남만유격대를 조직하여 활동하다가, 1933년 1월 홍군 제32군 유격대를 개편하여 동북인민혁명군 제1군을 조직하라는 중국공산당 만주성위원회의 지령을 받는다. 이 지령은 중공당 중앙이 1933년 1월에 만주성위원회에 보낸 〈만주 정세와 우리 당의 임무〉라고 하는 지령서 '1월 서한'을 두고 하는 말이다. 반석공산당과 이홍광은 성 위원회의 지시에 따라 남만유격대를 중심으로 각종 항일 병력들을 수습, 동북인민혁명군 제1군 제1독립사를 발족시킨다. 제1독립사의 사장은 이홍광이 맡는다. 이때 마적 출신들은 역시 유격대의 임무를 수행하면서도 그들 본래의 출신 성분으로 말미암아 허다한 애로도 없지 않았으나 동북인민혁명군에 편입되면서 그들의 독특한 전법으로 동북인민혁명군의 전법을 습득하기에 이른다.

그 전법이란 세가 불리할 때에는 분산 피신하는 전법, 사방으로부터 일정 지점에 집결하는 전법, 이정화령(以整化零) 성동격서 전법이 마적들의 고유 전법이었다. 그런데 북한에서는 이같은 전법을 김성주가 창안해서 실천했노라고 김성주의 '천재적 전술'을 선전하고 있으니 누가 그런 조작·날조된 이력을 믿을 수 있을 것 인가.

김성주도 해방 직후에는 중국공산당에 입당했다고 했었는데 그 후에 발간되는 선전물에는 중국공산당에 입당했다는 말을 일체 하지 않는다. 그 까닭은 중공당에 입당한 조선인 공산주의자들의 어리석음, 돌이킬 수 없는 창피한 모습 등이 여지없이 기록에 남아 있음을 뒤늦게 알았기 때문이다. 또 해방 직후에는 김성주가 동북인민혁명군에서 대장 노릇을 했다고 선전하기도 했었다. 그러나 1958년부터는 동북인민혁명군과는 다른 조선인민혁명군이라는 가공 조직 을 만들어 해방될 때까지 만주에서 일제와 투쟁한 양 기록을 바꾸고 있다. 김성주가 조선인민혁명군을 조직한 때를 처음에는 1934년 3월이었다고 했다가 1968년경부터는 1936년 2월이라고 주장하고 있다. 모두가 거짓이고 날조이기 때문에 그러한 사사건건을 소개하는 필자도 후안무치에 무감각해지는 것 같아 어색함을 금할 길이 없다.

1. 소련, 항일 빨치산 지원

소련의 게·페·우 적군·영사관 또는 소련 하바롭스크에 있는 코민테른 극동위원회가 소련공산당 하얼빈현 위원회를 통해 여러 가지 지도와 공작을 담당했다. 소련은 중·일전쟁이 필경에는 소·일전쟁으로 발전될 것이라는 것을 예견하고 이에 대비하기 위해 일 본군의 후방을 교란하고 그 병력을 분산시키고 교착을 도모하기 위해서도 더욱 적극적으로 항일연군을 지원할 필요가 있었던 것이다. 그 구체적인 지원 방안과 사례를 보면 이러하다. 항일연군에 대한 소련국 내 한·중계 군관을 파견 지원하며, 전황이 불리할 때에는 소련으로 입경 도피하는 것도 용인하며, 소련

안에서 항일연군 훈련실시, 상병자의 수용, 치료, 항일연군 가족들의 수용, 무기 · 탄약 · 무전기 등 물자는 물론 자금도 지원해주고, 특별공작원에 의한 교란공작도 지원하고, 첩보공작은 물론 소련인 군사지도원도 파견해준다는 것이다.

따라서 항일연군과 소련군과의 관계는 지극히 밀접한 것이었고, 양측 간의 연락은 노군(路軍) 총사령부에서 통제하고 있어서 독단적인 연락은 금지되어 있었으면서도 필요에 따라서는 사장급에서도 할 수는 있었다. 또 소련에 들어간 대원에게는 반드시 노군사령부에서 입소증명서를 발급해주기로 되어 있었다. 입소증명서 없이 들어간 자는 간첩으로 취급되었다. 그 같은 관계도 1941년 3월부터는 단절되었다. 그 이유는 소련 측이 지원해야 할 항일연군 부대가 만주 안에는 거의 모두 없어졌기 때문이었다. 즉 항일연군 부대는 대부분 사살되었거나 투항함으로써 항일연군이 궤멸되었었기 때문이다.

이 상황을 요약하면, 만주국의 성립 시기인 1932년 3월부터 1933년 10월경까지는 관동군이 주류가 되어 만주국 군경을 통괄하면서 구 동북정권 계열의 항일부대들을 섬멸하다시피 했을 때이고, 1933년 10월 이후 1936년 10월경까지는 관동군이 소련과의 관계를 고려하여 치안공작의 주력을 만주국 군경에게 넘겨주는 동시에 종래의 무력공격 위주에서 치안 확립의 근본책인 대민정치 공작에 주력했으나, 중국공산당의 공작이 침투되어 잡다한 항일 부대들을 수습 · 정비하여 동북항일연군으로 대항하기 시작한 것이다.

그리고 1936년 10월경부터 1941년 3월까지는 소련으로부터 적극적인 지원을 받는 항일연군의 반만항일전선이 강화되자 일본 · 만 주국 치안공작의 대상은 다시 항일연군으로 집중되어 결국 중과부적으로 항일연군은 궤멸되고 만다. 마지막으로 남았던 3000여 명의 항일연군의 90% 정도가 피살되고 투항하고 나머지 극소수는 소련 영토 안으로 도주하는 것으로 만주 안에는 어떠한 이름의 항일 부대도 존재하지 않았다.

소련으로 들어간 대원들은 소련 극동경비사령부에 수용되어 장차 있을 소련·일본 간의 개전에 대비하는 첩보공작 요원으로서의 훈련을 받는다.

이때 김성주도 그들과 함께 소련 영토 안에서의 생활이 시작된다. 그러면서 김성주는 1930년 11월경 오가자에서 삼성(三成)학교 교장 이만진(李萬鎭) 씨 댁에 두어 달가량 기숙한 일이 있었을 무렵, 삼성학교 교사 최형우한데 지어받은 당호 김일성(金一星)이란 이름을 쓰기 시작했고 주위에서도 그렇게 불렀다.

이 글에서도 소련 생활이 시작되면서부터의 김성주를 김일성으로 표기한다.

김일성이 소련 영토로 피신한 것은 1940년 말이나 1941년 초로 추정된다. 일본 관동군과 만주국 경찰의 치안 유지가 자리를 잡으면서 만주에서의 반만·항일투쟁은 모든 항일무장 역량을 통합해서 소위 소부대 편성으로 동북항일연군을 편성하고 난 다음이었다. 1946년 중공에서 발간된 《동북항일연군 투쟁사략》에나 《양정우와 항일연군 제1로군》에도 김일성(金成柱) 혹은 김일성(金一星)의 이름이 없는 것은 그들과 같은 대열의 인물이 아니었기 때문에 빠져 있거나 아무리 서열 밑바닥이었다고 하더라도 어느 구석엔가 이름이 밝혀져 있었을 것이다.

그런데 1940년 초 항일연군 제1로군 참위였던 정수룡(丁守龍)이란 자가 일본군에 자수 투항해서 진술한 동북항일연군의 편성표를 보면, 김일성은 제2방면군을, 최현은 제3방면군의 지휘를 담당했던 것으로 기록되어 있다.

한편 만주국 통화 성공서의 치안 숙정 제1차 비세표(匪勢表)에 의하면, 김일성의 부하의 수는 200명으로 오의성 부대의 300명 다음으로 많았다. 그러나 김일성이 사장(師長)이었다고 하더라도 정규군의 사단장과 방면군사령과 더불어 혼동해서는 안 된다. 물론 김일성도 다른 유격대장과 같이 자기 대원을 인솔해서 공공기관의 기습, 파괴공작, 식량조달, 무기약 탈 등 치안을 교란하는 전투 목적을 띠고 있었다. 항일연군의 일부 잔류 부대 허형식(許亨植) 등의 활동이 있었고, 그 밖의 사람들에 의해 조직된 지하조직(이상조 지도 아래 조선독립동맹 북만주특별위원회)이 있었으나 제1 로군 총참모 박득룡이 체포되고 제1로군 제3로 방면 군장이 사살되고 곧 이어 군정 주임 오성륜(嗚成崙=全光)도 체포되자 김일성은 이 무렵에 소 련 영내로 도피한 것으로 추측된다.

김일성이 식객으로 정착한 곳은 하바롭스크에서 40km가량 떨어진 브 야츠크라는 곳이다. 극동의 밀림에 둘러싸인 한적한 이 촌락에는 통나무 로 지어진 조그마한 집 20호 정도가 여기저기 흩어져 있었다. 조선인과 중국인 빨치산들 망명객들이 풍운의 1940년대 전반을 이 땅에서 오랜 동면기에 들어간다. 브야츠크에서의 5년간은 그들로서는 실망과 절망을 극복하면서 육체적으로는 새로운 시기, 새로운 생활에 대비하는 생활이 기도 했다. 만주에서 영웅적 항전, 영웅적 괴멸을 거듭하다가 겨우 목숨을 건진 빨치산 대장과 대원들은 조직적으로 또는 비조직적으로 가장 안전 지대였던 소련 영토로 잠입하는 길밖에는 없었다. 이 시기에 입소한 사람 들은 처음에는 오케안스크에서 휴양과 구류를 겸한 생활을 하다가 후에 극동군 구사령부(사령관 아파나센코 대장) 직속인 정찰국(국장 조르킨 소장) 관하로 이송되었다.

소련군 극동군 구정찰국은 브야츠크에 병영을 설영하고 조·중 빨치산 대원을 집단적으로 수용하고 장차 발발할 대일전쟁에 대비하여 그들의 교육과 훈련을 결정하였다. 이 부대는 제88특별여단이라는 명칭을 띠고 부대장에는 동북항일연군의 지도자 중 한 사람인 주보중이 취임하였다.

정치부 여단장은 세리요킨 소령, 여단참모장은 시린스키 소령이었고, 장수전(一名 季兆林, 중국인, 항일연군 제3군 군장), 풍중운(중국인, 항일연군 제3군 정치위원), 최용건(一名 崔石泉, 항일연군 제7군 군장) 등은 여단정치부 지도원에 임명되었다.

이 여단에는 4개 대대가 있었다. 김일성과 강신태(姜信泰, 一名 姜健)는 제1대대와 제4대대장에 임명되었고 김책(金策)은 제3대대 정치부 대대장이 되었다. 제3대대장으로는 허형식이 임명되었다. 제2대대장에는 중국인이 임명되었고 동 대대의 부대대장에는 안길(安吉)이 임명되었다. 제88특별여단을 조직한 주요 목적은 소련과 일본 사이에 전투가 벌어졌을 경우 조선과 중국의 지리에 밝고 빨치산 투쟁의 경험이 있는 자를 정찰활동에 이용하기 위하여 훈련시켜두려고 하는 데 있었다.

소련 군부 안에서는 조·중 빨치산 대원을 소·만 국경지대의 가장 적당한 지리 안내인으로, 또 유능한 정찰요원으로 인정했던 것이다. 그들이 해방 후 조선에서 새 조선 건설의 지도자 내지는 중국 해방의 중견 간부가 되리라는 예견을 했더라면 소련 당국은 그들에게 전문적인 정찰훈련을 베풀기 전에 장래의 당정부의 지도자로 필요로 하는 정치사상적·실무적 교육을 베풀려고 했을 것이다. 스탈린이나 김일성은 그러한 행운을 꿈에도 생각지 못했고, 또 당시는 저명한 선배들이 너무도 많이 있었기 때문이기도 했다.

제88특별여단의 총 인원은 200여 명뿐이었다. 조선인 대원의 수는 부인들까지 모두 합쳐서 약 60명, 중국인이 약 100명, 그 외에는 소련군의 인원으로 충당되었다. 이 여단에는 해방 후 김일성의 비서 문일(文日), 조선인민군 부참모장 겸 작전국장 유성철(兪成哲) 중장, 동 공병국장 박길남(朴吉男) 소장, 동 외무국장 이동화(李東華) 소장(초대 조선노동당 간부 부장), 동 포병 사령 김봉률(金鳳律) 상장, 동 군단장 전학준(全學俊) 중장, 그 밖에 이청송·김파·이종신 등 10여 명의 소련계 조선인 출신들이 들어 있었다. 그런데 이 가운데 당시 군사 칭호가 가장 높았던 인물은 이동화 소령이었고, 다른 사람들은 거개가 소위로부터 대위까지의 위관급 군관들이었다.

부대의 공용어는 중국어와 러시아어였으며 조선어는 보통 사용되지 않았다. 정치학습, 회의, 전투훈련 등일 때는 일체 중국어가 쓰였다. 이 부대에는 소련군 출신의 중국어 통역이 적지 않았다. 조선어가 금지된 것은 아니었으나 조선인 안에서도 빨치산 출신들은 주로 중국어를 썼다. 소련 출신 조선인과 빨치산 출신 조선인 사이에는 러시아어보다는 조선어를 많이 썼다. 조선인끼리의 이름도 중국어로 불렀다. 여기 그 중국어 발음까지는 옮기지 못하지만 김책을 김천민, 김일을 박덕산으로, 김성주를 김일성, 최용건을 최석천으로, 강건을 강신태로 불렀다.

제88특별여단의 주요 조선인 출신자들의 군사 직위를 보면 다음과 같다.

김일성— 대대장
강신태(강건)— 대대장
최석천(최용건)— 여단정치지도원
김책(김천민)— 정치부대대장
안길— 정치부대대장
김광협— 중대장
서철— 정치지도원
최현— 처음에는 중대장, 후에 후방 소대장으로 강등
유경수, 박영순, 최광, 전창철, 허봉학, 이영호, 김경석, 최충국— 소대장
박성철— 처음에는 소대장이었으나 후에 전사로 격하·강등.

그리고 군사 칭호는 다음과 같았다.

대위 : 김일성, 김책(대우), 안길, 강건, 최용건
상위 : 김일, 최현, 최용진, 김광협, 이영호

중위 : 유경수, 서철, 박영순, 최광, 허봉학, 김경석, 최충국

소련군 사령부는 제88특별여단에서의 근무자 정찰소조의 공로를 표창하여 1945년 9월, 그들을 조선으로 환국시키기 직전에 다음과 같은 소련 훈장을 수여하였다.

전투적기훈장을 받은 사람은 김일성, 강건, 최용건, 안길, 김책이고, 붉은별훈장을 받은 사람은 최현, 김일, 최용진, 이영호, 서철, 김광협, 최충국 등이었다. 그 밖의 다른 사람들에게는 군공 메달이 주어졌으며 제88특별여단 여단장 주중보 대령에게는 소련의 최고 훈장인 레닌 훈장이 수여되었다.

앞에서도 밝힌 바 있듯이 제88특별여단은 소련극동군 구사령부 아래서 정찰 임무를 수행하기 위한 특별한 목적으로 조직된 부대였기 때문에 그에 상응하는 전투훈련이 수행되었을 뿐이다.

소련 군대와 똑같이 아침 6시에 기상하는 것을 비롯해 매일 전투 훈련이 있었으며, 일주일에 두 번씩 정치학습도 있었다. 전투훈련에는 무전기의 조작 방법, 낙하산 훈련, 교량 파괴, 지도 작성 등등의 기술훈련도 있었으며, 일반 전투훈련에서는 주로 중대 전술훈련이 권장되었다. 즉 정찰활동 대원을 양성하는 데 주요 목적이 있었기 때문이다.

오늘날 김일성 일파가 국력을 기울여 선전 선동한 결과 항일유격대 하면 곧 김일성 부대처럼 직감하는 사람들이 많으나 사실은 그렇지 않았다. 제88특별여단의 60여 명 조선인 가운데 소련에 들어가 처음 인사를 나눈 사람들이 대부분이었고, 김일성 직계대원은 20명 정도에 불과했다. 서철이라는 사람은 김일성보다 한발 앞서 소련에 들어간 사람이다. 서철은 원래 제1로군의 의무관이었으나 양청우 사령부의 지휘성원이었고 중국공산당 동만특위의 성원 중의 한 사람이었다. 활동 경력이나 식견에 있어서 김일성에게 뒤지지 않는 인물이어서 당초 입소 조선인 빨치산 부대의

책임자였다. 그러나 출세욕과 허영심이 강한 김일성에게는 서철이 소련 군 지휘부의 두터운 신임을 받고 있는 것을 보고만 있을 수는 없는 일이 어서 그를 소련군 지휘 부에 중상한 것이다. 따라서 서철은 종래의 직책 에서 해임되어 중위 견장을 달고 정치 지도원들에게 정치학습이나 지도 하는 정도로 강등되어버렸다.

김일성은 소련 지휘관들과 주보중 여단장에게 잘 보이려고 갖은 노력 을 다했다. 아니, 재빠르고 요령 있게 행동했다는 표현이 더 적절한 것이 다. 그럼에도 불구하고 같은 대대장이었던 강건이 한층 김일성보다 높아 보였다. 강건은 제3로군 계열의 인물로 정치학이나 전투훈련에 항상 김 일성보다 성적이 좋았다. 그리고 모든 사물에 대한 판단력과 기억력, 사업 조직력이 뛰어났다. 참모들로부터도 비상하게 유능한 인물로 평가되었다. 러시아어도 일찍 배워서 통역이 없이도 소련 지휘관들과 의견을 교환할 수 있을 정도였다. 그 밖에 안길, 김일, 김광협 등 유능한 인재들이 해방 된 조국에 돌아와 나름대로의 활동을 했으나, 김일성은 항상 자신의 심복 이 아니다 싶으면 속된 말로 찬밥을 먹일 뿐 아니라 보복의 기회조차 주 지 않으려고 항상 경계했다. 소련에 들어가 브야츠크에 정착한 조선인 외 에 김창봉, 석산, 김병갑, 오백룡, 지병학, 백학림 등은 오케안스크 근변에 있는 국영농장에서 감자나 채소 등 농산물 농작을 하면서 소련군 정찰부 대의 성원으로서 복무하기도 했다.

제88특별여단의 조선인들이 모두 함께 원산항에 상륙한 것은 아니었 다. 강건(강신태), 김광협 등은 육로로 중국 동북만주를 거쳐 조선으로 왔 다. 당시 소련군 사령부는 누구나 과거에 공작하던 곳이나 혹은 고향 지 방의 위술사령부 부책임자로서 부임시켜 그곳에서 사업하도록 지시를 이 미 주고 있었다. 따라서 김일성·최용건은 고향인 평양에서, 김책은 함경 남도, 박성철은 함경북도 등으로 배치되도록 되어 있었다. 그러므로 김일 성은 조국의 '해방성전'에서 소총 한 발도 발사함이 없이, 게다가 해방된

지 1개월간이나 지나서야 소련군 대위의 견장을 달고 가슴에는 소련 전투적기훈장을 달고 주머니 속에는 평양시 소련군 위술사령부 부책임자라고 적힌 임명장을 간직한 채, 소련에서 함경북도 웅기(오늘날 선봉이라고 개명된 곳)항에 상륙, 평양에 입국했던 것이다.

김일성의 정체 — 김일성, 金一星, 金一成, 金日成, 金日星

    1945년 10월 14일, 평양공설운동장에서 벌어졌던 소련해방군 환영 평양시민대회에서 조만식의 환영사에 이어 답사에 나선 레베르제프 소장의 답사 가운데서 이 주석단에는 조선인민의 영웅 김일성 동지가 있다면서 소개된 33세의 소련군 대위 김일성이 그 군중대회에 참가했던 평양 시민들을 놀라게 했다. 김일성이라는 사람의 이름을 들어 알거나 신문지상의 보도를 보아 알고 있는 사람들은 당시 연령 30대 이상의 청장년으로, 그들이 짐작하고 막연히 머리 속에 그려져 있던 김일성이는 기상이 뛰어나고 나이도 어느 정도 연만했으리라고 믿고 있었다. 그런데 김일성 장군이라고 소개된 위인은 겨우 서른세 살밖에 안 된 새파란 젊은이였기 때문에 그들 군중들은 놀라지 않을 수 없었다.

    그 당시까지 이름과 그의 행적에 대해서 알고 있던 김일성은 벌써 오래 전부터 조국의 독립을 위해 만주에서, 특히 선만국경(鮮滿 國境) 지대를 무대로 무장 항일투쟁을 벌이면서 백전백승 동에 번쩍 서에 번쩍 신출귀몰하는 장한 인물로 전해져왔던 인물이었다. 국내에서는 그날그날의 생계도 점차 어려워져 전국 각처에서 남부여대하고 만주, 북간도, 서간도로 이주하는 난민들이 날로 증가함으로써 그들의 안부에 관심이 많아졌다. 나라 안에서는 일제의 압박이 날로 심해졌기 때문에 만주벌판에서 때때로 들려오고 전해 오는 김일성의 독립항쟁 소식은 입에서 입으로 번져 전설처럼 전해졌다. 이렇게 김일성에 관해서 그의 이름이나 그의 활동상황을 알고 있은 사람이 많았던 상황이어서 서른세 살밖이 새파란 김일성에 대해서 설왕설래 말이 많아졌다. 더욱 평양에 나타난 의심쩍은 김일성이

범상치 않음으로써 그에 관심이 높아지기 시작했고, 북쪽 집권자들이 그의 과거 행적을 날조하고 선전하면서부터 김일성의 정체에 관해서 연구하는 학자들이 국내외에 많아졌다.

국내에서는 성균관대학 교수 이명영이 이미 1974년 《김일성 열전》이라는 방대한 연구서를 발표함으로써 널리 알려졌고, 미국 대학에 적을 두고 있는 조선인 교수 2명, 그리고 지금은 소련에 있는 것으로 추측되는 철저한 공산주의자 임은(林隱, 필명)이 그의 일본어 저서 《북조선 왕조 성립 비사》를 통해서 평양의 김일성을 밝히고 있는 것이 있다. 이 글은 그들의 분석을 발췌해서 옮김으로써 편자의 소견을 간접적으로 밝히기로 한다. 구전으로 알려진 부분과 일반인의 인식도 역시 '김일성'이 절대다수로 보이나, 항일투쟁 전투 소식이 간혹 신문지상에 보도될 때의 한자 표기는 金日成 · 金一成 이 많았지만 그 모두가 항상 정확한 것만은 아니었다.

1. 의병장 김일성(金一成) 장군

본명은 김창희(金昌希), 함경남도 단천군 수하면 황곡리 김두천(金斗天)의 둘째 아들로 태어나, 1907년 일제의 한국군 해산을 계기로 전국에서 궐기했던 의병투쟁에 참가, 의병장이 되어 일제와 싸우기 시작한 것이 그의 나이 18~19세 정도였을 때였다. 그때부터 그는 김일성(金一成)이란 이름을 썼다. 그의 항일투쟁 독립군 활동상황은 단천 근방에 살다가 해방 후 월남해서 서울 근처에 살고 있는 많은 사람의 입을 통해 확인할 수 있었으나 한때 동아일보 편집국장직을 역임한 김성한도 함남 풍산에 살 때 그의 부친으로부터 김일성 장군은 함남 단천군 수하면 황곡리 출신의 항일 애국투사라는 말과 김일성의 부친은 구한말 온성(穩成) 군수를 지낸 사람이란 말을 들은 바 있다고 했다. 단천 출신 인사들의 증언 가운데에는 3.1운동이 일어난 후부터 김일성이 국경지대에서 활약한다는 이야기가 많이 번졌다. 또 김일성의 밀령으로 단천 일대에서 군자금 모금 운동이 벌어져 그들은 자립회란 단체를 만들어 특별회원은 일 년에 5원, 보통회원은 1원 또는 50전을 냈는데, 그 회원이 무려 600명에 이르렀다고도 했다. 그의 항일 독립운동을 기록에 남긴 것으로는, 애국동지회에서 1956년에 발행한 《한국독립운동사》에 보면 "김일성(金一成)은 1888년 단천에서 출생했으며 1907년 의거를 일으켜 백두산을 중심으로 항일활동을 10년이나 계속하다가 1926년에 전몰하였다고 했다. 그리고 1968년 출판된 함경남도 도지에서도 김일성(金一成)이 1907년 의거를 일으켜 항일투쟁을 전개, 순몰하실 때까지 백두산을 중심으로 수십차 일본군과 격전, 신출귀몰하는 전법으로 많은 전과를 거두어 일인들의 가슴을 서늘케 하였다. 1926년 민족투쟁사에 찬란한 빛을 남기고 순몰하였다"고 전하고 있다.

2. 김일성(金一成)과 김일성(金一星)이라는 두 사람

이들 중 한 사람은 1926년 10월 북경에서 발족한 조선독립유일당 북경촉성회 발기인들 가운데 끼어 있었다. 그는 그 후 공산당원이 되어 제4차 조선공산당(1928년 성립)의 북경 지부에서 일을 하면서 고려공산청년회를 위해 '혁명'이라는 이름의 잡지를 편집·발행했다고 기록되어 있다. 이 사람은 경북 김천 출신이며, 본명은 김종수(金琮洙)인 김일성(金一星)이다.

또 다른 한 사람인 김일성(金一成)은 1930년대 초 조선에서의 지도적 잡지였던 《혜성》, 《제1선》, 《조선지광》 등에 김일성(金一成)이라는 필명으로 시사 문제에 관한 논문들을 많이 게재하였다. 그의 본명은 김경재(金璟

載)로 수원고농을 졸업하고 동경에 가서 식물병리학을 공부하다가 상해를 거쳐 4~5년 동안 남북 만주와 러시아 등지를 방랑하며 민족운동에 헌신하다가, 귀국 후에는 화요파 공산주의자들의 중진으로 1925년 조선공산당 제1차 사건에 연루되어 투옥된 일도 있었다. 1931년 그의 나이 서른이 겨우 넘었다고 전해지고 있다.

3. 김일성(金日星), 김일성(金一星) 그중 한 사람은 김일성(金日成)으로 변명(變名)

1925~26년부터 1930년대에는 독립운동을 한다는 사람치고 공산주의를 내세우지 않는 사람이 없을 정도였다. 김일성(金日星)이라고 자칭한 청년은 연길현의 공산주의 일선조직인 수양회 교육부위원장으로 일한 바 있는 사람이 있었으나 여기서 거들떠볼 위인은 아니었다.

1929년 7월에 김좌진(金佐鎭)은 참의, 신민, 정의가 통합되어 국민부가 발족됐을 때 그 국민부의 손이 미치지 못하는 북만주 원신 민부의 기반을 관할하기 위해 한족총연합회라는 자치조직을 만들어 그 본부를 중동선 일대를 관할할 수 있는 영안현 산시 역전에 두었다. 김좌진은 조선인들의 생업과 자치를 돌보면서 자신도 그 근방에서 정미소를 운영하고 있었다. 그러던 1929년 음력 12월 25일 김좌진은 정미소 기계를 손보던 중에 김일성(金一星)이라는 자의 사주를 받은 박상실이란 청년이 쏜 총탄에 맞아 숨지고 말았다. 김좌진이 암살되자 그 부하들이 김일성을 잡아내어 때려 죽였다는 사실을 이범석 장군이 생전에 증언한 바 있다.

김좌진 장군을 암살한 자도 김일성이었지만 그 무렵, 즉 1930년 5.30 간도폭동사건 때 용정에서 파괴활동에 앞장섰던 동명의 또 다른 김일성(金一星)이 있었다. 이 김일성은 용정에 있는 대성중학교 학생이면서

1930년 5.30 간도폭동사건 때 행동대원의 한 사람으로 검거 선풍에 걸려 일제 간도 총영사관 유치장에 갇혔던 일도 있다. 그러나 그는 유치장에서 탈출하는 데 성공, 소련으로 들어가 적군사관 학교를 졸업하고 1938년에 만주로 파견되어 항일무장 유격대장이 되었다. 이때부터 그 이름은 김일성(金日成)으로 표기된다.

1934년 3월, 간도에서 조선인 주진(朱鎭)의 유격대가 근간이 되어 동북인민혁명군의 제2군이 발족된다. 역시 군장은 중국인 왕덕태(王德泰)였고 그 제1독립사장이 주진이었다. 동북인민혁명군은 1935년 말에 신년도 군사행동지침을 시달하면서 새로운 부대편성표가 시달되었다. 여기에 김일성(金日成)이란 자가 정치위원을 맡으면서 총 지휘 주보중 아래 위하(華河)부대 책임자로 김일성 이름 석 자가 명기되나, 사실 이는 김성주(金聖柱)가 아니다. 이 김일성(金日成)은 5.30 간도폭동사건 때 행동대원이었다가 소련으로 도망가 그곳에서 사관학교를 나와 만주로 파견되었던 전 대성중학생 김일성(金一星)임이 틀림없다. 그는 함경남도 태생이며 간도에서 성장한 1935년 당시 나이 34세의 장년이었다.

김성주는 그때 나이 23세였다. 동북인민혁명군의 편대 편성을 두드러지게 여기서 거론하는 중요한 이유가 있다. 평양으로 가 과거의 역사를 날조하는 평양 당국이 이때부터 김일성 신화를 조작하고 또 자기가 중공군에서 이렇다 할 논공을 세운 일이 하나도 없는데도 불구하고 움직이는 쥐새끼를 날뛰는 호랑이로 조작하는 부문이 이 동북인민혁명군을 있은 일조차 없는 이름의 조선인민혁명군으로 조작하는 따위의 후안무치한 조작을 태연하게 연출하고 있기 때문이다. 동북인민혁명군의 정치위원이요 대원 200여 명을 배속시키는 휘하 부대 책임자 김일성이 중공 당국이 동북인민혁명군을 모두 동북항일연군으로 개명, 개편하는 기회를 포착, 무송·장백지대로 진출한 중공군 김일성(金日成)을 마치 김성주의 김일성으로 도용하고 그의 행패는 김성주 못지않게 난폭하고 인명을 파리 목숨처럼 간주하는 것도 김성주와 닮은 데가 많다. 보천보 습격사건, 혜산사건 모두가 이 동북항일연군 제6사장 김일성의 행적이었다는 것은 그 후 경찰에 체포된 많은 연루자들의 증언에 의해 확인되었다. 그 김일성은 끝내 잡히지 않고 있다가 1937년 11월 13일 토벌대에 사살되고 말았다. 제6사장 김일성은 본명은 김성주(金成柱)였고 함경남도 출생이며 나이는 그의 연루자로 체포되어 경찰에서 작성된 신문조사나 형무소에서 한 감방에 있으면서 그 김일성의 나이를 말한 것과 동일한 것으로 보아 1937년 당시 36세였다는 사실도 확인되었다.

다만 한 가지 의문스러운 것은 어째서 이름을 김일성이라고 했느냐에 있다. 잡다한 추측이 있으나 확인할 길이 없어 김성주의 김일성이 아닌 것만 확인하는 것으로 이 제6사장 김일성의 전기는 끝맺기로 한다.

4. 일본 육사 출신 김광서(金光瑞), 일명 김일성(金日成)

1911년 일본 육군사관학교 제23기 졸업생으로 함경남도 북청 출신이다. 1887년생, 당시 조선인 생도로 일본 육사에 입학이 허락되는 사람이 해마다 두세 명이 있었는데 대부분이 관비생(官費生)이었고 김광서는 사비생도였다. 일본 육사의 3년 후배인 이응준(李應俊)에 의하면 그가 육사 재학 중에는 김현충(金顯忠)이었는데 김광서로 개명했었다고 했다. 김광서는 육사 재학 중에 한일합병이 되었으므로 졸업과 동시에 일본군 장교가 되었고 3.1운동 때에는 동경 기병 (騎兵) 제1연대의 기병 중위로 있었다. 그의 3년 후배에는 이응준, 지석규(池錫圭=李靑天), 김준원(金埈元, 전 국방장관 김정렬의 선친)이 있었는데 김준원은 그 생전에 김광서가 김일성이라고 했고, 이응준도 이를 시인했다. 해방 후 한국민주당 조직부장이었던 김약수(金若水)는 김광서가 조국의 독립운동을 위해 만주로 탈출할 때 그의 탈출을 도와준 일이 있었는데, 그도 김광서가 김일성 장군이라고 밝힌 바 있다. 1945년 12월에 출판된 김종범 저술 《해방 전후의 조선 진상》이라는 책에서 분명히 밝힌 바 있다. 저자 김종범도 1920년대 만주 길림 등지에서 독립운동을 한 사람이었다. 그 책의 공저자로 되어 있는 김동운은 일제 때 일본 봉천영사관의 고등계 형사로 재직했던 인사이기 때문에 조선인들의 독립운동 내막에 밝은 사람이었다.

1919년 6월, 김광서는 지석규와 함께 신의주를 거쳐 만주로 들어가는 데 성공했다. 이들이 먼저 찾아간 곳은 남만주 유하현 고산자에 있는 조선독립군 양성소인 신흥학교였다. 이 신흥학교는 한국정부 초대 부통령을 지낸 이시영이 설립한 학교로, 그곳에는 구 한국군관학교 출신인 신팔균(神八均)이 교관 임무를 맡고 있었다. 그러니까 신흥군관학교로도 불렸던 이 신흥학교에는 일본 육사 졸업생 2명과 구 한국군관학교 출신 장교 신팔균 등 세 사람이 독립군 양성을 위해 일본 육사 정규 교과서를 번역해서 교재로 쓰는 군사교육을 실시함으로써 독립운동을 위해 모여들었던 열혈청년들을 고무·격려했다.

이들 세 사람은 조국의 광복을 위해 굳게 맹약하여 다 함께 '天'자 이름을 지어 갖기로 했다. 신팔균은 동천(東天), 김광서는 경천(擎天), 지석규는 청천(靑天)이란 별호로 독립군 양성에 정열을 쏟았다. 따라서 주변에서는 그들을 남만삼천(南滿三天)이라고 부르기도 했다. 1919년 무기 구입 루트를 개척하기 위해 러시아령으로 들어간 김광서는 시베리아에 출병 중인 일본군들이 거기에 사는 우리 교포들을 탄압하고 학살하는 상황을 목도 체험하자 일본군과의 투쟁을 결심했다. 그는 그 근처에 사는 조선 청년들을 규합, 러시아 적군(赤軍)과 연합하여 일본군을 상대하여 피나는 항거와 전투를 전개한 것이다. 이때 그곳 조선인 교포들은 러시아 적군과 연합하여 러시아 백군과 일본군을 격퇴시켜 시베리아를 평정한다면 러시아 적군의 후원을 받아 국내로 진격할 수 있으리라는 꿈을 지니고 있었다. 러시아 안에서 김광서의 활약상은 일본군 자료에서도, 조선에서 발행되는 〈동아일보〉, 〈조선일보〉, 〈매일신보〉에도 자주 보도되어 국내에서도 널리 알려지기도 했다.

1921년경 김광서는 600명의 군사를 거느린 이용(李鏞, 이준 열사의 아들) 부대와 더불어 연해주 이만 부근에서 일본군을 상대로 하는 많은 전투에 참가하였다. 그러나 1922년 소련과 일본의 장춘회담으로 그해 10월 말 일본군이 시베리아에서 철수하게 되자 러시아 적군은 조선인 무장 부대들의 무장 해제를 강요함으로써, 어떤 사람은 만주로 떠났고 어떤 사람은 무기를 은닉해두면서 후일을 기약하고, 또 어떤 사람은 러·만 국경지대로 가서 흩어진 병사들을 모아 광활한 황무지 미개간지를 개간하며, 우선 식량을 자급자족하는 둔전제도로 군사훈련을 계속하면서 정세가 호전되기를 관망하고 있었다. 당시 러시아와 만주 접경에는 여러 개의 조선 독립단체들이 있었는데도 그는 그러한 단체에 가담하지 않고 오직 무장 부대를 거느리고 싸우기만 했다.

그의 당시 활약상을 일본군의 기록에 의해서 확인할 수 있는 부분으로는 "1922년 2월 중순 이래 동부 시베리아, 특히 연해주에 있어서의 러시아 백군이 쇠퇴하고 적군이 대두함에 따라 김광서가 거느리는 약 600명의 선인단(鮮人團)은 적군(赤軍)에 가담하여 최근 이만 부근 적백 양군이 충돌했을 때 오히려 황군에 저항하여 그 정황은 마치 무력을 부흥하는 느낌이 있다"는 조선군 참모부가 연해주 방면 정세라는 보고를 상부에 제출한 것이 있고, 1923년 7월 5일자로 된 조선군 참모부의 〈조선 내의 일반 정황〉을 보면 러시아 국경 방면 '부정선인의 정황' 속에 근래 러시아령 연해주 및 우수리 지방에서 김광서의 세력은 점차 문창범(文昌範)·이동휘(李東輝)를 능가하고 있으며, 그는 목하 이만 부근에 1000여 명의 1단을 편성하여 둔전조직에 의한 병식훈련을 실시하고 있다고 한다. 단 이 부대가 과연 러시아 적군의 일부인지, 아니면 적군 양해 아래 성립된 순부정선인 단체인지는 미심하다고 기록되어 있다.

이 무렵 국내 신문 〈동아일보〉와 〈조선일보〉, 〈매일신보〉에서 때때로 김광서를 비롯한 러·만 국경지대에서의 조선인 항일 무장 전투가 심심치 않게 보도되었다. 1921년 11월 27일자 〈동아 일보〉는 '김광서의 전사설'을 보도한 바 있으나 곧 와전임이 확인되었고, 1923년 1월 27일자에 역시 〈동아일보〉는 "시베리아에 있는 독립단 수령 김광서·문창범의 두 사람은 장백현과 북간도에서 단원을 다수 모집하여 속속 이만 지방으로 보내는 중이라 하며, 장백현에 근거를 둔 독립단 총사령관 강승경(姜昇京)도 50여 명씩 각지에서 단원을 모집하여 이만으로 보내는 중이라"는 기사가 있었다. 또 1923년 11월 13일자에는 "연해주와 동북 만주에 있던 조선독립단들은 요사이 묘가 방면에 위치한 영고탑(寧古塔)에 모여 협의를 계속하더니 고려혁명군 수령 김규식(金奎植), 북간도 독립군의 거두 임병극(林炳極) 등 여러 사람이 집합하여 묘가를 독립단의 근거지로 삼고자 하는 모양인데, 김좌진 일파도 이 운동에 찬성한다는 말이 일찍이 있으며, 일본 군대에 있다가 독립단에 가입한 조선인 김광서도 요사이 묘가 부근에 출몰하여 활동 중이라더라(모처 정보)"라는 기사가 실려 있다. 뿐만 아니라 〈동아일보〉는 1923년 7월 29일 김광서와의 인터뷰 기사를 한 페이지 가득 메우는 특집을 하기도 했으나, 그 내용을 여기 옮기지 못하는 것을 아쉽게 생각한다.

1930년대 전반기까지는 주로 우라지보스토크에서 조선족 군인 구락부라는 것을 조직, 흩어진 조선 항일세력을 규합하려는 노력도 해보았으나 그도 실패, 실의에 빠져버렸다. 따라서 원동조선사범 대학에서 군사교육과 일본어 강사를 하면서 후진 양성에 종사하고 있었다.

1933년 스탈린의 마수에 걸린 그는 체포되었다. 1936년까지 투옥되어 있었으나 1937년에 많은 우리 동포들과 함께 소련 중앙아시아로 이주하지 않을 수 없었다. 그가 간 곳은 카자흐스탄이었다. 그는 거기서 콜

호즈 작업반장이라는 말단직을 감수하면서 나날을 보냈다. 가족들과 함께 생활하면서 짧은 기간이긴 했지만 평온한 삶을 살았다. 그러나 그는 1939년에 다시 체포되었다. 그때 제2차 세계대전이 발발하자 지원병으로 독·소전선에 참가했다. 그는 로코소프스키 장군 휘하에서 군사계급 대령의 자격으로 사단을 지휘하다가 1945년 전사했다고 전해지고 있다.

이 같은 증언을 한 사람은 한둘이 아니나, 그 가운데 한 사람은 사범학교 시절에 그로부터 교육을 받은 사람도 있고 또 한 사람은 그와 함께 제2차 세계대전에 참전했던 사람이어서 문헌상의 확인 못지않게 신빙성이 있다고 보인다.

그에게는 김지혜(金智惠)·김지란(金智蘭)이라는 두 딸도 있었다. 한 사람은 카자흐스탄의 크조르올타 시에서, 또 한 여인은 카라칸다 시에 각각 살고 있다는 것이다.(1980년경 당시)

5. 김성주(金成柱), 김성주(金聖柱), 김일성(金日成)

북한의 김일성은 본명이 성주(聖柱)임에도 불구하고 성주(成柱)임을 시종 고집하고 있다. 이 성주(成柱)라고 하면서도 일성(日成)이라고 자칭하기 시작한 연유는 앞에서도 잠시 언급한 바 있지만, 소련 당국의 지시에 의해서 소련군 고급장교의 입에서 처음 발설된 것이다.

1945년 10월 14일, 이날은 김성주가 김일성으로 변신하는 날이면서 그의 일생을 통해서 그야말로 출세하는 날이다. 당시 북한의 정황으로서는 김두봉, 최창익, 무정, 박일우, 최용건, 김책, 강건, 김일, 박헌영, 허헌, 김원봉, 조만식, 허가의, 박창옥, 남일, 박의완, 김창만, 이상조, 김웅, 박정애, 허정숙 등 모두가 수령이 될 수 있는 인재들일 뿐 아니라 누구 하나 김일성에 뒤지는 지도자가 되지는 않았을 것이다. 그러나 모택동도 신생국가의 지도자로 누구를 추대할 것인가의 생각을 미처 못했고, 그들 자신들도 스탈린의 심기를 거역할 인물이 없었기 때문에 김일성이 수월하게 유일한 후보자가 될 수밖에 없었다. 김일성은 통역정치, 고문정치를 통해서 20조 정강을 비롯하여 토지개혁 법령 등 민주개혁 법령, 공화국 헌법 초안 등을 모두 소련 고문들에 의해 작성하였다. 즉 이들 법령과 헌법 초안은 스티코프, 레베르제프, 로마넹코의 지도 아래 네 사람의 소련인에 의해서 기초되었고, 허가의·이동화의 감독 아래 강미하일·이봉길·박태섭·전동혁·임하 등이 번역하여 그것이 김일성의 입을 통해 보고되고 공표되었던 것이다. 이러한 의미에서 볼 때 김일성은 소련의 '괴뢰'라고 호칭하는 것이 전혀 근거 없는 음해는 아니었다.

김일성은 동족을 상잔하는 한국전쟁을 일으킨, 일생 속죄받을 수 없는 중대한 전쟁범죄자임을 변명의 여지없이 온 세계가 알게 되었다. 우리나라에서는 러시아 정부가 공표한 것을 일간 신문들이 거의 모두 전재함으로써 한국전쟁이 발발하게 된 경위가 소상하게 보도되었다. 그럼으로써 한국전쟁은 북침이 아니라 남침으로 시작되었다는 사실도 백일하에 공개되었기 때문에 여기서는 언급하지 않기로 한다.

'설마'가 사람 잡는다는 속담이 있다. 최근 사선을 넘어 남한으로 귀순하는 사람들이 많아져서 우리는 그들의 입을 통해 북한 사정을 많이 알게 되었다. 그들의 말을 들을 때마다 남한 사람들은 설마 그럴 리가 있을까, 그럴 수가 있을까라며 믿으려 하지도 않고 또 믿지 않고 있는 것이 이곳의 실정이다. 그러한 불신의 책임이 결코 우리에게만 있는 것은 아니다. 우리 평범한 상식인으로서는 믿으려 해도 믿어지지 않는 상황이지만, 실제로 북한에서는 김일성을 신비롭게 우상화하는 과장·날조·허구 등 갖은 수단으로 역사를 위조하고 전지전능 무소불능을 조작하고 있다. 그런 데서 비롯되는 공포정치의 소산이기 때문에 남한 사람들의 상식 경계선을 넘어선 결과를 초래한 것이다.

잔혹한 숙청

김일성은 앞에서도 상술한 바와 같이 북조선 정치일선에서 주석이 되고 수령에 이르러 신격화에 이르기까지 자신의 끝나는 날을 모르고 권력을 쌓아갔다. 진정 민족을 사랑하고 마음이 순결하고 따뜻할수록 자기들을 어떻게 부르건 거기에는 개의치 않는다.

해방과 동시에 소련에 거주하고 있던 많은 '고려인'이 해방된 조국 조선으로 달려왔다. 정진(해군 군관), 최종학(소련군 대위), 최흥국(소련군 대위), 최표덕(소련군 중령) 등 많은 '고려인'이 소련군의 성원으로 조선 해방전투에 참가했다. '고려인'으로서 조선을 해방하는 전투에 참가하는 것만으로도 그들에게는 최대의 영광이요 자랑이었다.

1945년 8월 29일, 소련 진주군 제25군의 7부(군 정치부 내 대민간사업부)와 함께 '고려인' 제1진이 평양에 도착했다. 강미하일 소령, 오기찬 대위 등은 군인이었고, 이봉길, 조기천, 전동혁, 임하, 김원봉, 김세일, 김성화, 박기호 등은 민간인이었다.

강미하일 소령은 소련군 민정사령부의 수석통역으로서 대변인과 유사한 임무를 맡고 있었다. 김일성이 1945년 10월 14일, 평양 공설운동장에서 열린 소련군 해방군 환영 평양시민대회에 참석하게 되었을 때 강 소령은 자신의 옷을 김일성에게 입혀주고 김일성이 하바롭스크에서 수여받은 전투적기훈장을 메프레르(25군 정치사령부 7부장) 중령과 함께 가슴에 달아주었다. 김일성은 넥타이를 매본 적이 없어서 메프레르 중령이 직접 넥타이를 매어주기도 했다.

이때부터 김일성은 소련 사령부의 조언과 지도 아래 활동을 하게 된다.

그리고 평양시민 군중대회에서 행한 김일성 최초의 연설도 소련군 25군 사령부에서 작성한 연설문을 전동혁이 번역했다는 사실을 임은(林隱)이 처음으로 밝히고 있다.

해방된 조선에는 새 국가를 건설, 인도해나갈 만한 경험 있고 노련한 전문가가 다수 필요했다. 그래서 소련은 많은 고려인을 모아 조선으로 출장시켰다. 그 제2진 53명은 1945년 11월 모스크바를 출발, 12월 중순경 평양에 도착했다. 제3진은 제2진보다 비중이 높은 간부들이 많았다. 그들은 조선에 와서 당과 국가기관에서 중요한 직책들을 담당했다. 그 가운데에는 다음과 같은 간부들이 등용되었다. (괄호 안은 소련에서의 전직.)

허가의(許奇記) 당부위원장(소련시당 비서·구역당 비서)

박의완(朴義) 내각 부수상

남일(南日) 군 총참모장·내각 부수상 외무상(소련 주교육부장)

김재욱(金幸祖) 도당위원장·군총정치국장(소련 구역당 부장)

김승화(金承化) 내각사무국장 건설상(구역 소비에트 위원장)

기석복(奇石福) 노동신문 주필 선전부상(소련에서 중학교 교장)

김찬(金燦) 재정성부상·조선은행 이사장

김열(金烈) 도당위원장·내각사무국장

방학세(方學世) 사회안전상 최고재판소장

이휘준(李揮俊) 내각사무국장

이동건(李東建) 외무성부상

허익(許益) 중앙당학교 교장

김택영(金澤泳) 최고재판부 소장

김동철(金東哲) 최고재판부 소장

김학인(金學仁) 재정성부상

정국녹(鄭國綠) 민주조선사 주필, 정전위원회 수석대표

유도승(食道勝) 산업성부상

김영삼(金永) 전기성부상

박창식(朴昌植) 평양시 인민위원회 부위원장

고희만(高器萬) 중앙당부장

이춘백(季春百) 군 정찰국장

박덕환(朴德換) 외무성국장, 주 소련 대사관 참사

안동수(安東法) 사단정치부장

박일(朴一) 김일성종합대학 부총장

박창옥(朴昌玉) 당 선전부장 · 당 부위원장(소련 구역당 선전부장)

제4진과 제5진은 1947년에서 1948년에 걸쳐 평양으로 갔으나 주로 교원 출신이 많았다.

이문일(季文日) 노동신문사 주필

남창섭(南昌爕) 내무성 경비국 정치부장

박병률(朴律) 내무성 후방국장 · 강동학원 원장

김광(金光) 무역성부상

지용수(池容株) 군재정부국장

제4진과 제5진은 전원 80여 명이었고 5진까지는 집단적으로, 그 후는 개별적으로 파견되어 오기로 되어 있었다. 그래서 어느 정도 정확하다고 할 수는 없으나 조선에 온 '고려인'의 총수는 1949년 1월 1일 당시 427명으로 알려지고 있다.

북한의 당과 정무원에서 요직을 맡았던 통칭 '허가의 군단' 단원에 속하는 인물들은 실무적 능력이 뛰어날 뿐 아니라 전문가들이었다. 그들은 절대 다수가 소련공산당 당원이었으며 거의가 고등교육을 받은 인물들이었다.

　북한에서는 별로 저항을 느끼지 않는 표현의 '소련 고려인 통역 정치시대'가 한국전쟁의 휴전이 성립될 때까지 비교적 순탄하게 계속되면서 당과 정무원, 군부에 이르기까지 북한의 골간을 잡아놓은 상태에서 한국전쟁은 공산군의 패배로 정전되었다.

　휴전협정이 판문점에서 진행되는 동안 김일성은 압록강변 그의 피난처에서 한국전쟁의 패전 책임을 누구에게 전가시킬 것인가에 골몰하였다. 통역정치, 고문정치 시대에서 이른바 주체만능 시대로 이행하면서 김일성은 독재자로서의 성장과정을 밟아가는 데 주변의 거추장스러운 '사람들', 자기를 못마땅하게 여기는 인물, 자기의 지위와 영광을 탐내거나 장차 빼앗으려 들지도 모를 인물, 김일성 자신의 과거 비위 등을 너무도 잘 아는 인물, 앞으로 작당해서 자기의 모든 것을 빼앗으려 들지도 모르는 패거리들을 제거해버려야겠다는 결론에 이른 것이다.

　여기서 김일성 본인의 잔인한 피의 숙청이 시작되며 주변의 장애물이 하나둘씩 제거되면서 독재의 길은 수월하게 자기의 뜻대로 전개되어갔다.

　현장에서 목격하고 실제로 체험한 과거 한때 김일성과 동지관계에 있었던 한 사람은 김일성의 숙청을 다음과 같이 5단계로 분류하고 있다.

　제1단계 남노당파 숙청 (1953년)
　제2단계 소련파 숙청 (1953~1956년)
　제3단계 연안파 숙청 (1956~1958년)
　제4단계 국내파 숙청 (1953~1970년)
　제5단계 빨치산파 숙청 (1969~계속)

　제1단계의 숙청 대상자는 박헌영, 이승엽 이하 남노당 계통의 공산주의자들이었다. 대상 인물은 이승엽, 임화, 이강국, 배철, 박승원, 윤순달, 이원조, 조일명, 설정식 등 2급 인물들을 먼저 숙청하고 마지막에 박헌영을 제거했다.

이때는 김일성이 소련파와 국내파를 주로 하는 동맹자로 선정했고, 연안파와 빨치산파를 일시적인 동반자로 제휴하면서 이때만 해도 제법 재판의 절차를 밟아가면서 처형·숙청했다.

제2단계 숙청의 대상은 소련파라고 총칭되는 고려인들이었다. 이 단계에서는 김일성이 재빨리 연안파·빨치산파와 동맹을 맺고 국내파와 일부 소련파들을 일시적 동반자로 숙청에 성공한다. 소련파 간부 대부분은 소련으로 망명함으로써 목숨은 건졌으나 학살되었다. 여기서 행방불명이란 언제, 어디서, 어떻게 죽었는지를 알지 못한다는 뜻이지 결코 살아 있을지도 모른다는 뜻은 아니다.

제3단계에서는 정치·군사 간부를 가장 많이 거느리고 있던 연안파가 탄압의 대상이 된다. 이 시기 김일성의 동맹파는 일부 국내파의 박금철, 이효원, 한상두와 빨치산파 최용건 그리고 소련 유학을 마치고 돌아온 신진 간부들의 중앙당 조직부장 김영주, 도선전부 부부장 김도만, 당국제부장 박용국(朴容國), 최고인민회의 의장 황장엽, 중앙당비서 양형섭, 역시 중앙당비서 김영남, 외상 허담 등의 힘을 빌렸다. 연안파를 숙청할 때 김일성은 연안파 출신인 김창만으로부터 막중한 협력을 얻었다.

연안파 간부들은 허정숙 한 여인을 제외하고는 전원이 숙청되었다. 중국으로 망명한 윤공흠(尹公欽), 서휘(徐輝), 금강(金剛)과 소련으로 망명한 이상조(李相朝)를 제외하면 99%가 숙청되었다. 숙청된 사람들의 이름은 모두 밝힐 수 없을 정도이며 가장 잔인하게 학살한 하수인들은 김일성의 부관인 이을설(李乙雪), 태병렬(太炳烈), 주도일(朱道日), 이두익(李斗益) 등 교형리에 의해 대부분 형장에서 사살되었다.

제4단계에서는 국내파 간부들의 숙청이다. 이 단계에서 김일성은 누구와도 동맹관계를 맺을 필요가 없었다. 직계의 수하에게 숙청시키든가 혹은 숙청 대상자들 서로를 대립시켜두는 것만으로도 충분했기 때문이다. 누구누구는 남노파의 측근자로서, 또 누구는 소련파의 측근자로서 차례차례 숙청되었다.

국내파 가운데 북노당 부위원장 주영하, 공산당 북조선 분국비서 오기섭(嗚其燮), 장시우 상업상, 북조선 조선민주당 부위원장 홍기주, 동 정성은 청우당 부위원장, 체신상 김정주, 역대민청 위원장 김욱진, 현정민, 박용국 등 해방 후 북조선 정계의 대표적 인물들이 누구도 모르는 사이에 이슬같이 사라져버리고 말았다.

누가 어떠한 죄로, 어디서, 어떻게 죽어갔는가를 아는 사람은 아무도 없었다. 안막 최승희·안성희 모자 같은 예술가 가족들은 대중 앞에서 욕을 본 후 살해되었고, 한설야, 이태준, 김남천, 이원조, 임화, 김순남, 홍순철, 신불출, 심영 등 수많은 예술가들이 육체적·도덕적으로 말살되어갔다. 그들이 어떻게 죽었는지, 또는 어디서 어떤 모습으로 생을 이어가고 있는지는 알 길이 없다.

국내파 숙청에서 가장 의심쩍은 일은 김일성에게 가장 충성스러웠고 또 범죄의 동맹자이기도 했던 중앙당 부위원장 박금철, 동 이효순, 당조직부장 한상두, 부수상 고혁, 중앙당부장이었고 〈노동신문〉 주필이었던 허석선, 당국제부장 박용국 등 김일성의 친위대들이 숙청된 것이다.

김정일이 이 숙청에 참가했었는지의 여부는 알 길이 없으나 김정일 후계 문제와 긴밀한 관련이 있다고 추측된다.

최용건 부주석의 사인불명의 사망, 김일부 주석의 사실상의 은퇴, 김영주의 자택 감금, 남일의 암살, 양형섭의 실각, 이용무 총정치국장의 제거, 김동규 부주석의 실각 등이 이러한 의문을 더욱 짙게 한다.

빨치산의 숙청은 이미 밝힌 바와 같이 동맹자도 협력자도 배제한 채 진행되었다. 김일성은 직접 자신의 부관인 수하들을 시켜 쥐도 새도 모르게 그들을 처리해버린 것이다. 김일성의 주관적 의도와는 관계없이 음모와 학살, 증인 및 하수인의 말살로 계속되는 숙청은 연쇄반응을 일으키며 김정일 세대에도 이어질 것이다.

신화 속의 김정일

김정일은 1942년 2월 16일, 소련 하바롭스크에서 약 40Km 떨어진 브야츠크라는 조그마한 부락에서 김정숙으로부터 태어났다. 소련에서 평양으로 귀국할 때에는 형제가 슈라, 유라라는 소련 이름을 지닌 채 돌아와, 평양에 서양인 선교사들만의 주택이 모여 있는 양촌(서양인촌) 어느 선교사의 주택에 들어 살았다.

그러던 어느 날, 슈라라는 아이가 정원에 시설되어 있던 수영장에서 참변을 당하고 유라만 살았는데, 나중에 알고 보니 유라를 정일로 개명한 것이다. 그때 슈라와 유라가 노는 것을 유심히 바라보고만 있던 당시 중학교 학생이 지금은 백발이 되어 서울에서 여생을 보내고 있다.

김정일의 출생지가 소련 땅이고 생일과 생모까지가 확연한데 북한 집권자들은 그의 출생지가 백두산 기슭이라고 조작하고 있다. 어디 그뿐인가. 김정일의 출생지를 성역화하기 위해 그 일대를 구호나무 지대라고 지정하고 북한 주민들의 순례지로 성역화하고 있다.

북한에서는 김일성과 김정일에 관한 한 하나에서부터 열에 이르기까지 철두철미 조작하고 위조해놓음으로써 남한의 상식인들로서는 아연하지 않을 수 없다. 이 지대에 조성해놓은 1만여 점의 구호나무를 영구 보존하는 기술을 개발, 시설을 장치해놓고 김정일이 그곳에서 출생했다는 사실을 전설처럼 선전하고 있다.

김정일은 1945년 10월 김일성과 함께 평양에 도착했다. 1949년 9월 22일, 생모 김정숙과 사별하였다. 1950~52년 한국전쟁 중에는 중국 길림학원에서 수학하였으며, 1952년부터 1953년까지는 평양 만경대학원을 다녔다. 이어 1956년 9월엔 계모 김성애를 맞이한다. 1960년 평양 남산고등중학교를 졸업, 1964년 김일성종합대학 특설반 정경학부를 졸업했다.

1964년에 대학 졸업과 함께 사회활동인 정치작업이 시작된다. 1964년 당중앙위 조직지도부 지도원을 시발로 1970년에는 당문화 예술부장, 19기년에는 당선전선동부장, 1973년에 당비서(당선전선동 담당) 및 정치국 후보위원에 오른다. 후보가 된 지 반 년도 못 되어 1974년 2월에 당 정치국 정위원에 오르며 당조직 지도부장직을 맡으면서 김일성의 후계자 옹립운동이 공개적으로 시작된다.

1980년 10월, 당정치국 상무위원, 중앙군사위원, 당 제6차대회에서 후계자로 공식화되어 당서열이 4위로 오른다. 1981년 이후 당 서열이 2위로 올랐고, 1983년 6월에는 중국 호요방 총서기의 초청을 받아 중국 나들이를 하게 된다. 1990년 5월에 국방위원회 제1부 위원장이 되고 1991년 12월에 이르러 군 최고사령관에 추대되었으며, 1992년 4월에 원수로 추대되었다.

김정일의 성품은 미국 모 기관에서 여러 날에 걸친 신상옥·최은희의 많은 증언을 종합분석한 결과를 요약한 것이 근사치에 가까울 것 같아 그 것을 그대로 옮긴다.

★　① 다른 사람들로부터 주목과 찬사를 받기를 좋아하는 자랑꾼이다.
　　② 자기를 제외한 어느 누구도 외부로부터 각광을 받는 것을 허용하지 않는다.
　　③ 사람과 사물에 대해 흑백논리와 자기 나름대로의 선악의 개념으로만 보고 있다.
　　④ 쉽게 모욕감을 느끼고 화를 내면서 반응하기 때문에 누구도 그에 반대하려 하지 않는다.

⑤ 즉흥적으로 행동하고 한 가지 일에 오랫동안 집착하지 못한다.

⑥ 사물을 균형 있게 보는 능력이 없어 자기 위주로만 보며 양심도 없다.

⑦ 편협하고 시대착오적인 사고방식으로 혁명의 필요성과 '남한을 제국주의자로부터 해방시킨다'는 말만 자주 되풀이 사용한다.

⑧ 다른 나라의 실정에 너무나 무지하고, 중국 사람들과 보다 가까이 한다.

⑨ 간부를 충원하는 데 있어서 능력이나 전문성보다는 충성심이 기준이다.

⑩ 북한의 개방을 바라기는 하나 시기가 이르다고 보고 중국처럼 되기를 희망한다.

⑪ 창조적 인물은 아니지만 예술적인 감각을 지니고 있다.

⑫ 항상 피곤해 보이며 자기 자신의 건강 상태를 잘 알고 있다.

국내 전문가들의 견해도 미국 정보기관의 판단과 대동소이하다. 병적인 잔인성은 많은 사람들의 입을 통해 거의 공통되어 있다. 어린 나이에 생모와 사별하고 어머니의 정에 굶주린 상황에서 성장했기 때문에 인격이나 능력이 부족하다는 자책감에서 저돌적이고 잔인한 성품이 형성되었으리라는 것이다.

절대 권력자의 비호 아래서 사회생활을 시작했기 때문에 오만과 방자·무절제·방종을 일삼는 탓에 통이 크다고 보는 편도 일응 수긍이 가는 판단으로 여겨진다. 절제를 모르는 생활자세에서 낭비벽 또한 병적이라고 할 정도다. 초호화판 사저를 두고도 10여 곳의 비밀스러운 별장을 갖고 있는 것으로 밝혀지고 있다. 사물을 관찰·판단하는 데 있어 크고 높고 값비싼 것만을 선호한다는 것도 콤플렉스 성격에서 연유되었음을 이해할 수 있을 것이다.

또 누구나 지적하는 것이지만, 김정일은 김일성과 같은 카리스마가 없다는 사실이다. 따라서 북한 당국자들도 서방측의 관측을 인지했음인지 김정일의 '지도력과 업적' 등을 내세우면서 출중한 능력을 지녔다는 선전과 함께 '위대한 태양', '세기적 천재'라고 과장 홍보하고 카리스마가 없다는 비평에 반격하는 자세로 나오고 있다.

김정일을 연구하고 있는 일본 측에서도 김정일이 당장 봉착한 최대의 과제는, 역시 군부를 어느 정도 장악할 수 있겠느냐에 시선을 집중시키고 있다. 표면상으로는 군부의 지지를 받고 있는 것 같지만 군사적 기본 지식이 없는 지휘권자가, 군부로부터 비판의 소리가 일기 시작함으로써 빚어지는 난국을 어떻게 타개할 것인가에 비중을 두고 있는 것 같다.

앞서도 잠시 지적한 바와 같이 미국 관변에서도 김정일의 지도자로서의 자질에는 많은 점에서 결점투성이로 보고 있다. 모든 사안을 거시적 안목에서 볼 능력이 태부족이다.

그에 연유함이겠지만, 매사를 신중하게 검토·연구한 후에 결단을 내리는 것이 아니라 속단하는 경우가 많은 등 결점이 너무 많기 때문에 지도자로서의 자질에는 미치지 못하는 위인으로 평가하고 있다는 것이다.

특히 북한문제 전문가로 널리 알려진 스칼라피노 교수도 김정일의 지도자적 능력에 대해서 그의 지식이나 능력이나 경륜이 부족하지 않나 하는 의문이 많은 게 사실이라는 신중한 논평을 한 일이 있다. 한·미·일 전문가들이 보는 김정일에 대한 공통된 관점을 다시 한 번 열거해 보면 자기 아버지가 지녔던 카리스마가 없다. 자질도 능력도 지도자로서는 갖추지 못하고 있다. 한걸음 더 나아가 지도자로서는 결점이 너무 많다. 북한의 선전선동 일꾼들이 김정일을 추켜세울 때 흔히 사용하는 '통이 크고 대담하다'는 것은 그의 옹졸한 성격에서 오는 과대망상증의 표현이라고 볼 수밖에 없다.

이같은 결점투성이를 보완하기 위해서 그는 그대로 그들은 그들 나름대로 김정일을 추켜세우고 나아가 옹호하는 집단이 있다. 그것이 다름 아닌 '3대 혁명소조'라는 조직의 활동이다. 3대 혁명소조는 본래 김일성이 1973년 2월 13일 제대군인, 대학졸업반 학생들과 김일성 고급학교 학생, 대학을 막 졸업한 기술자·사무원 등을 주축으로 결성해서 모든 공장, 기업소, 협동농장 그리고 각 기관, 학교 등에 배치하여 사상혁명, 기술혁명, 문화혁명을 주도토록 했다. 본래의 목표는 그들의 최종 목표인 공산주의사회를 건설하는 데 있었으나, 그 후 김정일이 김일성의 후계자로 확정되고 이를 구체화하고 나아가서는 김정일을 옹립하는 단체처럼 김정일의 직접 지시와 명령에 따르는 김정일 체제 군히기 조직으로 변질되어가고 있다.

3대 혁명소조는 김정일의 '말씀'이나 '친필 과업'을 당과 행정기관, 각 수사권력기관에 이르기까지 통제·조정·감독하기 때문에 여러 가지 문제점을 빚어내고 있다. 그러면서도 역시 김정일의 지위, 권위, 우상화, 신격화를 지탱하는 데 바탕을 이루고 있다.

그런 가운데에도 저항세력과 반대세력의 존재를 부인할 수 없으며, 그들의 음성적으로 만연되어가는 불평불만은 식량난에 쪼들리는 일반 주민들의 욕구 부족에 겹쳐 김정일이 타개하지 않으면 아니 될 당면 과제로 꼽히고 있다.

한편 김정일은 3대 혁명소조의 조직과 운영으로 그의 기반을 굳히면서, 또 군부의 실세를 장악. 포용하는 데에도 결코 소홀히 하지 않음으로써, 김일성의 권력을 승계하는 과정에서도 정지작업이 거의 완벽할 정도로 완성되어 있는 상태이기 때문에, 일부에서 지적되는 문제는 거론되지 않아도 무방하다는 견해가 지배적이다.

우선 김정일의 우상화 작업은 1960년대 말 김일성이 혁명 가계를 내세우면서 그 자신과 그의 가계에 대한 우상화 정책을 전개했는데 김일성 가계의 우상화는 그의 선조들이 '위대한 혁명 전통'을 세웠으며, 이러한 전통을 바탕으로 '위대한 김일성'이 등장한 것으로 강조되어 왔다. 김일성의 혁명 과업이 한 세대에서만 완성될 수 없다는 점을 전제로 해서 김일성 가계에 의해 대를 이어 수행되어야 한다고 주창됨으로써 김정일의 권력 승계에 대한 정당성이 부여되었다. 김정일이 공식적으로 부상되기 시작한 것은, 1973년 9월 당중앙위원회의 비공개 전원회의에서 당조직 및 선전선동 담당비서 자리가 부여되면서부터 '당중앙'이라는 호칭으로 불려졌고, 1975년 6월 김정일의 생일을 공휴일로 지정하여 '유일한 지도자', '경애하는 지도자'라고 부르기 시작하면서이다.

뿐만 아니라 1980년 10월, 제6차 당대회에서 김정일은 정치국 상무위원과 군사위원회 위원 등을 차지함으로써 그 이전과는 확연히 구분되는 변화를 가져온다. 1983년 2월 김정일의 41회 생일을 계기로 '영도자'라는 호칭이 붙여졌고, 5월에는 군부에 대한 영향력을 강화시키기 위한 '최고사령관'으로 불려졌다. 1985년 2월 '수령'으로 불리더니, 1986년 2월 44회 생일에는 '인민의 어버이', 1987년 2월에는 '위대한 지도자', '위대한 영도자'로 또 한층 높아졌다. 이렇게 김정일의 신분과 호칭이 해마다 생일을 맞이하면서 격상되었고 그 격상이 우상화와 연관지어졌다. 1990년대부터는 김일성에 버금가는 호칭이 등장함으로써 김정일이 북한 최고 권력의 수위임을 과시했다. '인민의 운명을 책임진 혁명의 지도자'로 추앙되었고(1990년 12월 19일 노동신문), '위대한 수령'(1991년 7월 1일 인민경제대학 창립 45주년 기념보고), '친애하는 아버지', '경애하는 아버지'(그의 50회 생일 다음날인 17일에 열린 기념경축소년단 전국연합단체대회 사로청 위원장 최용해 보고서) 등 김일성에게나 붙여졌던 호칭이 김정일에게도 붙여졌다.

김일성 사망 이후 북한 당국은 김정일을 체제 구심점으로 뭉칠 것을 강조하면서 김정일을 '유일적 영도자'로 떠받들며 치밀한 우상화 작업을 집중적으로 진행시키고 있다. 김정일의 우상화 작업은 정치적 분야에서만 집착된 것이 아니다. 사상, 문화, 예술 분야에서도 김정일의 위상을 높이기 위해 다방면의 이미지 조작을 계속해온 것이다.

이미지 조작의 실례로는 호칭 · 찬양수사 · 혁명사적지 조성, 심지어는 구호문헌 조작 등을 들 수 있다. 앞에서도 잠시 적시했지만 '구호나무'의 조작은 우리 남한의 상식인으로서는 도저히 이해할 수 없는 황당무계한 내용을 담고 있다.

1985년 7월부터 대대적으로 발굴되기 시작했다는 '구호나무'에 관한 내용을 보면 다음과 같다.

'구호나무'라는 것은 항일혁명투쟁 당시 빨치산 대원들이 백두산 일대 나무들에 껍질을 벗긴 후 김정일의 탄생을 경축, 그에 대한 충성을 맹세하는 글을 새겨 넣었다는 설화를 지니고 있는 상징물이다. 북한 당국이 발표한 바에 의하면 지금까지 발견된 구호나무가 200여 그루나 된다는 것이다. 이러한 구호나무가 발굴된 일대를 혁명 사적지로 지정 · 조성하고 주민들의 집단 참관을 실시하고 있을 뿐 아니라, 그 나무들에 새겨진 '구호문헌'을 주민들에게 혁명전통 교양사업에 이용하고 있다. 또 과학원 산하 함흥 분원에 혁명사적 보전연구소를 설치하고 이 연구소 학자들이 과학적 방법으로 구호나무라는 것을 입증했다고 선전하고 있다.

'구호나무'에 새겨진 것으로 선전되고 있는 김정일에 관련된 구호문은 이러하다.

민족의 태양 김일성 장군 그 태양빛 이어갈 '백두광명성', 2천만 동포여 자랑하라 백두산 하늘에 '백두성' 솟았다. 조선 미래의 광휘 백두광명성 만세, 아 조선아 '백두성' 탄생을 알린다 등으로 김정일을 '백두성'이라는 미명(?)으로 높이 찬양하고 있는 것들이다.

김정일의 전설에 나오는 '벼나무'라는 전설에는 김정일이 보내준 쌀로 밥을 해먹었으나 쌀은 조금도 축나지 않고 먹은 만큼 쌀독이 다시 채워지더라며, 쌀알을 심었더니 싹이 트고 벼가 자라며 알이 땅콩만 하더라는 거짓말을 하고 있다.

1992년 5월에 발행된 《조선문학》에 실린 〈지동이 일다〉는 전설을 보면 김정일이 어린시절부터 천지조화와 풍운조화를 한몸에 지니고 있었다는 허황스러운 거짓말까지 조작하고 있다.

김정일의 우상화 작업은 교육에까지 미치고 있다. 인민학교 4년간 '친애하는 지도자 김정일 선생님 어린 시절' 과목 152시간 학습, 고등중학교 6년간에는 '친애하는 지도자 김정일 선생님 혁명활동' 과목 122시간 및 '친애하는 지도자 김정일 선생님 혁명역사' 과목 110시간 학습 등을 들 수 있겠고, 교과서 내용에 있어서도 거의 모든 과목에 김정일 우상화의 내용이 수록되어 있다. 김정일의 권력을 떠받쳐주는 세력은 만경대 혁명학원 출신들의 두뇌집단이다.

군부 엘리트 코스를 보면 강건종합군관학교, 김책공군대학, 김정숙해군대학, 김일성군사종합대학, 강반석혁명유자녀학원, 해주혁명유자녀학원 등 특수교육기관 출신들은 김일성·김정일 지배세력의 중추를 이루고 있다. 우선 군부세력에서 김정일 친위그룹의 면면은 이러하다.(연령은 1995년 당시)

오극렬(64, 대장·당작전부장)

김두남(68, 당중앙군사위원)

김강환(64, 당중앙군사위원)

김광진(69, 차수·인민무력부 부부장)

이하일(66, 국방위원 겸 당군사부장)

오용방(66, 상장·당중앙군사위원)

최상욱(68, 상장·포병사령관)

공군사령관 조명록(66)

해군사령관 김일철(68)

사회안전부정치국장 장성우(68)

부총참모장 이병욱(60)

1군단장 김재선(56)

만경대학원 출신들이요 또 군 요직을 담당하고 있는 인물들이 김정일을 둘러싸고 있다.

당정 부문에서도 권력 서열 상위를 차지하고 있는 핵심 그룹의 대부분은 만경대 혁명학원 출신들로 다음과 같은 인물들을 들 수 있겠다.(연령은 1995년 당시)

강성산(65, 정무원 총리)

전병호(72, 당정치국원 겸 군수담당비서)

서윤석(67, 당정치국위원 겸 평안남도 당책임비서)

최태복(67, 당정치국 후보위원)

연형묵(71, 당정치국 후보위원. 자강도당 책임비서)

김국태(72, 당사상담당 비서 겸 김일성당학교 교장)

김환(62, 정무원 부총리 겸 화학공업 부장)

그 밖의 친인척들이 김정일 체제에서 큰 비중을 차지하고 있다는 것은 이미 김일성이 생존해 있을 때 친인척이라는 끄나풀이 이어져 있는 사람치고 당정관계에 인연이 안 맺어져 있는 사람이 없기 때문에 그 끈에 이어져 있음을 단절할 힘이 없는 것이다.

주체사상을 실제로 창출한 사람으로 황장엽, 양형섭, 김일성의 사기(史記)를 조작하는 데 총본산이었던 강석승 등도 모두 사촌의 팔촌 고종 등 얽히고설켜 족벌이 아닌 자가 없을 정도이다.

김정일 본인은 자기 아비 김일성이 지녔던 카리스마가 없다. 성격으로 보나 품성으로 보나 지도자로서의 자질이 없다는 등 공통된 평가에도 불구하고 이미 자신들에게 주어진 기득권을 수호하기 위해서 김정일의 체제에 이견을 표출할 수 없는 게 지금의 북한의 현실임이 분명하다.

무능하기 때문에 김일성의 교시에 따라 김일성이 조작한 주체사상의 정신과 교시·교훈에 따르는 것만으로도 김일성 후광에 아무런 변화도 없이 그 체제가 김정일의 체제로 이어지는 확률이 거의 절대적으로 판단된다.

주체사상의 본질

주체사상이 김일성에 의해서 사실상 구상되어 공식으로 발표된 것은 1955년 12월 28일이었다. 그때까지만 해도 체계를 세운 단계는 아니었지만 주체라는 말을 쓰기 시작한 것이 바로 이날이다. 따라서 이날이야말로 주체사상의 탄생일이다.

그러나 사실상 자주성의 시대를 부르짖기 시작한 것은 그 훨씬 훗날인 1960년에서 1970년대의 일이다.

김일성이 김일성주의를 창출한 야망은 다음과 같은 그들의 자찬에서 잘 증명되고 있다.

"위대한 김일성 동지께오서 창시한 영생불멸의 주체사상과 그에 의해 밝혀진 혁명과 건설에 관한 이론과 방법은 우리들의 시대의 혁명적 과정을 촉진하는 위대한 추진력이 되었고, 시대가 나아갈 전도를 밝힌 나침반이 되었다. 바로 주체사상이 창시되어 우리들의 시대가 자기를 대표하는 지도사상을 갖게 됨으로써, 세계의 모든 피착취, 피압박 인민은 분명한 투쟁 목표와 투쟁 방법을 가지고, 승리의 목표도 드높게 자기의 운명을 스스로 타개해나갈 수 있게 되었다."

"김일성주의는 우리들의 시대의 최고의 사상, 최고의 이론이며 백전백승의 지도이념이어서 세계의 과학적 인식과 혁명적 개조의 성과를 보장하는 위대한 혁명적 세계관"이라고 선전하고 있다.

그렇다면 그 내용은 어떤 것인가를 살펴볼 필요가 있다.

주체사상의 모든 내용, 모든 원리와 명제는 결국은 인간에 대한 새로운 이해, 인간의 역할과 위치에 대한 독창적인 평가, 즉 한마디로 요약하면 인간에 대한 완벽하고 새로운 정의를 내렸다는 데 있다. 김일성 선집은 이렇게 설명하고 있다.

"사람이 모든 사물의 주인이며 모든 사안을 결정한다는 것이 주체사상의 기초입니다. 세상에서 가장 중요한 것이 사람이며 가장 힘이 있는 존재도 사람입니다. 사람에게 자주성은 생명입니다. 사람이 사회적으로 자주성을 잃으면 사람이랄 수가 없으며 동물과 다를 바가 없습니다."

김일성주의자의 사고방식에 의하면, 사회구조는 인민 대중 위에 계급이 있고 계급 위에 당이 있으며, 당 위에 전능한 수령이 있는 것으로 되어 있다. 노동자 계급의 혁명위업, 사회주의, 공산주의의 위업은 수령의 혁명사상을 실현해가는 과정이라고 김일성주의자들은 주장하고 있다.

"노동자 계급의 혁명위업은 본질에 있어서 탁월한 수령의 혁명사상을 실현하기 위한 위업이요, 수령에 의해서 개척되고 승리 도정에서 전진하고 수령의 영도 아래 완수되는 숭고한 혁명인 것이다. 노동자 계급의 혁명의 위업이 수령의 위업이기 위해 노동자 계급의 혁명의 역사는 그대로 수령의 역사인 것이다."(근로자 소개)

이것이 김일성주의자들이 품은 본성임을 숨기지 않고 말하고 있는 본색이다. 여기서 김일성주의자들이 기대하는 인간상이 어떤 것인가를 추측하는 데는 어려움이 없다. 그리고 그러한 인간상을 바탕으로 전 인민을 일색화하기 위한 인간개조 사업이 진행되고 있는 것이다.

그들은 주장한다.

"수령에 대한 충실성을 제1의 생명으로 한다"는 것은 인간에게 제2의 생명이 없는 조건 아래에서는 오직 수령을 위해 살고, 모든 것을 수령을 위해 바친다는 것을 뜻한다. 사람의 생의 기쁨, 영예와 행복은 수령을 위해 살던가, 그렇지 않으면 죽는다는 데 있다는 것이다.

수령님을 높이 떠받들어 모신다는 것은 우리 인민이 자기의 역사에 처음으로 맞이한 위대한 수령님을 모시고 있다는 것을 최고의 영예, 최대의 행복이라고 생각하며, 수령님께 자기의 모든 운명을 전면적으로 의탁하고 수령님이 계시는 동안까지 이 세상에서 안 되는 일이 없다는 강철 같은 신념을 지니고, 수령님을 위해서는 목숨을 초개보다도 가볍게 받들어 투쟁하는 일이다. 수령님에 대한 충실성은 또 그분의 교시집행에 있어서 무조건성의 원칙을 지킴으로써 표현되는 것이다.

이는 종교에서의 신에 대한 맹목적 신자의 신앙과 다를 바가 없다. 수령에 대한 충실성과 절대복종의 원칙은 종교의 계율과 같이 신성불가침이다. 광신자와 맹신자는 의식수준이 낮고 사고가 단순할수록 좋다. 그러는 편이 오히려 굳은 신념으로 수령에게 철저하게 복종할 수 있기 때문이다. 즉 수령에게 무조건 충실해야 한다는 것은 무신념의 신념을 가지고, 비논리적 논리를 체득하고, 무의식의 의식으로서 무장한다는 것이다.

한마디로 말하면 과학적으로는 논증할 수 없는 신념을 지녀야 한 다는 것이다. 주체사상학자들이 수령, 당, 노동자 계급, 대중의 상호관계에 대해서 마르크스주의를 모방하고 있기는 하지만, 그 사상이 마르크스주의와는 본질적으로 다르다는 것이다.

"사회주의, 공산주의 위업의 수행에 있어서 수령님이 하시는 역할, 수령의 영도의 필연성과 중요성을 이해하기 위해서는 수령, 당, 계급, 대중이 서로 떼려야 뗄 수 없는 통일체를 이루고 있다는 사실을 올바르게 파악하는 것이 무엇보다도 중요하다."

"인민대중에 대한 노동자 계급의 영도는 계급의 선봉적이고 조직적 부대인 당이 없으면 성과를 올릴 수가 없다. 인민대중에 대한 노동자 계급의 영도는 당의 영도를 의미하며, 노동자 계급은 당의 영도를 통해서만 영도계급으로서의 자기의 사명과 소임을 원만하게 수행할 수 있다. 그렇기 때문에 인민대중에 대한 노동자 계급의 영도, 당의 영도는 본질적으로 수령의 영도이며 혁명과 건설에 있어서의 프롤레타리아 독재체제 전반에 대한 수령의 유일적 영도를 보장하는 문제인 것이다."

혁명은 수령에게 무조건 복종하는 것이다.

'주체의 조국' 조선에서 사상교양과 사상투쟁이 어떠한 방법과 수단에 의하여, 어떠한 목적을 위해 진행되고 있는가를 이해하기 위해서 노동당 중앙위원회 기관잡지 《사상전》의 〈사상분야에서의 전격전, 집중공세, 섬멸전〉이라는 논설을 볼 필요가 있다.

"사상교양과 사상투쟁을 기본적인 내용으로 하는 사상전은 모든 근로자를 경애하는 수령 김일성 동지의 진정한 혁명전사로 육성하는 가장 유력한 인간개조 방법이다."

즉 모든 근로자를 수령에게 헌신하는 유일사상으로 교양·개조하여 수령을 위한 것이라면 목숨을 초개같이 버릴 수 있는 사상으로 무장되는 것이 그 최종 목표이다. 이 이외의 감정과 사상과 신념은 사람들의 두뇌와 심장에서 제거해버려야 한다는 것이다.

이상을 요약하면, 인간개조와 사상투쟁 등은 마르크스·레닌주의가 말하는 사상교양, 사상투쟁과 근본적으로 다를 뿐 아니라 아무런 공통점도 없다. 이 세상에서 인간이 가장 고귀하고 강력한 존재이기 때문에 인간이 이 세상의 주인이라는 주체철학의 기본 사상은 다음과 같이 풀이할 수 있다.

제1은 인간 가운데 가장 위대하고 탁월한 인간인 김일성이 이 세상에서 가장 귀중한 존재이므로 그가 이 세상의 주인이 되지 않으면 아니 된다.

제2는 인간의 의지가 혁명과 건설, 그리고 역사 발전에 결정적 역할을 수행한다는 것은 주체사상의 창시자인 김일성의 사상과 의지가 인류사회 발전에 결정적 역할을 다하고 현대를 대표하는 기치라는 것을 뜻한다.

즉 인류역사의 발전은 계급투쟁에 의해서가 아니라 제왕, 군벌, 지도자에 의해서 이루어진다. 따라서 인류역사는 수령의 역사인 것이다.

제3은 인민대중은 수령이 사용하는 연장과 총탄과 같은 존재이므로 깎아 제미거나 분해하거나 다시 꿰어맞추거나 해서 개조할 수도 있으며 또

개조되는 것을 큰 광영으로 생각해야 한다.

제4는 혹시 수령의 수중에서 사용되는 연장과 무기, 총탄이 되는 것을 싫어하는 자가 있다면 그들을 전격전, 집중공세, 섬멸전 등의 저술로 일소하지 않으면 아니 된다.

이것이 김일성이 역사상 처음으로 가장 완벽하고 심오하게 해명했다는 인간학의 본질이요 철학적 원리라고 하겠다.

김일성주의자들은 시정 방침의 기본으로서 자주·독립·자위라는 슬로건을 앞에 내걸고 있다.

이것들이 주체사상에 의해서 제기되었고 반드시 실천되지 않으면 아니 될 정치적 기본 입장이라는 것이다.

"정치에 있어서 자주성을 견지한다는 것은 나라의 혁명과 인민의 이익에서 출발해 모든 노선과 정책을 독자적으로 수립하고 관철하여 민족적 자주권을 수호하는 것을 이름이요, 또 경제적으로 자립 한다는 것은 자기 발로 걸어서 행보할 수 있는 경제를 건설하는 것, 즉 자국의 자원과 기술, 자기의 힘으로 경제를 건설함을 이르는 것이다.

국방에 있어서 자위의 원칙을 견지한다는 것은 나라의 자주성과 혁명의 획득물, 인민의 자유와 행복을 믿음직스럽게 수호할 수 있게 자기의 견고한 방위력을 갖춰야 함을 뜻한다."

"자주성은 자주독립 국가의 생명이며 나라와 민족의 존엄과 운명 을 결정하는 근본 요인이다."(근로자)

"주체사상은 자주성이 인간의 생명이라는 데서 출발해 국가의 본질을 새롭게 규정하고 있다. 자주성은 나라와 민족의 생명이다."(김일성 저작선집)

"자주성은 자주독립 국가의 생명이며 나라와 민족의 존엄과 운명을 결정하는 근본 요인이다."

그렇다면 김일성이 "자주성은 나라와 민족의 생명이다"라고 자주성을 강조한 진의는 나변에 있는가. 거기에 대한 답은 자기 자신이 바로 조선의 주인이요 또 그렇기 때문에 조선 안에서 어떠한 정치를 하더라도 누구로부터도 관여를 받지 않기 때문이다. 그가 어떠한 테러 행위를 할지라도, 공포정치를 할지라도 소련이나 중국 등 다른 사회주의 국가 누구도 충고나 조언 따위를 할 수 없다는 것이다.

말하자면, 김일성의 자주성이란 독재자의 무제한적인 전횡과 범죄에 대한 면허장과 같은 것이다.

다음은 주체 이론에 의한 자립민족경제에 관한 그들의 견해이다.

"자립적 민족경제를 건설한다는 것은, 나라를 부강하게 하고 인민의 생활을 향상시키는 데 필요한 중공업 및 경공업 제품과 농업 생산물을 기본적으로 국내에서 생산하고 확보할 수 있도록 경제를 다방면으로 발전시켜, 현대적 기술로 장비하고 자기의 견고한 원료 기반을 쌓아, 모든 부문이 유기적으로 연결된 하나의 종합적 경제 체계를 구축하는 것을 뜻하는 것이다."

주체사상의 주요 슬로건의 하나인 '자력갱생'은 선전효과를 노린 것에 불과하다. 어느 나라나 자기들이 필요로 하는 모든 자원이 자급될 수 있는 나라는 없다. 기계 제작을 비롯해 공업제품을 자급하지 못하는 나라가 허다하게 많다.

이 같은 곤란을 극복하기 위하여 유무상통의 원칙, 국제적 분업의 원칙에 바탕을 둔 무역과 협력 합작을 하지 않으면 아니 된다.

오늘날 '자력갱생'이라는 폐쇄적이면서도 비능률적인 경제정책을 실시하고 있는 나라는 없다. 강력한 경제력을 가지고 발전한 나라로 자력갱생의 가능성이 있다 하더라도 그 길을 선택하지 않고 있으며, 경제적으로 뒤처져 충분한 원료 기반을 확보하지 못한 많은 나라들이 자력갱생을 하려고 해도 할 수 없는 것이 현실이다. 김일성주의자들은 정치에서 '자주',

경제에서 '자립'과 함께 국방에서는 '자위' 노선을 재장하고 있다.

어떤 나라에서는 자기들의 국토와 민족을 보위하며 정치적 자주성을 수호하기 위해 국방문제에 많은 관심을 기울이고 있다.

오늘날 북한의 조선민주주의인민공화국이 자립 독립국가로 존재하고 있는 것은, 소련과 중국 등 여러 나라의 군사적·정치적 및 경제적 원조와 협력에 의지하는 바가 크다.

그럼에도 불구하고 북한이 그러한 국방정책을 채택한다면 과다한 군사비의 지출로 말미암아 경제는 파멸될 것이고, 친선적 우방들의 군사지원도 경감되는 결과를 초래할 것이다. 그러므로 김일성의 '자위'란 노선도 그 실체는 자기기만 외에 아무것도 아니란 사실을 지적하지 않을 수 없다.

주체사상 10대 원칙

당의 유일사상 체계 확립의 10대 원칙

1. 위대한 수령 김일성 동지의 혁명으로 온 사회를 일색화하기 위하여
   몸바쳐 투쟁하여야 한다. 수령님의 혁명사상으로 온 사회를 일색화
   하는 것은 우리 당의 최고 강령이며 당의 유일사상 체계를 세우는
   사업의 새로운 높은 단계이다.

   ① 당의 유일사상 체계를 세우는 사업을 끊임없이 심화시키며 대를
   이어 계속해 나가야 한다.

   ② 위대한 수령 김일성 동지께서 창건하신 우리 당을 영원히 영광스러
   운 김일성 동지의 당으로 강화 · 발전시켜 나가야 한다.

   ③ 위대한 수령 김일성 동지께서 세우신 프롤레타리아 독재정권과
   사회주의 제도를 튼튼히 보위하고 공고 · 발전시키기 위하여 헌
   신적으로 투쟁하여야 한다.

   ④ 주체사상의 위대한 혁명적 기치를 높이 들고 조국통일과 혁명의
   전국적 승리를 위하여 우리나라에서의 사회주의 · 공산주의 위
   업의 완성을 위하여 모든 것을 다 바쳐 투쟁하여야 한다.

   ⑤ 전 세계에서의 주체사상의 승리를 위하여 끝까지 싸워 나가야
   한다.

2. 위대한 수령 김일성 동지를 충심으로 높이 우러러 모셔야 한다. 위
    대한 수령 김일성 동지를 높이 우러러 모시는 것은 수령님께 끝없
    이 충직한 혁명 전사들의 가장 숭고한 의무이며, 수령님을 높이 우
    러러 모시는 여기에 우리 조국의 끝없는 영예와 우리 인민의 영원
    한 행복이 있다.

    ① 혁명의 영재이시며 민족의 태양이시며 전설적 영웅이신 위대한
    　 김일성 동지를 수령으로 모시고 있는 것을 최대의 행복, 최고의
    　 영예로 여기고 수령님을 끝없이 존경하고 흠모하여 영원히 높이
    　 우러러 모셔야 한다.

    ② 한순간을 살아도 오직 수령님을 위하여서는 청춘도 생명도 기꺼
    　 이 바치며, 어떤 역경 속에서도 수령님에 대한 충성의 한 마음을
    　 변함없이 간직하여야 한다.

    ③ 위대한 수령 김일성 동지께서 가리키시는 길은 곧 승리와 영광
    　 의 길이라는 것을 굳게 믿고 수령님께 모든 운명을 전적으로 위
    　 탁하며, 수령님의 영도 따라 나아가는 길에서는 못 해낼 일이 없
    　 다는 철석같은 신념을 가지고 수령님께서 이끄시는 혁명위업에
    　 몸과 마음을 다 바쳐야 한다.

3. 위대한 수령 김일성 동지의 권위를 절대화하여야 한다. 위대한 수령
    김일성 동지의 권위를 절대화하는 것은 우리 혁명의 지상의 요구이
    며 우리 당과 인민의 혁명적 의지이다.

    ① 위대한 수령 김일성 동지밖에는 그 누구도 모른다는 확고한 입
    　 장과 관점을 가져야 한다.

    ② 위대한 수령 김일성 동지를 정치사상적으로 옹호하며 목숨으로
    　 사수하여야 한다.

    ③ 경애하는 수령 김일성 동지의 위대성을 내외에 널리 선전하여야

한다.

④ 위대한 수령 김일성 동지의 절대적인 권위와 위신을 백방으로 옹호하며, 현대수정주의와 온갖 원수들의 공격과 비난으로부터 수령님을 견결히 보위하여야 한다.

⑤ 위대한 수령 김일성 동지의 권위와 위신을 훼손시키려는 자그마한 요소도 비상 사건화하여 그와 비타협적인 투쟁을 벌여야 한다.

⑥ 경애하는 수령 김일성 동지의 초상화, 석고상, 동상, 초상, 휘장, 수령님의 초상화를 모신 출판물, 수령님을 형상화한 미술작품, 수령님의 현지 교시판, 당의 기본 구호들을 정중히 모시고 다루며 철저히 보위하여야 한다.

⑦ 경애하는 수령 김일성 동지의 위대한 혁명역사와 투쟁업적이 깃들어 있는 혁명전적지, 혁명사적지, 당의 유일사상 교양의 거점인 김일성 동지 혁명사적관과 김일성 동지 혁명사상연구실을 정중히 꾸리고 잘 관리하며 철저히 보위하여야 한다.

4. 위대한 수령 김일성 동지의 혁명사상을 신념으로 삼고 수령님의 교시를 신조화하여야 한다. 위대한 수령 김일성 동지의 혁명사상을 확고한 신념으로 삼고 수령님의 교시를 신조화하는 것은 수령님께 끝없이 충직한 주체형의 공산주의 혁명가가 되기 위한 가장 중요한 요구이며 혁명투쟁과 건설사업의 승리를 위한 선결조건이다.

① 위대한 수령 김일성 동지의 혁명사상, 주체사상을 자기의 뼈와 살로 유일한 신념으로 만들어야 한다.

② 위대한 수령 김일성 동지의 교시를 모든 사업과 생활의 확고한 지침으로 철석같은 신조로 삼아야 한다.

③ 위대한 수령 김일성 동지의 교시를 무조건 접수하고 그것을 자로 하여 모든 것을 재어 보며, 수령님의 사상의지대로만 사고하

고 행동하여야 한다.

④ 위대한 수령 김일성 동지의 노작들과 교시들, 수령님의 영광 찬
란한 혁명역사를 체계적으로, 전면적으로 깊이 연구 체득하여야
한다.

⑤ 위대한 수령 김일성 동지의 혁명사상을 배우는 학습회, 강연회,
강습을 비롯한 집체학습에 빠짐없이 성실히 참가하여 매일 두
시간 이상 학습하는 규율을 철저히 세우고 학습을 생활화·습성
화하며 학습을 게을리하거나 방해하는 현상을 반대하여 적극 투
쟁하여야 한다.

⑥ 위대한 수령 김일성 동지의 교시 침투체계를 철저히 세우고, 수
령님의 교시와 당의 의도를 제때에 정확히 전달 침투하여야 하
며, 왜곡 전달하거나 자기 말로 전달하는 일이 없어야 한다.

⑦ 보고·토론·강연을 하거나 출판물에 실린 글을 쓸 때에 언제나
수령님의 교시를 정중히 인용하고 그에 기초하여 내용을 전개하
며, 그와 어긋나게 말하거나 글을 쓰는 일이 없어야 한다.

⑧ 위대한 수령 김일성 동지의 교시와 개별적 간부들의 지시를 엄격
히 구별하며, 개별적 간부들의 지시에 대하여서는 수령님의 교시
에 맞는가 맞지 않는가를 따져 보고 조금이라도 어긋날 때에는
즉시 문제를 세우고 투쟁하여야 하며, 개별적 간부들의 발언 내용
을 결론이요 지시요 하면서 조직적으로 전달하거나 집체적으로
토의하는 일이 없어야 한다.

⑨ 위대한 수령 김일성 동지의 교시와 당정책에 대하여 시비중상하
거나 반대하는 반당적인 행동에 대하여서는 추호도 유화묵과하
지 말고 견결히 투쟁하여야 한다.

⑩ 위대한 수령 김일성 동지의 혁명사상과 어긋나는 자본주의 사상,
봉건 유교사상, 수정주의, 교조주의, 사대주의를 비롯한 온갖 반

당적·반혁명적 사상 조류를 반대하여 날카롭게 투쟁하며, 수령님의 혁명사상, 주체사상의 순결성을 철저히 고수하여야 한다.

5. 위대한 수령 김일성 동지의 교시 집행에서 무조건성의 원칙을 철저히 지켜야 한다. 위대한 수령 김일성 동지의 교시를 무조건 집행하는 것은 수령님에 대한 충실성의 기본 요구이며, 혁명투쟁과 건설사업의 승리를 위한 결정적 조건이다.

① 위대한 수령 김일성 동지의 교시를 곧 법으로 지상의 명령으로 여기고, 사소한 이유와 구실도 없이 무한한 헌신성과 희생성을 발휘하여 무조건 철저히 관철하여야 한다.

② 경애하는 수령 김일성 동지의 심려를 떨어뜨리는 것을 최상의 영예로, 신성한 위무로 간주하고 모든 것을 다 바쳐 투쟁하여야 한다.

③ 위대한 수령 김일성 동지의 교시를 관철하기 위한 창발적 의견들을 충분히 제기하며, 일단 수령님께서 결론하신 문제에 대해서는 중앙집권적 원칙에 따라 자그마한 틀림도 없이 정확히 집행하여야 한다.

④ 위대한 수령 김일성 동지의 교시와 당정책을 접수하면, 곧 집체적으로 토의하여 옳은 집행대책과 구체적인 계획을 세우고 조직 정치사업을 짜고들며 속도전을 벌여 제때에 철저히 집행하여야 한다.

⑤ 위대한 수령 김일성 동지의 교시 집행대장을 만들어 놓고 교시 집행 정형을 정상적으로 총화하고, 재포치하는 사업을 끊임없이 심화시켜 교시를 중도 반단함이 없이 끝까지 관철하여야 한다.

⑥ 위대한 수령 김일성 동지의 교시를 말로만 접수하고 집행을 태만하는 현상, 무책임하고 주인답지 못한 태도, 요령주의, 형식주의, 보선주의를 비롯한 온갖 불건전한 현상을 반대하여 적극 투쟁 하여야 한다.

6. 위대한 수령 김일성 동지를 중심으로 하는 전당의 사상의지적 통일과 혁명적 단결을 강화하여야 한다. 전당의 강철 같은 통일 단결은 당의 불패의 힘의 원천이며 혁명 승리의 확고한 담보이다.

① 위대한 수령 김일성 동지를 중심으로 하는 전당의 사상의지적 통일을 눈동자와 같이 지키고 더욱 튼튼이 다져 나가야 한다.

② 모든 단위, 모든 초소에서 수령님에 대한 충실성에 기초하여 혁명적 동지애를 높이 발양하며 대열의 사상 의지적 단결을 강화하여야 한다.

③ 위대한 수령 김일성 동지에 대한 충실성을 척도로 하여 모든 사람들을 평가하고 원칙적으로 대하며, 수령님께 불충실하고 당의 유일사상 체계와 어긋나게 행동하는 사람에 대해서는 직위와 공로에 관계없이 날카로운 투쟁을 벌여야 한다.

④ 개별적 간부들에 대하여 환상을 가지거나 일부 아첨하며 개별적 간부들을 우상화하거나 무원칙하게 내세우는 현상을 철저히 반대하여야 하며, 간부들이 선물을 주고받는 현상을 없애야 한다.

⑤ 당의 통일 단결을 파괴하고 좀먹는 종파주의, 지방주의, 가족주의를 비롯한 온갖 반당적 사상요소를 반대하여 견결히 투쟁하며, 그 사소한 표현도 절대로 묵과하지 말고 철저히 극복하여야 한다.

7. 위대한 수령 김일성 동지를 따라 배워 공산주의적 풍모와 혁명적 사업 방법, 인민적 사업 작풍을 소유하여야 한다. 위대한 수령 김일성 동지께서 지니신 고매한 공산주의적 풍모와 혁명적 사업 방법, 인민적 사업 작풍을 따라 배우는 것은 모든 당원들과 근로자들의 성실한 의무이며, 수령님의 혁명전사로서의 영예로운 사명을 다하기 위한 필수적 요구이다.

① 당과 노동계급과 인민의 이익을 첫자리에 놓고 그것을 위하여 모든 것을 다 바쳐 투쟁하는 높은 당성, 노동계급성, 인민성을 소유하여야 한다.

② 계급적 원수들에 대한 비타협적 투쟁정신과 확고한 혁명적 원칙성, 불요불굴의 혁명정신과 필승의 신념을 가지고 혁명의 한길로 억세게 싸워 나가야 한다.

③ 혁명의 주인다운 태도를 가지고 자력갱생의 혁명정신을 높이 발휘하여, 모든 일을 책임적으로 알뜰하고 깐지게 하며 부닥치는 난관을 자체의 힘으로 뚫고 나가야 한다.

④ 노쇠와 침체, 안일과 해이를 반대하고, 왕성한 투지와 패기와 정열에 넘쳐 언제나 긴장하게 전투적으로 일하며, 소극과 보수를 배격하고 모든 사업을 대담하고 통이 크게 벌여 나가야 한다.

⑤ 혁명적 군중관점을 튼튼히 세우고 청산리 정신, 청산리 방법을 철저히 관철하며, 대중 속에 깊이 들어가 대중을 가르치고 대중에게서 배우며 대중과 생사고락을 같이하여야 한다.

⑥ 이신작칙의 혁명적 기풍을 높이 발휘하며, 어렵고 힘든 일에서 언제나 앞장서야 한다.

⑦ 사업과 생활에서 항상 검박하고 검소하며 소탈한 품성을 소유하여야 한다.

⑧ 관료주의, 주관주의, 형식주의, 본위주의를 비롯한 낡은 사업 방법과 작풍을 철저히 배격하여야 한다.

8. 위대한 수령 김일성 동지께서 안겨주신 정치적 생명을 귀중히 간직하며, 수령님의 크나큰 정치적 신임과 배려에 높은 정치적 자각과 기술로써 충성으로 보답하여야 한다. 위대한 수령 김일성 동지께서 안겨주신 정치적 생명을 지닌 것은 우리의 가장 높은 영예이며, 수

령님의 정치적 신임에 충성으로 보답하는 여기에 정치적 생명을 빛
내어 나가는 참된 길이 있다.

① 정치적 생명을 제일 생명으로 여기고 생명의 마지막 순간까지
자기의 정치적 신념과 혁명적 지조를 굽히지 말며, 정치적 생명
을 위해서는 육체적 생명을 초개와 같이 바칠 수 있어야 한다.

② 혁명조직을 귀중히 여기고 개인의 이익을 조직의 이익에 복종시
키며 집단주의의 정신을 높이 발휘하여야 한다.

③ 조직생활에 자각적으로 참가하며 사업과 생활을 정규화·규범
화하여야 한다.

④ 조직의 결정과 위임 분공을 제때에 성실히 수행하여야 한다.

⑤ 2일 및 주조적 생활 총화에 적극 참가하여 수령님의 교시와 당
정책을 자로 하여 자기의 사업과 생활을 높은 정치 사상적 수준
에서 검토 총화하며, 비판의 방법으로 사상투쟁을 벌이고 사상투
쟁을 통하여 혁명적으로 단련하고 끊임없이 개조해나가야 한다.

⑥ 혁명과정 수행에 투신하고 노동에 성실히 참가하여 혁명적 실천
과정을 통하여 혁명화를 다그쳐야 한다.

⑦ 가장 고귀한 정치적 생명을 안겨주신 수령님의 크나큰 정치적
신임과 배려에 충성으로 보답하기 위하여 높은 정치적 열성을
발휘하며, 정치이론 수준과 기술실무 수준을 높여 언제나 수령님
께서 맡겨주신 혁명 임무를 훌륭히 수행하여야 한다.

9. 위대한 수령 김일성 동지의 유일적 영도 밑에 전당, 전군이 한결같
이 움직이는 강한 조직 규율을 세워야 한다. 위대한 수령 김일성 동
지의 유일적 영도체계를 튼튼히 세우는 것은 당을 조직 사상적으로
강화하고 당의 영도적 역할과 전투적 기능을 높이기 위한 근본 요
구이며 혁명과 건설의 승리를 위한 확고한 담보이다.

① 위대한 수령 김일성 동지의 혁명사상을 유일한 지도적 지침으로 하여 혁명과 건설을 수행하며 수령님의 교시에 명령, 지시에 따라 전당, 전국, 전군이 하나와 같이 움직이는 수령님의 유일적 영도 체계를 철저히 세워야 한다.

② 모든 사업을 수령님의 유일적 영도체계에 의거하여 조직 진행하며, 정책문제들은 수령님의 교시와 당중앙의 결론에 의해서만 처리하는 강한 혁명적 질서와 규율을 세워야 한다.

③ 모든 부분, 모든 단위에서 혁명투쟁과 건설사업에 대한 당의 영도를 확고히 보장하며, 국가·경제기관 및 근로단체 일꾼들은 당에 철저히 의거하고 당의 지도 밑에 모든 사업을 조기 집행해나가야 한다.

④ 위대한 수령 김일성 동지의 교시를 관철하기 위한 당과 국가의 결정·지시를 정확히 집행하여야 하며, 그것을 그릇되게 해석하고 변경시키거나 그 집행을 어기는 현상과는 강하게 투쟁하며, 국가의 법규범과 규정들을 자각적으로 엄격히 지켜야 한다.

⑤ 개별적 간부들이 아래 단위의 당, 정권기관 및 근로단체의 조직적인 회의를 자의대로 소집하거나 회의에서 자의대로 결론하며, 조직적인 승인 없이 당의 구호를 마음대로 떼거나 만들어 붙이며 당중앙의 승인 없이 사회적 운동을 위한 조직을 만드는 것과 같은 일체 비조직적인 현상들을 허용하지 말아야 한다.

⑥ 개별적 간부들이 월권행위를 하거나 직권을 남용하는 것과 같은 온갖 비원칙적인 현상들을 반대하여 적극 투쟁하여야 한다.

⑦ 위대한 수령 김일성 동지에 대한 충성심을 기본 척도로 하여 간부들을 평가하고 선발·배치하여야 하며, 친척·친우·동향·동창·사제관계와 같은 정실, 안면관계에 의하여 간부 문제를 처리하거나 개별적 간부들이 제멋대로 간부들을 떼고 등용하는 행동

에 대하여서는 묵과하지 말고 강하게 투쟁하며, 간부사업에서 제정된 질서와 당적 규율을 철저히 지켜야 한다.

⑧ 당·국가 및 군사 기밀을 엄격히 지키며 비밀을 누설하는 현상들을 반대하여 날카롭게 투쟁하여야 한다.

⑨ 당의 유일사상 체계와 당의 유일적 지도체계에 어긋나는 비조직적이며 무규율적인 현상에 대하여서는 큰 문제이건 작은 문제이건 당중앙위원회에 이르기까지 당조직에 보고하여야 한다.

10. 위대한 수령 김일성 동지께서 개척하신 혁명위업을 대를 이어 끝까지 계승하며 완성하여 나가야 한다. 당의 유일적 지도체계를 확고히 세우는 것은 위대한 수령님의 혁명위업을 고수하고 빛나게 계승 발전시키며, 우리 혁명위업의 종국적 승리를 이룩하기 위한 결정적 담보이다.

① 전당과 온 사회에 유일사상 체계를 철저히 세우며, 수령님께서 개척하신 혁명위업을 대를 이어 빛나게 완수하기 위하여 수령님의 영도 밑에 당중앙의 유일적 지도체계를 확고히 세워야 한다.

② 위대한 수령 김일성 동지께서 항일 혁명투쟁 시기에 이룩하신 영광스러운 혁명전통을 고수하고 영원히 계승 발전시키며, 혁명전통을 헐뜯거나 말살하려는 반당적 행동에 대해서는 그 자그마한 표현도 반대하여 견결히 투쟁하여야 한다.

③ 당중앙의 유일적 지도체계와 어긋나는 사소한 현상과 요소에 대해서도 묵과하지 말고 비타협적으로 투쟁하여야 한다.

④ 자신뿐 아니라 온 가족과 후대들이 위대한 수령님을 우러러 모시고 수령님께 충성을 다하며 당중앙의 유일적 지도에 끝없이 충실하도록 하여야 한다.

⑤ 당중앙의 권위를 백방으로 보장하며 당중앙을 목숨으로 사수하여야 한다.

모든 당원과 근로자는 당의 유일사상 체계를 확고히 세움으로써, 누구나 다 위대한 수령 김일성 동지께 끝없이 충직한 근위대, 결사대가 되어야 하며 수령님께서 가리키시는 길을 따라 혁명위업을 끝까지 완성해 나가야 한다.

제 4 부

제도·문화어
풀이

가내방

소규모 개인의 상행위가 1996년 6월초 정부에 의해 공식 허용됐다. 우선은 평양 시내와 평양시 교외에 사는 주민들이 좌판이나 가판대를 설치해놓고 가내에서 직접 만든 식물이나 의료를 자유롭게 팔고 살 수 있게 되었다. 이렇게 소규모 자영업을 경영하는 주민들은 총매출액의 10%만은 세금으로 정부에 납부해야 한다. 소규모라 할지라도 개인의 상행위를 허용하는 당국의 정책이 주목된다.

강반석 혁명유자녀학원

김일성의 엘리트 특수교육기관의 하나로 만경대 혁명학원과 유사한 교육기관이다. 본래 1958년 9월 7일 남포혁명학원으로 세워졌었으나 1972년 4월 19일 김일성의 어머니 이름을 따 지금의 명칭으로 바꾸었다. 학생 수는 700여 명. 이외에도 해주 혁명유자녀학원이 있다.

경제개관

1994년 재정 수입 193억 5000만 달러(북한 공식환율 2원 16전), 북한 화폐액 416억 20만 원. 재정 지출 192억 8000만 달러로 7000만 달러의 재정 흑자를 기록했다. 군사비 지출액은 전체 예산의 11.4%인 22억 달러로 1993년도에 비해 5000만 달러가 증가했다. 1994년도 재정 흑자를 1993년도에 비해 2.9% 증가한 57억 8000만 달러를 잡고 있다. 군사비 지출 규모만 보면 1988년도의 46억 2500만 달러에 비해 24%가 증가한 것으로 전체 예산의 30%나 가까운 수치를 보여주고 있다. 정규군만도 104만으로 추정. 국민생산은 1990년도부터 계속 마이너스 성장을 기록하면서도 재정 수입액을 해마다 늘리고 재정 수지도 흑자를 기록하는 것은 인위적인 통계 조작이나 중앙은행의 화폐 발행으로 분석하는 것으로 관측하고 있다.

고려의학

북한에서는 민족주체성을 살린다는 명목 아래 동의학을 고려의학이라고 고쳐 호칭하고 있다. 남한에서 한(漢)의학을 한(韓)의학으로 고쳐 쓰고 있는 것과 일맥이 상통된다. 북한은 고려의학이라고 호칭하기 이전부터는 동(東)의학이라 일러왔다. 북한은 한방치료 및 연구시설을 갖춘 연건평 5만 제곱미터의 '동의학 연구소'를 평양 문수리에 건축 중이다.

고민발

고려민족산업발전협회.

공민등록증

우리의 주민등록증과 유사한 것으로 이해하면 된다. 발급기관은 사회안전부 공민등록국에서 발급한다. 북한에서는 만 17세가 되는 날부터 공민으로서 등록하는 동시에 공민등록증을 발급받아야 한다. 적령기에 공민등록증이 없으면 어떤 기관이나 기업소에도 취직할 수가 없다. 남한의 주민등록증은 명함보다는 좀 크다고 할 정도의 카드로 되어 있지만, 북한의 공민등록증은 그것보다는 좀 크고 또 수첩으로 되어 있어서 표지를 젖히면 왼쪽 첫째 면에 사진과 공민등록번호가 명기되어 있다. 오른쪽 둘째 면에는 성명·성별·민족(국적을 뜻하는 듯)·생년월일·난 곳(출생지의 뜻) 등의 난이 있고, 그 밑에 '조선민주주의인민공화국 공민임을 증명함'이란 글귀와 함께 발급기관의 이름이 적혀 있다. 그다음 쪽에는 가족·직업·거주지·관련사항과 혈액형 등이 기입된다. 여기의 직업란은 노동자·사무원·학생 세 가지로만 분류되어 있어서 정무원 총리도 직업란에는 사무원으로 기재되어 있다. 남성의 경우 군에 입대할 때는 공민등록증을 징집기관에 반납하는데 이는 일단 폐기되고 제대한 후에 공민등록증을 새로 발급받는다. 공민등록증은 항상 지니고 있어야 한다. 그런데 당정기관 간부들은 가지고 다니지 않으면서 신분증으로 대신한다. 당중앙위원회, 인민무력부, 사회안전부, 호위총국에 근무하는 사람들은 당초부터 공민등록증이 없다. 선거 때는 물론 공민등록증이 있어야 하지만 해외여행 때는 여권만 소지하고 공민등록증은 두고 나간다.

과기(科技)

북한은 군사용 첨단기술 등을 입수하기 위해 일본 안에 '과기'라고 불리는 산업스파이 조직을 운용하고 있음이 1995년 연말경 밝혀졌다. 과학기술의 약자인 과기라는 조직은, 1985년 대부분 조총련 관계자이면서 도쿄대학 등 명문대학 이공계 출신들로 조직된 '재일조선인 과학기술협회' 소속으로 조총련의 산업국과 경제국의 통제를 받고 있고, 또 일본 쓰쿠바대학 등의 연구실 및 그 밖의 연구기관에서 주로 군사용으로 쓰이는 반도체 등 첨단기술 정보수집 과 통신기기 등 첨단제품을 빼돌려 북한 선박 만경봉호 편으로 북송해왔기 때문에 일본 공안 당국으로부터 그들의 활동상황과 실태에 관해서도 관찰의 대상이 되어 있다.

꽃제비

소년 소매치기의 은어.

곽밥

남한의 도시락을 곽밥이라는 문화어로 대치 사용한다.

공훈배우

영화배우, 연극배우, 가수 가운데에서 연륜 · 연기력 · 외모 등이 우수한 사람에게 주어지는 최고 영예 칭호로 인민배우라는 게 있고, 그보다 한 단계 낮은 등급에 공훈배우가 있다. 인민배우라는 영예 칭호가 주어지면

국가적 예우가 파격적이다. 첫째, 생활비가 지급되는데 남한의 차관(북한의 부부장)급과 근사한 230원에서 300원 정도 지급을 받고 의료기관도 차별대우를 받는다. 인민배우에 비해 공훈배우인 경우에는 정무원 국장급 예우에 월 170원에서 200원 정도의 생활비 혜택을 받는다. 연기력이 좋고 외모가 수려해야 한다는 조건을 열거했으나 가장 우선적인 것은 당성이 강해야 한다는 것이다. 모든 예술활동이 당정책의 선전선동의 수단으로 이용되고 있기 때문이다.

교시 · 말씀

김일성의 교시는 곧 법이요 명령이다. 수령의 교시에 대해서는 어느 누구도 반대 의사를 제기할 수 없다. 김일성의 교시나 김정일의 말씀은 정치 · 경제 · 문화 공민들의 일상생활 양식에 이르기까지 그들의 언급이 미치지 않는 것이 없다. 이 교시와 말씀은 모든 법률 · 명령 · 행정조치 등에 앞서 관철해야 하는 지상 명령이다. 유일사상 10대 원칙에서도 김일성 교시를 법이요 지상명령으로 규정 '무조건성의 원칙'에 따라 한 치의 착오도 없이 반드시 관철하도록 강요하고 있다. 따라서 김일성 교시 집행 대장을 만들어놓고 교시를 접수하면 집행 대책과 구체적 계획을 세우고 속도전을 벌여 제때에 반드시 집행하도록 하고 있다. 1970년대까지는 김일성 교시가 많았으나 1980년대에 들어서면서 김정일의 말씀이 많아지는 추세라는데, 김일성의 교시는 외교 · 농업 분야에 치중되고 그 나머지는 김정일이 직접 지시를 내림으로써 말씀이 많아지는 경향은 후계체제를 굳혀가는 한 발상이 아닌가 보인다고 전해지고 있다. 인민학교 3학년 국어교과서 〈높이 우러러 모시는 말〉이라는 단원은 "우리는 한마디의 말을 하고 한 줄의 글을 쓰더라도 언제나 아버지 원수님과 친애하는 지도자 선생님을 높이 우러러 흠모하는 말을 꼭 찾아 써야 합니다"라는 식으로 김 부자에 맹종하도록 순치시키는 내용을 담고 있다. 국어뿐 아니라 자연·음악 등 모든 교과서는 김일성의 교시나 김정일의 말씀을 인용하고 있다. 심지어는 인민학교 2학년 교과서의 〈귀중한 분〉이라는 단원에는 "친애하는 지도자 김정일 선생님께서는 학생들의 첫째가는 임무는 공부를 살하는 것이라고 말씀하셨습니다"라는 대목을 보아 교시나 말씀이 상식 이하임을 알 수 있겠다. 1995년 1월에 접어들어서도 김정일은 김일성의 '교시'를 유일한 지도지침으로 삼아 이를 관철해나갈 것이라고 말한 바 있다. 김정일은 1994년 10월 10일 김일성 백일추모회에서 "앞으로 수령님께서 혁명과 건설을 영도해오면서 역사적으로 행한 교시를 몇백, 몇천 년이 지나도 변함없이 유일한 지도지침으로 삼고 철저히 관철해나갈 것이다"라고 다짐했다.

교화벌이

외화벌이에 나선 일꾼들이 돈을 떼먹다 교화소로 자주 간다는 말을 비유해서 일컫는 말이다. 북한 군부가 처음에는 정직하게 일을 하다가 업무를 웬만큼 파악한 후부터는 외화를 빼돌리는 등 비리가 잦아졌다는 것이다. 비단 군부에 국한된 사안은 아니다.

구호나무

구호나무란 김일성처럼 김정일도 우상화하기 위한 전설 일화 만들기 작업의 한 가닥이라고 해야 이해가 쉬워질 것이다. 1987년 5월부터 사회과학원 산하 함흥분원의 혁명사적 보존연구소로 하여금 김정일 관련 구호나무를 대대적으로 발굴(?)토록 해서 조성된 것으로 김정일의 탄생에서부터 김정일의 항일투쟁 문헌이 발굴(?)됐다고 선전하고 있다. 그들이 발굴했다는, 즉 조작된 내용은 항일혁명 투쟁 당시 빨치산 대원들이 나무의 껍질을 벗기고 김일성과 김정일을 칭송하는 내용의 글월을 새겨 넣은 것인데, 북한은 이같은 구호나무가 발견된 곳을 혁명사적지로 조성해놓고 북한 주민들에게 순례 참관시키고 있다. 구호나무에 새겨진 것으로 전해지고 있는 구호 문헌은 이러하다. "민족의 태양 김일성 장군, 그 태양빛 이어갈 '백두산 광명성'. 2천만 동포여 자랑하라 백두산 하늘에 '백두성' 솟았다. 조선 미래의 광휘 백두 광명성 만세. 아, 조선아 백두성 탄생을 알린다."

1987년 초 김일성의 국내에서의 항일 활동과 김정일의 백두산 출생설을 사실화하고 신격화하기 위해 백두산 지역에 처음으로 '구호나무'를 조성한 이래 1980년대 말까지 1만여 점이 넘는다고 북한 선전기관은 보도하고 있다. 이곳에서는 조성이라는 표현을 쓰고 있지만, 북한 당국은 '발굴'했다는 표현을 쓰고 있는 것도 주목해두어야 하겠다. 1990년부터는 김일성의 항일투쟁기록 조성물, 김정일이 백두산의 영기를 받아 태어났다는 기록을 포함하는 김일성·김정일의 신격화 조성물을 총칭, 현대의 과학기술을 총동원, 이들의 영구보존장치와 그 방법을 발명했다고 선전하고 있다. 구호나무는 1961년 처음 192그루를 발견, 1982년 2월 김정일의 45세 생일부터 선전이 잦아져 1990년대 초반까지 1200여 점이 발견됐다고 선전하면서 이의 훼손을 방지하고 김 부자의 우상화 교육자료를 활용할 목적으로 진공함, 고주파 건조함 등 영구보존장치를 했다고 선전하고 있다.

국가적 명절·기념일

- 1월 1일 신정 2일까지 연휴공휴일. 김일성의 생일과 김정일의 생일 모두 이틀 동안 공휴일로 정해져 있다.
- 1월 17일 사로청(사회주의노동청년동맹) 창립기념일, 창립일. 1946년 1월 17일 처음에는 북조선민주청년동맹이라는 이름으로 결성됐으나 1951년 남조선 민청을 흡수해 조선민주청년동맹으로 통합하는 형식을 취했지만 1964년 5월 제5차 대회 때 현재의 이름으로 바뀌었다. 현재 맹원수는 500만이라고 한다.

- 2월 16일 김정일 생일. 2월의 명절 하면 김정일의 이날 생일을 지칭하는 말이다. 1975년 6월 김정일의 이 생일날을 공휴일로 지정하면서 김정일을 '유일한 지도자', '경애하는 지도자'라고 부르기 시작했다.
- 4월 15일 김일성의 생일이다. 1912년 4월 15일이 그의 생일이다. 북한에서는 이날을 민족 최대의 명절이라고 부르고 있다.
- 4월 25일 인민군 창건일, 1946년 4월 25일 인민군 창건. 1996년 4월 23일 북한 당국은 이날을 국가적 명절로 지정한다고 발표했다.
- 5월 1일 메이데이, 국제노동절.
- 7월 27일 조국해방전쟁 승리일(휴전협정체결, 1953년 7월 27일).
- 9월 9일 정권창립일. 1945년 10월 14일 소련군 환영 평양시민대회에서 33세의 김성주를 '김일성 장군'으로 소개하면서 일선에 등장하기 시작한 김일성이 1948년 9월 9일 수립되는 조선민주주의인민공화국의 초대 수상으로 취임한 날이다.
- 10월 10일 노동당 창건기념일, 1945년 10월 10일 조선노동당이 창건된 날이다.
- 11월 30일 직업동맹 창립일, 1945년 11월 30일 창립.
- 12월 24일 김정일 군 최고사령관 추대 기념일, 1991년 12월 24일 추대.
- 12월 27일 헌법절.

국방위원회

북한 헌법 11조는 "국방위원회가 조선민주주의인민공화국 국가 주권의 최고군사지도 기관이다"라고 규정하고 있어 일체의 무력을 지휘 통솔하는 권한을 갖는 기관이다. 따라서 인민무력부장, 총참모장, 민병조직의 책임자 등 주요 군사 간부들의 임면권을 보유하며 전시에는 최고사령부의 기능을 수행한다. 김정일이 그 위원장이다. 국가주권의 최고 군사지도기관이다. 위원회는 위원장, 제1부위원장, 부위원장, 위원들로 구성된다. 임기는 최고인민회의 임기와 같다. 위원장은 일체 무력을 지휘 통솔한다. 중요 군사간부를 임명하고 해임한다. 유사시 전시상태와 동원령을 선포한다. 김일성이 죽기까지는 위원장에 김일성, 제1부위원장에 김정일, 부위원장에 오진우, 위원에 최광이 버티고 있은 것으로 국방위원회의 비중을 가히 짐작할 수 있겠다. 김정일이 사망한 오진우의 후임으로 최광을 인민무력부장에 임명한 것도 국방위원장의 자격으로 행사한 인사조치임은 물론이다. 김정일이 주석직을 승계하지 않은 상황에서 최고 인사권을 행사하는 것으로도 사실상 승계한 것 못지않은 권력을 행사하고 있는 반증으로 이해된다.

국어사전 자모배열

남한 사람의 관습으로는 북한 국어사전으로 낱말을 찾기란 꽤 까다로운 편이다. 북한 사전의 자모배열 순서는 기본음 24자를 앞세우고 복합 철자는 뒤로 돌리는 것이 남한의 경우와 다르다. 즉 'ㄲ', 'ㄸ' 등은 남한 사전에는 각각 'ㄱ', 'ㄷ' 다음에 나오지만 북한 사전에는 모두 뒤로 돌려져 있다. 모음 역시 'ㅏ, ㅑ, ㅓ, ㅕ' 등의 기본음이 순서대로 나온 뒤 'ㅐ, ㅒ, ㅔ, ㅖ' 등의 복모음은 뒤편으로 간다. 초성 'ㅇ'은 음가가 없기 때문에 맨 뒤로 가지만 음가가 있는 받침 'ㅇ'은 'ㅅ'에 이어진다.

　북한이 이같은 자모배열을 쓰기 시작한 것은 1954년 '조선어 철자법'이 만들어지면서부터이다. 이 철자법의 원칙은 기본음 24자를 가르친 다음에 16자의 복합 철자를 가르치는 음성학 이론을 그대로 따른 때문이다. 북한의 《조선말대사전》에 특기할 것이 있다. 표제어 발음의 높낮이를 숫자로 표기하고 있다는 점이다. 1은 낮은 소리, 2는 보통 소리, 3은 높은 소리를 나타낸다. '강가'는 '2, 2'로 '제대로'는 '2, 3, 2,'로 되어 있다. 1992년에 새로 발행된 《조선말사전》에는 다른 외래어들과 함께 한자어도 병기하고 있으나, 한글 전용 원칙에 따라 여전히 한자어나 한문투의 낱말은 일상생활에서 될수록 쓰지 못하도록 낱말 뒤에 동그라미 안에 ×를 해놓고 있다.

국민총생산(GNP)

1인당 국민총생산액을 2400달러라고 주장한다. 그러나 남한 당국의 추계로는 1994년 말 현재 923달러로 보고 있다.

국토완정(國土完整)

이 낱말은 남한의 국어사전에는 없는 말이다. 쉽게 풀이한다면 국토통일을 뜻하는 말로 이해될 수도 있는 말이다. 그러나 북한에서의 이 어휘는 깊은 뜻을 지니고 있다는 것을 알아야 한다. 즉 일제에 강점되었던 국토를 수복함과 동시에 일제의 잔재를 일소하고 이승만 정권에 의해서 장악 지배되고 있는 남조선의 국토까지 모두 수복함으로써 명실상부한 통일을 의미하는 것이다. 북한에서 이 어휘를 쓰기 시작한 것은 한국전쟁을 도발하려는 전략적 용어로 쓰기 시작한 것임을 명심해야 한다. 따라서 흔히 통일이라는 낱말과는 엄청나게 다른 깊은 뜻을 지니고 있음을 이해해야 한다. 한자 풀로 가볍게 국토통일 정도로 이해한다는 것은 위험천만의 일이다.

군관

남한에서의 장교들이다. 북한의 육군 군관은 철저하게 밑바닥에서부터 군대생활을 겪은 사람들이라야 한다. 모든 군관은 사병이나 하사관 중에서 선발되고 하사관은 사병에서 진급한다. 사병생활을 최소한 3년 이상 6년 정도 한 뒤 지휘관 자질이 뛰어나다고 인정받으면 노동당과의 협의를 거쳐 심사에 통과되어야 군관으로 진급하게 된다. 120명 편성의 1개 중대에서 1년에 한 명이 배출될까 말까 할 정도로 엄격하다. 출신 성분, 실력, 체격, 동료들의 신망 등에서 나무랄 데 없는 최고 모범 병사라야 한다. 고참이라고 유리한 것은 결코 아니다.

군관 진급 예정자로 선발되면 평양의 강건종합군관학교에 입학한다. 강건종합군관학교는 남한의 육군사관학교에 해당된다. 여기서 보병 분야는 2년, 공병과 통신 등은 3년간의 교육 과정을 이수한다. 강건종합군관학교 졸업생은 매년 500명 정도다. 기갑(전차) 포병 등의 병과는 탱크군관학교, 종합포병 군관학교 등 다른 군관학교에서 교육받는다. 군내부에서의 사상 통제를 전담하는 정치 군관 역시 일반 군관과 같은 과정을 거쳐 선발된다. 이러한 군관은 사병 때 선전 선동 등의 분야에서 일한 경력이 있는 사람 가운데서 많이 뽑힌다. 정치군관은 남달리 김일성정치대학에서 2년간 교육받은 뒤에야 정치군관에 임명된다. 해군과 공군은 육군과 달리 고등중학교(남한의 고등학교) 졸업자가 해군·공군군관학교에 입학해서 군관으로 양성된다.

북한군의 계급 구조와 진급 기준은 남한과 비교해 많이 다르다. 입대하면 붉은 견장만 있고 아무런 계급 표시도 없이 '전사'가 된다. 이후 능력에 따라 빠르면 6개월, 늦으면 1년 후에야 상등병으로 진급한다. 날짜만 채우면 자동 진급되는 남한과 달리, 북한에서는 사병들도 철저하게 능력에 따라 진급시킨다. 상병에서 하사·중사·상사·특무 상사로 진급되는데 심하게는 10년가량의 군대생활을 하고도 상등병으로 제대하는 경우도 없지 않다는 것이다. 따라서 북한에서는 군관이 매우 인기 있는 직업으로 꼽힌다. 여성들의 결혼 상대 선호도에서도 외교관 다음으로 꼽히고 있다. 따라서 북한 젊은이들이 사병 생활하는 동안 군관이 되기 위해 온갖 노력을 다한다는 것이다. 이러한 점을 생각할 때 오늘의 북한 군관 출신들은 혁명 제1세대를 제외하고는 모두 유능한 인재들로 보아 마땅할 것 같다.

군복무

젊은이들의 군복무 개념이 남한과는 너무나 거리가 있다. 북한도 군복무가 의무이기는 하지만 그 의무를 수행하기 위한 전제 조건이 까다롭다. 하지만 반면 복무기간 중에 특권을 얻을 수 있기도 하다. 고등중학교를 졸업하는 16세가 되면 누구나 입대를 위한 군사동원 카드를 작성하고 신체검사를 받는다. 지주의 아들이라는 출신 성분이 나쁘거나 키 150Cm, 체중 43Kg, 시력 0.5, 혈압 150 등의 신체검사에 불합격이면 군대 문턱에도 못 간다. 또 대학진학 예정자, 산업체 필수요원, 사회안전부 입대요원, 대남공작원 등 수혜 대상자들은 입대시키지 않는다. 대학재학 중 교도기간이라는 6개월 동안 군사교육을 이수하면 졸업 후 예비역 소대장 자격을 받으면서 군복무 의무가 면제된다. 따라서 권력층 간부들의 아들들은 우선 대학에 들어가기를 희망한다. 이들은 일단 군에 들어갔다가 6~7개월의 교도기간 군사교육을 이수하면 소대장 자격증도 받으면서 군복무가 면제되기 때문이다. 그래서 고등중학교 과정을 마친 학생들 중 대학에 들어가는 비율은 10%에 불과하다고 한다.

군생활을 선호하는 까닭도 적지 않다. 군복무 중 당원이 될 수 있는 문이 넓고 대학에 들어갈 수 있는 길이 마련되어 있기 때문이다. 군복무 중에는 의식주 문제가 해결되고 농촌 출신 등 하위계층 자녀들은 대학에 갈 수 있는 길, 당증을 받을 수 있는 길 등 권리가 주어지기 때문이다. 그런데 군복무 기간이 일정치 않다. 인민군 복무 조례에는 육군이 3년 6개월, 해·공군은 4년으로 정해져 있지만 5년 내지 10년간을 복무하는 것이 흔하다. 북한은 국가의 충원계획에 따라 제대자로 결정되면 이때부터 제대자의 적성과 전문기술 그리고 고향 등을 고려해 직장이 알선된다. 징집 연령은 만 17세다.

군사력

중국의 중국병기공업 제210연구소가 월간으로 발행하는 잡지 〈현대병기〉(1993년 3월호)는, 북한은 한반도전쟁이 발발한다면 12시간 안에 500여만 명의 병력을 일시에 동원할 수 있는 전투태세를 갖추고 있다고 밝혔다. 이 잡지에 실린 '북한 3군의 병력과 무기장비'라는 제하의 분석을 간추려 옮긴다. 조선인민군은 현재 110만의 현역 병력을 보유하고 있으며 이 밖에 11만 5000명의 보안부대 및 변방부대와 300여만 명의 적위대(공업·농업 포함) 등 준군사부대를 보유하고 있다. 북한은 1992년 GNP의 30%에 해당하는 60여억 달러를 군사비로 지출했다. 북한군 사병의 복무기간은 육군 5.10년, 공군 3.4년이다. 북한의 최고 군사지휘기구는 당중앙군사위원회와 당중앙인민위원회에 소속된 인민무력부이다. 인민무력부 산하에는 인민군 총참모부가 있으며 총참모부는 포병사령부, 기계화사령부, 해군사령부, 공군사령부 등 각 군사령부에 대해 직접적인 지휘통제권을 행사한다. 북한 국가 주석은 인민군최고사령관으로 군사기구에 대해 일체의 권한을 갖고 있으며 각 부대에 대해 직접 명령을 내릴 수 있다.

육군의 병력 편성

현재 육군의 병력은 99만 명에 모두 17개 군으로 구성되어 있으며, 17개 군 가운데는 10개 합성군, 4개 기계화군, 1개 탱크군, 1개 포병군, 1개 특수작전군이 포함된다. 육군의 사단 및 여단급 부대는 모두 144개로 55개 보병부대, 30개 포병부대, 22개 특수부대, 14개 탱크부대, 23개 기계화 부대로 이루어져 있다. 육군의 주요 부대는 평양과 원산 이남 지역에 배치되어 있다. 무기 장비 면에서 보면 북한의 지상군은 아직도 상당량의 재래식 무기들도 보유하고 있으나 대량의 신무기들로 무장되어 있다.

① 탱크 총 보유대수는 3200대로 그 가운데 T-34형 200대, T-54형 및 T-55형 1600대, T-62형 1200대, 59식 175대, 62식 · 63식 및 M-1983식 경전차(장갑차) 300여 대, BA.64형 정찰용 장갑차 140대, BMP형 기계화 보병전차 200대, BVR-40 · 50 · 60형 및 중국제 531형 병력수송 장갑차 1600대.

② 포 100mm, 122mm, 130mm, 152mm 견인대포 1900문, 122mm, 130mm, 152mm, 180mm 자주포 2800문, 122mm, 130mm, 140mm, 200mm, 240mm 로켓포 2500문, 박격포 1만 1000문.

③ 지대지미사일, 프로그-7미사일 발사대 54대, 비모퇴-B미사일 발사대 15개

④ 대전차무기 약간의 A-T3형 대전차미사일과 SU-76 및 SU-100 대전차포 800문, 82mm 및 107mm 이동포 2500문.

⑤ 방공무기 8000여 문의 고사포 및 고사기계포와 일정한 수량의 융모 계통의 방공미사일.

　해군 병력편성을 보면 현역병력 4만 명으로 해군사령부 산하에 서해 및 동해 2개 함대와 해안방위부대가 있다. 서해 함대는 5개 지대와 12개 대대로 편성돼 260척의 함정을 갖고 있으며, 동해 함대는 9개 지대와 14개 대대 360척의 함정을 거느리고 있다. 이들 2개 함대는 남포 · 해주 · 원산 등을 주요 기지로 하고 있다. 북한 함정의 대다수는 소형 고속함정으로 주로 남부해역에 배치되어 있다. 해안방위부대는 2개의 해안대함미사일부대로 편성, 산하에 6개 기지를 갖고 있다. 무기장비면 잠수함 약 25척으로 이 가운데 21척은 묘급, 4척은 W급이다. 533mm 어뢰발사관, SSN2형 함대함 미사일 발사장치, 100mm 함포 및 대잠함 발사기를 장착한 '라진'급 미사일호위함 2척과 100mm 함포를 장착한 소형호위함 4

척을 보유하고 있다.

북한이 보유하고 있는 미사일 쾌속정은 모두 30척으로 이 가운데 14척은 각각 2개의 2연장 SSN2형 함대함미사일 발사대를 적재한 '소주'급이며 16척은 각각 1개의 2연장 SSN2형 함대함미사일 발사대를 장착한 '소흥'급 미사일 쾌속정이다. 그 밖에 어뢰정 173척, 경비정 157척은 대잠함 로켓발사대를 장착한 '해남'급 6척이 포함된 숫자다. 상륙정 160척, 소뢰정 40척과 120mm, 130mm, 152mm 해안방어포를 다수 보유하고 있는 것으로 알려졌다.

공군 현역 병력은 7만 명으로 공군사령부 산하에 1개 항공병사단, 3개의 항공 전투기군사령부, 3개의 경폭격기중대, 10개의 지상공격기 중대, 12개의 요격기 중대, 1개의 정찰기 중대, 3개의 수송기 중대, 14개의 헬기 중대, 7개 훈련기 중대, 4개의 지대공미사일 여단으로 구성되어 있다.

군축 및 평화연구소
외교부 12국인 조국통일국이 대외적으로 활동할 때 사용하는 대외 명칭에 불과하다. 따라서 소장은 조국통일국 담당 외교부 부부장이 대외적으로 활동할 때에만 사용한다.

금요노동
당·정무원·기업소 사무원들은 매주 금요일이면 반드시 노력 지원에 동원되어 노동을 강제당한다. 건설공사장은 물론 한여름 농촌의 농번기에는 협동농장에 출장, 하루의 노동 지원을 해야 한다.

기동예술선동대
근로자들의 사기를 진작시켜 생산성을 높이자는 취지로 1973년 김정일의 지시에 따라 도·시·군별로 조직되었다. 선동대는 전문예술단원 모집에서 탈락된 사람들이나 군악대 출신 등으로 구성된다. 웬만한 악기를 다루고 노래나 춤, 재담 솜씨가 있는 20대, 30대 남녀들로 인조견으로 만든 유니폼도 지급하고 생활비라는 이름의 봉급도 많은 편이기 때문에 지원자가 많이 몰린다. 구성 인원은 도 선동대가 60~70명, 군(구역) 선동대가 30~40명 정도다. 선동대는 해당 지역 당위원회 선전선동부의 통제를 받고 있으며 평균 이틀에 세 번 꼴로 공연을 한다. 이들 선동대는 수십 명이 작업하는 현장, 때에 따라서는 휴식시간에 나팔·아코디언·심벌즈 등으로 경쾌한 음악을 연주하며, 음악 반주에 맞춰 여성 대원의 노래도 산업현장에서 일하는 노무자들을 격려하는 효과도 있을 것이다. 또 모범 직장 표창을 받은 기업소를 찾아가 축하 공연도 하고 때에 따라서는 공연 도중 근로자들에게 김일성의 교시, 김정일의 말씀이나 당정책의 해설 임무도 수행한다. 기동예술선동대는 그 이름과 같이 평양과 같은 대도시에서 두메산골까지 심지어는 광산막장까지도 찾아가야 한다. 그래서 작업장의 노무자보다도 선동대원이 오히려 많은 기현상을 연출하기도 한다.

기술서기

김정일이 하사하는 공무용 애첩을 말하는 공식 명칭이다. 노동당 5과에서 전국에 걸쳐 선발한 19세 내지 23세의 예쁜 처녀들을 선발, 집단교육을 거쳐 가장 예쁜 처녀들은 김정일 초대소로 배치하고, 두 번째는 호위사령부, 세 번째는 정무원 고위간부, 그 나머지는 고려호텔이나 외화식당, 외화백화점으로 배치된다. 기술서기를 배치받는 고위 간부들은 노동당 중앙위원회 부장, 비서, 부주석, 부총리와 여러 위원회의 위원장 등이나 부부장급이라도 권력이 센 당중앙위 조직지도부와 선전부, 3호청사, 제일부부장 등에게는 예외적으로 기술서기가 배정된다. 기술서기들의 기본 업무는 당간부들의 집무실 옆방에서 차를 끓이고 간부의 어깨를 안마해주거나 그 밖의 허드렛일을 할 뿐 문서를 다루는 일은 하지 않는다. 원래 이들은 간부들 가운데 고령자가 많기 때문에 그들의 건강을 돌보는 담당 간호원이었으나 1986년 김정일의 지시에 따라 기술서기로 개명·제도화된 것이다. 이들은 간부가 지방 출장을 갈 때에는 반드시 기술서기를 대동해야 한다. 출장지에서 간부들의 옷을 다려주고 속내의를 세탁해주며 간부의 안마 서비스를 해야 한다. 간부들이 지방 출장할 때에는 특수임무가 주어진다. 즉 간부와 함께 한방에서 잠을 자야 한다. 이 임무는 기술서기의 근무 수칙에도 명시되어 있다.

김일성종합대학

해방 다음해인 1946년 10월 1일에 창설되었다. 창립시초에는 7개 학부, 24개 학과, 학생수 1500명에 불과했으나, 지금은 14개 학부, 50여 학과, 80여 강좌, 600여 학급, 1만 2000여 명의 학생을 거느리는 북한 최대 최고 명문대학으로 군림하고 있다. 사회과학 분야에 역사학, 철학, 경제학, 법학, 조선어 문학, 외국어 문학의 6개 학부, 자연과학 분야에 문리학, 수학, 역학, 생물학, 지리학, 지질학, 화학, 원자력자동화학의 8개 학부 등 14개 학부가 있다. 교수는 발족 초기에는 60여 명에 불과했으나 지금은 1000여 명으로 늘어났고, 임명제 총장 밑에 사회과학·자연과학·후방이라고 호칭되는 재정·관리 담당의 4개 부문 부총장이 있다. 1996년 3월 당시 총장은 1987년에 임명 부임한 박관오(朴寬嗚)다. 그는 1990년에 최고인민회의 법안심의위원에 위촉되었고 제9기 대의원이기도 하다.

이 대학에 들어가기란 그리 용이한 일이 아니다. 무엇보다도 출신 성분이 가장 큰 기준이 되고 따라서 사상성도 견결해야 함은 물론이다. 북한에는 각 도마다 한 곳씩 있는 제일고등중학교가 있듯이 이러한 특수학교에서 졸업하고도 학업성적이 좋아야 한다. 군복무를 마친 제대군인으로 앞날이 촉망되는 사람들은 입학 시키도록 제도화되어 있다. 제대군인을 입학시키는데도 사회과학 계통에 60%, 자연과학 계통에 20%를 반드시 뽑도록 되어 있다. 학생들은 원칙적으로 전원 기숙사에 들어가나 평양 시내에 살면서 기숙사를 기피하는 극소수만은 자가통학을 허용한다. 캠퍼스 안에는 목욕탕, 이발소, 식당, 간이우체국 등의 편의시설이 갖추어져 있어서 캠퍼스 안에서도 일상생활에 불편이 없도록 되어 있다.

김일성종합대학 특설반

이름 그대로 상설기구는 아니다. '귀족 중의 귀족'들을 위한 특설기구다. 김일성의 둘째 아들 김평일이 김일성종합대학에 입학하는 1970년대 초에야 특설반의 존재가 외부에 처음으로 알려졌다. 특설반은 학생수가 한 반에 6~7명으로 일반 학급의 5분의 1 정도밖에 되지 않는다. 김평일은 정치경제학부 특설반을 다녔고 그의 동생 김용일은 물리학부 특설반을 졸업했다. 김용일과 같은 반에는 당시 인민무력부장이었던 혁명 1세대 오진우의 아들 오일수가 있었다. 특설반 학생들은 모내기철과 추수 때마다 동원되는 '농촌지원전투'에도 참가하지 않는 특권이 부여될 뿐 아니라 교수들도 과목별로 가장 유능한 교수들만이 동원된다. '농촌지원전투' 같은 노력동원에도 참가하지 않으므로 사회과학부는 5년 6개월, 자연과학부는 6년 6개월이 걸리는 졸업 과정을 단 3년에 졸업하게 된다.

대학의 특설반이 김일성종합대학에만 있는 것은 아니다. 평양의학대학의 특설반은 '기쁨조' 후보들에게 1년 동안의 간호사 수업을 시행하는 시설이다. 기쁨조란 김일성 부자를 가까이서 모시는 데 필요한 주사법, 투약 요령, 안마 등의 기술을 연마하는 과정이다. 그러나 소정의 1년간 수업을 마치고 나서 시험 결과가 좋지 않으면 기쁨조에서 탈락하고 만다. 기쁨조에서 탈락한 사람들은 다시 평양음악무용대학 특설반에 입학, 1년 과정의 노래와 춤·가야금 등을 수학한다. 여기에서도 소질이 인정되지 않으면 기쁨조에서는 완전히 탈락, 호텔 종업원 등으로 취업하게 된다.

김일성훈장

북한의 최고훈장이다. 훈장은 정치·경제·외교·대남 등 각 분야에서 특출한 공을 세운 개인이나 단체에 수여된다. 김일성훈장 수여제도는 1972년 김일성의 60회 생일을 앞두고 제정되었다. 매년 김일성 생일을 기해 수여되는데 1992년 4월 김일성의 80회 생일에는 148명으로 가장 많은 해였다. 그런데 생일에만 수여되는 것이 아니라 당정고위간부들의 경우에는 받는 사람의 생일을 기해 수여하는 수도 있다. 1993년 9월 80세를 맞이한 부주석 박성철은 자신의 생일날 이 훈장을 받았다. 참고로 북한의 훈장제도는 다음과 같다. 김일성훈장 바로 아래에는 국기훈장 1급, 노력훈장, 국기훈장 2급과 3대혁명 붉은기훈장, 국기훈장 3급 등이다. 이외에도 정부수립, 당창건기념일에 수여되는 메달도 훈장에 속한다. 메달의 급수는 대체로 국기훈장 2급이나 3급과 같은 수준이다. 김일성상, 인민상, 문화예술상, 7·15우등상 등이나 공화국 영웅, 노력 영웅, 인민 및 공훈 칭호 등의 명예 칭호도 훈장과 같은 효력을 부여한다. 인민배우, 인민기자 등 인민 칭호가 부여될 때에는 국기훈장 1급도 함께 주어진다. 공훈 칭호의 경우에는 노력 훈장이 수여된다.

김정일군사정치대학

미국의 CIA, 구소련의 KGB, 영국의 M16, 이스라엘의 모사드는 널리 알려진 세계적 스파이 조직이다. 남한을 주목표로 하는 북한의 스파이 조직 총본산은 노동당 중앙당사 안에 자리 잡고 있는 3호 청사다. 북한의 스파이 양성조직은 1945년에 설립된 금강학교가 있었으나 1960년대 중반에 금성 정치군사학교로, 1980년대에 조선노동당 중앙위원회 직속 정치학교라고 개명되었다가 1992년 1월 김정일 정치군사대학으로 또 그 이름이 바뀌었다. 이 스파이 양성대학은 평양 근교 산간 지역에 있으면서 대남전담부서인 노동당 작전부서에 소속되어 있다. 이 학교에 입학하려는 사람은 출신 성분, 건강, 명석한 두뇌의 소지자라야 입학이 허가된다. 학생 정원은 300명인데 교관의 수는 400명이다. 졸업한 학생들은 노동당 산하 작전부, 사회문화부, 통일선전부, 대외정보 조사부에 배속되며 이 가운데 내남공작은 작전·사회문화·통일선전부가 담당한다.

작전부 소속 스파이는 다른 스파이가 한국의 비무장지대를 침투할 때 안내소임을 맡으며 자신이 직접 침투하기도 한다. 사회문화부는 남한에 고정첩보 조직을 파견하는 것이 임무이고, 통일선전부의 소임은 남북대화 등 공개적인 활동을 한다. 조사부는 해외공작이 주임무인데 대개 분교 출신이다. 분교는 금강산·묘향산·칠보산 지구에 있는데 지역별로 그 호칭이 모두 다르다. 교육기간은 처음 1년에서 3.4년으로 늘었고 1991년부터는 5년간으로 정착되었다. 스파이 훈련 과목은 폭파, 수영, 잠수, 낙하산, 침입, 납치, 무술, 통신, 운전 등으로 다양한 교육을 받는다. 사격에 쓰이는 총기는 중국, 러시아, 체코, 미국, 캐나다제 등 다양하며 사격훈련은 2만 5000발 정도를 쏘아야 졸업이 가능하다.

본교 학생들은 남한침투용이므로 남한 사정을 철저히 학습하는데 이를 위해 1987년에는 남한환경실습관을 설립했다. 이 실습관은 서울을 축소 재현한 길이 8Km의 가상도시로 도로변에는 식당, 다방, 슈퍼마켓, 영화관 등이 들어서 있고, 교통신호와 횡단보도도 서울 그대로이며 지하철과 버스터미널도 있다. 학생들은 이 시설에서 한국 돈으로 물건도 사고 영화를 보면서 남쪽 생활을 익힌다. 이같은 내용을 제보한 사람은 1993년 9월에 비무장지대를 넘어 귀순한 공작원 안명진이다. 그는 귀순 후 지하철과 버스터미널이 실습관과 똑같았다고 밝혔다. 그리고 실습관에서 비디오로 한국영화를 보았고 조선일보와 동아일보도 발행일자 3일 후면 볼 수 있었다고 했다. 안 씨는 1000여 명이 남한에 잠입해 있다는 말을 교관으로부터 들었다고 했다. 김현희도 이 학교 묘향산 분교 출신이라고 했다.

김정일 주요 친인척

여기 거명되는 친인척들은 김일성과의 관계를 표시하는 것이다.

박성철(朴成哲) 1921년생, 사촌동생의 남편, 부주석

김영주(金英柱) 1921년생, 친동생, 부주석

양형섭(揚亨燮) 1924년생, 고종사촌, 김신숙의 남편, 최고인민회의 의장

황장엽(黃長燁) 1925년생, 김일성의 조카사위, 최고인민회의 최고위원장

강현수(康玄洙) 1961년생, 김일성의 외사촌동생, 평양시 당책임비서

강석숭(康錫崇) 1923년생, 외척, 당역사연구소 소장

김창주(金昌柱) 1922년생, 사촌동생, 부총리

김중린(金仲鱗) 1923년생, 김영주의 인척, 당비서

김성애(金聖愛) 김일성의 아내, 여성동맹위원장

김봉주(金鳳柱) 1927년생, 김일성의 사촌동생, 당중앙위원, 최고인민회의 사무국장

김정숙(金貞淑) 1928년생, 김일성의 고종사촌동생, 민주조선 책임주필

김용순(金容淳) 1932년생, 당비서, 당국제부 부장, 김일성의 전처 처남

강석룡(康錫龍) 1938년생, 김일성의 외오촌조카, 노동적위대장(소장)

김경희(金敬姬) 1946년생, 김정일의 누이동생, 당경공업부장 장성택의 아내

장성택(張成澤) 1946년생, 김정일 누나, 경희의 남편, 청년 및 3대 혁명 소조 부장, 국가보위부부장

장성우(張成禹) 1942년생, 장성택의 형, 사회안전부정치국장

김광섭(金光燮) 1950년생, 김일성의 둘째 사위, 주오스트리아 대사

김평일(金平一) 1952년생, 김일성의 차남, 주핀란드 대사

김선주(金善柱) 김일성의 사촌동생, 만경대혁명학원 정치부장

김철수(金哲洙) 부주석, 김영주의 아들. 김정일의 사촌동생. 본직은 육군

상장이나 김일성 사후부터 김정일의 그림자처럼 호위대장
처럼 아주 가까워져 있다.

남산진료소
종합병원 중의 하나다. 특권이 존재하지 않는다는 북한에서 부부장(차관)
급만 전용하는 종합병원이다. 부부장급 처우를 받는 인민배우들도 이 진
료소에서 진료를 받는다.

남새
남한에서도 지방에 따라 채소를 남새라고 하는 곳도 있으나 이는 북한에
서 채소를 지칭하는 문화어다.

노력공수
자본주의 사회에서의 노동의 생산성을 의미하는 것으로 풀이된다. 노력
동원에 참여한 고등중학교 4학년 이상의 학생이나 대학생들이 농번기에
협동농장에 나가 일을 할 때 하루의 노동량을 측정해서 하루의 업무량이
충분했는가 부족했는가를 분조장이 확인함으로써 노력공수가 부족한 학
생에게는 그 부족한 분량만큼 추가로 노력지원작업을 더 해야 한다.

놀새
놀새족, 평양 놀새란 말은 남한에서의 오렌지족에 해당하는 표현이다. 본
래는 자신의 직업에 충실하지 않고 놀기 좋아하는 건달을 놀새라고 했다.
또 자기 일에 충실하면서 각종 모임과 여흥 때 많은 사람 앞에 나서서 좌
중을 웃기면서 여흥을 잘 이끌어가고 자신도 술을 제법 마시면서 놀기 좋
아하는 활달하고 건전한 사람도 놀새라고 지칭했다. 그러나 서울 강남의
오렌지족처럼 사치스럽고 방탕한 생활에 젖어 있는 젊은이들이 평양 거

리를 확보하기 시작했고, 그들은 대부분 권력층 인사들의 자녀들로 디스코풍의 록음악을 즐겨 들으며 외국인을 위한 호텔의 무도장을 드나들며 고급 식당을 이용하는 놀이꾼이었다. 이 새로운 놀새족은 1980년대 후반부터 출현하기 시작했고, 최근에는 그같은 풍조 때문에 여성의 매춘 행위도 성행되고 있다.

농촌지원전투

농촌에서 가장 일손이 바쁘고 부족한 4월에서 7월까지의 파종 모내기철과 9월 20일에서 10월 20일까지의 추수 기간에는 전국 대학생들은 물론 기업소, 공장 등에 종사하는 모든 노동력이 집중투입되는 것을 농촌지원전투라고 한다. 만수대혁명학원, 김일성종합대학도 예외는 아니다. 그러나 김일성종합대학 특설반 학생들은 그 수가 본래 많은 것은 아니라 하더라도 현장에 투입되지 않는 특권이 부여되어 있다. 일반 학생들은 이 기간 동안 현장에서 매일 2과목씩 간이수업을 받을 뿐 온종일 현장 노력 동원에 매달려야 한다. 이를 '항일유격대식 수업'이라고 하면서 학생들을 기만한다. 또 고등중학교 4학년 이상이면 누구나 농촌 지원에 참가해야 한다. 대학생들은 1년에 두 달 보름 정도 동원되는데 떠나기 전에 '식량정지증명서'를 발급받아 지원 나간 협동농장에 제출해야 식사를 제공받을 수 있다. 대학생의 경우 학교 교수가 동행해서 저녁에 농장 일이 끝나는 틈을 이용, 하루에 한두 시간의 보충수업도 겸한다. 이유 없이 농촌지원 투쟁에 참여하지 않은 고위직 자녀 두 명이 퇴학당한 사례가 있을 정도로 엄격하다.

농협분조(分組)

농업생산력을 증대시키기 위해 협동농장을 점진적으로 국영농장으로 전환하고 농촌의 기초 생산단위인 분조의 소임을 강화하도록 노력하고 있다. 협동농장의 국영화 계획은 우선 농민들의 사상의식과 소득 수준이 비교적 높고 영농 조건이 좋은 협동농장부터 국영화하기 시작했는데, 1994년 12월 평양 만경대 구역의 협동농장이 국영화됐고, 평안남도 순천군의 20여 개 협동농장이 국영화되면서 농업 연합기업소로 통합되었다. 분조는 농장의 작업반 아래 조직되어 있는 기본 생산단위로 대개 20 내지 30 농가로 구성되어 있다. 이러한 분조에게 일정한 면적의 농지와 영농 자재를 나누어주고 계획 이행 정도에 따라 노력 일수를 재평가해 생산량을 분배하는 '분조 관리제'로 운영된다.

당39호실

김정일이 직접 총괄하는 외화벌이 사업기관이다. 북한의 무역 업무는 정무원 차원에서만 집행하는 것이 아니다. 당의 각 부서들은 저마다 따로따로는 물론 군에서도 또 각 지방에서도 나름대로 약초를 캐거나 산나물·송이버섯·고사리 등으로 외화벌이의 한몫을 담당해야 한다. 국방위원회 산하에 군수경제를 전담하고 있는 제2경제위원회에서도 외화벌이를 한다. 군수품을 제작하여 외국에 수출하고 있다. 이들이 벌어들이는 외화는 모두 당39호실로 들어간다. 일단 당39호실로 들어간 외화는 재생산을 위한 재투자에 쓰이는 것이 아니라, 김일성·김정일의 뜻에 따라 사용되는 것으로 알려지고 있을 뿐이다. 당·정·군에서 이루어지는 모든 무역 업무는 김정일이 단독 총지휘한다.

당주석부

북한의 당·정·군 영도 핵심 그룹의 호위, 의료, 일상생활 전반을 보장할 뿐 아니라, 대내외 활동계획 작성 등을 도맡아 관장하는 당중앙위원회의 주요 부서이면서 외부에는 널리 알려져 있지 않은 기관이다.

당중앙

1973년 9월 당중앙위원회의 비공개 전원회의에서 김정일에게 당조직 및 선전 · 선동 담당비서 자리가 부여되면서 김정일에게 '당중앙'이라는 호칭이 등장되어 이후 김정일을 지칭할 때에는 당중앙이라는 호칭이 공용되었다. 기구의 이름 이 아니라 김정일의 위상을 호칭 대명하는 표현에 불과하다.

당중앙 군사위원회

당에서 군사 문제를 다루는 최고기관이다. 위원은 김정일, 최광, 백학림, 이을설, 이두익, 김두남, 이하일, 김익현, 조명록, 김일철, 이봉원, 오용방, 김하규 등 14명으로 구성되어 있고, 거기에 국방위원 김정일, 최광, 전병호, 김만철, 이을설, 김봉률, 김광진, 이하일 등 8명을 합쳐 22명이 북한 군부 안의 실세 중의 실세라고 보면 된다. 이들은 현 중앙군사위원, 국방위원 외에도 당이나 정무원의 다른 부서의 요직 두세 자리를 겸직하고 있다. 혁명 1세대에 속하는 김일성 빨치산 동료였던 최광, 이을설, 이두익, 백학림, 김익현 등은 지금 70대의 고령으로 각 조직의 최고책임자의 자리를 차지하고 있으면서 군부의 정신적 지주의 위치에 있으나, 60대의 혁명 2세대들이 실질적으로 군부를 움직이는 실세요 김정일의 친위세력의 자리에 있다고 보아야 할 것이다.

당중앙위원회 구호

노동당 중앙위원회는 1993년 5월 11일 '조국해방전쟁 승리(7 · 27)' 휴전협정 체결 40돌에 즈음한 '조선노동당 중앙위원회 구호'를 발표하고, 체제 고수 및 사회주의건설을 비롯해 김일성 · 김정일에 대한 충성심 독려, 통일문제, 국제정세 등 제반 사항과 관련한 구호 250개를 제시했다. 당중앙위원회는 이전에도 중요한 정치적 행사나 계기가 있을 때마다 구호를 발표해왔는데, 김정일의 후계자 지위를 공식화한 1980년 10월 당 제6차대회, 그리고 1985년 1월 31일 해방 40주와 당창건 40주에 즈음 해 각각 구호를 발표한 바 있다. 이같은 구호의 3분의 2 이상이 체제 고 수와 사회주의 건설과 관련되어 있는 것으로 보아 북한은 당면한 과제를 무엇보다도 체제 고수에 두고 있음을 알 수 있다.

대성무역 총상사(당39호실 직속 무역상사)

당39호실 직속의 수출 업무를 담당하는 대성총국의 대외적 호칭으로 대성 무역 총상사가 있다. 1975년에 설립된 이 상사는 합영 · 합작사업도 담당 하며 남북 간의 위탁가공, 전문분야 등에서의 기술 협력도 담당하고 있다. 산하에는 수출품목별로 10개의 전문 무역회사를 두고 있으면서 외국에는 물론 국내의 주요 항만이나 철도역에다 지사나 출장소를 설치하고 있다.

대외경제위원회

대외경제정책을 집행하는 실질적 기관으로 이해하면 된다. 동격으로 보 이는 국가기획위원회에서 수립하는 국가 무역에 관한 기본 기획 등에 의 거해 대외경제관련 업무를 전반적으로 관장 · 수행하는 방대한 위원회로, 그 산하에는 법규국, 지방무역지도국, 북남경제협력교류국, 세관관리총 국, 운수기관, 상품검사기관, 조선국제보험회사, 관세검사국, 합영공업총 국, 무역상사, 무역대표부, 조선국제무역 촉진위원회, 조선대외과학 · 기 술 교류협회, 조선대외경제협력 추진위원회, 조선경제발전위원회가 있다. 그 산하에 있는 무역회사로는 대성무역 총상사, 광명성 총회사, 조선경제 개발 총회사, 용악산 무역총상사, 금릉수출입회사, 은덕무역 총회사, 은하 무역 총회사, 흑색금속 수출입회사, 오곡 무역회사 등이 있다. 위원장은 이성대, 부위원장은 이성록, 이성준, 김정우, 구본태, 김일춘, 정송남, 김추 성, 김종호, 홍학수, 최봉주, 한수길, 조원명, 김웅렬.

대학의 수와 인텔리

북한은 때때로 그들의 교육정책을 자찬하면서 해마다 대학의 수도 늘고 여기서 배출되는 인텔리들이 사회 각 방면에서 활동하고 있다는 것이다. 김일성종합대학을 비롯해 단과대학과 공장·농장·어장대학 등을 모두 합치면 280여 개의 대학이 있으며, 이들 대학들에서 배출된 인텔리가 160만 명이라고 발표된 일이 있다.

두만강 개발사업

1991년 7월 31일 몽골에서 개최 중인 유엔경제개발기구 회의에서 북한 대표단은 새별·선봉·나진을 중심으로 경제특구를 구성하는 두만강 개발사업계획을 처음으로 발표했다. 그 내용 가운데에는 청진을 경제2차특구로 하는 내용도 포함되어 있다. 이 경제특구를 조성하는 북한측 구상에는 총 투자규모를 30억 달러로 잡고 남한·미국·중국·러시아·몽골 등에 투자를 요청, 이 개발사업에 적극 참여 투자할 것을 요청했고, 유엔 개발기구도 그 구상에 찬동, 적극 지원하기로 했다. 한국도 처음에는 500만 달러를 투자할 것도 상정했으나 실익이 없을 거라는 쪽으로 기울었다. 1992년 2월 26일 두만강 개발사업을 위한 실무자들이 서울에서 개최된 바 있었고, 1993년에는 유엔개발기구도 적극 지원하겠다고 나섰다. 따라서 1995년 5월 30일 남북한·중국·러시아·몽골 등 5개국이 두만강 개발위원회 협정에 가서명하기에 이르렀다. 또 한국은 두만강 개발지역 및 동북아시아 개발을 위한 협력위원회 설립 협정에 UNDP에 100만 달러 신탁금을 기탁하기도 했다.

북한의 구상에 따르면 나진항에 15억 달러를 투입하여 세계적 항구로 설립하고, 고속도로 6개, 비행장, 통신센터 신설 등을 계획하고 있으며, 5개 공단도 1995년 말까지는 조성하겠다고 했으나 북한의 제약이 많은 악조건으로 말미암아 사업은 부진상태에 처해 있다. 교통 요충지로 부상

될 것을 예상, 냉담했던 일본 등의 관심이 높아지고 있다는 것이다. 따라서 북한은 1996년 9월 중 관심 있는 나라의 기업인들을 무비자로 대거 초청, 설명회를 가지리라는 것이다. 한국에서도 53명의 참가를 신청했으나 공약과는 달리 선별초청함으로써 한국은 일체 참가를 거부했다.

두벌자식

남한의 손자(孫子)를 뜻한다.

만경대혁명학원

이 학원은 1947년 10월 21일 평안남도 대성군에서 335명의 학생으로 개교했으며, 1948년 현재의 만경대로 이전하면서 수용인원을 522명으로 늘렸다. 최근의 재학생 수는 900여 명으로 재학생 전원이 기숙사 생활을 하며 교복도 군관복장으로 되어 있다. 교육 기간은 유치원 1년, 인민학교 4년, 고등중학교 6년 등 모두 11년. 이 학원 학생들은 항일운동에 나섰다가 숨진 이른바 혁명가 유자녀와 6.25 당시 사망한 전사자·유자녀 및 전쟁고아들이 김일성 양자그룹의 대표적 구성원들이다. 최근 들어는 혁명가 유자녀, 전사자 유자녀가 줄어들자 당정 권력 중심인물들의 자녀를 받아들이고 있다. 북한의 엘리트는 거의 모두가 김일성 정권에 의해 철저히 계획적으로 교육받은 인물들이다. 북한의 특수교육기관으로 자타가 인정하는 엘리트 코스로 평가받고 있는 이 학원은 정무원 교육위원회가 아닌 인민무력부 직할로 되어 있다. 그러나 이 학원을 졸업한다고 해서 모두 군관학교로 가야 하는 것은 아니다. 김정일은 이 학원 출신은 아니나 6·25 사변 때 만주에서 2년 동안 피난생활하는 사이에 이 학원에 재적한 일이 있다. 지금까지의 졸업생은 2천여 명.

김일성은 당시 북한 지역과 만주를 비롯한 해외 여러 곳에 흩어져 살고 있는 항일유격대 출신의 혁명열사들의 자녀를 모아 만경대 유자녀학원을 만들어 이곳에서 집중교육시켰다. 바로 이들이 오늘의 혁명 2세대의 주역으로 등장한 것이다. 그들의 성장조건으로 보아 누구보다도 김일성·김정일에 충실하기 때문에 당·정·군의 요직을 차지하고 있음은 물론이다. 이 혁명 2세대의 핵심은 김정일과 더불어 혈연적 연대의식이 강한 관계로 해외로 유학한 인물이 많고, 현재는 당·정·군에 고루 진출해 있을 뿐 아니라 모두가 요직을 차지하고 있다. 만경대 혁명학원 출신으로 요직을 차지하고 있는 면면을 살펴보면 이러하다.

- 강성산(姜成山, 1931년생, 함경북도) : 모스크바대학 출신, 정치국 위원 겸 정무원 총리. 김일성의 이종사촌이라는 설도 있다.
- 김광진(金光鎭, 1927년생, 만주) : 소련군 포병기술학교, 국방위원, 인민무력부 부부장, 인민군 차수, 한국전쟁에도 참전했다. 남북고위회담 대표.
- 김국태(金國泰, 1924년생, 함경북도 성진) : 김책의 아들, 김일성대 졸업, 모스크바대학 유학, 제9기 대의원.
- 김두남(金斗南, 1928년생, 평안북도) ; 소련 군사아카데미 수학, 최고인민회의 제 8~9기 대의원, 인민군 대장, 군사위원.
- 김병률(金炳津, 1926년생, 평안북도) : 김일성종합대학 졸업, 당중앙위원, 자원개발부 부부장. 1995년 10월 대장.
- 김영철(金英哲, 1945년생, 평안북도) : 군사정전위원회 연락장교, 1990년 3월 소장, 인민무력부 부부장, 제1차 남북고위회담 대표.
- 김원전(1929년생, 함경남도) : 김일성종합대학 중앙위원회 위원.
- 김일철(金鎰喆, 1928년생, 평양) : 만경대혁명학원 1기 졸업. 소련 해군대학 졸업, 상장, 해군사령관, 최고인민회의 의원.
- 박수동(朴壽東, 1923년생, 평안북도) ; 김일성종합대학·모스크바대학 졸업, 1959년 당조직지도부 조직위원, 최고인민회의 상설회의 의원, 제9기 대의원.

- 서윤석(後允錫, 1929년생, 북간도) : 당조직지도부 책임지도원, 1972
  년 최고인민회의 대의원, 정치국원, 평안남도당 책임비서, 인민위원장,
  1986년 원자력공업부 부부장.
- 오극렬(嗚棘烈, 1929년생, 북간도) ; 김일성종합대학 · 소공군대학 졸업,
  1969년 공군사령관, 중앙군사위원, 제9기 대의원.
- 오용방(嗚龍訪, 1930년생, 함경남도) : 소군사대학, 후방기지 사령관, 당
  중앙군사위원, 당중앙위원.
- 이길송(季吉松, 1923년생, 함경남도) : 김일성종합대학 · 레닌그라드대학
  졸업, 1964년 당중공업부 부부장, 1980년 중앙위원, 1983년 교통운
  수위원장, 제9기 대의원.
- 이봉길(李奉吉, 1926년생, 평안북도) ; 김일성종합대학 · 모스크바대학
  졸업, 1980년 당중앙위원, 1990년 중앙인민위원, 제9기 대의원, 당중
  앙 검열위원장.
- 이봉원(季奉遑, 1925년생, 함경남도) ; 김일성종합대학 · 모스크바대학
  졸업, 중앙군사위원, 1985년 상장, 1990년 인민군총정치국 부국장,
  제9기 대의원, 1992년 인민군 대장.
- 임형구(林亨求, 1923년생, 함경남도) : 김일성종합대학 · 모스크바대학
  졸. 강원도 도당위원회 위원장, 중앙인민위원, 제9기 대의원.
- 임호군(林鎬群, 1930년생, 평안북도) : 김일성종합대학 졸업, 선전선동부
  지도위원, 당중앙위원, 당조사부장, 1982년 최고인민회의 대의원.
- 전병호(全炳浩, 1924년생, 함경북도) : 김일성종합대학 · 모스크바대학
  졸업, 1956년 당조직지도부 지도원, 1979년 동부장, 1988년 정치국
  원, 국방위원, 제9기 대의원.
- 조명록(趙明祿, 1922년생, 연길) : 김일성호위부대 중대장, 1978년 공
  군사령관, 당중앙위원, 당중앙군사위원, 제9기 대의원, 1992년 대장.
  1995년 10월 차수.

- 최문선(崔文善, 1926년생, 황해도) : 김일성종합대학 · 모스크바대학 졸업, 당선전선동부 지도원, 1972년 최고인민회의 대의원, 당중앙위원, 평양시 당책임비서, 인민위원장, 제9기 대의원.
- 최상욱(崔相旭, 1929년생, 평안북도) : 군관학교 · 모스크바 군사대학 졸업, 당군사부 책임지도원, 1978년 보병사령관, 당중앙위원, 당중앙군사위원, 포병사령관, 제9기 대의원.
- 최영림(崔英林, 1926년생, 원산) : 김일성종합대학 · 모스크바대학 졸업, 당조직지도부 책임지도원, 1962년 당국제사업부 부부장, 1971년 당중앙위부장, 정치국원 후보, 1984년 부총리, 부총리 겸 국가기획위원장, 제9기 대의원, 부총리 겸 금속공업부장.
- 최태복(崔泰福, 1929년생, 함경북도) : 김일성종합대학 · 라이프치히대학 졸업, 1961년 함흥화학공대 교수, 1978년 고등교육부장 겸 교육위부위원장, 제9기 대의원, 1993년 외교위원장, 비서국 비서.
- 한상규(韓相圭, 1926년생, 함경북도) : 김일성종합대학 졸업, 당조직지도부 지도위원, 당행정부 부부장, 황해북도 인민위원장 중앙위원 후보, 중앙검찰소장, 제8~9기 대의원.
- 현준극(玄峻極. 1925년생, 함경북도) : 김일성종합대학 · 모스크바대학 졸업, 1954년 당선동부 지도위원, 노동신문 부주필, 1979년 당국제사업부 부부장, 대외문화연락위 부원장, 당중앙위원, 기자동맹중앙위원장, 제9기 대의원.
- 이철봉(李哲奉, 1936년생) : 1970년 소장, 1984년 사회안전부장, 상장, 당중앙위원, 도시경영부장, 제9기 대의원.

문화어

평양어를 중심으로 제정된 북한의 표준말이며 공용어라고 해야 적절하다. 북한은 1966년 문화어의 원칙을 담은 맞춤법집 《조선어 규범집》을 발표했다. 이때부터 문화어 운동이 벌어졌고 약 5만 개의 어휘를 북한식으로 정리함으로써 남북 간의 언어이질화가 더욱 뚜렷해졌다. 문화어의 가장 큰 특징은 한자로 구성된 우리 국어를 한글 고유어로 바꾸고 고유어가 없을 경우에는 그 뜻을 풀어쓴다는 것이다. 남한에서 양계장이라는 것을 '닭공장'이라고 하는 따위는 그에 해당되는 것은 아니지만, 외래어 역시 고유어로 바꾸었다. 그러나 정치경제 용어나 과학기술 용어에 나오는 한자어·외래어는 그대로 사용하기로 했다. 또 해방 이후부터 북한에서 지켜온 두음법칙의 무시 관행은 그대로 유지하고 있다. 우리 민족의 정서와 애환이 서려 있는 '외롭다', '애닯다' 등의 어휘와 '아가씨' 등의 어휘는 봉건시대 냄새가 난다고 해서 문화공용어에서 추방됐다. 한자말이 우리말로 고쳐진 것을 예로 보면, 견인선은 끌배, 손자는 두벌자식, 미혼모는 해방처녀, 앞서도 지적한 바 있는 닭공장으로, 파고는 물결높이, 초점은 모임점, 큰 한발은 왕가물 등으로 고쳤다. 정치경제 용어로 인민, 혁명, 투쟁, 노동, 계급, 갱도 등은 한자어를 그대로 쓰고 있다.

외래어 헬리콥터는 '직승비행기', 리본은 '댕기', 볼펜은 '원주필', 노크는 '손기척', 슬리퍼는 '끌신', 스포츠 용어의 어퍼컷은 '올려치기'(남한에서도 최근에 들어서면서 이렇게 쓰고 있으나), 그러나 그대로 표기하고 있는 것도 있다. 뜨락또르(트랙터), 텔레비전, 메달 등은 또 그대로 쓰고 있다. 외국의 고유명사, 특히 국명은 그 나라 발음대로 표기한다. (한국 신문편집인협회와 당시 문교부가 합의해서 공표된 보도용어집에 의하면 남한에서도 현지 발음을 그대로 쓴다는 원칙은 세워져 있으나 관용이라는 예외 규정 때문에 반드시 그렇지 못한 실정이다.) 북한의 예를 보면 웽그리아(헝가리), 스웨리에(스웨덴), 로무니아(루마니아), 뽈스카(폴란드) 등을 들 수 있겠다. 또 일상용어 가운데 남한에서는 생소한 복어를 '보가지', 도시락을 '곽밥', 매서운 바람을 '칼바람', 악착스럽게를 '이악하게', 폭로되다를 '발가지다', 곧바로 가지 않고 멀리 돌거나 둘레를 도는 것을 '에돌다'로 쓰는 따위는 우리 표준말과는 거리가 있어 보인다. 채소를 '남새'라 하고 화장실을 '위생실'이라 하는 문화어도 있음을 적어 본다.

문화재

북한은 국보 · 보물 · 사적명승 · 천연기념물과 함께 유물 · 유적 등은 문화재에 포함시키면서 무형문화재는 포함시키지 않고 있다. 1993년까지 북한의 국보는 51점, 보물 53점, 사적 73점, 명승지 19개소를 지정하고 있다. 북한 헌법은 "민족문화유산을 사회주의 현실에 맞게 계승 · 발전시킨다"고 되어 있어 김일성 · 김정일을 우상화하기 위한 조형물들도 천연기념물에 포함시키고 있기 때문에 북한에서 천연기념물로 지정된 것이 467점이나 된다.

국보 1호	평양의 대동문
국보 18호	평양에서 20Km 정도 거리의 역포(力浦)에 있는 고구려 고분동 명왕릉
국보 22호	묘향산 보현사 8만대장경 보존고
국보 26호	황해남도 안악고분 1 벽화
국보 27호	황해남도 안악고분 2 벽화
국보 28호	황해남도 안악고분 3 벽화
국보 39호	개성에 있는 고려시대의 대표적 왕릉인 공민왕릉

민민전방송

북한의 대남방송이면서 그 방송의 송출이 남한지역 어디인 것처럼 가장하고 방송인들의 방송어조를 서울식 발음과 억양을 쓰면서 남한사회의 혼란을 조성하고 북한사회를 찬양하는 내용을 방송하고 있다. 민민전은 민주주의민족전선을 뜻한다.

백두 광명성

김정일을 신격화하기 위한 '구호나무'에 새겨졌다고 선전되는 구호문 가운데 이같은 구절이 있다. "민족의 태양 김일성 장군 그 태양빛 이어갈 백두 광명성, 2천만 동포여 자랑하라, 백두산 하늘에 백두성 솟았다. 조선 미래의 광휘 백두 광명성 만세, 아 조선아 백두성 탄생을 알린다". 김정일의 출생을 찬양하는 김정일 지칭 구호.

범청학련(汎齊學聯)

정식 명칭은 조국통일범민족청년학생연맹이다. 1991년 8월 15일 평양에서 열린 청년학생통일회담에 당시 건국대 성용승이 전대협의 대표로, 경희대 박성희의 입북과 더불어 북측과의 결성을 공동결의함으로써, 1992년 8월 15일 판문점과 서울대학교에서 각각 결성식을 갖고 출범한 단체다. 범청학련은 스스로 남과 북, 해외의 모든 청년학생들을 망라한 전민족적 청년학생통일운동체라고 자처하고 있다. 범청학련의 투쟁 목표는 출범 당시부터 ① 연방제 기치 아래 조국통일 실현, ② 주한미군과 핵무기 철수투쟁 전개, ③ 조·미평화협정 체결 및 남북불가침선언 채택, ④ 국가보안법 철폐와 통일인사 석방투쟁 전개, ⑤ 민족통일협상회의 소집, ⑥ 연방제 통일방안 확정 등을 들고 있다.

북측 공동의장 허창조는 김책대학 졸업생으로 남한 대학생의 공작지도를 위해 당국이 임명한 인물이어서 범청학련을 주사파 학생들을 통해 남한 사회의 교란 등 대남공작의 창구로 이용하고 있음이 분명하므로 남한 정부에서는 이적단체로 단정하고 있다. 범청학련은 외형적으로는 범민련의 산하단체인 것 같지만 실제로는 독자적으로 활동한다는 것이 검찰의 판단이다. 이 기구 중 서울과 평양을 연결하는 팩시밀리 전령 구실을 해온 조직은 베를린에 있는 공동사무국으로 한총련에서 파견한 최정남이 사무국장, 남측 2명, 북측 1명, 재일조선인 2명 등이 사무국원으로 활동하고 있다.

북한의 국화(國花)

목란과에 속하는 목란이다. 목란은 잎이 무성하고 산기슭과 골짜기의 습한 지역에 주로 서식하는 식물이라고 《조선말 대사전》은 설명하고 있다. 목란은 1991년 4월 김일성이 공식으로 국화로 지정했다. 따라서 김일성과 관련된 시설물에는 대부분 목란의 문양이 들어 있다. 그러나 북한은 '김일성화'나 '김정일화'가 더 소중하게 여겨지고 있다. 평양 중앙식물원에는 김일성화와 김정일화만의 온실이 별도로 마련되어 있다. 김정일화는 불멸의 꽃으로 불리고 있으며, 1988년 일본의 식물학자가 기증한 것으로 베고니아과에 속하는데 모란과 비슷해 붉고 탐스럽게 생겼다는 것이다. 1994년 8월에는 자강도 김형직군에다 김정일화 온실을 개관했다.

비사그루빠(非社)

퇴직한 보위부원이나 안전원들로 구성된 소위 비사회주의 그룹을 지칭한다. 이들은 혹시나 스며들지도 모르는 자본주의 사상을 경계하면서 북한 탈출자나 교포 장사꾼들을 때때로 계몽하거나 단속하고 있다. 무산 시에서 있었던 일인데, 20대 후반 청년 한 명이 압록강을 넘나들며 밀수를 하다가 60대 노인 비사그루빠에 붙들리자 그 노인을 교살한 죄로 무산 시민들과 많은 교포 장사꾼들이 지켜보는 가운데 아무런 의식 절차도 없이 처형되고 그 시체가 일주일간이나 처형 장소에 그대로 목매달려 있었다고 한다.

비서국

1966년 10월에 열렸던 노동당 중앙위원회 제4기 14차 전원회의에서 신설되었다. 비서국은 당권 집행기관이다. 1994년 김일성이 사망하기까지 당총비서직을 맡아왔고 김정일은 당사업 총괄담당 비서직을 맡고 있었다. 그리고 공안, 군수, 경제, 교육, 근로단체, 농업, 국제, 선전, 사상, 대남 등 각 분야를 담당하는 비서들이 있으며, 22개의 전문부서와 12개 시·도 당위원회를 관장하고 있다. 대남 담당비서는 1995년 말 현재 김용순이 맡고 있다. 대남 담당 김용순 외에 주웅태(柱應泰, 공안), 전병호(군수), 한성용(韓成龍, 경제), 최태복(교육), 김중린(金仲근로단체), 서보희(徐寶熙, 농업), 황장엽(국제), 김기남(金基南, 선전). 김국태(金國泰, 사상) 등이 분야별 담당비서 12명 가운데 김일성·김정일을 제외한 10명이다. 김정일은 당사업 총괄담당비서로 실질적인 당권 행사 실력자다. 비서는 당중앙위원회 전원회에서 선출하도록 노동당 규약은 규정하고 있으나 김일성이 생존했을 때는 김일성의 뜻에 따라 임기 같은 것은 불문에 붙이고 비서직을 주었다가 빼앗고는 했으니까 '교시'가 실정법에 우선하는 실례가 허다했다. 어쨌든 비서국은 당중앙위원회 소속으로 당인, 당내문제 등을 토의·결정하며 그 결정의 집행을 조직·지도한다고 되어 있다. 따라서 비서국의 기능은 당정을 총괄 지도·감독하는 기구이므로 그 권한이 얼마나 막강한 곳인가를 미루어 짐작할 수 있다. 김일성이 죽은 후 김정일이 이 총비서직을 승계하지 않는 속심이 무엇인지, 언제 승계할 것인지에 관해 관심을 기울이는 까닭도 거기에 있다.

사로청

사회주의로동청년동맹의 약칭이다. 만 14세부터 30세에 이르는 학생·군인·직장인 등 모든 청년이 의무적으로 가입해야 하는 북한 최대의 정치조직이다. 맹원 수는 북한 총인구의 4분의 1인 500만 명이다. 사로청가입은 각급 학교에서 단체로 가입하는데 만 14세면 고등중학교 4~5학년생들이다. 가입은 의무적이면서도 소년단 위원회와 맹원 한 사람의 보증서가 첨부되어야 한다. 가입청원서를 접수한 해당 초급단체 총회는 심사를 거쳐 가입을 결정한다. 그러나 사로청원의 의무와 권리에 대해 사전교육을 받고 동시에 김일성·김정일에게 충성을 다하고 공산주의 완성을 위해 몸과 마음을 바친다는 내용의 선서를 해야 한다. 가입절차가 끝나면 사로청 휘장과 맹원증이 주어진다. 휘장은 반드시 김일성 배지 아래에 달도록 되어 있다. 맹원은 매달 10전씩의 맹비를 내야 한다.

사로청의 주요 임무는 예비당원 양성, 경제건설 지원활동, 공산주의 사상교육, 남한 청년 학생들과의 통일전선 강화 등이다. 이를 위해 일상업무 외에 사상학습, 궐기모임, 노력동원에 참여해야 한다. 궐기모임이란 충성다짐, 경제선동, 대남비난 등의 내용으로 학교나 직장, 지역 단위로 실시된다. 노력동원은 평양시 건설현장을 비롯해 탄광, 농촌 일손돕기 등 안 가는 곳이 없을 정도이고 군부대 위문활동은 물론 김일성 · 김정일의 우상화성역의 답사, 순례행군도 주요 메뉴다. 사로청 학생들의 연간 의무노동시간은 정해져 있다. 고등중학교 4~6학년 학생들은 연간 60일, 대학생은 10주 내지 12주 정도다. 기구로는 중앙에 중앙위원회, 그 아래에 조직부, 국제부, 소년단사업부, 학생청년부 등이 있고 또 기관지를 발행하는 노동청년사라는 신문사가 있어서 〈로동청년〉이라는 신문을 발행하고 있는데 이 신문은 〈로동신문〉, 〈민주조선〉과 함께 북한의 3대 일간신문으로 꼽히고 있다. 사로청 중앙위원회는 노동당의 지시를 받아 사로청 대회나 전원회의, 모범 초급단체장회의 등을 통해 사업을 결정, 실시한다. 학교, 직장, 중대, 지역마다 위원회가 있으며 그 아래 5명 내지 30명 정도 단위로 초급단체가 별도로 조직되어 있다. 직장 위원장들은 생산활동을 하지 않으면서 생활비를 그 직장에서 지급한다. 중앙위원회 위원장은 빨치산 출신 최현의 아들 최용해(崔龍海)가 1980년대 중반부터 맡고 있다.

사회안전부

남한사회의 경찰과 같이 치안, 질서유지, 범죄수사가 기본 임무다. 이곳의 대표적 임무는 주민등록 업무다. 출생, 사망신고 같은 호적 업무를 구(區)나 군(郡) 사회안전부 주민등록과가 관장한다. 사회안전부에는 주업무부서인 주민등록과 외에 감찰과, 예심과, 호안과, 국토과, 기요과 등이 있다.

감찰과는 관할지역 안에 있는 기관 기업소에 대한 경제감찰이라는 중요 임무 가 부여되어 있다. 즉 국가기획위원회가 배정한 생산계획을 달성하지 못했을 때나 불량제품이 나올 경우 감찰과가 해당 기업소를 조사한다. 경리장부를 조사하여 횡령자가 발견되면 이를 처벌한다. 일반 범죄나 현행범은 감찰과 소관이다. 농민시장에서 벌어지는 암거래 행위는 물론 강도·절도의 현행범을 잡으면 기본 직권에 따라 10일간 구류소에 구금하고 혐의자로부터 진술서를 받아 혐의가 농후하면 관련 서류를 예심과로 넘긴다. 예심과는 감찰과에서 넘겨받은 진술서를 기초로 제2차 범인 심문이 있다. 이때 범죄 사실이 인정되면 검찰소의 지휘와 사회안전부의 최종 결재를 받아 구류보전처분결정서가 발부되며 그 혐의자는 재판이 끝날 때까지 사회안전부 구류장에 구금되어 있게 마련이다.

호안과는 교통사고, 화재사고, 노동재해 등 안전사고를 담당·처리한다. 국토과는 도로유지, 보수를 감독하고 산림보호 임무도 담당한다. 기요과는 기밀을 필요로 하는 일체의 문건을 보관·관리하는 업무를 담당한다.

사회안전부는 정무원 소속으로 중앙안전부가 있고 그 밑에 도·시·군 구역에 단위별로 단위사회안전부가 설치되어 있다. 또 연합기업소나 규모가 큰 1급 공장에는 각각 단위 사회안전부가 있어서 생산 감시활동과 노동자들을 대상으로 하는 공안 업무를 수행한다. 사회안전부원은 일은 고되지만 인민무력부, 국가안전보위부와 함께 북한을 지탱하는 핵심 권력기관이기 때문에 직업으로서는 인기 있는 직업종이다. 따라서 이곳에 배정되는 사람들은 당성이 특출한 사람들이나 배경이 있어야 한다.

사회조절위원회

특권층들의 주거지역에 침입하여 값나가는 집기, 냉장고, 텔레비전 세트는 물론 덩치가 크고 무거운 피아노에 이르기까지 중장비를 갖추고 훔쳐

가는 일단의 절도단 갱단들의 '자칭'이다. 그들은 남의 물건을 훔쳐갈 때마다 그 집 공간에다가 반드시 사회조절위원회라는 흔적을 적어놓고 간다는 것이다. 월남 귀순한 사람들의 말에 의하면 사회조절위원회의 작태는 1991년경부터 시작된 것으로 알려졌다. 그들이 사회조절위원회라고 자칭하는 이유는 훔쳐간 물건들은 자신들의 사복만을 채우기 위한 것이 아니라 보다 가난한 인민들에게 나누어줌으로써 불평등한 사회를 조절하기 위함이라서 그러한 명칭을 쓰게 됐다는 것이다.

사회주의 7대 명절

정월 초하루, 2월 16일 김정일의 생일, 4월 15일 김일성의 생일, 5월 1일 국제노동절, 정권창립일 9월 9일, 노동당 창건일 10월 10일, 12월 27일 헌법절 등 사회주의 명절이라는 이름 아래 공휴일로 정해져 있고, 김정일·김일성의 생일에는 온 주민들에게 고기와 쌀을 특별 배급한다. 그리고 김일성·김정일의 생일은 이틀을 공휴로 정하고 있다.

산업부문별 연간 생산능력

① 자동차 3만 3000대 ② 공작기계 3만 5000대 ③ TV수상기 26만 대 ④ 선박건조 21만 4000톤(1964년 연간 실적)

3대 일간신문

사로청 기관지인 〈로동청년〉, 로동당 기관지 〈로동신문〉, 정무원 기관지 〈민주조선〉이 북한의 3대 일간신문으로 꼽히고 있다. 김일성이 살아 있을 때는 해마다 그의 입을 통해 신년사라는 이름의 그의 새해 정책 지침을 밝힘으로써 방송 신문에 의해 시민들에게 전파되었으나, 1995년, 1996년 새해에는 김정일의 이름으로 이 3대 일간신문에 새해 지침이 일제히 보도되었다.

3대 혁명소조

사상, 기술, 문화의 혁명, 이를 노동당 규약에서는 혁명의 총노선으로 한다고 규정하고 있다. 3대혁명이란 1973년에 조직된 이래 3대 혁명소조에 의해 추진되어온 것으로 그 소조의 책임자는 김정일이었다. 김정일이 추진해온 노선을 당이 총노선으로 삼는다는 것은 김정일을 후계자로 옹립한다는 뜻을 지니고 있다. 그 후 모든 조직체 기업소나 단위 인민위원회마다 3대 혁명소조가 조직되었거나 조직된 소조를 침투시켜 그들의 혁명과업을 추진하고 감독하고 평가하는 가운데 과욕과 자세(藉勢)로 말미암아 일반 시민으로부터 경원되기도 했고 질시의 대상이 되기도 했다.

1992년 2월 14일 중앙방송은 1973년 조직된 이래 지금까지 20만 5000건의 기술혁신안을 생산에 도입했으며, 1100여 개의 중소형 발전소 및 1000여 개의 다리를 건설하는 등의 성과를 거두었다고 밝힌 바도 있다. 3대 혁명소조는 당정책 관철이라는 표면적 명분 아래 간부들의 보수주의, 경험주의, 요령주의, 기관본위주의, 관료주의를 개조하기 위한 사상투쟁을 활동지표로 삼고 있다. 3대 혁명소조는 김정일의 직접 지휘 아래 각급 생산단위는 물론 행정기관, 문화기관, 학교 등에 파견되어 당조직과 더불어 활동하고 있다. 또 이 소조는 김정일의 명령만 있으면 목숨까지도 기꺼이 바칠 준비가 되어 있다. 따라서 김정일이 공식 후계자가 된 1980년 10월 제6차 당대회를 계기로 3대 혁명소조 중심의 전후 세대가 대거 노동당에 입당한 사실로 미루어 이 3대 혁명소조는 김정일 왕조의 세 비팀목으로 주목되는 김정일의 친위대이자 근위대로 간주되고 있다.

3호직장(당39호실 하부구조)

당39호실의 2개 파트 가운데 하나다. 공장 · 기업소 일부 수산협동조합의 외화벌이 직장이다. 주요 수출 품목은 금, 은, 동, 보석류, 유색금속, 통조림, 육류 등인데 역시 39호실 직속인 대성무역 총상사가 맡고 있다. 당

39호실은 김정일이 직접 관장하고 있는 곳이다.

상사, 회사, 기업체, 경제기관

앞서 외화벌이 항목에서도 밝히고 있듯이 북한 주민 전원이 외화벌이꾼이라고 해도 과언은 아니다. 공장, 기업소는 물론 군부대, 교육기관까지 외화벌이에 나서야 하고, 당·정 각 기관이 저마다 상사를 거느리고 있어서 그 내막을 모르고 섣부르게 접촉했다가는 십중팔구 낭패를 보게 될 것이다. 귀순자 강명도도 주석궁 경리부에 재직하면서 대외무역에 종사, 외화벌이 사업을 벌였다는 사실을 밝히고 1994년 7월 현재 북한의 외화벌이 사업체는 130여 개에 이른다고 증언하고 있다. 합영법이 실시된 194년부터 생겨나기 시작, 정무원 산하의 무역부 대외경제사업부가 중심이 되어 합영회사를 운영해왔으나 김정일이 자신의 통치권을 강화하기 위해 기업운영권을 당·군·정 등 각 권력기관에 부여하면서 대폭적으로 늘어났다는 것이다.

각 사업체들은 모두 독립채산제로 운영된다. 중개거래, 원자재 및 보석류 수출입 등을 통해 상급기관과 자체 예산을 보전하며 그 실적에 따라 충성경쟁을 해왔다는 것이다. 베이징에 나와 있는 그들 사업체들의 지사들끼리도 경쟁이 심하게 벌어진다는 것이 남한 당국자의 평이다. 승패의 열쇠는 취급 품목이 아니라 누가 더 힘이 센 상급기관 소속이냐에 있다. 우선 외화벌이 상사·무역회사를 많이 거느리고 있는 인민무력부 산하를 훑어보면 이러하다. 인민무력부가 운영하는 외화벌이 상사는 24개나 된다.

매봉무역이라는 회사는 자체의 인원이나 규모는 크다고 할 수 없으나 각 군단별로 분담하고 있는 무역물자의 거래를 총괄해서 하고 있기 때문에 거래 규모가 가장 크고 또 해외에 지사까지 거느리고 있다. 지사는 모스크바, 키르키스, 연길, 광주 등지에 있다. 뿐만 아니라 할당된 수출액을 달성하기 위해 일선 부대별로 수산물의 양식이나 임산물의 재배, 채취하는 일까지 하고 있다.

융성무역 총국, 융성선박회사, 신진합작회사, 동방아시아 합작회사, 피복임가공공장(1046호 공장), 해주볏짚공장, 해주금광, 또 총국이 직접 운영하는 다섯 곳의 수산기지도 있다. 성게 양식으로 성게알을 일본에 수출하는 청진운단사업소, 명태와 오징어를 수획·수출하는 함흥 신포수산기지, 광어를 주종으로 하는 원산수산기지, 조개를 양식하는 평안남도 온천기지와 신의주기지가 있다.

융성 선박회사는 대성산호, 융성 1~3호 등 네 척의 무역선을 운영하고 있다. 신진 합작회사는 다다미를 만들어 일본에 수출하고 있고, 동방아시아합작회사는 러시아의 나홋트카에서 러시아회사와 공동으로 콩을 재배하고 있다. 인민무력부 외화벌이 사업의 총괄은 총참모부 '44부'에서 담당한다. 총참모부 '44부'에서 군의 외화벌이 사업을 기획도 세우고 회사별로 업종을 할당하고 수출목표도 수립한다. 무력부총정치국 조직부 안에도 외화담당과가 있어서 군의 외화벌이 사업을 지도하고 있다.

용악산무역 총상사와 용악산은행도 있다. 국방위원회에 군수경제를 전담하는 김철만이 위원장을 맡고 있는 제2경제위원회의 산하에서 중무기·경무기·선박 등 무기와 군수물자를 생산하는 12개의 총국과 이들의 수출입을 담당하는 대외경제총국이 있는데, 이것의 수출입 업무를 담당하는 곳이 용악산무역 총상사이다. 대외경제총국에서는 한때 무기를 생산하여 이란, 시리아, 쿠바 등에 수출한 일도 있다. 국방위원회 직속 무기수출을 독점하고 있는 이 회사의 무기 수출고는 미국 정부가 발표한 자료만으로도 5억 달러 수준에 이르고 있는 것으로 알려져 있다. 이 숫자는 1993년도 북한 무역액 26억 달러의 5분의 1에 해당된다. 용악산은행의 자금 보유고는 북한의 어느 은행보다도 높은 것으로 알려져 있다.

대양무역은 노동당중앙위원회 조직지도부 직영 무역회사다. 1988년에 귀순해 현재 경남대 행정대학원 박사과정을 밟고 있는 김정민(金正敏)이

이 회사 사장직을 역임했다. 고려민족산업발전협의회는 노동당중앙위원회 조직지도부 직속기관이다.

대성총국, 다시 말해 조선대성무역상사는 북한 최대의 무역회사로서 노동당 재정경리부 39호실에서 관리하는 회사다. 흔히 대성총국으로 불리는 이 사업체는 9개의 무역상사와 5개의 수산업관련 상사, 모스크바 등 5곳의 외국 지사로 구성되어 있다. 수산물에서 특수기자재에 이르기까지 이익이 남는 모든 물품을 상품으로 취급한다.

금강산 국제무역개발 주식회사는 회사 이름이 주식회사로 되어 있어 미심쩍은 점도 없지 않으나, 베이징에 본거를 두고 남한 기업들의 대북창구 소임을 맡고 있다. 남한 기업들로부터 입북 알선료를 턱없이 많이 받다가 물의를 일으켜 작년에 소환된 박정근의 후임으로 1996년 1월 29일 외교관 출신인 려승철을 사장으로 임명하였다.

조선동흥무역회사는 남포공단 조성을 책임지고 있는 무역회사로 주민들의 사찰기구인 사회안전부에서 이 회사를 운영하고 있다. 조선신흥무역회사는 정치 사찰을 담당하는 국가보위부가 운영하는 상사다. 취급 품목은 석고상, 동상, 무연탄이다. 칠성무역상사는 남한의 경호실에 해당되는 호위총국이 운영하는 상사다. 광명성 총회사는 당39호실에서 운영하는 무역회사이며 그 산하에는 광명성 합작회, 광명성 무역회사, 광명성 건설회사 등이 있다. 북한의 한약재 수출 업무는 광명성 총회사가 총괄 담당한다.

조선경제개발총회사는 나진·선봉 지도국이 우리 남한 기업과 외국 기업의 투자유치를 담당하는 회사 이름이다. 북한은 앞으로 나진·선봉 지역의 개발을 이 지역 행정·경제위원회에 전권을 위임할 것으로 전해지고 있으나 행정·경제위원회와 조선경제개발 총회사의 사무 분담이 미정이나 투자유치에서부터 지역 안의 기업소 설치 및 활동보장 등 대부분이 행정·경제위원회로 넘어갈 것이라는 전망이다. 총사장은 임태덕이다. 흑색금속수출입회사는 광업부 산하의 수출입 업무 대행회사이다.

민족산업총회사는 남한의 주식회사 대우와 북한의 조선삼천리총회사와 더불어 50 대 50으로 총 자본 1050만 달러로 합영 설립한 회사다. 본사는 평양시에 두고 총사장은 북한 측이 담당하고 총부사장에는 대우 측 박준 상무가 취임했다. 공장은 남포에 설치했고 우선은 셔츠, 가방, 재킷 등을 생산하는 TV, 냉장고 등 가전품도 생산할 예정이다. 이 사업은 김우중 회장이 1992년 1월 김일성을 만난 이후 5년 만에 성사된 남북 최초의 합영회사다.

오공무역회사는 건설공업부 산하 무역업무 대행회사이며, 주로 건설기자재 수출입 업무를 담당하고 있다. 금릉 수출입회사는 중앙당 기계공업부 소속으로 1990년 말에 설치되었다. 방전가공기, 전기퍼머기, 검진드라이버 등을 수출하고 있으며, 중국의 베이징·단둥·선양 등에 지사를 두고 있다. 옥류무역상사는 지방행정기관인 평양시가 운영하는 상사다. 은덕무역 총회사는 중앙당 중공업부 소속으로 각종 선반 등 공작기계, 강철재 등 수출입 업무를 담당하는데 그 가운데에서도 은덕 금속수출입회사, 은덕 유색금속, 광물수출입회사, 은덕일용품, 기계 수출입회사를 별도로 설치·운영하고 있다. 은하무역 총회사는 경공업위원회의 수출입 업무 대행사, 경공업위원회의 주류를 이루는 피복류에 관련된 것은 이 회사의 주요 업무다. 조선체신회사는 삼성전자가 700만 달러를 투자, 합작회사를 설립, 나진·선봉 지역에 통신센터를 건설·운영하겠다는 계획이 1996년 4월 정부로부터 승인을 받았다.

능라 888회사는 주석궁 경리부 소속 상사회사로 사장은 신상균이고, 우리나라 주식회사 태창이 1995년 2월 중국과 합작 설립한 동방중전이라는 회사를 전면에 내세워 금강산생수 공동개발에 관한 계약을 체결한 회사다. 주식회사 태창은 800만 달러가 소요되는 생산 및 일체 시설비를 단독투자하고(1996년 4월 정부 승인) 능라 888회사는 생수생산 시설지역의 환경을 순화 조성한다는 것이다.

상장

북한의 군계급 명칭. 남한 국방군의 중장에 해당하며, 상장 바로 위의 계급이 대장이다. 대장보다 높은 계급은 차수, 차수의 상위계급이 원수다.

상좌

북한의 군계급 명칭으로 남한군의 중령에 해당된다. 소좌, 중좌, 상좌, 대좌의 순으로 남한의 소령, 중령, 대령과 대비된다.

생일상 · 결혼상

김일성이 살아 있을 때부터 항일투사. 노동자. 농민 · 군인 · 지식인 등 각계 각층을 망라한 유공자들의 생일, 결혼예식 올리는 날을 기해 차림상(麻)을 전달했는데 1995년 한 해 동안 김정일로부터 이러한 상을 받은 사람이 300명을 헤아린다고 북한 당국이 발표하고 있다. 1995년 10월 1일에는 석탄화학자 이승기 박사의 90회 생일상을 전달했다는 것이다.

생활비

남한에서 월급이라고 하는 것을 북한에서는 생활비라고 한다. 당초 노임이라고 했으나 노동을 상품화하는 의미라고 해서 1978년부터 생활비라고 고쳐 부르기로 했다. 그러나 생활비는 사무직보다는 기술직이 많이 받는다. 하는 일이 같으면 어느 기관, 어느 단체에서건 똑같은 생활비를 받게 마련이다. 그러한 생활비가 1992년 2월을 기해 몇십 년 만에 처음으로 43.4%를 일괄적으로 올렸다. 따라서 60원 수준이던 사무직 생활비가 80원 내지 90원이 되었고, 일반 노동자는 70원에서 90원 내지 100원으로 올랐다. 노동자라도 힘든 일을 하는 사람, 즉 광부제철공은 100원 이상을 받는다. 또 같은 직종에서도 숙련도나 생산성 등 노동의 질에 따라 차등 지급된다.

당이나 국가기관 간부들의 생활비는 월등히 많이 지급된다. 정무원 총리는 500원 이상, 부장(장관)은 350원 이상이고, 공장·기업소 간부들이 그다음이고, 특급기업소 지배인(사장급)이 300원, 1~2급기업소 지배인이나 기사장들이 200원 정도씩 받는다. 북한 화폐를 달러 환율 2원 14전 정도로 환산하면 일반 노동자들의 월 생활비는 50달러 미만으로 지극히 낮은 것으로 생각되나 기본생활이 가능한 이유는 쌀을 비롯한 생활필수품의 배급가격과 대중교통요금, 국가에서 공급하는 주택의 주거비가 저렴하기 때문이다. 그러나 쌀 1kg에 8전이라는 국정 배급가격이 헐하다고는 하나 국가에서 배급하는 쌀과 강냉이만으로는 태부족이기 때문에 10원 내지 25원 하는 암시장 쌀이나 강냉이로 보충해야 하는 어려움을 겪고 있다. 운동화 한 켤레의 국정 배급가격은 1원 40전 내지 3원 80전 하는 것을 암시장에선 20원, 50원에 사야 한다.

그러면 암시장에 내다 팔 수 있는 생활필수품들이란 어떤 성질의 것인가. 쌀·강냉이·남새 따위의 농산품은 또 어떤 것인가. 협동농장의 옥수수는 말라 비틀어졌어도 바로 인접된 터밭에 심은 옥수수는 싱싱하고 결실이 좋은 게 상식이다. 협동농장 생산품은 수확이 좋건 불량하건 경작자와 직접적으로 이해관계가 희박하나 터밭에서 생산되는 수확물은 자가생산, 자가처분이 가능하기 때문에 단 한 평의 좁은 터밭의 농작물이라도 보다 정성을 들여 수확을 늘리려 하기 때문이다. 쌀의 경우는 협동농장에서 생산되는 추수를 농민 경작자들이 빼돌릴 틈이 있기는 공장에서 생산되는 생활필수품들을 빼돌려 암시장에 내다 팔아 현금으로 챙기는 수법과 다를 바가 없다. 따라서 함경도·자강도 같은 농경지가 적고 그렇게나마 빼돌릴 수 있는 식량이 없는 곳의 부녀자들이 황해도·평안남도같이 먼 곳을 내왕하면서까지 자가식량뿐 아니라 장삿속으로 오고가는 사람들의 수가 묵시적으로 증가하는 이유도 거기에 있다. 자본주의 경제의 생계비의 개념과도 거리가 있는 표현이다.

생활총화

일주일에 한 번씩 토요일마다 소속단체별로, 고등중학교 5~6학년 학생들은 사로청 소속으로, 직장에 나가지 않는 가정주부의 경우 여성동맹의 조직이나 인민반에서 생활총화라는 모임을 가져야 한다. 생활총화란 조직별로는 조금씩 다르다고 할 수 있으나 조직원들의 충성도나 사상 검토를 제일 중심과제로 한다. 한때 인민반에서 있었던 바와 같이 자기반성도 하고 상호비판도 불가결이다.

인민학교 2학년이 되면 소년단에 가입하게 되고 소년단은 사로청 산하단체로 별도 조직이 없으나 학년·반·분조 등 학급편성으로 15명 단위로 구성된 분조 단위로 회의가 진행된다. 그 회의는 학년별로 학생들은 학생답게 좋은일하기 운동이라는 이름 아래 각자의 개인활동, 다른 학생들의 학습 태도를 비판·격려하는 등 생활총화 활동을 한다. 현역군인들도 예외는 아니다. 사병들은 대부분 사로청 소속이지만 하사관급 이상은 당원이 많기 때문에 생활총화는 따로 갖는다. 공장, 기업소, 협동농장에서도 그렇고 간부와 당비서들은 당세포별로, 당이나 정무원에 근무하는 사람들도 당세포별로, 정무원의 총리나 중앙당비서도 당세포에 소속돼 있어 반드시 생활총화 모임에는 참석해야 한다. 다른 조직에 비해 당세포 생활총화 모임의 중요 안건은 몇 주씩 계속되기도 하고 세포비서의 눈 밖에 나는 사람은 집중적으로 비판을 받는 등 당세포 생활총화는 엄격하다.

철두철미 일상생활을 주체사상 10대 원칙에 따라 말하고 행동하는 총화적 규범생활을 강요하고 있다. 심지어는 김정일을 〈인민의 아버지〉라는 가요를 만들어 TV·라디오 등 대중매체를 통해 방송 선전하고 가사를 암송하도록 가사와 악보를 집안에 걸어놓고 전 주민들의 충성을 강요하는 따위다. 생활양식은 물론 김일성의 교시와 김정일의 말씀은 모든 법률, 명령, 행정조치에 앞서 실천해야 한다. 정치사상 학습도 수요 강연도 생활총화의 테두리 안에서 강행되고 있음은 말할 나위도 없는 일이다. 따라서 전 주민들의 일상적인 생활양식은 획일적으로 총화를 이룩하도록 강요하는 것을 포괄적으로 의미한다.

선봉

김일성이 해방된 조국으로 돌아올 때 소련에서 조그만 철선을 타고 몇몇 동료들과 함께 조국에 첫발을 디딘 곳이 함경북도 웅기항이었다. 웅기항은 나진만을 사이에 두고 나진과 주보는 항구다. 이 웅기항을 북한 정권이 김일성의 선착지로 기념하기 위해 그 지명을 선봉(先鋒)으로 개칭했다. 위치는 북위 43도, 동경 130도 조금 동쪽인 한반도 가장 북쪽 동해에 면한 항구다. 북한 정권은 1991년 선봉·나진을 중심으로 경제특구를 구축하는 두만강 개발사업계획을 처음 발표하면서부터 세계의 이목을 모아온 곳이기도 하다. 한국 정부도 두만강 개발사업의 장래성에 착안 UNDP와 더불어 두만강 개발사업에 참여하고 있고, 남한 기업들도 분야별로 깊은 관심을 갖고는 있으나 투자보장이 문제가 되어 관망 상태인 것 같다.

수교국 수

132개국(1995년 10월 당시)이 수교국이다. 지역별로는 아프리카가 43개국, 유럽이 35개국이다. 남한은 1995년 10월 당시 180개국이다.

식량

주곡은 쌀이다. 연간 총수요량은 700만 톤, 평년작 500만 톤으로 잡아 해마다 200만 톤의 부족량을 구소련 중국에서 수입·충당해왔다. 1995년의 대홍수로 식량 부족이 가중되었고 고위관리가 식량 원조를 외국에 호소하고 있다. 이에 따라 국제기구에서 나서서 그 진상을 조사하기도 하고 식량을 원조해 줘야 한다고 주장하는 나라도 있고, 그렇게 긴박한 사정이 아니라고 느긋해 하는 나라도 있다. 북한 사정에 가장 정통하다고 인식되어 있는 구소련 북한주재 외교관의 말은 이렇다. "총수요량이 700만 톤이나 200만 톤은 자체 절약으로 해결된다. 1995년도 총생산량이 400만 내지 450만 톤이라고 볼 때 절대부족량은 50만 내지 150만 톤밖에 되지 않는다. 거기다가 감자·옥수수·수수 그 밖의 잡곡까지 보태면 북한은 식량 위기가 아니다"라는 것이다.

신포

함경남도 함흥에서 동북으로 60Km, 북쪽 바닷가 북위 42도, 동경 128도에 위치한 적막한 어촌이다. 2003년경이면 100만 Kw급 원자력발전기 2기가 들어설 도시의 이름이다. 원자력발전소는 동해안에서 1.5Km 육지 쪽으로 건설될 것이며 발전소 용수로 쓰일 남대천과 3개의 호수가 있고 그 남쪽 15Km 지역에는 양화부두가 있고 함흥에서 청진으로 이어지는 철도가 부근을 통과하는 지점에 있다.

양권

한자로 표기하면 糧券이다. 북한은 남녀노소 가리지 않고 누구나 자기 집을 떠나 타처로 떠날 때에는 여행증을 받아 이를 휴대해야 여행이 가능하다. 이때 함께 발급받아야 하는 또 하나의 소중한 것이 바로 양권이다. 양권이 있어야 여행지에서 식사를 제공받을 수가 있다. 양권에 기재된 식량의 배급량만큼 자기 주소지에서의 식량이 감량된다.

언론매체 기관

통신사·신문사·방송이 있어서 외양으로는 자본주의 사회와 같이 갖추어져 있다. 신문으로는 노동당 기관지 〈로동신문〉, 정무원 기관지 〈민주조선〉, 사회주의노동청년총동맹의 약칭 사로청 기관지 〈로동청년〉이 일반적 개념의 3대 일간 전국지이고, 각 도당위원회가 운영·발행하는 지방신문이 있다. 방송은 노동당과 정무원의 지도 감독을 받는 조선중앙방송위원회에 의해 운영되고 있다. TV방송으로는 조선중앙TV, 만수대TV, 대남진용방송인 개성TV가 있다. 라디오방송 부문으로는 조선중앙방송, 대남방송인 평양방송, 원산방송, FM으로는 평양FM방송이 있고 그 밖에 10개의 지방방송망이 있으며 별도로 대남흑색방송인 구국의소리 방송이 존재한다. 이 모두가 노동당과 정무원의 철저한 감독 아래 운영되고 있다. 신문·방송 외에 당과 정무원의 정책과 선전·선동을 주로 하는 조선중앙통신사가 있어서 모든 신문·방송이 이 통신을 전재하고 있다.

연금제도

① 연로자연금 : 북한 주민들의 정년은 남자 60세, 여자 55세로 규정되어 있다. 군인들 좌관(영관)급의 정년은 55세다. 그러나 당·정 고위간부나 장성, 대학교수, 과학자들은 이 정년제에 구애받지 않는다. 이 규정에 따라 정년퇴직자에게는 연금이 지급된다. 근무 기간이 25년 이상인 경우에는 하루 식량 600g과 정년퇴직 당시 월급의 40%를 동사무소를 통해 지급받는다. 훈장, 공로메달을 받은 사람은 대우가 다르다. 김일성훈장이나 김일성의 이름이 새겨져 있는 금시계를 받은 사람에게는 식량 700g, 정년 때 월급의 100%를 받는다. 국기훈장 1급을 받은 사람은 식량 600g에 정년 때 월급의 70%를 지급받는다. 근무 연한이 25년 미만일 때는 하루 식량 300g에 정년 때 월급의 30%를 지급받는다.

② 노동능력 상실연금 : 산업재해나 질병으로 불구가 된 경우 이 연금을 지급받는다. 하루 식량 600g에 최종 월급의 30%를 지급한다. 군인의 경우 영예군인(상이군인)은 100g의 식량을 더 지급한다. 산업재해나 질병으로 사망하는 경우 유가족에게 연금이 지급된다. 사망 당시 월급의 30%를 지급한다. 국가공로자가 사망하면 사망 당시 월급의 100%

를 지급한다. 장례보조금은 사망자가 10세 미만이면 5원, 그 이상이면 10원이다.

③ 연금 지급기관 : 연금 지급기간은 1년 내지 5년으로 되어 있으나 김일성·김정일의 지시가 있을 때에는 10년까지도 연장된다. 노동능력 상실자 연금과 유가족 연금은 해당 직장에서 지급해야 한다. 봉급생활자들은 사회보험료 명목으로 월급의 1%를 납부하고 협동농장이나 협동조합에서는 총 수입금의 1~3% 정도의 사회보험료를 수납한다.

영예군인
남한에서 쓰이는 말의 상이군인이다.

5과대상자
특권층의 자녀들을 총칭하는 말이다. 즉 항일빨치산의 유자녀나 남한 침투간첩 등 대남사업 희생자의 유자녀들은 김정일의 특별 지시에 따라 대학진학 시험에 특별한 혜택을 받는다.

5호감시제
북한사회의 특이한 제도 중의 하나다. 북한 인민들은 상호 언동을 감시함으로써 반당적·반정부적 비평을 인민들로 하여금 고발케 하여 반동분자들을 색출 처단하는 제도이다. 생각만 해도 몸서리쳐지는 제도이나 최근 월남한 인사들의 전언에 의하면 아주 가까운 친지들 사이에서는 당과 정부의 처사를 노골적으로 비난하는 경향이라고 한다.

5호관리소(당39호실 하부구조)
당39호실의 2개 파트 '3호직장'과 동격인데 도(시)와 일부 군단위의 외화벌이 사업소이다. 이 사업소는 주로 가공하지 않은 자원을 수출한다. 과일, 산나물, 수산물, 송이버섯, 고사리, 약초 등을 주민들을 동원하여 채취해 수집, 수출한다.

완전통제 구역

남한에서도 통칭 정치범 수용소라고 지칭하는 북한의 관리소에는 완전통제 구역과 혁명화 구역이라는 두 개의 유형이 있다. 이곳은 한번 들어가면 절대로 나올 수 없는 곳으로 북한에서 유독 김일성 · 김정일의 초상화가 붙여져 있지 않은 곳이다. 수령의 은혜를 받을 자격조차 없는 무리들이라는 것이다. 이들은 자유시간 없이 24시간 강제노동이 강요되는 곳으로 이해하면 된다. 식량도 썩은 강냉이 외에는 아무것도 지급되지 않는다면 남한 사람들에게 믿어질까. 그래도 엄연한 사실인 것을, 그들의 말대로 '반동의 씨'이기 때문에 근절시켜야 하는 대상들이다. 부부 한 가족이라도 따로 따로 수용된다. 남과 여를 구별 수용한다는 것이다.

외채

한국정부 통일원이 1996년 5월에 발표한 바에 의하면, 북한 외채는 1995년 말 기준으로 115억 1000만 달러로 추정했다. 이 외채 규모는 1994년 북한 국민총생산액 212억 달러의 절반을 초과하는 것이어서 북한 외채의 심각성을 여실히 반영하고 있다. 북한 외채는 해마다 누적되어 온 것으로 알려지고 있다. 북한 외채의 주요 부분은 러시아로부터 43억 2000만 달러로 가장 많고 중국 21억 9000만 달러, 일본 9억 1000만 달러, 서방채권 은행단 23억 3000만 달러, 기타 서방권 17억 6000만 달러에 이르고 있다.

외화벌이

외화를 벌어들이는 사업을 말한다. 북한 주민들은 전원이 외화벌이 일꾼이라 고 할 수 있다. 북한에는 외화벌이를 하지 않는 단체가 없다. 공장·기업소는 물론 군부대 교육기관까지도 외화벌이에 동원된다. 교육기관의 인민학교 어린이들은 고사리손으로 산나물·약초 등을 뜯고 캐야 하며, 사금이 생산되는 지대에 사는 주민들은 사금을 캐야 하며, 평소에 사금을 수집해두었던 주민들은 국제시세에 못 미치는 헐값으로 팔아야 하며, 당·정·군으로 나뉘어 조직적으로 공장·기업소마다에는 외화벌이만을 전담하는 3호직장이 추진한다. 북한이 외화벌이에 얼마나 혈안이 되어 있는가를 반증하는 한 실례를 들어본다.

시베리아 벌목장은 모두가 지원제일 뿐 아니라 엄격한 심사를 거쳐야 참가 파견될 수 있다는 사실은 널리 알려져 있는 일이다. 벌목장 공사일이 너무 가혹하고 자고 먹는 시설이 엉망일 뿐 아니라 강냉이밥, 강냉이죽만으로는 기력을 유지할 수가 없어 외화벌이를 빙자하여 간신히 몸을 빼낼 수 있었다는 말을 들은 적이 있다. 물론 외화벌이를 빙자하여 외출허가를 받았던 노동자 가운데 외화는 한 푼도 벌지 못하고 귀대한 사람도 있었지만, 귀대하지 않고 러시아 이곳저곳을 방랑하는 사람도 있는가 하면 극소수 일부는 남한으로 망명의 길을 선택한 사람도 있는 것으로 전해지고 있다.

평양 중구역 외성동에 있는 맥주공장은 월 생산능력이 350톤 내지 400톤의 생산설비를 갖추고 있으나 총생산량의 10 내지 20%는 외화벌이용으로 3호직장에서 관장하고, 그 나머지는 호프와 보리를 수입할 자금이 부족하여 호프 대신에 밀·강냉이를 섞어 국내용 맥주를 생산하고 있다. 외화벌이용 맥주는 전량 평양식료연합 기업소에 납품되거나 정무원 대외 봉사 총국이나 노동당 산하의 대성총국에 보내진다. 대외 봉사총국에서는 외화를 사용하는 호텔이나 고급식당을 통해 이 맥주를 처분하나 공장에 지불하는 맥주값은 북한 국내 화폐로 처리하기 때문에 대성총국의 이익은 막대하다. 대성총국은 김정일이 직접 관장하는 노동당 39호실이 운영하고 있다. 대규모 외화벌이로, 도라지를 심겠다고 산지를 개간해 양귀비를 집단적으로 재배해서 아편을 만드는 일은 북한 농민들이 모두 알고 있는 비밀 아닌 비밀이 되어 있음을 빼놓을 수 없다.

원수(元帥)

차수의 윗계급으로 북한에는 김정일, 최광 인민무력부장, 이을설, 김일성·김정일의 신변보호를 전담해온 호위총국장 등 3인(1996년 3월 1일 당시)뿐이다.

위생통과증

여관에 투숙하려면 위생통과증을 제시해야 하고 기차 같은 대중교통 수단을 이용할 때에도 위생통과증을 제시해야 한다. 간단히 표현하면 몸에 이가 없다는 증명이다. 여행을 떠나기 전에 목욕탕에서 몸을 깨끗이 씻고 의복을 증기가마솥에 삶고 나면 위생통과증의 발급을 받을 수 있다. 여관에서 투숙 중 '편의봉사 관리소' 직원의 불심검사를 받아 몸에서 이가 발견되면 가차없이 여관에서 쫓겨나게 마련이다. 북한에서는 이를 '20호'라고 부르는데 그 연유는 1960년대 '이를 박멸할 데 대하여'라는 지시가 내각 명령 '20호'로 나온 데서 유래되었다. 북한의 여관은 오후 6시부터라야 손님을 받고 아침 9시면 손님들은 여관에서 빠져 나와야 한다. 여관에도 일반실과는 시설과 대우가 다른 귀빈실이 있다. 귀빈실은 고위 당간부나 기업소 책임자 등이 사용하는 것으로 침대, 옷장 등 가구가 비치되어 있고 사용료도 물론 비싸다. 일반실의 두 배 정도인 1원 20전이 하루의 숙박비로 되어 있다.

유일사상

유일지도체제가 내포하는 '위대한 김일성 동지'의 주체사상이라고 한마디로 요약될 수 있는 사상임을 뜻한다. '위대한 김일성 동지께서' 세운 프롤레타리아 독재정권과 사회주의제도를 최고 강령으로 하는 사회를 일색화하는 주체사상을 말한다. 주체사상의 10대 원칙에 의하면 모든 인민들이 '위대한 수령님'의 뜻에 따라 언행을 일색화해야 정신적·신체적 생을 유지할 수 있도록 규정하고 있다. 그 하나는 '자그마한 표현'도 주체사상에 어긋나는 반당적 행동도 '견결히 반대하고 투쟁'하는 대상이 되어 있다는 것이다. 여기에 '위대한 수령님'의 혁명사상이 시종되어 있다. '위대한 수령님' 한 사람의 사상이라고 하면 지나친 표현일까.

유훈통치

김일성이 죽으면서부터 사실상 북한을 통치해온 김정일이 자신의 능력 부족에다 주변의 상황에 따라 자신의 새로운 정책을 대내외적으로 펼 수가 없었다. 뚜렷하게 그 이유가 밝혀지지 않았지만 김일성이 누리던 당·정의 최고책임자 지위를 계승하고 있지 않기 때문에 김정일의 독자적 정책이라고 할 수 있을 정도의 새로운 것이 없었다. 그러면서도 김일성의 3년상을 맞이할 정도의 시간이 흘렀다. 그동안 김정일은 나름대로 북한을 통치해왔다고 보인다. 이렇다 할 새로운 대내외정책이 제시되지 못하면서 김일성이 생존 당시 전시되고 선전되어 온 '교시', 즉 정치·경제·문화·공민들의 일상 생활양식에 이르기까지의 교시는 법률·명령·행정조치 등에 이르기까지 관철돼야 하는 지상 명령이었다. 유일사상 10대 원칙에서도 김일성 교시를 법이요 지상명령으로 규정하고 있었기 때문에 김정일은 김일성의 생존 당시 지도이념과 곳곳에서의 교시와 그 정신에 따라 통치해왔다고 보인다. 김정일의 독창적인 통치이념이나 통치스타일이 아닌, 김일성이 남기고 간 그것, 김일성의 훈도에 따라 통치함을 지적하는 것이라고 이해하면 될 것 같다.

의료제도

행정조직에 따라 3단계의 진료소가 있다. 리나 동에는 인민병원이나 종합진료소가 있고 기업소나 협동농장에는 그 규모에 따라 그곳에도 진료소가 설치되어 있다. 리 · 동 인민병원에도 내과, 외과, 산부인과, 안과, 피부과, 소아과 등 기본적인 6개 과에 전문의 10여 명이 청진기, X선 촬영기, 현미경 등 기본적인 의료장비를 갖추고 있으며 혈액 · 혈압 · 소변검사 같은 기본 검사는 가능하나 보다 정밀한 간기능 검사 등은 2차, 3차 진료기관으로 가야 한다. 1차 진료기관에서 6일간 진료를 받아도 완치가 안 될 때는 후송의뢰서를 발급받아 종합병원이라고 할 정도의 시 · 군 단위의 인민병원으로 간다. 이 2차 진료기관에서의 치료 기간은 약 1개월인데 여기서도 완치되지 않는 환자는 3차 진료기관으로 가야 한다. 3차 진료기관은 직할시와 각 도에 하나씩 있는데 보통 대학병원, 중앙병원들이 해당된다. 3차 진료기관에서도 치료가 불가능할 때에는 평양에 있는 전문병원으로 옮길 수 있도록 되어 있다. 결핵 · 간염환자 등은 곧바로 요양소로 가며, 전염병 · 급성질환자 · 응급환자 등은 상급 진료기관에서 곧바로 진료를 받을 수 있도록 되어 있다. 여기에 특기해야 할 사항이 있다. 즉 북한은 1960년부터 무상치료제를 실시하고 있다는 사실이다.

또 하나 의료혜택도 완전히 차별화 · 계급화되어 있다는 사실이다. 우선 지역 단위 인민병원에도 당간부 정무원 간부들을 위한 특별병실이 있는가 하면, 평양 에는 인민무력부와 사회안전부 직영병원이 있는 것은 물론, 김일성 · 김정일 가족과 그들의 친인척, 당 · 정 고위간부와 그 가족들을 위한 봉화진료소와 남산진료소라는 특별병원이 있다. 제도적이지는 않겠지만 평양의 의료시설만은 철두철미 차별화가 완벽하게 형성되어 있다. 우선 평양 시내에 살 수 있는 주민들의 성분부터 차별화되어 있다. 평양에는 병상 1500개의 평양산원이 있고, 30여 개의 진료과목을 갖추고 1300개의 병상이 있는 재일교포가 설립한 김만유병원도 특권층 진료를 위한 특별1과, 2과가 있다는 것이다.

20호

1960년대 '이를 박멸할 데 대하여'라는 지시가 내각명령 20호로 공포, 실시된 데 유래한다. 여행하려는 시민은 여관에 투숙하거나 대중교통수단을 이용하려 할 때에는 위생통과증을 발급받아야 한다. 여행하려는 사람은 떠나기 전에 목욕탕에서 몸을 깨끗이 씻고 의복은 증기가마솥에 삶아서 이가 완전히 박멸된 후에야 위생통과증을 발급받을 수 있다. 투숙 중에 옷에서 이가 발견되면 가차없이 여관에서 쫓겨난다.

인구

2151만 4000여 명(기준연도는 밝히지 않았다.) 1996년 2월 1일 마카오에서 열린 '동북아시아의 평화를 위한 나눔과 연대회의'에서 북한의 조선기독교도연맹 황시천 국제부장이 밝힌 최근 최신의 숫자. 1995년 말 현재 남한에서는 북한 인구를 2326만 명으로 인정해왔다. 참고로 남한 인구는 4485만 1000명으로 공표되어 있다.(1995년 말 기준.)

인민반

북한 행정체계에서 최하위이면서 최소의 기구는 인민반이다. 구성은 한 동에서 15 내지 30 가구가 한 단위로 이루어진다. 이같은 인민반이 20개 내지 30개 단위가 묶여 지구반을 이룩한다. 인민반장은 일정한 직업을 갖지 않고 당성이 강한 주부들 가운데서 동사무소가 지명 선출한다. 반장에 뽑히는 요건 가운데는 당성이 강해야 함은 물론 인민반 활동에 모범적 인물이어야 한다. 특히 평양시 인민반장들에게 월 50원의 월급이 지급된다. 그런데 지방도시 반장에게는 그 월급이 30원이란다. 50원이면 일반 노동자들의 평균 노임 월 80원에 비하면 남한의 여성이 남성의

56.2%밖에 안 되는 것에 비하면 결코 적다고 할 수 없는데도 다른 부업 수입에 비해 적다고 해서 반장에 뽑히는 것을 기피하는 편이란다.

인민반의 임무는 일주일에 한두 번 정기적으로 모여 동사무소에서 내려오는 지시사항을 전달하고 인민반 내의 문제들, 즉 쓰레기 재활용, 저금모금, 절전운동, 위생문화사업 등 일상생활에 관한 의견도 교환하고 해결 방안을 동사무소에 건의하는 것은 남한사회의 반상회와 유사하다. 인민반과는 별도로 남성들이 대표로 참석하는 세대주 반회의가 있다. 이 남성들의 세대주 반회의는 여성들이 주로 모이는 인민반과는 그 성격이 다르다. 회의의 개최도 부정기적이고 여성들만의 인민반에서 성사시키기 힘든 소소한 도로공사 같은 사업이나 상부의 지원을 필요로 하는 사안, 인민반 전체에 관련되는 중요한 문제들을 세대주 반회의가 처리한다.

인민배우

영화배우, 가수, 연극인들 중에서 최고의 영예 칭호이다. 연륜이 있어야 함은 물론 연기력과 외모가 뛰어나야 하고 가장 우선적인 것은 당성이 강해야 한다. 북한의 모든 예술활동이 당정책의 선전선동의 수단으로 이용되고 있기 때문이다. 영화배우 오미란, 가수 전혜영을 비롯해 〈꽃파는 처녀〉에 출연한 홍영희, 보천 보전자악단의 김광숙 등이 김정일의 눈에 들어 초고속으로 인민배우의 칭호를 받은 경우에 속한다. 인민배우에 대한 국가적 대우도 파격적이다. 생활비 지급을 비롯해 각종 예우가 부부장(차관)급이다. 부부장급 간부 전용 종합병원인 평양의 남산진료소에서 진료를 받는다. 아파트 배정에서도 우선권이 주어지고, 생활비도 부부장급과 근사한 230원에서 300원 정도 지급받는다. 인민배우보다 한 단계 낮은 등급에 공훈배우가 있다. 이들은 국장급 대우에 월 170원에서 200원 정도의 생활비 혜택을 받는다. 해방 후 월북한 문예봉도 인민배우였으나 무슨 이유 때문인지 근년에 이르러 인민배우 칭호가 박탈된 것으로 전해지고 있다. 한때 남한의 소위 운동권 학생들이 즐겨 불렀던 〈휘파람〉을 부른 주인공이 바로 인민배우 전혜영이다.

인민복권

북한에도 복권이 있다. 이름하여 인민복권이다. 1951년 당첨금 100원의 조국보위복권을 발행하기 시작, 1950년대 말까지 발행, 전쟁수행비, 전후 복구비에 충당하다가 자본주의 사회에서나 있을 수 있는 일이라는 빙자로 1980년대까지는 금지되었었다. 최초의 인민복권은 1991년 11월부터 발매 후 4개월 만에 첫 추첨이 있었다. 한 장 발매 가격은 50원이니까 보통 월급쟁이 월수입이 70원, 80원인 걸 감안하면 비싼 가격이었다. 복권의 발행 명분은 "인민들의 문화·정서생활을 흥성하게 하며 나라의 사회주의 건설과 통일거리 건설에 재정 적 보탬을 주자"였다. 발행 초에는 식당·상점·역전 등 공공장소에서 희망하는 사람에게만 판매했었으나, 판매값이 한 달 월급의 절반 이상이라는 부담 때문에 점차 인기가 떨어져 각인민반과 공장·기업소에 강제로 배정하다가, 1993년도부터 복권 가격을 50원에서 10원으로 낮추었으나 인기는 좀처럼 회복되지 않았다. 한때는 당첨자가 은행에서 당첨금을 받지 못하는 사태도 있었다고 하는 일은 은행에 돈이 없었기 때문이라는 중앙위원회의 해명이 있었을 정도였다.

인민참심원

배심원과 같은 개념으로 이해하면 된다. 각급 인민위원회에서 선거되는 선출직이다. 판사도 선거로 뽑는다. 그러나 검사는 임명직이다. 중앙재판소 판사만은 최고인민회의에서, 도(직할시) 재판소와 인민재판소(시·군 지역) 판사는 지역인민 회의에서 각각 선출한다. 인민재판소의 '참심원'은 판사선거와 함께 선출한다. 참심원은 공장·기업소와 협동농장의 관리나 모범 주민들이 주로 선출된다. 모든 공직자들이 그러하듯이 판사·검사 · 변호사 · 인민참심원 들도 당에서 미리 결정하는 것으로 되어 있다. 북한의 재판제도는 2심제다. 1심에서는 판사 1명, 인민 참심원 2명이 재판을 담당하고 2심 재판 때는 인민참심원 없이 판사 3명이 다수결로 재판한다.

인민 체력검정

체력단련과 노동력 향상을 목적으로 해마다 9월이면 실시되는 체력장이다. 1948년 7월 인민위원회 교육국 명령 제8호로 공포되어 남자는 만 9세부터 55세까지, 여자는 만 9세부터 만 40세까지의 미혼자를 대상으로 실시된다. 학생 · 일반 노동자는 물론 대학교수나 사무원들도 받아야 한다. 체력검정은 학교나 직장별로 하는데 검정 종목은 턱걸이 · 달리기 · 넓이뛰기 · 높이뛰기 · 수류탄 던지기 등이다. 종목별로 기록을 재는 것은 아니고 합격 · 불합격 판정으로 끝내 상부기 관에 보고한다. 불합격 비율은 대단치 않다.

자력갱생

김일성은 이렇게 말하고 있다. "자립적 민족경제를 건설한다는 것은 나라를 부강하게 하며, 인민의 생활수준을 높이는 데 필요한 중공업 · 경공업 제품과 농업생산물을 기본적으로 국내에서 생산하고 확보할 수 있도록, 경제를 다방면으로 발전시켜 현대적 기술로 장비하고 자신의 견고한 원료기반을 구축함으로써 모든 부문이 유기적으로 연결된 하나의 통합적 경제체계를 수립하는 것을 의미하는 것입니다." 주체사상의 주요 슬로건으로 제창되고 있는 자력갱생은 얼핏 보아서는 매력적이라고 보이지만 김일성이 말하는 것처럼, 북한 자체의 힘으로 가능한 것인가, 또는 국제적 추세에서 과연 바람직한 것인가, 자력갱생의 꿈이 달성될 가능성이 주목되는 부분이다.

자립

경제적으로 자립한다는 것은 자신의 발로 걸어가는 경제를 건설하는 것, 즉 자기 나라의 자원과 기술, 자신의 힘으로 경제를 건설한다는 뜻이다. 북한 시정방침의 기본인 자주·자립·자위 중의 하나로 북한 정치의 기본적 입장이다.

자위

국방에서 자위의 원칙을 견지한다는 것은 국가의 자주성과 혁명에 의해 얻어진 모든 것, 인민의 자유와 행복을 믿음직스럽게 수호할 수 있는 자신의 견고한 방위력을 갖추는 것을 뜻한다. 자주·자립과 함께 북한 정치의 기본적 입장 중의 하나다.

자주

정치에 있어서 자주성을 견지한다는 것은 나라의 혁명과 인민의 이익에서 출발한 모든 노선과 정책을 독자적으로 창출·관철함으로써 민족적 자주권을 수호한다는 뜻이다. 주체사상의 기본이념이요, 북한의 시정 방침의 자주·자립·자위 중의 하나다.

재판소·검찰소

재판은 중앙재판소, 도재판소, 인민재판소와 특별재판소에서 한다. 특별재판소의 인민참심원은 해당군무자회의 또는 종업원회의서 선거한다. 검찰사업은 중앙검찰소 도·시·군 검찰소와 특별 검찰소가 한다. 그 임무는 기관·기업소·단체와 공민들이 국가의 법을 정확히 지키는가를 감시한다. 좀 더 구체적 사항을 적시하면 이렇다. 국가기관의 결정, 지시가 헌법, 최고인민회의 법령, 결정, 최고인민회의 상설회의 결정, 지시, 주석의 명령, 국방위원회 결정, 명령, 중앙인민회의 결정, 정령, 지시, 정무원 결정, 지시에 어긋나지 않는가를 감시한다. 범죄자를 비롯한 법 위반자를 적발하고 법적 책임을 추궁하는 것을 통하여 국가의 주권과 사회주의제도 국가와 사회협동단체 재산, 인민의 헌법적 권리와 생명재산을 보호한다고 헌법이 규정하고 있다.

적위대

농업 · 공업 등 여러 부문에 걸쳐 조직되어 있는 준군사부대로 군병을 모집할 때에 제일차적으로 그 대상이 되어 있는 까닭으로 북한의 군사력을 평가할 때에는 반드시 적위대의 병력을 계상하는 것이 상식으로 되어 있다. 적위대의 총수는 300여만 명으로 헤아리고 있다. 적위대를 세분하면 노동자 · 농민을 중심으로 하는 노농적위대와 붉은기 청년적위대가 있다.

정년제

일반 노동자들의 정년은 남자 60세, 여자 55세로 되어 있다. 2~3년제 교원대학을 나온 인민학교 교사나 사범대학을 졸업한 고등중학교 교원의 정년은 일반 노동자와 같은 60세, 55세다.

정무원

최고 주권기관의 행정적 집행기관이다. 헌법상 정무원은 주석과 중앙인민위원회의 지도 밑에 사업한다. 정무원은 총리 · 부총리 · 위원장 · 부장들과 그 밖의 필요한 성원들로 구성한다. 임기는 최고인민회의 임기와 같다. 국가의 인민경제 발전 계획을 작성하여 그 실행대책을 세운다. 공업, 농업, 건설, 운수, 체신, 상업, 무역, 국토관리, 도시경영, 교육, 과학, 문화, 보건, 환경보호, 관광 그 밖의 여러 부문의 사업을 조직 · 집행한다. 국가 예산을 편성하며 그 집행대책을 세운다. 화폐 및 은행제도를 공고히하기 위한 대책 수립, 외국과의 조약체결 및 대외사업, 인민무력 건설에 대한 사업, 사회질서의 유지, 국가의 이익보호 및 공민의 권리보장을 위한 대책 수립, 정무원 결정, 지시에 어긋나는 국가 관리기관의 결정, 지시, 폐지 등 이 그 임무에 속한다. 이같은 소관 업무에 대해 최고인민회의, 주석, 중앙 인민위원회에 책임을 지도록 되어 있어서 노동당과 정무원의 관계가 어 느 한 개인의 독재를 가능케 하는 특이한 정치체제임을 알 수 있다. 15위 원회·28부·1원·2국으로 구성되어 있다고 하나 경우에 따라서 신축 성이 크다 고 보이는 이유는 어느 한 개인의 편의와 의사대로 변화될 수 있는 북한의 특이한 체제 때문이다.

정치범수용소

북한은 1966년 4월부터 1970년 9월까지 김일성 일인독재를 강화하기 위해 반혁명적인 적대 분자들을 색출하기 위한 출신 성분 조사를 실시했 다. 그 결과 6000여 명을 인민재판에 회부해 처단했고, 1만 5000여 가 구의 약 7만 명을 산간벽지로 추방했다. 또 그들 가운데 종파분자, 반당, 반김일성 사건 연루자들과 그 가족들에 대해서는 특정 지역에 집단수용 해 보다 조직적으로 감시하게 됐다. 처음에 1개 리(1, 우리나라의 면에 해 당됨. 북한에는 면이 없음) 정도의 지역이었으나 1973년 김정일의 체제가 구축되는 소위 '3대 혁명소조'의 활동이 본격화되면서 수용소 규모와 수 용 인원이 증가되었다. 1980년 10월 노동당 제6차 대회 이후 김정일이 당권을 장악하면서 반대자들을 '사상 개조사업'이라는 명분으로 함경남 도 대흥정치범수용소(19호 관리소)에서의 종신강제노역에 처분되는 인원 이 1만 3000여 명으로 증가됐다.

　이같은 수용소가 함경북도의 온성, 회령, 경성, 함경남도의 요덕, 정평, 덕성, 평안북도의 용천, 영변, 자강도의 회천, 동신, 평안남도의 개천, 북창 등 모두 12개소라고 남한 정부의 안전기획부가 1992년 10월 13일에 밝 힌 바 있다. 남한에서는 정치범수용소라고 통칭하는 이들 수용소의 총면

적은 1,500평방킬로미터로 북한 총면적의 1.23%를 차지하고 수용인원은 북한 총인구의 약 1%가 될 것으로 남한 정부기관은 추정하고 있다. 요덕 수용소에 수감됐다가 탈출, 남한으로 귀순한 안혁, 강철환이 밝힌 것을 보면 가족이 있는 가구에는 주식으로 1인당 강냉이(통강냉이) 550g, 부식으로는 소금과 주 1회 정도 도토리 된장 한 숟가락을 주는데 작업을 태만히 한다는 구실로 그나마의 식량 지급도 중단함으로써 식량 부족을 메우기 위해 산나물 · 풀뿌리 · 나무 열매 등으로 연명하는 게 다반사라고 했다. 또 주거는 흙벽돌과 판자로 비바람을 막는다고 하지만 방바닥은 피나무 껍질로 바닥을 깔고 겨울 추울 때에는 거적 따위의 덮개를 이용, 온가족이 서로 부둥켜안고 서로의 체온으로 추위를 막아낸다는 것이다. 피복, 가족 있는 가구의 경우는 수용 기간 중 모포 한 장과 누빈 동복 상하 한 벌씩, 3년에 한 벌씩 작업복을 지급하고, 독신자들은 수용될 때 입고 있던 옷 한 벌로 지내야 한다. 또 신발은 1년 6개월에 한 컬레, 겨울에는 5년에 한 컬레씩 방한화를 지급하고 양말과 내의는 일체 지급되지도 않는다는 것이다.

수용자들은 노약자와 어린애들을 제외하고는 모두 5명씩 조를 짜 새벽 5시 반부터 저녁 8시까지 오전 오후 30분간의 휴식 시간을 빼고는 계속 작업을 해야 한다. 귀순자 강철환의 말에 의하면, 독일에서 공부하던 오길남의 아내 신숙자와 그의 두 딸 등 일가족을 목격한 일이 있다고 했고, 북한 해군사령관 상장 박철갑 일가족, 국가보위부장 김병하의 딸, 부 주석 이종옥의 막내아들 만호 등이 수용되어 있거나 수용된 일이 있었다는 말을 전하고 있다. 수용소의 시설은 어마어마한 경비조치와 시설을 갖추고 있다. 물론 면적도 방대하지만 지대가 낮은 곳은 전기철조망으로, 높은 곳은 2미터 높이의 철조망을 따라 7~8미터 깊이의 함정과 참나무로 만든 목창이 설치되어 있다. 이같은 엄청난 시설과 삼엄한 경비망을 피해 탈주자가 발견되면 무차별 사살하고 또 체포되었을 때에는 공개 총살이나 교수형에 처한다는 것이다.

또 한 가지 이야기는 북한 수용소를 탈출하고서도 그대로 중국에 머물러 있는 이민철의 말을 그대로 옮겨보면 이렇다. 수용소에서의 배고픔은 말로 다할 수 없다. 항상 머리 속에서 무언가 먹고 싶다는 생각 외에는 없다. 이민철이 갇혀 있던 곳은 마그네시아라는 광물을 채굴하는 광산이었는데 이곳에서는 강냉이 500g에 소금에 절인 무 몇 쪽으로 하루 12시간 내지 15시간의 고된 중노동을 이겨내야 하는 것이다. 살기 위해서는 무언가를 먹어야 한다. 광산 갱 안에서 벌레 · 지렁이 같은 동물성이 눈에 뜨이기만 하면 그대로 입 속으로 삼켜버린다. 중노동을 마치고 막사로 돌아가는 길에서도 잠자리, 메뚜기, 개구리, 뱀, 쥐를 잡는다. 이런 것들은 수용소에서는 호화 음식에 속한다는 것이다. 작업장으로 가다 보면 수용소 관리원들의 돼지우리가 있다. 그 돼지들은 관리원이나 경비병들이 먹다 남은 음식 찌꺼기를 먹기 때문에 돼지 여물통에는 먹다 버린 것, 감자 조각, 콩나물 그리고 가끔은 떡조각 같은 것도 들어 있을 때가 있다. 경비원이 없는 사이에 여물통에서 돼지와 더불어 인간이 서로 먹겠다고 아우성을 치는 모습도 때때로 볼 수가 있다. 봄이 되면 풀을 뜯어먹을 경우가 많은데 때로는 독초를 모르고 먹었다가 몸이 붓고 설사를 하는 경우에도 수용소의 위생원이 있다고는 하지만 약이 없어서 손을 써보지도 못하고 죽어나가는 수도 있다. 따라서 뭐니 뭐니 해도 돼지 여물통의 여물이 최고의 식사로 정평이 나 있다. 그리고 수용소 변소에는 쥐가 많은데 수용소 안에서는 다른 고기맛을 본다는 것은 하늘의 별따기 정도니까 쥐를 잡아먹는 것은 수용소 최고의 영양 섭취다. 이 사실은 수용소 생활을 하다 탈출해 나온 모든 사람이 한결같이 하는 말이니 믿지 않을 수도 없다.

여기서 말하는 정치범 수용소를 북한에서는 제 몇 호 '관리소'라고 하는데 이 관리소에는 완전통제 구역과 혁명화 구역으로 나누어져 있다. 완전 통제구역은 한번 들어가면 절대로 나올 수 없다는 곳으로 북한에서 유독 김일성과 김정일의 초상화가 붙여져 있지 않은 곳이다. 수령의 은혜를 받을 자격조차 없는 무리들이라는 것이다. 이들은 남녀가 구별되어 수용되며 자유시간 없이 강제노동이 강요될 뿐 썩은 강냉이 외에는 아무것도 지급되지 않으며, 병이 들어도 약을 주거나 치료해주지 않으며 다만 죽는 시간을 기다릴 뿐이다. 지도원의 지시에 반항하거나 복종하지 않았다고 해서 해당지역 주민 모두를 몰살시킨 사례도 있을 정도로 그들의 말대로 '반동의 씨'를 근절시킨다는 것이다.

각기 다른 세 사람의 간증은 평범한 민주 시민들로서는 도저히 믿어지지 않는 일이지만, 이들이 남한에서 또 일본에서 여러 대중매체를 통해 증언한 것이 일치함을 볼 때 엄연한 사실임을 인정하지 않을 수 없다. 1992년 7월 미국 해리티지 재단이 공표한 인권보고서에 의하면, 북한에는 약 30만 내지 40만 명의 죄수가 있으며 이들을 수용하기 위해 모두 7종류의 감옥이 북한 도처에 설치되어 있다. 그 수용소들의 명칭은 갱생원, 소년원, 강제노동수용소, 격리수용소, 요양소, 정치범수용소, 외국인수용소 등이다. 12개소로 알려져 있는 정치범 수용소에 수용되어 있는 사람의 수를 북한 총인구의 1%에 해당하는 20만으로 추정하고 있는데, 이들이 소위 적법 절차를 거쳐 유죄판결을 받았느냐의 문제에 이르러서도 여전히 부정적이다.

정치사상 학습

사상투쟁, 계급교양, 사회주의의 우월성 등을 비롯한 주체사상을 기관·기업소를 비롯한 여러 직장단위 각급 생산단위 조직들이 간부들의 보수주의, 경험주의, 요령주의, 관료주의를 개조하기 위한 사상투쟁을 수시로 강행하고 학습한다.

제1고등중학교

이 학교는 북한에서 수재 중의 수재들만 모이는 과학 영재학교다. 평양과 전국 각 도마다 하나씩 설립되어 있어서 모두 12개교가 있다. 이곳 졸업 생들은 본인의 희망에 따라 김일성종합대학, 김책공과대학, 평양이과대학 등 일류대학에 진학할 수 있다. 그것도 1년의 예과도 거치지 않고 바로 본과에 들어간다. 이들에게는 병역의무도 면제되고 해외 유학의 특전도 부여된다. 첫 학교는 1984년 9월 평양에 설립되었다. 제1고등중학교에 들어가려면 인민학교(남한의 초등학교) 졸업생 과 일반 고등중학교 재학생으로서, 특히 과학·수학 성적이 뛰어나야 한다. 출신 학교장의 추천을 받아야 입학시험에 응시할 수 있으며, 시험은 웬만한 실력으로서는 몇 문제 풀지도 못한다고 한다. 모집 정원은 400명이다. 선발 과정 못지않게 교육 과정도 체계적이고 철저하다. 한 학급은 25명 정도로 편성된다. 수업은 특히 과학과 외국어에 중점을 두고 있으며 1~2학년 동안 개개인의 지적 능력을 평가, 3학년부터는 학생들의 능력에 맞게 개별지도에 주력한다. 교과서도 수재용으로 별도 제작된다. 교원들도 사범대학 출신이 아니라 김일성종합대학, 김책공과대학 등에서 기초과학 및 어학을 전공한 우수인력들이다. 교육 기간은 일반 고등중학교와 같이 6년이다. 학교 건물 시설과 교육 기자재를 비롯해 실험실습실, 기숙사, 수영장, 강당, 체육관 등은 최신식으로 꾸며져 있고 교내 이발소까지 갖추고 있다.

북한이 이같은 과학 영재학교를 설립한 것은 1980년대 들어 사상 위주의 교육으로 말미암아 과학기술 부문이 뒤떨어졌다고 깨닫기 시작하면서부터다. 남한에서 1983년부터 과학고등학교를 설립한 데도 자극을 받았을 것이라고 보는 인사도 있다.

조국통일

남한의 통일론자 가운데에서도 우선 국토를 통일하고 나서 민주화작업을 후에 이룩하자는 주장도 서슴없이 들고 나오는 편이 적지 않음이 우리의 현실이기도하다. 그러나 그같은 통일론으로는 북한과 더불어 상대가 되지 않는 유치한 논법에 불과하다. 북한이 일상적으로 어느 때 어느 곳에서나 쓰는 북한의 조국통일이란, 그 내용을 달리하고 있다. 영토의 통일은 물론, 남북에 거주하는 모든 인민들의 의지와 사상이 하나로 통일돼야 한다는 것이다. 그 사상은 말할 것도 없이 김일성의 유일사상, 주체사상으로서 김일성을 우상으로서의 신격을 한 치의 의심도 없이 신봉해야 한다는 것이다. 그리고 나서 남북한이 공산통일이 돼야 비로소 조국통일이 이룩된다고 믿고 있을 뿐 아니라 그렇지 않은 통일은 통일이라고 간주하지도 않는다. 따라서 북한이 주창하는 조국통일을 남한 일반사회에서 인식하고 있거나 손쉽게 남발하는 통일, 조국통일과는 거리가 있음을 알아야 한다. 남한에서도 최근 북을 흡수통일해야 한다는 주장도 등장한 것 같지만 북의 조국통일 전략이야말로 현 상황 아래서는 평화통일이 아닌 무력통일, 나아가서는 흡수통일의 개념도 내포되어 있는 것이다.

조국통일연구원

노동당 문화부 산하에 19년 12월 남조선연구소라는 이름으로 부설되었으나 1978년 1월 통일전선부가 신설되면서 그 산하로 흡수되었다가 1980년대에 조국통일연구원으로 개명, 한국정부 타도를 선전선동하고 있다. 우리들에게도 널리 알려진 김중린·전금철이 원장을 역임했고 지금은 한웅식이 그 원장을 맡고 있다.

조선노동당

북한 당국자들이 노동당을 1945년 10월 10일에 창당됐다고 이날을 당 창건일로 기념하고 있다. 그러나 실제로는 이날에 조선공산당 북조선 분국이 만들어졌을 뿐 노동당이라는 이름이 붙여진 것은 1946년 8월 북조선 노동당 창립대회에서 시작된다고 보아야 마땅하다. 또 조선노동당이라는 고유명사가 시작된 것도 1949년 6월 30일 남조선 노동당을 흡수

통합하면서 만들어진 명칭이라고 보아야 한다. 북한 당국자들은 자기들의 '신주'가 탄생한 날짜도 그들의 어떠한 의도에 따라 조작도 하고 날조도 한다는 것을 명심하면서 그들의 선전 선동을 읽어야 올바른 관찰이 가능하다.

노동당은 창립대회로부터 1961년 9월에 개최된 제4차 당대회까지만 해도 마르크스 레닌주의만이 당의 지도사상이라고 내세우고 주장해왔으나, 1970년 11월에 개최된 제5차 당대회에서는 마르크스 레닌주의와 함께 주체사상을 추가했다. 그러나 1980년 10월의 제6차 당대회에서는 '조선노동당은 오직 김일성 동지의 주체사상, 혁명사상에 의해 지도된다'고 선전하기 시작하면서 주체사상만이 당의 유일한 지도사상으로 설정되었다. 조선노동당도 국제적 공산당 조직과 민주주의 중앙집권체제와 같이 구성되어 있고 헌법도 그러한 원칙을 반영하고 있음 은 사실이다. 그런데 조선노동당에는 수령의 영도를 추가, 당의 절대성보다 김일성 개인의 절대성을 우선시키는 점이 일반 공산당 국가에서 보편화되고 있는 체제에 비해 특이하다는 것을 지적하지 않을 수 없다.

노동당의 최고기관은 당대회로 이 대회는 5년에 한 번씩 개최함을 원칙으로 하나 필요에 따라 수시로도 개최할 수 있도록 규약은 규정하고 있다. 당원은 300만으로 추산되고 있을 뿐 정확한 숫자는 밝혀져 있지 않다. 당원들은 월수입의 2%를 당비로 내야 한다. 민주주의 국가에서는 입법·행정·사법의 3권이 분립되어 있으나 북한의 경우는 이례적으로 특이하다.

• 당과 정무원의 관계 : 당대회는 노동당의 최고 지도기관이다. 5년 만에 한 번씩 열기로 되어 있는 당대회 아래에는 당중앙위원회가 상설되어 있으므로 실질적인 집권세력은 당중앙위원회에 집중된다. 중앙위원회는 6개월에 1회 이상 전원회의를 개최하도록 되어 있으면서 전원회의가 없을 때에는 정치국과 정치국상무위원회가 당의 모든 사업을

조직 지도한다. 정치국 외에도 중앙위원회에는 비서국 검열위원회가 소속되어 있다.(비서국 총비서는 생존시의 김일성이었다.) 김일성, 김정일, 오진우 등 3명이고 이종옥 부주석, 박성철 부주석, 연형묵 총리, 김영남 부총리 등 11명이 정치국원이었고 그 밖의 9명의 정치국 후보위원이 있었다. 당중앙위원회는 비서 11명이 각각의 사업 분야를 분할 관장하고 있는데, 김정일은 조직 담당비서로 당사업 전반을 맡고 계응태 공안담당비서, 윤기복 대남담당비서, 김용순 국제담당비서, 황장엽 사상담당비서, 최태복은 교육담당비서직을 맡고 있었고, 경제담당비서에 전병호 · 한성룡 · 박남기 세 명을 두고 있다.

- 당과 군과의 관계 : 노동당 규약에는 군사정책 토의 · 결정 · 인민군을 포함한 모든 무력의 강화와 군수산업의 발전에 관한 사업조직 지도, 군지휘권을 장악하는 중앙군사위원회가 있다. 여기 위원장은 수령이요 주석인 김일성이 맡고 있었다. 위원으로는 김정일, 오진우, 최광이었는데 이들은 정무원에서도 국방정책 결정기관인 국방위원회 위원장, 제1부위원장, 부위원장직을 겸하고 있는 것도 주목을 끈다고 하겠다. 헌법에 의한 사법기관으로서는 중앙재판소와 중앙검찰소가 있으나 실제로는 국가 주석의 지도 아래에 있는 중앙인민회의의 지도를 받아 임무를 수행하도록 되어 있다.

조선중앙통신사

일반적인 개념의 국제통신사가 아닌 국내통신사로의 기능이 우선하는 비영리 국영 통신사다. 그러면서도 국내통신사로서 신문 · 방송에 제공하는 기사는 외신이 많다. 신의주 · 해주 · 원산 · 함흥 · 청진 등에 지사가 있고 러시아, 중국, 쿠바, 인도네시아 등 10여 개 국에는 자사의 특파원도 파견하고 있으며, 외국에서 김일성 · 김정일을 찬양하는 기사들을 주로 다루고 있다. 중앙통신사의 주임무는 외교부 성명, 당과 정무원의 공식 입장을 주로 중앙통신사를 통해 공표하고 선전·선동으로 해외에 보도한다. 통신 교환을 협약한 40여 개 국 통신사에 영어, 프랑스어, 러시아어, 스페인어 등으로 통신 뉴스를 방출한다. 통신사 사장은 1965년 노동신문 기자로 출발한 김기룡이 1989년 중앙통신사 사장에 임명되어 1995년 현재 재직 중이다. 사장은 정무원 직속 공보위원회 위원장을 겸한다. 통신사에서 취급하는 모든 기사 논평은 중앙당 선전부의 사전승인이 있어야 함은 물론이다. 서방통신들의 뉴스 독점에 대응하기 위해 비동맹국 통신사들과 더불어 비동맹통신사연합(NANA)을 결성했고 아시아. 태평양 통신사기구(OANA)에도 가입되었다. OANA에는 한국도 회원국이다.

조평통

조국평화통일위원회의 약자로 전파나 인쇄매체를 통해 남한에도 익히 알려진 조직체다. 북한의 백과전서는 이 위원회의 임무를 이렇게 규정하고 있다. "남조선 인민들과 해외동포들을 수령의 두리에 굳게 묶어 미제를 몰아내고 자주적 평화통일에 나서도록 정치선전사업을 한다." 북한이 칠보산연구소 산하의 민민전(民民戰)방송, 일명 구국의 소리 방송을 그들이 직접 설치·운영하면서도 남한 어디에 있는 지하당 단체가 운영하는 양 선전하는 것과는 달리 조평통의 선전선동 활동은 공개적인 것이 판이하다. 그들의 활동은 공개적이면서도 활동 범위도 광범위하게 알려지고 있다. 통일사업과 남북 대화에 직접 관여하며 적화통일 실현 투쟁을 고취하고 선전선동 활동을 통해 남한을 비방, 음해하고 있다.

조평통은 1961년 5월 13일 처음 조직됐다. 발족 당시는 홍명희가 준비위원장직을 맡았었으나 그 후 기구가 확대되어 중앙위원회와 상무위원회 서기국까지 갖춘 방대한 기구로 확장되었다. 서기국 산하에는 참사실, 조직부, 선전부, 회담부, 조사연구부, 총무부, 자료종합실을 두고 있다. 1983년 이후 허담이 위원장직을 맡아 오다가 1991년 5월 허담이 사망한 후에는 위원장직이 공석이다. 부위원장으로는 김용순 노동당 대남담당비서 겸 최고인민회의 통일정책위원회 위원장, 국제담당비서 황장엽, 최고인민회의 의장 양형섭 등 11명의 각계 실력자들이 대남 전략을 수립·지도하고 있다. 부위원장 안병수, 서기국장 백남준 등은 남북 대화에 20년 이상 참여하고 있어 남한에서도 잘 알려진 인물들이지만 간부들뿐 아니라 직원들도 모두 1급 대남 전문가들로 짜여 있다.

종교단체들

북한에는 공식적인 종교단체가 4개가 있다. 즉 ① 조선기독교도연맹 ② 조선 천주교인 협회 ③ 조선불교도연맹 ④ 조선천도교회 중앙지도위원회가 그것이다. 이 종교단체들은 외관상 독립단체 같지만 실제로는 노동당 통일전선부 안에 각 단체를 전담하는 과에 소속되어 있다. 북한의 사회민주당이나 천도교 청우당이란 엄연한 이름의 정당도 통일전선부 산하에 있으며, 그 지휘·감독을 받아야 하는 노동당 들러리 정당인 것처럼 다른 종교단체들도 모두 한결같은 대남 전술단체이다. 심지어는 사회민주당의 위원장을 비롯한 주요 간부들이 모두 노동당의 요직을 겸하고 있는 것을 미루어 생각할 필요가 있다. 이들 종교단체들은 순수한 종교단체라고 주장하고 있지만 6.25 한국전쟁 후부터 본격적으로 종교를 탄압함으로써 교회당의 집회는 완전히 봉쇄당했던 사실을 상기하면, 1970년대 초 남북대화가 시작되면서 등장한 이 종교단체들은 대남 전술적 통일전선을 구축하는 것을 본래 과업으로 삼고 있음을 이해할 수 있겠다. 그럼에도 불구하고 남한의 소위 종교지도자들이라는 사람들이 '적을 사랑하라', '이웃을 내 몸같이 사랑하라'는 교리 때문인지 앞다투어 방북에 힘을 쏟고 있는 것도 주목된다. 과거 북한의 역사교과서에는 "종교는 돈 있고 권세 있는 놈들이 있지도 않은 거짓말로 인민들을 속이어 그들을 착취하고 또 남의 나라를 침략하는 데 써먹는 아편이었다"고 기록·교육해왔다. 그러나 지금 사용하고 있는 교과서에는 "옛날 사람들은 자신들이 살고 있는 세상에서는 실현될 수 없다고 생각한 이상사회를 죽어서라도 실현하여 행복하게 살아 보려는 염원으로부터 종교를 믿게 되었다. 그러나 돈 많고 권세 있는 지배계급들은 사람들의 이러한 염원마저도 짓밟고 종교를 통치수단의 하나로 이용하였다"고 표현상으로는 약간 순화했다고 하나 그들의 정책적 진의는 역시 아편이다.

주석

국가의 수반이며 국가를 대표한다. 임기는 최고인민회의 임기와 같다. 중앙인민위원회의 사업을 지도하는 것으로 그 임무는 광범하다. 최고인민회의 상설회의 결정, 최고인민회의 법령, 중앙인민위원회 중요 결정과 정령을 공포한다. 특사권을 행사한다. 다른 나라와 맺은 조약의 비준 또는 폐기를 공포한다. 1948년 9월 8일 제정되었던 당초의 헌법 '인민민주의 헌법'을 개정, '조선민주주의인민공화국 사회주의 헌법'에서는 국정 전반에 걸쳐 막강한 권한을 행사할 수 있는 중앙인민위원회가 신설됨과 함께 국가주석직이 신설된 것이다. 새 헌법에서는 주석이 국가수반으로서 국가 주권을 대표하도록 하고, 국가 주권의 최고지도기관으로 신설된 중앙인민위원회의 수위가 된다고 규정함으로써 주석은 당과 정무원 최고의 책임자로 절대권력자가 될 수 있었다. 주석은 최고인민회의와 임기가 같기 때문에 주석의 임기도 5년이나 연임을 금지하는 조항이 없어서 계속 연임이 가능하다.

주체사상

북한은 정치를 비롯한 모든 분야에서 주체사상을 유일한 지도지침으로 삼고 있다. 조선노동당 규약 전문과 헌법 제3조는 주체사상이 '사람 중심의 세계관'이며 '인민대중의 자주성을 실현하기 위한 혁명사상'으로 '당과 국가활동의 지도적 지침'임을 명문으로 규정하고 있다.

1992년 4월 최고인민회의 제9기 3차회의에서 헌법을 개정 "조선민주주의 인민공화국은 마르크스 레닌주의를 우리나라의 현실에 창조적으로 적용한 조선노동당의 주체사상을 자기 활동의 지도적 지침으로 삼는다"는 종전 헌법 제4조를 "조선 민주주의인민공화국은 사람 중심의 세계관이며 인민대중의 자주성을 실현하기 위한 혁명사상인 주체사상을 자기 활동의 지도적 지침으로 삼는다"로 수정했다. 이로써 북한 헌법은 마르크스 레닌주의를 삭제해버린 것이다.

주체사상은 1955년 12월 김일성이 당 선전선동 일꾼들을 대상으로 한 '사상사업에서 교조주의와 형식주의를 퇴치하고 주체를 확립한 데 대하여'라는 연설에서 처음으로 공식 언급된 것으로 기록되었다. 이어 1967년 12월 최고인민회의 제4기 1차회의에서 주체사상을 당 및 국가 활동과 혁명 및 건설의 지도원칙으로 규정하고 사상에서의 주체, 정치에서의 자주, 경제에서의 자립, 국방에서의 자위를 주체사상의 실현 방도로 제시했다. 1970년대에 들어서면서 북한은 주체사상은 "사람이 모든 것의 주인이며 모든 것을 결정한다"는 철학적 원리에 기초하고 있으며, "혁명과 건설의 주인은 인민 대중이며 혁명과 건설을 주동하는 힘도 인민 대중에게 있다"고 인민대중의 중요성을 강조했으나 1980년대에 들어서면서는 주체사상을 김일성의 우상화 논리에 결부시켜 김일성의 영도체제를 정당화하는 데 큰 비중을 두었다.

주체의 날

2월 16일은 김정일의 생일이다. 1995년 2월 16일은 김정일이 53세가 되는 생일이었다. 이때부터는 김정일의 생일이 김일성 생일과 같이 민족 최대의 명절로 지정되어 16일과 17일이 국가의 휴일로 지정됨으로써 북한 주민들은 관공서는 물론 가정에서도 이틀 동안 국기를 게양하고 쉬게 된다. 이 명절에는 '명절 특배'라는 이름 아래 각종 선물을 받는다. 고기와 이밥을 먹으면서 기와집에 산다는 북한 당국자들의 이상은 아직 실현되지 못했지만, 이날만은 고기 한 칼씩은 특별배급을 받는다는 사실이 이북에서 탈출해 온 모든 사람의 한결같은 증언으로 남한에서도 널리 알려진 사실이다.

중앙인민위원회

국가주권의 최고 지도기관이다. 위원회의 수위는 국가주석이다. 위원회는 주석, 부주석, 중앙인민회의 서기장, 위원들로 구성된다. 임기는 최고인민회의 임기와 같다. 임무와 권한도 방대하다. 첫째, 국가의 정책과 그 집행을 위한 대책을 세운다. 둘째, 정무원과 지방인민회의와 인민위원회 사업을 지도한다. 국가 기관들의 법준수 집행을 지도하며 법집행에서 제기되는 문제들을 처리한다. 그리고 헌법, 최고인민회의 법령, 결정, 최고인민회의 상설회의의 결정, 지시, 주석의 명령, 국방위원회의 결정, 명령, 중앙위원회의 정령, 결정, 지시, 집행 정형을 감독하며, 그와 어긋나는 지방인민회의의 결정집행을 정지시키고, 국가기관의 결정, 지시를 폐지한다. 중앙인민위원회의 부문별 위원회의 성원들을 임명 또는 해임한다. 다른 나라와 맺은 조약을 비준 또는 폐기한다.(이 항목은 주석의 임무와 중첩되는 점이 주목된다.) 산하에는 대내정책위원회, 대외정책위원회, 경제정책위원회, 사법안전위원회 등 5개 분과위원회를 거느리고 있으며, 지방행정지도 기구로 각 시·도와 군단위의 지방인민위원회를 두고 있다.

지방인민회의와 인민위원회

도·시 인민회의는 지방주권기관이다. 임기는 4년이다. 지방의 인민 경제 발전계획과 그 실행 정형에 대한 보고를 심의하고 승인한다. 도·시·군 인민위원회는 해당 인민회의 휴회 중의 지방주권기관이다. 지방인민위원회는 위원장, 부위원장, 서기장, 위원들로 구성된다. 임기는 해당 인민회의 임기와 동일하다. 해당 행정경제위원회와 하급 인민위원회, 행정경제위원회의 그릇된 결정, 지시를 폐지하며 하급 인민회의의 그릇된 결정의 집행을 정지시킨다.

지방행정

북한은 도(특별시·직할시)·시·군(구역)·리·동·노동자구·읍으로 편성되어 있다. 지방행정체계에서는 우리의 면 단위가 없으며 리가 우리의 면에, 읍이 우리의 리에 해당된다. 남한사람들 보기에 생소한 명칭인 노동자구는 광산, 임산사업소, 수산사업소, 공장, 기업소들이 들어서면서 인구가 집중돼 취락 형태를 형성한 데 설치된다. 현재 북한에는 9개 도(황해남북도, 평안남북도, 함경남북도, 양강도, 자강도, 강원도)와 1개 특별시(평양), 2개 직할시(남포·개성)가 있다. 북한은 해방 후 35차에 걸친 행정구역을 개편했는데, 1991년 말 현재 24개 시, 147개 군, 39개 구역, 4242개 리, 동, 228개의 노동자구, 147개의 읍이 있다. 규모 면으로 북한 시의 순위를 보면 평양, 청진, 함흥, 남포, 신의주, 원산 순으로 되어 있다. 개성시는 직할시임에도 불구하고 그다지 규모가 크지 않아 보통 시로 다시 격하되었다.

직발군관

북한에서의 군관은 일정한 복무연한을 거치고도 지휘관 자질이 뛰어나다고 인정을 받아야 한다. 출신 성분, 실력, 체격, 동료들 간의 신망 등에서도 나무랄 데 없는 최고 모범 병사라야 한다. 고참이라고 유리한 것은 결코 아니다. 군관 진급 예정자로 선발되면 남한의 사관학교와 같은 강건종합군관학교에 입학해 보병 분야는 2년, 공병·통신 등은 3년간의 교육과정을 이수해야 할 정도로 엄격하게 선발·교육시킨다. 그런데 각 군단에서 급히 군관이 필요할 경우에는 우수한 하사관에서 선발, 15일 내지는 6개월간의 단기교육을 거쳐 군관으로 임명하는 제도로 이들은 대개 행정 분야에 배속된다. 북한군의 소대장이나 중대장은 사병들을 지휘 통솔하는 능력이 우수하다. 120명 편성의 일개 중대에서 1년에 한 명이 배출될까 말까 할 정도라니까 군관 진급이나 선발이 엄격하다.

직업분류

산업사회로 발전되면서 자본주의 사회에서의 직업은 천차만별 이루 헤아릴 수 없을 정도로 많다는 게 상식으로 되어 있다. 북한의 공식적인 직업은 노동자, 사무원, 학생 이렇게 세 가지뿐이다. 이 직업 분류는 남한의 주민등록증과 같은 성격의 공민등록증 직업난에서 드러나고 있다. 정무원 총리의 직업은 사무원이다.

차수

군사 최고계급 원수 바로 밑, 대장 바로 위 계급으로서 남한에는 없는 계급이다. 차수는 1996년 3월 1일 현재 모두 8명인데 그들의 이름과 현 직책을 보면 이러하다. 조명록(공군사령관), 이하일(당군사부장), 김영춘(총참모장, 당중앙위원), 최인덕(김일성군사종합대학 총장), 백학림(사회안전부장), 이두익(당군사위원장), 김광진(인민무력부 부부장), 김익현(당민방위부장).

체육선수 등급

모든 운동선수는 해마다 두세 차례 열리는 시 또는 전국대회에서 거둔 성적에 따라 등급이 매겨진다. 국내대회에도 정식 출전한 경험이 없는 무급이나 갓 출전 한 6급부터 올림픽 같은 세계대회에서 금메달을 받은 최고수준의 1급에 이르기까지 7등급으로 분류된다. 1·2·3급으로 분류되는 체육선수는 특별대우를 받는다. 올림픽 같은 세계대회에서 금메달을 획득한 1급 선수에게는 '인민체육인'이라는 영웅 칭호를 부여할 뿐 아니라 외제 고급 TV수상기, 냉장고, 세탁기 등이 갖추어진 35평형 고급아파트가 주어지며, 일반 주민의 1년치 월급보다도 많은 1500원의 상금이 주어지는 등 많은 특혜를 받는다. 만 60세 이후에는 매달 60원과 쌀 600g이 나와 노후문제도 자동해결된다. 국제대회에서 2, 3위로 입상하면 2급 공훈체육인으로, 국내대회에서 우승해 가능성이 인정되면 3급에 해당하는 체육 명수라고 하는데, 이 3급까지는 일반인보다 배급한도가 많은 공급카드를 받는 특전이 부여되나 4급 이하는 그러한 혜택이 없다.

총경리
상사나 무역회사의 총경리라면 남한사회의 기업체 사장에 해당된다.

초모장(招募狀)
남한의 징집영장과 같은 것이다. 초모장이란 조선시대 병조에서 군병을 모집할 때 쓰던 말이다. '당이 개인의 출신 성분과 당성을 믿고 군대에 들어와 생활할 수 있도록 조치한다'는 의미가 담겨 있다는 것이다.

최고인민회의
북한의 최고 주권기관이다. 모든 입법은 최고인민회의와 휴회 중에 상설회의인 최고회의 상설회의가 행사하도록 헌법은 규정하고 있다. 임기는 1992년 헌법 개정에 따라 5년. 법령을 제정·수정하는 외에 헌법을 수정하는 권한도 갖는다. 또 주석을 선거하고 소환(해임)하는 권한과 책임도 지닌다. 정기회의는 1년에 한두 번씩 최고회의 상설회의가 소집한다. 사법기구라 할 수 있는 중앙재판소 소장을 선거 또는 소환하며 따라서 중앙검찰소 소장에 관한 선거 해임권도 갖는다. 그에 앞서 공화국 국방위원회 위원장을 선거 또는 소환하고, 공화국 주석의 제의에 의하여 정무총리의 선거 해임도 하고 전쟁과 평화에 관한 문제를 결정한다고 헌법 은 규정하고 있다. 대의원은 인구 3만 명당 1명 비율로 선출되는데 1993년 현재 대의원 687명이었으나 사망자 때문에 다소 감축되어 있다. 최고인민회의가 휴회 중에 그 임무를 대행할 뿐 아니라 임시회의 소집권을 장악하고 있는 상설회의는 의장·부의장·서기장·의원 11명으로 구성된다.

출생증

출생하면서 성인으로 간주되는 만 17세가 되어 공민등록증을 발급받을 때까지 항상 지니고 있어야 하는 준공민등록증이라고 이해하면 된다. 출생증에는 공민등록을 발급받아야 하는 기준이 되는 생년월일, 성명, 출생지가 명기되어 있음은 물론이다. 공민등록증을 발급받는 기초가 되는 출생증은 북한 주민 누구나 17년 동안은 지녀야 하는 또 하나의 증명서다.

출신성분

사람을 평가하는 가장 중요한 기준을 각자의 출신 성분에 두고 있는 곳이 북한이다. 1970년대까지만 해도 출신 성분이 나쁘면 대학에의 진학도 제한받았다. 주민들의 성분은 모두 51개 부류로 분류된다. 6·25전쟁 중에도 북괴군은 점령지역의 주민들에게 출신성분을 조사하기 위해 출생할 때부터 성장과정은 물론 친척으로 6촌, 외척으로 6촌까지 상세하게 기록하도록 출신 성분을 조사한 일이 있다. 성분 조사는 한번으로 끝내는 게 아니라 심사 대상의 기준을 바꿔가면서 조사하고 있다. 대별되는 분류 군중은 다음과 같다.

핵심 군중 = 과거 집안에 문제가 있었으나 현재는 충실한 부류로 분류되어 있는 복잡한 군중으로 간주되는 이 부류의 군중을 잘 다루는 것이 당면 과제로 되어 있다.

기본 군중 = 1970년대까지 지속되어온 혈통에 의한 획일적인 분류는 없어지고 1980년대부터는 용어와 기준도 많이 달라진 것 같다는 것이다. 과거나 현재에 문제가 될 만한 요소가 없으면 기본 군중으로 출세 가능성이 가장 많은 부류로 그 알짜배기들이 핵심 군중으로 보면 된다.

동요 군중 = 포섭 대상이 되는 중농 · 소공장 경영자, 북송교포 등이 이 부류에 속한다.

적대 군중 = 지주, 자본가, 반동관료배, 정치범, 간첩, 음해 파괴분자, 반체제 부류가 이에 속하며 감시 대상이다.

51개로 분류한다고 했지만 1970년대에 써온 출신 성분의 1호는 해방되기까지 노동자 출신, 2번, 3번은 머슴살이를 하던 사람과 빈농 출신이다. 해방 후 당 · 정 관료와 인텔리들이 상당히 높은 위치를 차지했고 항일 빨치산 유가족들은 6번에 해당되었다. 부농과 민족자본가, 지주 출신은 16번, 17번이었고 당에서 축출되었거나 관직에서 해임된 사람은 20번, 21번이다. 교화소 수감자 가족, 반당 종파분자, 사형자 가족, 출소자 가족들은 23번에서 27번에 해당되고, 자본가는 51번에 해당되었다.

케도(KEDO, Korea energy development oganization)

한반도에너지개발기구. 미 · 북 기본합의에 의해 1995년 6월 12일 말레이시아 쿠알라룸푸르에서 경수로 사업의 원활한 이행을 위해 동사업의 재정조달 및 공급을 담당하기 위한 기구로 설치된 것이다. 미국은 경수로 사업에 있어서 북한과의 주 접촉선 소임을 수행한다. 미국은 이러한 역할을 수행하기 위해 KEDO 대표단 및 작업반의 대표가 된다. 실무사무국을 두어 총장은 미국인 스티븐 보스워스, 사무차장엔 한국인 최영진, 일본인 우메즈 이타루가 임명되었다. 경수로를 시설하는 당사자는 한국전력회사가 지명되어 경수로 시설을 완성시켜야 할 책임을 맡게 되었다. 이 사업을 수행하기 위해서는 남한에서 방대한 기자재, 막대한 인원이 동원되어야 하기 때문에 KEDO에서 동원되는 인력에 준외교 특권이 부여되는 영사협정도 북한 측과 체결하였다. 1996년 5월 23일 케도에 2500만 달러를 지출하는 데 클린턴 대통령이 승인했다.

특각

김일성 전용의 별장을 이른다. 김일성 전용의 별장은 자모산, 묘향산, 보천보, 주을 등지에 있는데 이곳에는 핵공격을 피할 수 있는 특별대피소가 시설되어 있다. 이 시설은 지하 200미터에 설치되어 있다. 이같은 긴급 대피시설은 간부들의 휴양시설이 있는 전국 각지에 흩어져 있다.

8 · 3인민소비품, 8 · 3직매점

버릴 물건이 없을 정도로 물자가 귀한 북한에서 웬만한 물건치고 재활용되지 않는 것이 없다. 재활용품 중 생산과 판매 과정이 조직적으로 이루어지는 것을 '8 · 3인민소비품'이라고 한다. 1984년 8월 3일 김정일의 지시에 따라 지어진 이름이다. 모든 기업소와 공장에는 8 · 3제품을 만드는 '생필직장'을 두고 있다. 여기에는 주로 나이 많은 노동자나 사무원이 배치된다. 작업반에는 기술자나 기능공 출신들이 책임자로 있어 지휘 · 감독한다. 일감의 원료나 자료를 어디에서 어떻게 구득하는가가 8.3제품을 만드는 생필직장, 즉 작업반 스스로의 책임이다. 공장이나 농장에서 쓰다버린 조바기, 폐품들을 수집해다가 각 작업반의 아이디어를 활용하여 재생품을 생산한다. 구득이 가능한 쇠붙이나 나무조각들로서는 부엌에서 쓰는 칼이나 조그마한 목조가구도 제작하는데 이 재활용품을 전문적으로 판매하는 곳이 8 · 3직매점이다. 이같은 제품의 값은 국영상점에 비해서는 비싸다고 하겠지만 암시장에서 거래되는 값보다는 훨씬 싸다. 그것도 김일성의 교시에 따라 국정 가격의 1.5배 이상을 받지 못하도록 되어 있다. 비누 한 장의 국정 가격이 50전, 70전인데 8 · 3제품은 1원, 암시장에서는 5원, 7원을 한다. 8 · 3제품 의 생산이나 판매에 중앙기관은 관여하지 않고 해당지역 행정경제위원회와 기관, 기업소 들이 모든 것을 관장한다. 8 · 3제품의 생산량 30% 정도는 직접 만든 사람들에게 구입의 우선권이 주어진다. 그러면서 판매 수입금은 3분의 2를 국가 납부금으로 공제하고 원자재 구입 비축금으로 공제하니까 제작자들에게는 아무런 소득이 없으나 제작하고 판매하는 과정에서 이윤이라는 소득이 발생한다는 사실에 눈이 뜨이기 시작했다는 것이다.

행정구역 · 제도

북한은 도 · 군(시) · 리(동) 3단계로 남한의 면이 없어졌다. 해방 당시 북한은 6개 도, 9개 시, 89개 군으로 형성되어 있었다. 지금은 1개 특별시, 2개 직할시, 9개 도, 25개 시, 148개 군으로 개편되었다. 특별시는 평양, 직할시는 남포(진남포), 나진 · 선봉이며 함흥과 청진은 직할시로 승격되었다가 다시 일반시로 격하되었다. 1946년 북한은 경기도 연천군 38선 이북 지역 일부와 함경남도 원산시 지역을 합쳐 하나의 도, 강원도로 했고, 황해도를 남북도로 양분했으며 자강도와 양강도를 신설했다. 시나 군의 이름도 많이 바뀌었다. 함경북도 신파군과 후창군을 김정일의 생모와 김일성의 아버지 이름을 따서 김정숙군과 김형직군으로 개명했고, 북한이 자유무역 경제지대로 지정하고 있는 함경북도 나진 · 선봉 지역도 선봉은 원래 웅기항이 있는 웅기군이었으나 김일성이 해방 후 소련에서 돌아올 때 웅기항으로 들어왔다는 뜻을 밝히기 위해 가장 먼저 해방된 지역이라고 선봉으로 개명했다. 역시 함경북도 학성군은 1951년 당시 북한군 총사령관 김책의 이름을 따서 김책군으로 했다가 1961년에는 시로 승격시켰다.

또 김정일의 우상화 작업이 시작되면서 지명이 바뀐 곳이 많아졌다. 함경북도 경원군이 새별군으로, 경흥군이 은덕군으로, 함경남도 오로군이 영광군으로, 퇴조군이 낙원군으로 개명되었다. 심지어는 김일성의 교시에 따라 과수재배가 집중적으로 조성된 황해남도에는 숫제 과일군으로 명명된 곳도 있을 정도다. 시 · 군 단위의 행정구역 이름도 많이 바뀌었지만 평양시에는 해방산동, 낙원 동, 붉은거리동, 전승동, 개선동, 항미동, 새살림동 등으로 체제의 뜻을 풍기는 동명이 많아졌다. 따라서 해방 당시 이름이 없어지고 새로 개명된 행정구역이 1000여 곳이 넘는다니까 옛날 주소지 명을 가지고는 고향과 서신 연락도 할 수 없는 형편에 이르렀다. 김정숙은 회령이 출생지이나 1981년 함경북도 신파를 양강도 김정숙군으로, 역시 양강도의 후창군을 김형직군으로, 풍산군을 김형권군으로 개명했는데, 이러한 개명은 김정일을 신격화하기 위한 수단으로 단행되었다.

혁명 2세대

이 세대는 김정일의 권력기반으로 인식되고 있다. 지금 남아 있는 혁명 1세대들이 김정일 체제의 확립에 따라 물러나게 되면 혁명 2세대들이 국가운영을 담당하게 될 것이다. 혁명 2세대는 김정일과 밀접한 관련이 있는 만경대혁명학원 출 신들이 그 주축이 될 것이다. 이 세대에 속하는 사람 가운데 70세도 7명이지만 60세 초·중반이 절대 다수이며 당정군에 골고루 요직에 분포되어 있다. 1980년 당대회 이후에 등장하여 현재까지 정치국정위원이나 후보위원으로 활약하며 자타가 공인하는 혁명 2세대는 강성산, 전병호, 한성룡, 서윤석, 최태복, 최영림, 홍석형, 연형묵 등이 있다. 이들 혁명 2세대들은 만경대혁명학원과 김일성종합대학을 졸업한 공통점을 지니고 있다.

혁명 1세대

김일성과 더불어 항일무장투쟁 대열에 함께했던 모든 사람을 통칭한다. 여기에 소속하는 인물들로는 1995년 2월에 사망한 오진우를 들 수 있겠다. 그는 김일성과 함께 항일유격대의 일원으로 1945년에 북한에 들어왔다. 죽을 때는 국방위원회 부위원장, 인민무력부장, 원수로 제9기 대의원이었다. 다음 현존 인물로는 인민무력부장 최광, 국가부주석 박성철, 국가검열위원장 인민무력부부장 전문섭, 정무원 사회안전부장 백학림 차수, 국방위원 김철만, 당군사위원 이두익 차수, 국방위원 겸 당군사위원 이을설 원수 등이다. 이을설, 이두익, 백학림 등은 1921년생이고 전문섭은 1920년생, 김철만은 1918년생으로 모두 고령이어서 김정일 체제가 수립되면서 모두 도태되거나 물러나야 할 세대들이다.

혁명화 구역

북한의 관리소(남한에서 정치범 수용소라고 지칭되는 곳) 중에는 완전통제 구역과 혁명화 구역이라는 두 가지 유형이 있다. 병이 들어도 약을 주거나 치료의 손도 쓰지 않아 오직 죽을 시간만을 기다리는 상태로 방치되는 완전통제 구역보다는 희망을 걸어 볼 수 있는 유형의 수용소가 혁명화 구역이라고 이해하면 된다. 완전통제 구역에 수용되는 사람들은 씨앗까지 근절시켜야 하는 대상인 데 반해 개전의 여지를 인정하는 사람들을 선별, 수용하는 관리소다. 지금의 인민무력 부부장에 등용되고 있는 혁명 1세대 최광도 한때는 이 정치범 수용소의 신세를 졌던 사람으로 유명하고 부주석 이종옥의 아들도 한때 이러한 정치범 수용소에 갇힌 일이 있었다. 미국 해리티지재단의 보고서에 의하면 북한에는 총인구의 1%에 해당하는 약 30만 내지 40만 명의 죄수가 있다는 것이다.

협동농장 결산분배

일 년 동안 자연과 싸우며 땀흘려 지은 농산물을 수확할 때처럼 농민을 기쁘게 하는 때도 없다. 그러나 북한의 협동농장이라는 미명에 얽매여 한 해 내내 농사를 지어도 추수철을 맞아 결산분배를 받는 날이면 그리 유쾌하지 못하다. 봄여름 농사를 지을 때부터 정성을 기울여 열심히 하는 농민이나 그렇지 않은 농민이나 균등 분배를 받기 때문에 혼자서 애써 농사를 지을 열의가 나지 않기 때문에 협동농장 농민들이 모두 함께 생산성을 높이는 데 성의가 없는 탓으로 총생산량은 항상 만족스럽지 못한 게 현실이다. 우선 결산하는 형식부터 알아보면, 협동 농장이 총생산액 중에서

28.7% 내지 32%를 차지하는 액수를 생산비라고 해서 공제한다. 생산비에는 종자·축산사료·비료·농약 등 영농자재비와 관개수리비, 농기계 사용료 등이 포함된다. 생산비를 공제한 다음 협동농장의 시설을 확장·개선하기 위해 축적하는 기금으로 10%, 사회문화기금 10%, 원호기금 3% 등을 공제한다. 북한은 세금이 없는 지상낙원이라고 권력을 휘두르는 사람들은 자랑한다. 농장시설 확충을 위한 축적금, 사회문화기금, 원호금 등은 기금 조성을 위한 것이라고 돌려대지만 이 모두가 세금의 성격을 띠고 있는 것이다.

자기 앞으로 분배된 수확량이라고 자기 마음대로 처분할 수 있는 것은 아니다. 농민들의 배분 몫은 곡식과 현금으로 분배된다. 곡식의 경우 농민들에게는 도시와 달리 1년분을 일시에 분배받는다고 하더라도 일반 도시 노동자들과 같이 한 사람당 하루 잡곡 600g 기준만을 현물로 주고 나머지가 있는 경우에는 국가에서 강제로 수매, 현금으로 지급한다. 곡물에 한해서 북한은 2중 가격제도를 실시하고 있다. 1993년도 자료에 의하면 쌀은 1kg에 82전 기준으로 수매해서 소비자에게는 8전에, 옥수수와 밀가루를 혼합해서 쌀 모양으로 만든 옥쌀은 kg당 58전에 수매해서 6전으로 공급하고 있다.

화폐의 종류

북한은 1992년 7월 14일 화폐를 변경했으나 지폐의 도안만 바뀌었을 뿐 액면가에는 아무런 변화가 없었다. 주화는 1원, 50전, 10전, 5전, 1전짜리 종류가 있고, 도안이 바뀌었다는 지폐는 100원, 50원, 10원, 5원, 1원의 종류, 도합 10종이 있으나 1원짜리는 주화도 있고 지폐도 있다.

환율(공식)

1달러는 2원 14전(1996년 3월 현재), 참고로 일반 노동자의 월급은 70

원에서 80원, 남한의 장관인 부장급은 330원이지만 인민무력부장은 430원을 최고로 부장에 따라 등급이 있다. 가라오케 입장료는 50원(달러로는 23달러)을 받고, 맥주 한 병 값은 10원, 달러로는 5달러, 쌀값은 (일반 시장) kg당 34원, 35원(김일성 사망 당시 함경북도 회령의 시세)이다. 1996년 초 평양 시내 일반 시장(암시장)에서 한 달 월급 80원으로 감자 5~6kg밖에 살 수 없었다.

휴가제도

노동법 규정에 의하면 모든 노동자들은 연간 14일간의 정기휴가와 직종에 따라 7일에서 21일까지의 보충 휴가를 받을 수 있다고 명시되어 있다. 임산부에게는 산전 35일, 산후 42일간의 휴가를 주도록 되어 있다. 휴가를 받아도 자유로이 여행을 못 떠난다. 우선 통행증의 발급을 받아야 하고 여행기간 중에 식사를 공급받기 위해서는 통행증 말고도 양권의 발급을 받아야 하는 번거로움이 있다. 북한에는 통행의 자유가 극도로 제한되어 있기 때문에 지방 여행은 아예 생각지 않는 편이 마음 편하다. 공장 · 기업소의 형편에 따라 노동자들에게 법정 휴가를 주지 못할 경우에는 연말에 현금으로 지급한다. 그 액수는 평균 임금의 60% 수준으로 휴가받지 않은 일수만큼 계산해 지급한다. 일반 노동자들의 생활급(남한의 월급)이 월 40원 내지 45원이라면 14일간 휴가를 받지 못한 노동자에게는 20원~25원 정도 지급받는다. 쌀 1kg의 암시장 시세가 23원~35원이라니까 그들의 생활상을 짐작할 만하다.

부록

인명록

강관선(姜寬仙) 평양외국어대학 부학장, 1986년 여성동맹 중앙위원회 부위원장. 1990년 제9기 대의원

강능수(姜能洙) 1973년 작가동맹중앙위원회 부위원장, 1987년 조선문학창작사 부사장

강달선(姜達善) 1981~1985년 싱가포르 주재 대사, 1988년 방글라데시 주재 대사

강덕수(姜德洙) 김일성의 외종제, 제8~9기 대의원. 1979년 인민무력부 후방총국 부대장, 1987년 인민군 소장

강덕순 평양민족음악단 연락원, 1990년 12월에 1990년 송년 통일전통음악제 참가차 서울 방문

강득춘(姜得春) 국가체육위원회 부위원장, 1990년 9월 제11차 베이징아시안게임 대표단 단장

강명옥(姜明玉) 제9기 대의원, 문덕군 풍년협농 관리위원장

강병학(姜炳鶴) 1990년 최고인민회의 통일정책심의위원회 부위원장, 조선사회민주당 중앙위원회 제1부위원장

강상춘 이명재·윤승관과 더불어 베일에 가려져 있는 김정일의 심복이자 핵심브레인으로 나이는 1995년 기준 55세로 추정. 김정일의 행사 일정에서부터 건강 관련된 식사메뉴, 의복까지 챙기고 호위업무, 비서수행, 경호 담당으로 알려짐

강석룡(姜錫龍) 1938년 출생, 김일성의 외오촌 조카, 노동적위대장(인민군 소장)

강석숭(姜錫崇) 강석주의 형이자 김일성의 외척, 1923년 평양 출생, 김일성종합대학 졸업, 모스크바대 수학, 노동당 선전선동부 과장, 부부장, 개성 송도정치대학장, 노동당 중앙당학교 교장, 마르크스 레닌주의 학원장, 노동당 역사연구소 소장, 1982년 당중앙위원, 1985년 남북 적십자회담 수석자문위원, 당중앙부장, 제8~9기 대의원, 김일성 집안 우상화의 본산인 역사문제연구소 소장 20년 재직

강석주(姜錫柱) 1939년 평양 출생, 당부장 겸 역사연구소 소장, 강석숭의 동생, 1987년 외교부 제1부부장, 당중앙위원회 후보위원, 1990년 최고인민회의 외교위원회 부위원장, 1991년 9월 제46차 유엔총회서 유엔 가입수락 연설, 미국과의 핵문제 기타 국교 정상화를 위한 일련의 뉴욕·제네바 회담에 북한 측 대표로 계속. 외교위원회 위원

강성산(姜成山) 1931년 함경북도 청진 출생, 만경대혁명학원·김일성종합대학·모스크바대 졸업, 김일성 사망 이후 정무원 총리, 연형묵·박기남과 함께 프라하공대 졸업, 한국전쟁 당시 인민군 참모장 강건의 아들이자 김일성의 이종사촌. 1984년 총리 때 대외경제협력체제를 갖추려 시도했으나 실패. 1992년 재차 총리에 임명되면서 김달현·연형묵 등과 함께 대외경제협력과 개방정책을 주도. 1974년 당정치위원 및 비서, 김정일이 실시한 '70일 전투'의 실무지도. 1955년 노동당 입당, 1970년 평양시당 책임비서, 1973년 평양시 인민위원장. 정치국 후보위원, 1977년 부총리, 1980년 정치국 위원, 1984년 총리 중앙인민위원, 1986년 당서기, 1988년 함경북도당 책임비서, 중앙인민위원장, 1992년 12월 총리

강순영(姜淳英) 앙골라 주재 대사, 1990년 상투메 프린시페 공화국 주재 대사

강영섭(康永燮) 김일성의 외종제. 강양욱의 장남으로 목사. 1969년 내각서기국 차장, 우간다 · 루마니아 · 몰타 주재 대사, 조선기독교도연맹 중앙위원장, 조선종교인협의회 부회장, 통일정책심의위원, 제9기 대의원

강영희(姜英姬) 1983년 음악가동맹 중앙위원회 부위원장, 조선민족음악위원회 서기장

강욱중(姜旭中) 1948년 함안 출생, 한국 제헌국회의원, 1949년 국회 프락치 사건으로 복역, 1950년 월북, 1956년 재북평화통일촉진협의회 발기인 겸 상무위원, 1959년 국제간첩단 사건으로 좌천

강점숙(姜点淑) 1983년 민주여성동맹 부위원장, 1990년 2월 중앙선거위원

강주일(姜周一) 당통일전선 부장 대남담당 비서 직속, 조국평화통일위원회, 조국통일범민족대회, 조국통일민주주의전선 등을 관장하고 대외정보조사부와 사회문화연락부의 지원을 받는 대남전략기구의 요직을 맡고 있다. 김정일 직속으로 김용순의 실무 지휘를 받는다

강처한(姜處漢) 1972년 평양시도시설계사업소 기사장, 동년 제5기 대의원, 1986년 평양행정지도위원회 부위원장, 1989년 노동당 평양시당 비서

강태무(姜泰武) 1923년 경남 출생, 1948년 한국군 소령으로 월북, 1953년 인민군 23사단 부사단장, 1954년 군사정치학교 교장, 인민군 소장, 1957년 제2기 대의원, 1958년 여단장, 1990년 제9기 대의원, 재북평화통일촉진협의회 서기국장

강현수(康賢洙) 김일성의 외사촌, 김일성종합대학 · 노동당중앙학교 졸업, 노동당 평양시당 부부장, 군정치간부, 1962년 소련 대사관 무관 소장, 1965년 사회안전부 정치국장, 인민군 중장, 평양시당 책임비서, 1970년 당중앙위원, 1974년 평안남도 인민위원장, 당중앙위원회 검열제1부위원장, 황해북도당 책임비서 · 인민위원장, 제9기 대의원, 중앙인민위원

계응태(桂應泰) 1918년 함경북도 길주 출생, 김일성종합대학 졸업, 1957년 당국제부 부부장, 1961년 당중앙위원, 1967년 국제무역 촉진위원회 위원장 · 무역부장, 1976년 부총리, 정치국 위원, 평안남도당 책임비서, 1986년 서기, 최고인민회의 법안심의위원장, 정치국 위원, 당비서, 제9기 대의원, 김정일 측근 당내관료. 1995년 2월 15일 김정일 생일 경축보고 대회의 보고, 1994년 8월 2일 김정일 노작 20주년 중앙보고, 같은해 7월 26일 승전 41주년 기념보고 등 계응태가 맡아서 한 것으로 행정 담당비서로 김정일체제 구축에 중요한 소임을 맡은 것으로 평가

계형순(桂亨淳) 김일성종합대학 졸업, 체코 유학, 농업성부상, 기계공업위원회 부위원장, 금속기계공업위원회 부위원장, 1970년 당중앙위원회 후보위원, 1977년 기계공업부장, 1986년 금속기계공업위원회 위원장 · 당중앙위원, 1987년 기계공업부장, 제9기 대의원

고송일(高松日) 조선노동자출판사 부사장, 1984년 노동자사 부주필

고정식(高禎植) 1980년 당중앙위원, 1982년 자원개발부장

고학천(高學天) 1970년 김책시당 책임비서, 1972년 제5기 대의원, 당중앙 후보위원, 1985년 성진제강연합기업소 당책임비서

공진태(孔鎭泰) 1925년 개성 출생, 김일성종합대학 졸업, 정무원 대외경제총국 부총국장, 1966년 설비수입상사 사장, 대외경제위부위원장, 1971년 동위원장, 대외경제사업부장, 정무원 사무장, 1975년 부총리, 중앙위원, 정치국 후보위원, 인민봉사위원장, 제8~9기 대의원, 인민봉사부장

곽영학 외교부 통역관, 1995년 5월 미·북 쿠알라룸푸르 준고위급회담 참가

구본태(具本泰) 1987년 무역부장, 대외경제위원회 10부위원장 중 한 사람

권상호(權相浩) 제7~9기 대의원, 1985년 인민군 소장·동해지구 해군사령관·동해함대사령관, 인민군 중장

권중영(權重榮) 1988년 인민군 중장, 1989년 김일성군사종합대학 제1부총장

권태의(權泰義) 1948년 한국 제헌국회의원(김천), 해방 전 동요 작가, 1950년 월북, 1951년 기독교연맹 가입, 1956년 재북평화통일촉진협의회 발기인 겸 중앙위원

권혁봉(權赫峰) 1983년 문화예술부 영화총국장, 1989년 문화예술부 부부장

권희경(權熙京) 1928년 평안북도 출생, 1965년 외무성부상, 소련 주재 대사, 유엔총회 대표, IPU대표, 외교부 부부장, 1982~1990년 소련 주재 대사, 당중앙위원회 후보위원, 당중앙위원회 위원, 제8~9기 대의원, 1989년 소련 대사에서 물러나 한국 관련 해외정보를 수집하는 대외정보조사부 부장으로 이동

길재경(吉在京) 1924년 출생, 스웨덴·아이슬란드 주재 대사, 1976년 마약밀수 건으로 추방, 1980년 당중앙위원회 후보위원, 1981년 당중앙위원회 국제부 부부장, 당중앙위원회 위원, 제9기 대의원

김강환(金江煥) 1931년 평양 출생, 김정일의 친위세력, 오극렬·김두남과 더불어 군부의 트로이카, 만경대혁명학원 원장, 한국전쟁 참전, 1962년 당중앙위원회 군사부 지도위원, 인민무력부 작전국 부부장, 당중앙위원회 후보위원, 인민무력부 작전국장, 중앙위원, 중앙군사위원, 1980년 10월부터 1986년 말까지 정치국 후보위원, 1981년 인민군 중장. 인민군 부총참모장, 당중앙위원회 군사부장, 그의 부친이 김일성의 조부모를 돌보아준 인연으로 38세에 인민군 소장 진급

김경봉(金慶峰) 제8~9기 대의원, 과학원장, 당중앙위원회 위원, 국가학위학직수여위원회 부위원장, 최고인민회의 상설회의 사무장, 과학원장

김경완(金慶完) 1988년 김책공업종합대학 총장, 제9기 대의원

김경희(金敬姬) 김일성의 장녀, 김정숙의 소생, 1946년 평양 출생, 김일성종합대학 졸업, 노동당중앙위원회 부부장, 장성택의 아내, 당경공업부장, 제9기 대의원, 당경제정책 검열부장

김계관(金桂寬) 정무원 외교부 부부장(미국 담당), 1995년 미·북 쿠알라룸푸르 준고위급 회담 북측대표로 참가

김관보 1922년 출생, 월북소설가 조벽암의 처, 공훈배우, 국보급 서도민요의 대가, 1990년 12월 평양민족음악단 소속으로 송년통일전통음악제 참가차 서울 방문

김관섭(金寬燮) 평안북도 출신, 1939년 일본 니혼대학 법학부 졸업, 해방 후 신의주교원대학 부학장, 신의주시당 위원장, 당중앙위원회 후보위원, 1964년 기니 주재 대사. 대외문화연락위원회 위원장, 1977년 최고인민회의 상설회의 위원, 1980년 당중앙위원

김관회(金寬會) 1988년 정무원 출판총국 부총국장, 1990년 공보위원회 부위원장

김광섭(金光燮) 1950년 출생, 김일성의 둘째사위(김성애 태생 김경진), 오스트리아 주재 대사

김광수(金光洙) 1982년 〈민주조선〉 부주필, 조선·우간다 친선협회 부위원장, 조선중앙방송위원회 부위원장, 당중앙위원회 후보위원

김광진(金光進) 1932년 평양 출생, 1984년 당중앙위원회 위원, 당중앙위원회 부부장

김광진(金光鎭) 1927년 만주 간도 출생, 김일성과 사촌지간, 혁명 1세대로 김정일의 측근, 인민무력부 부부장, 인민무력부장 오진우, 총참모장 최광과 더불어 군부 내 김정일의 친위 트로이카로 이른바 빨치산 1세대로 건재하고 있다. 소련 포병기술학교 졸업, 한국전쟁 참전, 포병사참모장, 1963년 포병 부사령관, 1967년 동 사령관, 인민군 부총참모장, 1984년 당중앙위원회 위원, 당중앙위원회 부부장, 인민군 대장, 1990년 국방위원, 남북 고위급회담 대표, 제9기 대의원, 1992년 4월 인민군 차수, 1995년 10월 인민무력부 제1부부장, 남북군사공동위원회 북측 위원장

김광진(金侊鎭) 1932년 평안남도 남포 출신, 김책공업종합대학 졸업, 소련 레닌그라드공대 연구원, 1969년 제1기계공업성 부상, 1974년 당중앙위원회 제1경제부 부부장, 1979년 동 부장, 1981년 당중앙위원회 위원 후보, 1982년 최고인민회의 대의원, 1983년 동 중앙위원

김광호(金光浩) 1978년 문예총중앙위원회 부위원장, 문화예술부 부부장, 1983년 중앙방송위원회 부위원장, 당중앙위원회 부부장

김국삼(金國三) 1983년 직업총동맹 부위원장, 1991년 9월 직업동맹대표단 단장으로 일본 방문

김국태(金國泰) 김책의 아들, 1924년 함경북도 성진 출생, 김정일 측근의 당선전선동부 부장 역임. 만경대혁명학원 1기생으로 전문관료 1세대. 당이론가로서 당선전선동부 부장으로 정치사상 선전을 총괄하면서 당 유일사상체계를 확립하는 데 앞장섰다. 김성애·김영주 축출에 한몫을 함으로써 김정일의 권력기반을 다지는 일에도 결정적인 기여. 만경대혁명학원·김일성종합대학 졸업, 모스크바대학 유학, 1961년 당중앙위원회 간부부 부부장, 1963년 인민군 총정치국 부총국장(인민군 중장), 1966년 당중앙위원회 위원, 당선전선동부 부장, 1974년 고급당학교 교장, 함

경남도 인민위원회 위원장, 이디오피아 주재 대사, 1983년 당중앙위원회 부장, 김일성 고급당학교 교장, 제9기 대의원, 1992년 12월 당비서

김국훈(金國勳) 1919년 함경북도 출신, 1958년 중앙당학교 교장, 1962년 김책공업종합대학 학장, 1970년 당중앙위원회 위원, 중앙방송위원회 위원장, 쿠바 주재 대사, 동독 주재 대사, 1980년 당중앙위원회 위원, 1983년 당제1부부장. 조선 아시아 · 아프리카 단결위원장, 인민경제대학 총장, 당법제위원회 위원, 제9기 대의원

김기남(金基南) 1926년 평양 출생, 김정일 측근세력, 당선전선동부 부장으로서 권력과 업무관계로 김정일과 가깝기도 하지만 당내 최고 문장가로서 김정일 명의의 노작들을 직접 집필 관리해주며 북한의 모든 보도와 선전을 통제하는 위치에 있다. 김일성종합대학 졸업, 모스크바국제대학 유학, 외무성 참사, 중국 주재 대리 대사, 1958년 당중앙위원회 국제부 과장, 1966년 당선전선동부 부부장, 1973년 당기관지 〈근로자〉 주필, 〈로동신문〉 책임주필, 기자동맹 위원장, 1980년 당중앙위부장, 제9기 대의원, 1992년 12월 당비서

김기룡(金基龍) 1965년 〈로동신문〉 기자, 1985년 논설위원, 1989년 중앙통신사 사장, 국가공보위원회 위원장, 1990년 당중앙위원회 후보위원, 제9기 대의원, 1992년 12월 노동당 중앙위원

김기선(金基善) 1929년 황해도 황주 출생, 중앙당학교 · 소련공산당 고급당학교 졸업, 1953년 황해도당 조직부 부부장, 황해북도 부위원장, 황해북도 인민위원장, 1970년 당중앙위원회 후보, 1979년 남포

시 인민위원장, 1980년 강원도당 책임비서 · 당중앙위원회 위원, 1985년 개성시당 책임비서, 인민위원장, 1990년 중앙인민위원, 1990년 평양외국어대학 학장, 제9기 대의원

김길송(金吉松) 1985년 국가품질감독위원회 부위원장, 1989년 국가과학기술위원회 부위원장

김길현(金吉賢) 1971년 당중앙위원회 국제부 부부장, 1972년 남북 적십자회담 자문위원, 당중앙위원회 부장, 1977년 동 후보위원, 1979년 동독 주재 대사, 1980년 외교부 부부장

김남교(金南敎) 1964년 당중앙위원회 부부장, 1967년 청진시 인민위원장, 양강도 인민위원장. 제8기 대의원

김남윤(金南潤) 1977년 건재공업부 부장, 1983년 당중앙위원회 부장

김달현(金達玄) 1940년 출생, 김일성의 오촌조카설, 1977년 과학원 부원장, 1987년 화학경공업위원회 위원장, 부총리 겸 국가계획위원회 위원장, 당정치국 후보위원. 1980년 후반부터 대외경제관계를 총괄해 온 개방의 실세로서 1988년 정무원 대외경제위원장직을 맡아 오스트리아 · 스위스 · 중국 · 필리핀 등으로 정부대표단을 인솔하고 시찰함으로써 경제개방 문제를 집중적으로 검토. 1991년 문선명 통일교 교주를 초청했고 1992년 김우중 대우그룹 회장을 공식 초청하여 북한 여러 지역의 산업시설을 보여주는 동시에 남한의 자본과 기술을 받아들이는 남북 합작사업의 기틀도 마련. 그 후 1992년 7월에는 직접 서울을 방문, 일주일 동안 남한의 경제시설을 시찰

김덕현(金德賢) 1929년 평안북도 출생, 1971년 적십자 보도부장, 중앙통신사 부사장, 1972년 남북 조절위원회 대표단 간사위원으로 서울 내왕, 1986년 인민군 소장, 당중앙위원회 후보위원, 1989년 외국문종합출판사 사장, 당중앙위원회 정치위 직속 책임지도위원

김동국(金東國) 1950년 김일성종합대학 졸업, 1957년 노동청년편집국장, 1965년 동 책임주필, 금성출판사 사장, 1990년 8.15범민족대회 북측 준비위원, 1991년 4월 남북 탁구단일팀 고문

김동섭(金東燮) 1985년 평양상업대학 학장, 1989년 교포사업 제1부총국장

김두남(金斗南) 1928년 평안북도 출생, 만경대혁명학원·군관학교 졸업, 1963년 소련군사아카데미 수학, 1965년 당군사부 과장, 1980년 동 부장, 당중앙위원회 위원, 1982년 정치국 후보위원, 당군제부장, 1985년 인민군 대장, 제9기 대의원, 당군사위원회 위원. 외교부 부장, 당군사부장, 1980년 김정일의 후계자 지위 확립선언을 전후해 김정일의 수하로 활약하는 군부 내 친위 트로이카의 한 사람이자 김영남의 친동생

김득준(金得俊) 1980년 국가체육위원회 부위원장, 북한·룩셈부르크 친선협회 위원장

김명국(金明國) 인민군 대장, 인민무력부 부부장, 당중앙군사위원회 위원, 작전국장, 김정일 군사담당 서기, 김정일의 군부 내 5인 세력의 하나

김문성(金文成) 대외경제협력추진위원회 서기장, 조선경제개발 총회사 부총사장, 나진·선봉지구 외자유치 상담창구, 1996년 1월 하와이 포럼 참석, 수준급의 영어 실력

김병률(金炳律) 1926년 평안북도 출생, 만경대혁명학원·김일성종합대학 졸업, 당학교 교육부 과장, 1965년 동 부장, 1966년 고등교육성 제1부장, 1967년 최고인민회의 대의원, 1968년 평안북도 당 책임비서, 1970년 당중앙위원회 위원, 1995년 10월 인민군 상장에서 대장으로 승진

김병식(金炳植) 1972년 실각설이 있었으나 김영주와 함께 부주석 선출. 본래 조총련 제1부의장으로 조총련을 통해 수집되는 자금을 북한 정권에 제공하는 일을 담당해 왔으며 사회민주당 위원장 자리도 겸직

김병하(金炳河) 김일성의 조카사위설, 1970년 당중앙위원회 위원, 1972년 사회안전부 부장, 1973년 정치보위부장, 1980년 당중앙위원회 위원

김병화(金炳和) 1936년 일본 오사카 출생, 1960년 입북, 국립예술극장 피아노 연주자, 평양음악무용대학(현 김원균평양음악대학) 지휘과 졸업, 국립예술극장 지휘자, 1969년 조선국립교향악단 수석지휘자, 1972년 공훈예술가 칭호 수수, 1986년 인민예술가 칭호 수수, 최고인민회의 대의원, 2005년 김일성상 수상

김병홍(金炳弘) 외교부 국제국장, 대외직명 군축 및 평화연구소 부소장

김병훈(金炳勳) 1985년 조선문학창작사 사장, 1986년 작가동맹 제1부위원장

김복신(金福信) 1926년 평안북도 신의주 출생, 중앙당학교 수료, 1957년 최고인민회의 대의원, 1958년 경공업성부상, 1960년 당경공업부 부부장, 1961년 경공업위원회 위원장, 1966년 평양시 지방산업총국장, 1971년 방직공업상, 1972년 정무원 방직피복총국장 겸 경공업위원회 부위원장, 1981년 부총리 겸 대외경제위원장, 1983년 부총리 겸 경공업위원장, 당 정치국 후보위원(1983년.1992년), 제9기 대의원, 정무원 경공업부장, 1996년 5월 이종옥 부주석 · 홍성남 부총리와 함께 중국 방문하여 경제교류협정 체결

김봉주(金鳳柱) 1930년 평양 출생, 김일성의 종제, 김일성종합대학 · 중앙당학교 졸업, 1963년 인민국 총정치국 조직부 과장, 1968년 당중앙위원회 조직지도부 책임지도원, 1976년 금성정치대학 학장, 1977~1989년 직업총동맹위원장, 1980년 조선 · 인도 친선협회 위원장, 1984년 당중앙위원회 위원, 1989년 당중앙위원회 부장, 제9기 대의원

김상준(金相俊) 1972년 칠레 주재 대사, 1973년 베트남 주재 대사, 1984년 라오스 주재 대사, 1988년 함흥농업대학장

김석준(金碩俊) 1981년 사회민주당 부위원장, 1984년 남북 적십자회담 지도위원, 1988년 사회민주당 출판사 책임주필, 제9기 대의원

김석형(金錫亨) 1912년 경상북도 출생, 1939년 경성대학 사학과 졸업, 《고대한 · 일관계사》등 한일 고대연구의 권위자, 임나일본부설 정면 반박으로 국제적 명성 획득, 1955년 김일성종합대학 부교수, 1956년 김일성종합대학 교수 겸 과학원 역사연구소 소장, 역사학 박사, 1982년 조국평화통일위원회 상무위원, 1986년 제8기 대의원, 1988년 사회과학원 교수, 1989년 세계청년학생 축전남북회담 대표, 1990년 일본 오사카에서 개최됐던 조선학술대회에 참가해 누이동생 김금숙과 상봉, 제9기 대의원

김선주(金善柱) 김일성의 사촌동생, 만경대혁명학원 정치부장

김성구(金成求) 1966년 우루과이 주재 통상대표부 근무, 1982년 제7기 대의원, 함흥청년화학공장 지배인, 1984년 당중앙위원회 후보위원, 1985년 화학공업부 부장, 1989년 지방공업부 부장, 제9기 대의원

김성률(金成律) 1981년 사회민주당 부위원장, 1985년 평양인민위원회 부위원장, 1990년 9월 제1차 남북 고위급회담 수행

김성애(金聖愛) 김일성의 후처, 1924년 황해도 해주 출생, 해주여자사범 중퇴, 평양여자사범 중퇴, 1950년 군입대, 군 문화선전지도원 호위국(김일성 경호실) 비서, 1953년 김일성과 결혼, 1965년 민주여성동맹 중앙위원장, 1972년 최고인민회의 대의원 겸 상설위원회 중앙위원, 1980년 당중앙위원회 위원, 제7~9기 대의원, 9기 대의원 겸 최고회의 상설위원회 위원

김성환(金聖煥) 1940년 출생, 김책공업종합대학 기계공학과 졸업, 1984년 대외경제사업부 부부장, 1986년 조선국제합영총회사 부이사장, 1990년 동 총회사 사장, 함영공업총국장

김시학(金時學) 1923년 평양 출생, 김일성종합대학 졸업, 모스크바대학 유학, 당

조직지도부 부부장, 1960년 사회주의노동청년동맹 중앙위원회 위원, 1970년 당중앙위원회 위원, 1973년 중앙방송위원회 위원장, 1980년 당중앙위원회 부장, 최고인민회의 자격심사 위원, 제7~9기 대의원

김양건(金養建) 1986년 당국제부 부부장, 조·일우호친선협회장, 김이 단장이 되어 1995년 8월 29일 아시아 국가를 순방

김연길(金鍊吉) 외교부 군축평화연구소 소장, 1966년 6월 일본 방문 수교문제 협의

김영남(金永南) 1925년 함경북도 명천 출생, 김일성종합대학 졸업, 모스크바대학 유학, 1956년 당중앙위원회 국제부 과장, 1960년 대외문화연락위원장, 1961년 당국제부 부부장, 함경남도당 부위원장, 1962년 외무성부상, 1970년 당중앙위원회 위원, 1972년 당국제부 제1부부장, 동년 동 부장, 1974년 당국제담당비서, 1975년 서기, 1977년 정치국 위원, 1983년 부총리 겸 외교부장, 1989년 조국평화통일위원회 부위원장, 제7~9기 대의원, 김정일의 군사부관인 김두남 대장의 형

김영룡(金永龍) 1992년 4월 인민군 상장, 동년 12월 노동당 중앙위원회 위원

김영윤(金榮允) 1988년 함경북도 행정경제지도위원회 위원장, 1990년 제9기 대의원

김영익(金英益) 1982년 보건부 부부장, 1991년 5월 보건부 대표단장으로 스위스 방문

김영일(金英一) 김일성의 삼남. 베를린 주재 북한·독일 이익대표부 참사관

김영주(金英柱) 1922년 평안남도 대동군 출생, 김일성의 동생, 모스크바대학·모스크바 고급당학교 수학, 1954년 당조직지도부 지도원, 1957년 동 지도과장, 1961년 당중앙위원회 위원, 1966년 당조직지도부장, 당비서, 정치위원 후보, 서기, 남북 조절위원회 평양 측 위원장, 1974년 부총리 후 공직 은퇴, 1993년 7월 휴전협정 40주년 행사 때 18년 만에 공식 석상에 나타나면서 부주석 선출

김영채(金英彩) 4·5·7·8·9기 대의원, 1977~1988년 체신부장, 1980년 당중앙위원회 위원, 최고인민회의 자격심사 위원

김영철(金英徹) 1946년 양강도 출신, 만경대혁명학원 출신, 1964년 인민군 8사단장, 1968년 군사정전위원회 연락장교, 1990년 3월 인민군 張國贊소장, 최고인민회의 외교위원회 부위원장, 제9기 대의원

김영춘(金英春) 1936년 출생, 1961년 평안남도 위원회 조직담당부 위원장, 1980년 10월 당중앙위원회 후보위원, 1986년 12월 당중앙위원회 위원, 1992년 인민군 대장, 1995년 10월 인민군 차수, 총참모장, 당중앙위원회 위원

김영호(金永浩) 1990년 조선사회민주당 부위원장, 1990년 노동당 최고인민회의 외교위원회 부위원장, 제9기 대의원, 대의원 자격 심사위원

김완수(金完洙) 1984년 남북 적십자회담 대표, 적십자회 중앙위원회 문화선전부장, 1987년 나이지리아 주재 대사

김용섭(金容燮) 1970년 공군사령부 정치

부 부사령관(인민군 소장), 1980년 이라크 주재 대사, 1981년 외교부 부부장, 1989년 이집트 주재 대사, 1996년 4월 미화 위폐사건으로 인책된 송호경의 후임으로 캄보디아 주재 대사에 임명

김용순(金容淳) 1934년 함경북도 회령 출생으로 김일성 전처의 처남이다. 김일성종합대학 졸업, 모스크바대학 연구원. 1960년대까지 지방인민위원회에서 일하다가 1970년 이집트 주재 대사로 변신, 4년 만에 당국제부 부장으로 승진, 북한에 서는 개방파를 대표하는 인물로 지목되고 있다. 당조직 부문에 장성택, 경제 부문에 김달현과 함께 일찍부터 실용주의를 주장해온 개방 트로이카로 알려졌다. 대남담당 당비서 겸 최고인민회의 통일정책위원인 김용순은 외교부장 김영남과 외교부 부부장 강석주와 더불어 핵문제와 대남관계를 전담하는 엘리트로 등장했다. 김일성으로부터도 신임이 두터웠지만 김정일은 대미·대일·대남 관계를 모두 그에게 맡기며 남다른 권한을 주었다. 1956년 당국제부 지도원, 1966년 당국제사업부 과장, 이집트 주재 대사, 대외교문화위원회 부위원장, 1976년 당국제사업부 부부장, 1980년 중앙위원회 위원, 1984년 2월 국제담당비서, 국제부 부부장, 서기, 1985년 당국제부 제1부부장, 1988년 동 국제부장, 1989년 반핵평화위원장, 최고인민회의 외교위원회 부위원장, 헝가리·불가리아·루마니아·네팔·파키스탄·중국 등에서 주재 대사 역임, 1990년 서기, 세계인민과의연대 조선 위원장, 제9기 대의원, 1992년 12월 당정치국 후보위원, 1993년 대남담당비서 겸 당통일정책위원회 위원장

김용영(金龍泳) 1979년 오트볼타·니제르 주재 대사, 1988년 외교부 부부장,

1989년 인종격리제도 반대 조선위원장

김용원(金容元) 1984년 조선작가동맹 부위원장, 1987년 조선문학예술총동맹 부위원장

김용준(金龍俊) 1981년 사회민주당 부위원장, 1984년 조·일 우호촉진 친선협회 부회장, 1987년 조선 반핵위원회 부위원장

김우종(金佑鐘) 1964년 당중앙위원회 부부장, 1977년 대외문화연락위원회 부위원장, 1985년 당중앙위원회 부부장, 1986년 제8기 대의원, 1989년 알바니아 주재 대사

김원균(金元均) 1954년 음악가동맹 중앙위원, 1957년 공훈예술가 칭호 수수, 1985년 피바다가극단 총장, 1989년 음악가동맹 중앙위원장, 제9기 대의원, 범민족음악회 북측 위원

김원전(金源田) 1929년 양강도 출생, 만경대혁명학원·김일성종합대학 졸업, 1961년 당조직지도부 지도위원, 1965년 동 책임지도원, 1974년 당조직책임비서, 1979년 동 부부장, 1983년 양강도당 책임비서, 1989년 당중앙위원회 위원

김원진(金元鎭) 1981년 농업과학원 부원장, 1982년 조선·불가리아 친선협회 부위원장, 1988년 당중앙위원회 후보위원, 농업위원회 제1부위원장, 1990년 정무원 농업위원회 위원장, 제9기 대의원

김유순(金裕淳) 1928년 평양 출생, 김일성종합대학 졸업, 1965년 당조직지도부 과장, 1968년 당근로단체 지도부 부부장, 1975년 동 부장, 1976년 국가체육위원

장, 1978년 IOC위원, 1980년 조선올림픽 위원장, 당중앙위원회 후보위원, 1982년 조선·말레이시아 친선협회 위원장, 1985년 남북체육회담 북측 대표단장, 남북통일축구대회 북한단장, 제9기 대의원. 1996년 8월 사망

김윤혁(金潤赫) 1926년 평안남도 출생, 김일성종합대학 졸업, 레닌그라드종합대학 수학, 1969년 당중앙공업부 부국장, 1974년 당중앙위원회 후보위원, 1975년 정무원 사무장, 1980년 금속공업부장, 당중앙위원회 위원, 1986년 제1부총리, 1988년 부총리, 제9기 대의원. 1996년 7월 중국 방문, 리평과 회담 후 중국의 대북원조 내용이 공표

김응렬(金應烈) 정무원 산하 대외경제협력위원회 10여 명의 부위원장 중 한 사람. 1996년 8월 토지공사 나진·선봉지구 공단시설 조사과정 협력

김응삼(金應三) 1967년 과학기술위원회 부위원장. 1970년 제3기계공업상, 당중앙위원회 후보위원, 1971년 과학기술위원장, 1978년 과학원장, 제9기 대의원

김응상(金應相) 1930년 만주 출생, 일본 주오대학 졸업, 1953년 당중앙위원회 부부장, 1955년 화학공업대학 부학장, 1957년 교육문화성부상, 1958년 국가건설위원회 위원장, 1961년 당중앙위원회 후보위원, 1965년 건재공업상, 1977년 국가건설위원장, 당중앙위원회 후보위원, 건축가동맹 위원장 제8~9기 대의원, 정무원 국가건설위원회 위원장, 1995년까지 18년 동안 연임, 1995년 잠비아 주재 대사

김응철(金應哲) 1976년 대외무역은행 부

총재, 1986년 조선무역은행 총재, 노동당 중앙검사위원, 제9기 대의원

김응호(金應括) 1983년 국가과학기술위원회 부위원장, 1982년 공업기술총연맹 부위원장, 1989년 국가발명위원회 원장

김일성(金日成) 1912년 4월 15일 평안남도 대동군 만경대에서 출생, 본명 김성주(金聖柱), 1926년 만주 길림에서 중학 수업, 1932년 이후 만주 장백산맥 일대를 무대로 항일무장투쟁을 한 것까지는 밝혀졌으나, 현 북한당국이 선전하는 '조선인민혁명군'을 그가 창설했다는 설에는 이견이 많다. 1945년 소련군의 보호 아래 소련군 대위 복장으로 평양에 입성, 1946년 북조선인민위원회 위원장, 1948년 조선민주주의인민공화국 수립, 수상에 취임, 1949년 노동당 중앙위원장, 1950년 군사위원장, 인민군 최고사령관, 1953년 원수, 1961년 정치위원. 1970년 총서기, 1972년 국가주석, 국방위원장, 제9기 대의원, 1992년 대원수, 1994년 사망

김일진(金日進) 평안남도 남포 출생, 1977~1983년 모스크바 차이콥스키 음악대학 유학, 1985년 만경대예술단 관현악단 지휘자, 1985년 9월 제8회 폰카라얀 국제지휘자콩쿠르에서 2위 입상, 공훈예술가 칭호 수수, 영화배우 김영숙의 남편

김일철(金鎰喆) 1933년 평양 출생, 만경대혁명학원 제1기, 1962년 소련해군대학 유학, 1950년 해군부전대장, 전대장, 1963년 해군사참모부 참모, 1974년 해군부사령관, 1978년 동 사령관, 1980년 당중앙위원회 위원 겸 군사위원, 1985년 인민군 상장, 해군사령관, 제9기 대의원

김재봉(始在奉) 1960년 루마니아 주재 대리 대사, 1961년 쿠바 주재 대리 대사, 1965년 외무성부상, 1976년 소련 주재 대사, 1980년 외교부 부부장, 당중앙위원회 후보위원, 1988년 당국제부 부부장

김재숙(金在淑) 경기도 출생으로 일본 니혼대학 졸업, 1948년 김일성종합대학 교수, 1962년 송도 정치경제대학장, 1968년 중국 주재 대리 대사, 1975년 헝가리 주재 대사, 1982년 외교부 부부장

김정수(金貞洙) 1935년 출생, 1980년 국립교향악단장, 1990년 방북 〈동아일보〉 기자와 회견

김정숙(金貞淑) 함경남도 출생, 김일성의 사촌여동생으로 독립운동가 김형권의 딸이자 고위외교관 허담(許錟의 처. 1954년 민청중앙위원회 부장, 1964년 사회주의노동청년동맹 중앙위원회 부위원장, 1971년 직총중앙위원회 부위원장, 1986년 〈민주조선〉 책임주필, 1988년 당중앙위원회 후보위원, 제9기 대의원, 당외교위원회 위원

김정우(金正宇) 김일성의 고종조카설이 있으나 본인이 공개석상에서 부인. 1982년 대외경제사업부 부부장, 1990년 남북고위급회담 대표, 대외경제위원회 부위원장이자 대외경제협력추진위원회 위원장. 1994년 11월 미·북 경수로협정 예비회담 북한 대표로 참석. 최고인민회의 외교위원장 허담의 처남, 1996년 워싱턴대학에서 열렸던 남북 미·일 경협세미나에 참석

김정일(始正日) 1942년 하바롭스크에서 김일성과 김정숙의 아들로 출생. 소련 이름 슈라. 1950~1952년 길림학원 수학, 1954~1960년 평양남산중고등 학교, 1963년 김일성종합대학 졸업, 1964년 당중앙 조직지도부 지도원, 1966년 호위총국 근무, 1973년 김일성의 후계자 피선, 조직지도 선전선동 담당비서, 1975년 '지도자' 칭호 수수, 1980년 서기·중앙군사위원·정치국 상무위원, 1986년 당중앙위원회 위원, 정치국 위원, 서기 1991~1993년 국방위원회 제1부위원장 동위원장, 제9기 대의원, 인민군최고사령관, 1992년 원수

김종기(金鐘基) 1965년 교육과학연구원 부원장, 1987년 의학과학원장, 적십자회 중앙위원회 부위원장, 신의주농대 학장.

김중린(金仲麟) 1924년 평안북도 벽동 출생, 평안북도당 부장, 1954년 당중앙위원회 부부장, 1959년 적십자회 중앙상무위원, 1961년 조국평화통일위원, 당중앙위원회 후보위원, 1962년 당문화부장, 1966년 당수산부장, 1969년 당대남공작 담당비서, 서기, 1970년 중앙위원, 정치위원, 1980년 중앙위원, 정치국 위원, 서기, 1987년 중앙통신사 사장, 공보위원장, 1988년 서기, 제9기 대의원

김진명(金振鳴) 1913년 황해남도 벽성군 출생, 〈신도라지〉, 〈박연폭포〉 등의 서도소리 명창, 1955년 국립민족예술극장 배우, 1959년 공훈배우 칭호 수수, 1962년 인민배우 칭호 수수, 1990년 12월 평양민족음악단원으로 송년 통일전통음악제 참가차 서울 방문

김창룡(金昌龍) 1977년 사회주의노동총연맹 부위원장, 1980년 조선학생위원회 위원장, 1985년 9월 남북 적십자회의 자문위원으로 서울 회의 참가, 1989년 9월 임수경 석방투쟁위원회 부위원장, 제9기

김창주(金昌柱) 1923년 평양 출생, 김일성의 사촌, 김일성종합대학 수학, 모스크바대학 입학, 1959년 당조직지도부 과장, 1962년 당농업부 부부장, 1965년 평안남도 인민위원회 부위원장, 1968년 내각 사무총장, 1974년 이라크 주재 대사, 1980년 당중앙위원회 위원, 1984년 부총리, 1984~89년 농업위원장, 제9기 대의원

김철만(金鐵萬) 혁명 1세대, 1918년 만주 출생, 1994년 국방위원회 위원, 김정일과는 소원한 편. 1950년 인민군 연대장, 1958년 37사단장, 1965년 제2군단장, 1968년 인민군 상장, 부총참모장, 영웅 칭호, 1970년 당중앙위원회 위원, 1980년 중앙군사위원, 1990년 국방위원, 정치국 후보위원, 제8~9기 대의원

김철명(金哲明) 1986년 당중앙위원회 위원, 1987년 사회과학자협회 제1부위원장, 1988년 주체과학연구원장, 외교위원회 위원, 제8~9기 대의원, 1995년 6월 조선기자동맹 위원장

김철성(金哲成) 1985년 평양외국어대학 부학장, 1989년 평양 연극영화대학 부학장

김철수(金哲洙) 김성주 부주석의 아들, 김정일의 사촌동생, 인민군 상장, 김정일의 군과의 밀착화 과정에서 '김철수 부대'란 표현이 때때로 나왔듯이 김정일을 그림자처럼 따라다니는 장본인. 군부 내 김정일의 실세, 김일성과 족벌체제의 완성인물

김철식(金哲植) 1984년 사회과학원 부원장, 1986년 조선유네스코민족위원회 부위원장, 1987년 조선평화옹호전국민족위원

김춘옥(金春玉) 1980년 김책공업종합대학 기계공학부 교수(준박사), 1987년 남포시 행정경제지도위원회 부위원장

김충일(金忠一) 1978~1986년 외교부 부부장, 1986년 당정치국 후보위원, 외교부 제1부부장, 1987년 당중앙위원회 부부장, 1988년 함경북도당 비서, 제9기 대의원

김충일(金忠日) 1984년 국가위생검열원장, 1991년 함경북도 행정경제지도위원장

김충일(金充溢) 1985년 청진시당 책임서기, 1985년 청진시 인민위원회 위원장

김태곤(金泰坤) 1978년 콩고 주재 대사, 1987년 레바논 주재 대사

김평일(金平一) 1951년 김일성의 차남으로 김성애 소생, 1977년 김일성종합대학 졸업, 1978~1981년 김일성군사대학 졸업, 이후 무관보로 유고 대사관 근무, 1984~1988년 인민무력부 경비국장, 1988년 헝가리 주재 대사, 불가리아 주재 대사, 1993년 핀란드 주재 대사

김필환(金弼換) 함경남도 단천군 용양광산 금산갱 갱장, 1990년 정무원 광업부 부장, 당중앙위원회 위원, 제6~9기 대의원

김하규(金河圭) 당중앙군사위원, 포병사령관, 1995년 10월 인민군 대장, 김정일의 군부 내 5인의 하나

김하종(金河鐘) 1982년 무역부 부부장, 1983년 국가건설위원회 부위원장, 건축가동맹중앙위원회 부위원장

김하종(金河宗) 1977년 국가건설위원회 부위원장, 1982년 건축가동맹중앙위원회 부위원장, 1983년 국가건설위원회 부위원장

김학봉(金學奉) 1926년 함경북도 출생, 1965년 당중앙위원회 조직지도부 부부장, 1975년 제1공업부 부부장, 1985년 평안남도당 책임비서, 인민위원장, 1986년 당중앙위원회 위원, 1989년 평안북도당 책임비서, 인민위원장, 함경남도당 책임비서, 인민위원장, 1989년 황해남도당 책임비서, 인민위원장, 1990년 중앙인민위원, 1991년 평안북도당 책임비서, 인민위원장

김학섭(金鶴燮) 1974년 체신부장, 1978년 당중앙위원회 경제부 부부장, 1989년 중앙위원회 후보위원, 1990년 체신부장

김혁철(金赫哲) 김일성종합대학 교수, 1970~1990년 당중앙위원회 위원, 1989년 미국 카네기재단 주최 '한반도의 긴장완화' 심포지엄에 참가

김형우(金亨宇) 1980년 외교부 부부장, 1988년 당국제부 부부장, 1994년 최초의 미·북회담 때 김용순을 따라 유엔 주재 미국대표부에서 열렸던 회담에 참가한 바 있다. 1996년 4월 박길연 후임으로 유엔 대사

김형진(金亨鎭) 1987년 국가체육위원회 부위원장, 1987년 조선올림픽위원회 부위원장, 1989년 남북 체육회담 북측 대표단장, 1991년 4월 일본에서 열린 제41회 탁구 남북단일팀 단장

김환(金渙) 1929년 평안북도 출생, 김일성종합대학·동독 칼마르크스대학 졸업, 1962년 당중공업부 과장, 1967년 화학공업성부장, 1972년 당중앙위원회 후보위원, 1972년 당중앙위원회 위원, 화학공업부장, 1978년 정치위원, 서기, 1983년 부총리, 1986년 서기, 화학경공업 위원장, 1987년 부총리, 1988년 화학공업부장, 1992년 12월 부총리 겸 화학공업부장, 제9기 대의원

김희수(金熙洙) 1983년 직업총동맹 부위원장, 조선금속기계공업노동자연맹 중앙위원회 원장

김희진 1949년 출생, 탁구대표팀 단장, 1991년 일본 지바에서 열렸던 세계탁구선수권대회에서 남북단일팀을 성사시켰던 사람. 1996년 3월 일본 지바에서 열린 애틀랜타 올림픽 아시아지역 탁구 예선에 9명의 선수단을 인솔하여 참가.

나순희(羅順姬) 1985년 평양교원대학장, 1986~1990년 제8~9기 대의원, 1990년 7월 남북 국회연석회의 준비 접촉대표

나재환(羅在煥) 1981년 사회주의노동총동맹 부위원장, 1986년 최고인민회의 제8기 대의원

노명근(盧明根) 1972년 제5기 대의원, 1980년 당중앙위원회 위원

노상균(鷺相均) 1970년 김일성종합대학 부총장, 1985년 이과대학장

맹태호(孟泰浩) 1980년 흥남비료연합기업소 당중앙위원회 위원·지배인, 1982~1984년 화학공업부 부장, 1986년 제8기 대의원, 1988년 당중앙위원회 검사위원

문성술(文成述) 한국전쟁 때 가족을 잃은 전사자 가족으로 일찍부터 당기관에서 근

무. 해방 후 평안남도 강동 홍릉탄광의 공산청년동맹 위원으로 정치활동을 개시, 중앙당학교 기본반 2년을 수료, 1949년 강동군 당조직부 부부장, 1954년 평안남도 당 조직지도부 부부장, 1956년 부장 승진, 1964년 함경북도 농촌정리위원장, 1968년 인도네시아 주재 대사, 1973년 평안남도 행정위원장, 1980년 당중앙위원회 위원, 1986년 조직지도부 부부장, 1989년 황해도당 책임비서, 1990년 당농업부 부장, 김정일의 배후 실세

문예봉(文藝峰) 배우, 서울 출신으로 1947년 월북, 1952년 공훈배우 칭호 수수, 1961년 조국평화통일 중앙위원, 1967년 영화계에서 추방, 1980년 영화계 복귀, 1982년 인민배우 칭호 수수, 국기훈장1급 수훈, 출연 작품 〈내 고향〉, 〈빨치산 처녀〉, 〈춘향전〉, 〈은비녀〉, 〈생명수〉

문창학(文昌學) 1920년 평안북도 출신, 1989년 조선천주교인협회 중앙위원회 부위원장

박경실(朴慶實) 1985년 무용가동맹 부위원장, 1990년 민족무용위원회 위원장

박관술(朴寬述) 1984년 조선노동자출판사 부주필, 1985년 노동자사 부주필

박관오(朴寬任) 1970년 과학원 부부원장, 1978년 원자력위원회 부위원장, 1987년 김일성종합대학 총장, 1990년 최고인민회의 법안심의위원, 제9기 대의원

박규홍(朴奎弘) 1986년 평양시 행정경제지도위원회 부위원장, 1982~1989년 황해남도당 책임비서 겸 인민위원장, 제9기 대의원

박기서(朴基西) 1970년 인민군 부대장, 교도대 지도국장, 당중앙위원회 위원, 1989년 11월 인민군 상장, 제9기 대의원, 1995년 3월 인민군 대장

박길연(朴吉淵) 1943년 자강도 출신, 1973년 싱가포르 주재 총영사, 1987년 유엔 대표부 대사, 제9기 대의원, 1991년 콜롬비아 주재 대사, 1991년 9월 유엔 대사, 외교부 부부장

박남기(朴南基) 1923년 황해도 해주 출신, 김책공업종합대학·레닌그라드대학 졸업, 상업재정계획 부 지도원, 1963년 국가계획위원회 중앙통계국 부국장, 1969년 상업재정계획부 부부장, 1972년 금성공업성 부장, 1976년 국가계획위원회 부위원장, 1983년 당제2경제부장, 1984년 당서기, 중앙위원, 1985년 중앙인민위원회 경제정책위원, 1986년 국가계획위원회 위원장, 1988년 서기, 1990년 제9기 대의원, 최고인민회의 예산심의위원회 위원

박남형(朴南亨) 1978년 인민군 김용연 동지 소속 구분대장, 인민군 소장, 1980년 인민군 사단장, 1982년 80구분대장, 1987년 인민군 이석 동지 소속 부대장

박동춘(朴東春) 1984년 적십자회 중앙위 의장, 남북 적십자 예비회담 대표, 1985년 적십자회 중앙위원회 국제부 부부장, 1989년 대외문화연락위원회 부위원장, 1990년 조선·튀니지 친선협회 위원장

박만주(朴萬周) 1986년 조선노동당출판사 부사장, 1989년 근로자사 부주필

박명철(朴明哲) 1989년 국가체육위원회 제1부위원장, 제9기 대의원, 1992년 12

월 당중앙위원회 후보위원, 정무원 국가체육위원장

박문찬(朴文贊) 1982년 개성시 인민위원회 부위원장, 1988년 남북 국회회담 예비접촉 대표, 제9기 대의원

박성철(朴成哲) 1913년 함경북도 길주 출생, 일본 니혼대학 전문부 및 조치대학 졸업, 일본공산당 입당, 만주 항일운동, 1950년 사단장, 1954년 불가리아 주재 대사, 1956년 당중앙위원회 국제부 위원장, 외무성부상, 1959년 외상, 1961년 당중앙위원회 위원, 1964년 정치위원, 1966년 부수상 겸 외상, 1970년 제2부수상, 정치위원, 1972년 중앙정치위원회 위원 부총리 겸 인민봉사위원장, 남북 조절위원장 대리, 비공식 서울 방문, 1976년 총리, 1977년부터 19년 동안 부주석 자리 유지, 1980년 정치국 위원, 제9기 대의원, 혁명 1세대의 대표

박수동(朴壽東) 1923년 평안북도 출생, 김일성종합대학 · 모스크바대학 졸업, 최고회의 상설회의 의원, 제9기 대의원

박승일(朴勝日) 1922년 평안남도 덕천 출생, 중앙당학교 · 소련 고급당학교 졸업, 1947년 남포시당 조직부장, 1960년 평양시당 부위원장, 1971년 평양시 인민위원회 제1부위원장, 1974년 수단 주재 대사, 1980년 중앙검사위원회 위원, 1981년 평양시 인민위원장, 1984년 인민봉사위원회 위원장, 1986년 당중앙위원회 위원, 남포시당 책임비서, 인민위원장, 1990년 중앙인민위원, 제9기 대의원

박시형(朴時亨) 1910년 경상북도 출생, 1937년 경성제대 법문학부 졸업, 1945

년 12월 월북, 역사날조자로 유명, 1947년 김일성종합대학 역사학과 교수, 사학부장, 1952년 과학원 원사, 역사연구소 소장, 역사학 박사, 1961년 조국평화통일위원회 중앙위원, 1982년 조국통일민주주의전선 중앙상무위원, 1991년 당중앙위원회 후보위원

박영수(朴英洙) 1984년 남북 적십자회담 대표. 1988년 조국평화통일위원회 서기국장, 1991년 조국통일연구소 부소장

박용석(朴容錫) 1962년 교통성부상, 제4 · 8 · 9기 대의원, 1969년 당중앙위원회 부장, 1970년 당중앙위원회 위원, 1977년 철도부 부부장, 1980년 당중앙위원회 위원, 1982년 당중앙위원회 부장, 1985년 교통위원장, 1986년 정무원 철도부장, 1977년 철도부 부장까지 합치면 1996년까지 19년의 장기 재임

박의춘(朴義春) 1980년 알제리 · 모리타니 주재 대사, 1987년 외교부 부부장

박재경(朴在京) 인민군 상장, 인민무력부장 겸 총정치국장 오진우 사망 후 최광 · 이봉원 대장과 함께 군부의 핵심포스트인 총정치국 선전담당 부총국장을 맡아 군부 안에서 김정일의 위상 강화에 선봉역. 김정일의 군 내 5인방의 한 사람

박종근(朴鍾根) 1944년 출생, 김일성종합대학 졸업, 1988년부터 금강산국제무역개발회사 사장, 한국 기업의 대북 진출창구를 맡아 한국 기업들로부터 거액의 커미션을 거둬들인 혐의로 1995년 말경 소환

박중국(朴重國) 1918년 함경북도 출생, 모스크바 국제관계대학 졸업, 1955년 당

국제부 과장, 1957년 외무성 참사, 1963
년 동 제1국장, 1964년 군사정전위원회
북측 수석대표, 1971년 군 부총참모장,
1972년 최고인민회의 대의원, 1973년 인
민군 중장, 1973년 인민무력부 부총참모
장, 1974년 루마니아 주재 대사, 1978년
인민무력부 부부장, 1980년 중앙위원 후
보, 1985년 인민군 상장, 1987년 쿠바 주
재 대사, 1988년 멕시코 주재 대사 겸 베
네주엘라 주재 대사, 제9기 대의원

박창식(朴昌植) 1982년 청진시 인민위원
회 부위원장, 1989년 청진시 행정경제지
도위원회 부위원장, 제9기 대의원

박춘만(朴春萬) 1983년 함경북도 인민위
원회 부위원장, 제9기 대의원

박춘화(朴春華) 1986년 양강도 행정경제
지도위원회 부위원장, 제9기 대의원

박태호(朴奉浩) 1919년 출생, 1981년 조
선불교도연맹 중앙위원장, 1989년 조선종
교인협의회 부회장, 조국평화통일위원회 위
원, 제9기 대의원, 당통일정책위원회 위원

박팔양(朴八陽) 경기도 수원 출생, 월북
작가, 경성법전 졸업, 1925년 조선프롤레
타리아예술가동맹(KAPF)에 가담, 1945
년 해방 후 월북, 1951년 문학예술총동
맹 중앙위원, 1956년 작가동맹 부위원장,
1962년 시선집《인민은 노래한다》발표

방용덕(方容德) 1990년 남포시 행정경제
지도위원회 위원장, 제9기 대의원

배달준(裵達俊) 1983년 국가건설위원회
부위원장, 1985년 건축가동맹 중앙위원회
부위원장, 제9기 대의원

백남준(白南俊) 1929년 출생, 김일성종합
대학 졸업, 1972년 대외문화연락위원회 부
위원장, 남북 적십자회담 자문위원, 1984
년 적십자회 중앙위원회 상무위원, 1989
년 정무원 참사실장, 1990년 남북 고위
급회담 북측 대표, 1991년 조국평화통일
위원회 서기국장, 당통일정책위원회 위원

백봉(白峯)《민족의 태양 김일성 장군》집
필자, 김일성에 관한 잡다한 인물지를 신문 ·
잡지에서도 전재하는 김일성 전문집필자

백설희(白雪姬) 생물학 박사, 1981년 과
학원 식물과학연구소 실장, 1992년 농업
과학원 당비서, 당중앙위원회 후보위원,
제7~9기 대의원, 1979년 노력영웅 칭호
수수, 1982년 김일성훈장 수훈

백세윤(白世允) 1988년 당중앙위원회 후
보위원, 1989~1990년 전자자동화공업위
원회 위원장, 제9기 대의원, 1991년 조선
컴퓨터센터 총국장

백인준(白仁俊) 1919년 평안북도 운산 출
생, 평양고보 · 연희전문 졸업, 일본 유학,
모스크바대학 수학, 작가. 1966년 인민예
술가 칭호 수수, 1986년 문학예술총동맹
위원장, 1988년 당중앙위원회 후보위원,
1990년 최고인민회의 상설회의 부의장,
1991년 범민족연합 북한 측 본부 부의장,
의장, 1991년 당중앙위원회 위원, 발표 작
품은〈인민의 노래〉,〈지리산 지구〉,〈새시
대에 대한 이야기〉,〈단죄한다 아메리카〉,
〈벌거벗은 아메리카〉,〈성장의 길에서〉,
〈대동강에서〉,〈흐르는 이야기〉,〈광복의
봄을 기다리며 노래하는 금강산〉등

백학림(白鶴林) 1918년 남만주 출생, 혁
명 1세대, 사회안전부장, 김정일의 측근이

면서도 어울리지 않는 편, 1950년 연대장, 1954년 사단장, 1958년 군단 장, 1960년 군사정전위원회 공산 측 대표, 1962년 당중앙위원회 후보위원, 김일성 호위처장, 1962년 민족보위성 정치안전국장, 1967년 대의원, 1968년 안전호위처 사령관, 1970년 당중앙위원회 위원, 1971년 사회안전성부상, 1973년 사회안전부 부부장, 1979년 인민무력부 부부장, 1980년 중앙경비대 사령관, 당중앙위원회 위원, 정치국 위원, 중앙군사위원, 1985년 인민군 대장, 정무원 사회안전부장, 1990년 제9기 대의원, 1992년 최고인민회의 법안심의위원회 부위원장, 1992년 4월 인민군 차수

변승만(卞承萬) 1966년 무역은행 이사장, 1969년 중앙은행 이사장, 1972년 제5기 대의원, 1976년 중앙은행 총재, 1980년 당중앙위원회 후보위원, 1985년 남포시 농촌경리위원회 위원장, 1990년 제9기 대의원

변영립(邊永立) 1968년 고등교육성 대학지도국장, 1986년 교육위원회, 1988년 당중앙위원회 위원

변창복(卞晶福) 1977년 개성시 인민위원장, 1980년 당중앙위원회 위원, 1984년 조국통일민주주의전선 중앙위원회 의장, 1986년 제8기 대의원

서관희(徐寬熙) 1926년 평양 출생, 모스크바대학 졸업, 1954년 평양시 인민위원회 농업부장, 1960년 동 농업관리국장, 1963년 평양시 농촌경리 위원장, 동 인민위원장, 1967년 최고인민회의 대의원, 1973년 농업위원장, 1980년 당중앙위원회 위원, 부총리, 1981년 농업위원장, 1982년 서기, 제 8~9기 대의원

서성철(徐成哲) 1937년 출생, 1971년 적십자중앙위원회 문화선전부 부부장, 1972년 남북 적십자 본회담 대표, 1984년 남북 적십자사 예비회담 대표단, 1984년 남북 적십자사 예비회담 대표단장으로 참가, 1985년 5월 8~10차 남북 적십자회담 부단장으로 참가

서윤석(徐允錫) 1928년 출생, 만경대혁명학원·김일성종합대학 졸업, 1959년 당조직지도부 책임지도원, 1964년 동 부부장, 1970년 중앙위원 후보, 황해남도 책임비서, 1972년 최고인민회의 대의원, 당조직지도부 제1부부장, 1978년 평양시당 책임비서, 1980년 중앙위원, 1982년 정치국 상무원, 서기, 1986년 평안남도당 책임비서, 인민위원장, 제9기 대의원, 1982년 김일성 훈장 수훈

성동춘(成東春) 1937년 출생, 작곡가, 조선음악가동맹 부위원장, 1990년 평양민족음악 단장, 송년 통일전통음악제 참가차 서울 방문, 1995년 8월 조선음악가동맹 위원장

손경준(孫景俊) 1926년 출생, 모스크바 유색공업대학 졸업, 1970년 당중앙위원회 후보위원, 1990년 금속공업부 제1부부장

손성필(孫成弼) 1927년 평안남도 안주 출생, 강양욱의 사위, 김일성종합대학·모스크바대학 졸업, 1964년 중앙당학교 교원, 정치아카데미 교수, 마르크스 레닌주의 학원 과장, 중앙당학교 교학주재 부장, 1969년 인민경제대학 학장, 1970년 고등교육상 중앙위원 후보, 1971년 적십자회 위원장, 1972년 최고회의 대의원, 1973년 교육위원회 고등교육부장, 1979년 인민경제대학 총장, 1983년 최고인민회의 상설회

의 부의장, 1984년 조·일 우호촉진 친선협회 부회장, 1986년 당중앙위원회 위원, 1990년 소련 주재 대사, 제9기 대의원, 남북 적십자회담 북측 단장으로 서울 방문

손종권(孫宗權) 1942년 출생, 1960년 평양연극영화대학 입학. 60여 편을 연출한 북한의 대표적 만화영화 연출자, 1965년 과학교육영화촬영소 아동영화 제작단, 1991년 5월 공훈예술가 칭호 수수

송호경(宋浩景) 1940년 출생, 1965년 김일성종합대학 졸업, 당국제부 1978년 유고 주재 공사, 외교협회 부회장, 평화연구소 부소장, 프랑스 주재 통상대표부 참사, 1981년 FAO 주재 대표, 1990년 외교부 부부장, 1995년 캄보디아 주재 대사, 1996년 4월 경질, 군축 관련 국제회의 대표 소임

신경식(申京植) 1972년 평양시 건설총국 총국장, 1986년 당 중앙검사위원회 위원, 1990년 정무원 중앙통계국 국장, 제5·7·8·9기 대의원, 1995년 김일성 훈장 수훈

신금단(申今丹) 함경남도 출생, 1956년 자강도 희천기계공작소선반공, 1959년 모스크바 국제육상대회 400m 2위, 1961년 공훈체육인 칭호 수수, 1964년 사회주의노동청년동맹 중앙위원, 1965년 정무원 체육지도위원회 중앙강습소원, 1966년 인민체육인 칭호 수수, 육상지도인, 1972년 사회안전부 체육단 육상지도원, 국가체육회 간부

신상균(申相均) 1912년 함경남도 출생, 1971년 내각사무국 부국장, 1991년 금수산의사당 경리부장, 능라888회사 사장으로 남한의 중국 합작사와 금강산생수 개발협정 체결

안병수(安炳洙) 1930년 출생, 김일성종합대학 졸업, 철학박사, 1988년 남북 국회회담 예비접촉 대표, 1988~91년 조국평화통일위원회 서기국장, 제9기 대의원, 최고인민회의 통일정책심의위원, 남북 고위급회담 북측 대변인, 1991년 조국평화통일위원회 부위원장

안승학(安承鶴) 1922년 함경남도 함흥 출생, 소련 고급당학교 졸업, 함경남도 조직위원장, 1958년 평양고무공장 부공장장, 1961년 함흥시당위원회 위원장, 당중앙위원회 후보위원, 1962년 당상업부장, 1967년 상업상, 1970년 당중앙위원회 위원, 1978년 황해남도 행정위원장, 1980년 평양시 행정위원장, 당중앙위원회 위원, 1983년 당중앙위원회 부장, 정치국 후보위원, 1985년 부총리 겸 화학경공업 위원장, 1986년 제8기 대의원, 함경남도 행정경제지도위원회 위원장

양형섭(楊亨燮) 1926년 함경남도 함흥 출생, 김일성의 종매부, 고 김신숙의 남편, 김일성종합대학 졸업, 황장엽과 함께 당내 브레인으로 손꼽히고 있을 뿐 아니라 김정일에게 김일성의 후계자다운 이미지를 만드는 데 주력하여 김정일의 출생지를 러시아의 하바롭스크가 아닌 백두산 밀영으로 둔갑시키고, 각종 설화와 전설을 조작하기도 했다. 소련 모스크바 대학 유학, 1954년 인민경제대학교 학부장, 1967년 고등교육상, 1970년 당중앙위원회 위원, 정치위원 후보, 비서, 1974년 정치위원, 1975년 국가검열위원장, 1980년 중앙위원, 사회과학원장, 1983년 최고인민회의 상설회의 의장, 1984년 조국평화통일위원회 부

위원장, 1987년 공화국 의회그룹 위원장, 1990년 최고인민회의 의장, 제8~9기 대의원, 1992년 김일성 훈장 수훈

여성균(呂成均) 1984년 국가과학기술위원회 부위원장, 1987년 발명위원회 위원장, 1990년 공화국규격화위원회 위원장

여승철(呂勝哲) 1990년부터 1993년까지 핀란드 주재 대사, 국제전략문제연구소 소장, 1996년 금강산 국제무역개발 주식회사 사장(베이징), 국제관계학 박사, 베이징에서 대서방교역 총지휘

여연구(呂燕九) 1927년 서울 출생, 여운형의 장녀, 이화여대 중퇴, 모스크바대학 수학, 제7·9기 대의원, 1983년 조국통일민주주의전선 서기국장, 1983년 최고인민회의 상설회의 부의장, 1986년 조국통일민주주의전선 중앙위원회 의장, 공화국의회그룹위원회 부위원장, 1989년 범민족대회 부위원장, 1991년 11월 '아시아평화와 여성의 역할' 서울 대회에 참가

연형묵(延亨默) 1931년 함경북도 출생, 만경대혁명학원·김일성종합대학·프라하공대 졸업, 1992년 제9기 4차회의에서 총리직을 물러나 자강도당 비서로 재임 중이나 재등용될 것이라는 전망, 1962년 당중공업부 부부장, 1967년 인민회의 대의원, 1970년 중앙위원회 서기, 1972년 중앙인민위원회 위원, 1980년 정치국 위원, 서기, 1982년 김일성 훈장 수훈, 1985년 제1부총리, 1985년 금속기계공업위원회 위원장, 1988년 정무원 총리, 1990년 남북고위급회담 단장, 1990년 제9기 대의원, 1992년 남북 불가침의 이행과 준수를 위한 부속합의서에 남한 총리와 함께 서명, 1992년 12월 총리 해임, 1993년 중앙인

민위원회 위원

염국렬(廉國烈) 1981년 사회민주당 부위원장, 1981년 조선기독교도연맹 부위원장, 1985년 7월 남북 국회회담 예비접촉 북측 대표

염기순(廉基淳) 1980년 당중앙위원회 후보위원, 1986년 당중앙위원회 위원, 제8~9기 대의원, 1988년 양강도 책임비서, 인민위원장, 1990년 중앙인민위원, 당조직부 부부장, 김정일의 술친구

염재만(廉載萬) 1967년 제4기 대의원, 1980년 당중앙위원회 위원, 제8~9기 대의원, 1986년 평안북도 행정경제지도위원회 위원장

염태준(廉泰俊) 1921년 함경남도 출생, 1961년 청진시당위원회 위원장, 1961년 당중앙위원회 후보위원, 1962년 도시경영상, 1964년 내무성 제1부상, 1966년 황해북도 인민위원장, 제8~9기 대의원, 최고인민회의 상설위원회 위원, 1989년 10월 문익환 목사 구원대책위원회 부위원장

오규태(吳奎泰) 1980년 〈로동신문〉 부주필, 1988년 4월 인민기자 칭호 수수

오극렬(吳克烈) 1931년 북간도 출생, 해운부장 오성렬과 사촌형제, 김정일의 친위세력, 김정일 시대에 군부 내 실세로 지목되는 군인, 김정일 시대가 오면 가장 빛을 볼 '떠오르는 별'로 지목되며 김강환·김두남 당군사부장 등과 함께 만경대혁명학원 출신의 혁명 2세대이자 김일성과 함께 빨치산 활동을 하다 죽었다는 오중치(吳仲治)의 아들. 만경대혁명학원·김일성종합대학·소련 공군대학에서 수학, 1964

년 공군연대사령관(인민군 소장), 1967년 대의원, 1969년 공군부사령관, 1970년 당중앙위원회 위원, 1971년 공군사령관, 1979년 군 총참모장, 1980년 중앙군사위원, 정치국 후보위원, 1985년 인민군 대장, 제8~9기 대의원, 당작전부장으로 남한 내 고정간첩으로부터의 정보수집이나 공작원의 침투공작, 남파간첩을 안전하게 남한 내부에 들여보내는 일이 주임무

오금철(吳金哲) 1947년 평양 출생, 김책 공군대학 졸업, 공군비행사 출신으로 김일성의 호위국장 오백룡의 장남, 1992년 인민군 중장, 1995년 10월 인민군 상장 및 공군사령관, 김정일의 군부 세력 5인 중 한 사람

오문환(吳文煥) 1981년 조선적십자 부위원장, 1982년 조선 · 타일랜드 친선협회 위원장, 1984년 조선. 필리핀 친선협회 위원장, 1985년 공보위원회 부위원장, 1989년 조선반핵평화위원회 부위원장, 1990년 대외문화연락위원회 부위원장

오미란(吳美蘭) 1954년 평양 출생, 평양예술단 무용배우로 시작해 1984년 2월 4 · 25예술영화촬영소 배우(공훈배우), 1987년 9월 인민배우 칭호 수수, 1990년 10월 미국 뉴욕 개최 남북영화제 참가, 인민배우 오향문의 딸

오성렬(吳成烈) 김일성종합대학 졸업, 1973년 교통체신위원회 해운처 국장, 1982년 육해운부 부장, 1983년 당중앙위원회 후보위원, 1985년 조선 · 폴란드 친선협회 위원장, 1986년 교통위원회 해운총국장, 1988년 정무원 해운부 부장, 제8~9기 대의원, 당작전부장 오극렬과는 사촌형제

오용방(吳龍訪) 1930년 함경남도 삼수 출생, 만경대혁명학원, 소련군사대학 수학, 1963년 군총참모부 작전국 부장, 1966년 사단장, 1970년 당중앙위원회 후보위원, 1978년 후방군기지 사령관, 1980년 당중앙위원회 군사위원, 1986년 당중앙위원회 위원, 김정일의 친위세력

오태봉(吳泰峯) 1951년 출생, 1993년 대외경제위원회 부국장, 국제무역촉진위원회 서기장, 1996년 중국 주재 대사관 참사, 1995년 6월 대미수출 교섭단을 인솔하여 미국 워싱턴 방문

옥봉인(玉鳳麟) 1978년 인민군 소장, 1980년 당중앙위원회 후보위원, 제9기 대의원, 1991년 인민군 중장

왕옥환(王玉煥) 중국인, 최고인민회의 상임위원장 최용건의 처, 1980년 당중앙위원회 후보위원, 1983년 민주여성동맹 부위원장

우기남(禹基南) 1986년 상업부 부부장, 1987년 소비협동조합연맹 부위원장

우달호(禹達鎬) 1985년 남북 국회회담 예비접촉 대표, 제7~8기 대의원, 1987년 김일성고급당학교 제1부교장

우종학(禹鍾學) 1934년 출생, 1973년 사회주의노동청년동맹 출판사 사장, 1986년 농업근로자동맹 중앙위원회 부위원장, 1990년 제9기 대의원, 1991년 최고인민회의 외교위원회 위원, 조선 · 마다가스카르 친선협회 부위원장, 조선 · 몽골 친선협회 부위원장

원동구(元東九) 1926년 함경남도 출생,

소련 모스크바대학 졸업, 1962년 중공업위원회 부위원장, 1972년 정무원 화학공업부 부부장, 1977년 정무원 화학공업부 부장, 1980년 당중앙위원회 위원, 1985년 김일성 훈장 수훈, 1989년 직업총동맹 중앙위원회 위원장, 1990년 최고인민회의 상설회의의원, 제9기 대의원

원명균(元明均) 1934년 함경북도 출생, 소련군사대학 졸업, 1980년 당중앙위원회 후보위원, 1989년 인민군 총정치국 부국장, 인민군 소장, 1991년 인민군 중장, 1992년 6월 인민군 상장

원응희(元鷹熙) 1939년 양강도 출생, 1983년 인민군 소장, 1990년 공군사령부 정치위원, 인민무력부 1992년 인민군 총참모부 보위국장, 4.15기계화군단장, 1994년 인민군 대장, 1995년 인민군 보위사령관, 김정일의 측근 3인 중 한 사람

유관진(柳寬鎭) 1985년 사회주의노동청년연맹 부위원장, 1990년 콩고 주재 대사

유규동(柳奎東) 1924년 함경남도 정평군 출생, 외과의학자, 1946년 평양의과전문학교 졸업, 1977년 제6기 대의원, 1990년 제9기 대의원, 적십자회 부위원장, 최고인민회의 예산심의위원, 평양의과대학 명예학장, 조선의학과학원 원장, 김일성상 수상, 노력영웅 칭호 수수, 국기훈장1급 수훈

유장식(柳章植) 1948년 모스크바 유학, 1955년 외무성 제2국장, 1958년 당중앙위원회 국제부 부부장, 1967년 최고인민회의 대의원 및 당중앙위원회 위원, 1972년 남북 적십자회담 북측 대표 및 남북 조절위원회 북측 부위원장으로 서울 내왕,

최고인민회의 대의원이자 당중앙위원회 위원, 당조직지도부 부부장 겸 대외사업부장, 1975년 숙청되어 정치범수용소 수용

윤기복(尹基福) 1926년 함경남도 북청 출생, 만주 의학전문학교·모스크바대학 통계학과 졸업, 1956년 인민경제대학 교수, 1962년 보통교육상, 1967년 재정상, 1969년 국가계획위원회 위원장, 1971년 당중앙위원회 위원, 당과학교육부장, 1972년 대외문화 연락위원회 부위원장, 남북 적십자회담 북측 자문위원, 1978년 중앙인민위원회 경제부 위원장, 1980년 중앙위원, 정치국 후보위원, 비서, 1981년 조국평화통일위원회 부위원장, 1982년 평양특별시 인민위원장, 1984년 중앙인민위원회 경제정책위원회 제1부위원장, 1988년 동 위원장, 중앙인민위원회 경제정책위원장, 1990년 당중앙위원회 비서, 최고인민회의 통일정책심의위원회 위원장, 1991년 범민족연합 북한 측 본부 의장, 제9기 대의원, 윤기정 정무원 재정부장의 오빠

윤기정(尹基貞) 1928년 평안북도 출생, 김일성종합대학 제1기 졸업생, 1980년 당중앙위원회 후보위원, 1982년 정무원 재정부장에 취임, 15년이나 중임, 조선·시리아 친선협회 위원장, 조선·몽골 친선협회 위원장, 제7~9기 대의원, 1990년 5월, 재정부장 유임, 1995년 베이징에서 열렸던 세계여성대회 북한대표단 단장으로 참가, 경제학자 윤기복의 여동생, 윤기복은 함경남도 출생으로 알려져 있으나 윤기정은 평안북도 출생으로 전해짐

윤병권(尹炳權) 1962년 노력영웅 칭호 수수, 1962~1990년 최고인민회의 대의원, 1989년 평양시 건설총국장, 당예산위원회 위원

윤승관 김일성종합대학 경제학부 졸업, 1988년 3월 당중앙위원회 위원, 1989년 조직부 제1부부장, 김정일과는 공조직의 술친구, 1996년 현재 61세로 최근 북한의 핵심 중의 핵심으로 지목되는 노동당 조직 지도부 부장이며 당·정·군의 간부들의 동향을 파악, 인사권을 행사하는 자리를 김정일이 그에게 맡겼을 정도의 베일 속의 실세

윤호석(尹浩錫) 1972년 제5기 대의원, 1977년 금속공업부장, 제6기 대의원, 1980년 당중앙위원회 위원, 1988년 대안 중기계연합기업소 지배인

이건(李巾) 외교부 미국 부과장, 1996년 6월 워싱턴에서 있은 4자회담 비밀논의에 참가, 한성렬 유엔공사를 수행

이건일(李建日) 1987년 함흥화학공업대학 분석강좌장 교수, 1970년 당중앙위원회 위원, 1979년 당중앙위원회 농업부 부장, 1982년 기상수문국장

이경삼(李京三) 1984년 조선기록영화촬영소 총장, 1990년 평양 연극영화대학 학장

이근모(李根模) 1926년 평안남도 정주 출생, 김일성종합대학·레닌그라드대학 졸업, 1953년 당조직지도부 과장, 1958년 동 부부장, 1965년 당중앙위원회 부장, 1968년 제2기계공업성부상, 1970년 당중앙위원회 위원, 1971년 평안남도당 책임비서, 1972년 중앙인민위원, 1981년 정무원 부총리 겸 채취공업부 부장, 1982년 김일성 훈장 수훈, 1984년 남포시당 책임비서, 1986년 정무원 총리, 정치국 위원, 1988년 총리 사임, 1993년 중앙인민위원회 위원

이길송(李吉松) 1923년 함경남도 삼수 출생, 만경대혁명학원·레닌그라드대학 수학, 1964년 당중공업부 부부장, 1965년 채취공업성부상, 1968년 평안남도당 책임비서, 1970년 당중앙위원회 위원, 1972년 양강도 책임비서, 함경남도당 책임비서, 1974년 동 인민위원장, 1980년 당중앙위원회 위원, 1983년 교통운수위원회 위원장, 1985년 정무원 교통위원회 위원장, 제5·7·8·9기 대의원, 1992년 김일성훈장 수훈

이나영(李羅英) 《조선민족해방투쟁사》 집필자, 그 밖에 김일성에 관한 조작사설을 다수 집필, 역사사전편찬 관여

이낙빈(李樂彬) 1967년 봉화진료소 소장, 1967년 보건상, 1970년 당중앙검사위원회 부위원장, 1972년 보건부 부장, 제8~9기 대의원, 1991년 정부대표단원으로 유엔총회 참석

이단 1918년 경기도 출생, 배우이자 연출가, 노동자로 일하다가 1940년 극단 배우 생활을 시작하여 1946년 월북, 1946년 중앙예술공작단 배우, 1950년 국립극장 연극배우, 1958년 국립연극장 부총장, 1962년 최고인민회의 대의원, 공훈배우 칭호 수수, 국립연극극장 총장, 1965년 인민배우 칭호 수수, 1979년 연극인동맹중앙위원회 위원장, 1985년 9월 남북 고향방문단원으로 서울 방문, 제8~9기 대의원

이동근(李東根) 주체과학원 교수, 1995년 8월 베이징에서 개최된 국제회의 조선대표단장으로 참가

이동철(李東哲) 남북 국회합동회의 예비회담 대표, 1990년 최고인민회의 외교위원

회 위원, 제9기 대의원

이동춘(李東春) 1970년 함경북도당 책임비서, 당중앙위원회 위원, 제5·8·9기 대의원, 최고인민회의 대의원 자격심사위원

이두익(李斗益) 1921년 만주 연길 출생, 항일운동 후 1945년 입북, 레닌그라드 군사대학 졸업, 1948년 인민군 중대장, 1951년 제20사단 연대장, 1962년 사단장, 1963년 민족보위성 특수전국장(인민군 중장), 1965년 군단장, 1968년 공화국 영웅 칭호 수수, 1970년 당중앙위원회 위원, 1973년 제1군사령관, 1980년 당중앙위원회 위원, 중앙군사위원회 위원, 1985년 인민군 대장, 제8~9기 대의원, 1992년 인민군 차수, 1994년 중앙군사위원, 김정일의 측근

이몽호(李夢鎬) 1926년 함경북도 출생, 1953년 김일성종합대학 졸업, 1955년 모스크바대학 수료, 김일성종합대학 역사학 교원, 1958년 과학원 역사연구소 연구사, 1983년 당중앙위원회 위원, 1985년 대외문화연락위원회 위원장, 1986년 최고인민회의 상설회의 위원, 1987년 도시연맹위원회 위원장, 1992년 최고인민회의 상설회의 서기장, 김일성훈장 수훈, 제8~9기 대의원

이병문(李丙文) 1930년 서울 출생, 평양체조구락부 책임지도원, 체조국제심판, 1990년 9월 베이징아시안게임 때 생이별 40년 만에 한국에 사는 세 형제와 통화 해후

이병욱(李炳煜) 1983년 인민군 중장, 1984년 인민무력부 부부장, 1985년 유도탄기지사령관 겸 건축문제연구소 소장(인민군 상장), 1990년 제8~9기 대의원,

1992년 인민군 대장

이봉길(李奉吉) 1926년 평안북도 자성 출생, 김일성종합대학·모스크바대학 졸업, 1965년 당조직지도부 부부장, 1967년 자강도당 책임비서, 1977년 동 인민위원회 부위원장, 1978년 동 책임비서, 1980년 당중앙위원회 위원, 1981년 함경북도당 책임비서, 1984년 자강도당 책임비서, 동 인민위원장, 1990년 중앙인민위원회 위원, 1992년 당중앙위원회 검열위원장, 제9기 대위원

이분희(李粉姬) 1968년 출생, 국가대표 탁구선수, 1989년 유고 오픈국제탁구대회 2관왕, 1990년 일본에서 열렸던 제41회 세계탁구대회에서 남북 단일팀 선수로 출전, 1995년 1월 국제탁구연맹 여자부 9위, 1991년 인민체육인 칭호 수수

이삼로(李三魯) 1941년 함경북도 출생, 1964년 김일성종합대학 졸업, 1969년 소련 주재 대사관 근무, 1983년 국가보위부 해외담당 국장, 1986년 외교부 영사국 연구원, 1991년 외교부 순회 대사, 1992년 일본 수교회담 대표, 1995년 인도네시아 주재 대사, 1996년 타일랜드 주재 대사

이선실(李善實) 1917년 제주도 서귀포 출생, 본명 이화선, 1966~1990년까지 남파 간첩활동(1992년 판명), 노동당 중앙당 금강학원 수료, 695정치대학 수료, 당경공업위원회 과장, 황해도 여성동맹 간부, 평양시 여성연맹 부위원장, 1979년 노동당 통일전선 부부장, 1986년 당정치국 후보위원, 제9기 대의원, 정무원 건재공업부 부장

이성록(李成祿) 1933년 양강도 출생, 1958년 인민경제대학 졸업, 1963년 무역

부 국장, 1978년 무역부 부부장, 1982년 무역촉진위원회 부위원장, 1984년 남북경제회담 대표단장, 1986년 국제무역촉진위원회 위원장, 1992년 최고인민회의 외교위원회 위원, 정무원 대외경제위원회 부위원장, 1994년 고려민족산업발전협회 회장, 1995년 무역부 부장, 노동당 중앙위원 후보, 1995년 무역부 부부장, 식량원조 요청차 일본 방문, 1996년 6월 원조요청차 대만 방문, 제6·9기 대의원

이성대(李成大) 1938년 함경북도 출생, 1965년 국제관계대학 졸업, 1987년 무역부 부장, 1989년 중국 주재 대사관 무역참사, 1992년 당중앙위원회 후보위원, 정무원 대외경제위원회 위원장, 김달현 부총리 수행원으로 서울 방문, 제9기 대의원

이성복(李成福) 1933년 출생, 김일성종합대학 졸업, 〈로동신문〉 판문점 출입기자, 1980년 당중앙위원회 후보위원, 1986년 〈로동신문〉 책임주필, 동년 당중앙위원회 위원, 1985년 기자동맹 위원장, 1992년 당 선전선동부 부부장

이성호(李星縞) 1932년 출생, 김일성종합대학 졸업, 1972년 제16차 남북 적십자회담 수행원, 1980년 미얀마 주재 대사, 1981년 타일랜드 주재 대사 겸임, 1984년 대외문화연락부 위원장, 조선민주법률가협회 부위원장, 적십자회 중앙위원회 부위원장, 제8~9기 대의원, 1986년 당중앙위원회 위원, 1990년 적십자회 중앙위원회 위원장 대리, 동 위원장, 1990년 10월 평양민족통일음악회에 황병기 교수 등 17명 초청

이성희(李成熙) 1963년 황해북도 인민위원회 부위원장, 1967년 황해남도 인민위

원회 부위원장, 1969년 시리아 주재 대사, 1972년 외교부 부부장, 1982년 9월 동직 재임

이승기(李升基) 1905년 10월 1일 전라남도 담양 출생, 서울중앙고보를 거쳐 1939년 일본 교토대학 이학부 박사학위 취득, 1945년 서울대학교 공과대학 학장, 1950년 8월 월북, 석탄화학공업의 대가로 1961년부터 35년 동안 국가과학원함흥분원 원장으로 재직하는 한편, 1960년대 함흥 2.8비날론공장에서 북한 최초의 의류섬유인 비날론 섬유를 생산, 북한의 의류 문제를 해결한 공로자로 평가받았다. 1996년 2월 8일 사망

이영균(李英均) 1924년 출생, 소련 타슈켄트농업대학 졸업, 1961년 원산농업대학 학장, 1973년 농업위원회 부위원장, 1981년 농업광학원 원장, 1988년 당중앙위원회 후보위원, 1990년 최고인민회의 예산심의위원회 위원, 제7~9기 대의원

이영섭(李永燮) 1983년 상업부 부부장, 1984년 조선·싱가포르 친선협회 위원장, 1984년 조선소비동조합연맹 부위원장, 제9기 대의원

이용무(李用茂) 1923년 평안남도 출생, 1964년 인민군 중장, 1973년 인민군 상장, 인민군 총정치국 국장, 정치국 위원, 1977년 양강도 임산사업소 지배인, 1985년 양강도 인민위원회 부위원장, 1989년 당중앙위원회 위원, 1990년 정무원 국가검열위원회 위원장, 1991년 정무원 교통위원회 위원장, 제9기 대의원

이용익(李龍益) 1928년 황해북도 출생, 만경대혁명학원 졸업, 1970년 당중앙위

원회 위원, 1973년 〈로동신문〉 책임주필, 1975년 이라크 주재 대사, 1982년 최고인민회의 제7기 대의원 겸 상설회의 의원, 1983~1986년 중앙인민위원 겸 서기장, 1991년 강원도 인민위원회 상임위원장

이원국(李元國) 1931년 출생, 1971년 외교부 과장, 1977년 파키스탄 주재 대사관 서기관, 1980년 잠바브웨 주재 대사, 1987년 리비아 주재 대사, 1991년 몰타 주재 대사, 1994년 외교부 부부장

이원범(李元范) 1926년 함경남도 출생, 1948년 김일성종합대학 졸업, 1953년 소련 모스크바대학 유학, 1973년 체코슬로바키아 주재 대사, 1975년 포르투갈·오스트리아 주재 대사 겸임, 1976년 유엔 주재 북한대표부 국제원자력위원회 대표, 1979년 당중앙위원회 부부장, 1980년 당중앙위원회 위원

이을설(李乙雪) 1921년 함경남도 갑산 출생, 소련 군사아카데미 출신으로 해방이전 김일성과 함께 항일운동 경력, 1945년 입북, 1950년 연대장, 1953년 사단장, 1962년 군단장, 1967년 제1군사령관, 1970년 당중앙위원회 위원, 중앙군사위원, 1985년 인민군 대장, 수도방위사령관, 1990년 국방위원, 1992년 4월 인민군 차수, 제9기 대의원, 당군사부장 김정일의 측근, 1995년 10월 원수, 1996년 6월 금수산궁전 관리총책, 1972년 공화국 영웅 칭호 수수, 1982년 김일성 훈장 수훈

이자방(李資方) 1930년 출생, 김일성종합대학 졸업, 1970년 기계공업위원회 위원장, 기계공업성부상, 1985년 국가과학기술위원장, 당중앙위원회 후보위원, 정무원 과학기술위원회 위원장, 조·중친선협회

중앙위원장, 제9기 대의원

이재윤(李載允) 1923년 함경북도 청진 출생, 소련 고급당학교 졸업, 1956년 당조직지도부 부부장, 1960년 함경북도당 위원장, 1961년 중앙위원, 1968년 함경남도당 책임비서, 1969년 국가수매양정국 부상, 1980년 평안남도당 책임비서, 중앙위원, 1981년 강원도당 책임비서, 1985년 당중앙위부장, 남포시당 책임비서, 1988년 정무원 노동행정부 부장, 제8~9기 대의원

이종률(李鍾律) 1924년 함경북도 길주 출생, 서울중앙고보 졸업, 세브란스의전 중퇴, 김일성종합대학·모스크바의대 졸업, 1956년 군의대학 학부장·부원장, 1963년 평양의학대학 부학장, 1966년 동 학장, 1969년 평양남산병원 원장, 1977년 의학과학원 원장, 1985년 보건성 부장, 남북적십자회담 북측 대표, 1988년 중앙위원, 조·소친선협회 중앙위원장, 제9기 대의원

이종옥(李鍾玉) 1916년 함경북도 성진 출생, 하얼빈공대 졸업, 1944년 적우사 조직, 1946년 중학교 교사, 1948년 최고인민회의 대의원, 1949년 산업성국장, 1950년 동부상, 1951년 경공업상, 1956년 당공업부장, 국가계획위원회 위원장, 당중앙위원회 위원, 1959년 당중앙위원회 중공업위원장, 1961년 정치위원, 1962년 부수상 겸 금속공업화학상, 1965년 과학원 원장, 1967년 부수상, 1972년 중공업위원회 위원장, 중앙인민위원, 1973년 정치국 후보위원, 1976년 부총리, 1977년 총리, 1978년 정치위원, 1980년 중앙위원, 정치국 상무위원, 1984년 부주석, 1988년 국가학위학직수여위원회 위원장, 제9기 대의원, 김정일의 측근, 1996년 5

월 홍성남 · 김복신 부총리와 함께 중국 방문, 경제교류협정 체결

이종혁(李種革) 1936년 출생, 월북작가 전 문예총 위원장 이기영의 아들, 김일성종합대학 역사학과 · 국제관계대학 불어과 졸업, 1976년 프랑스 유네스코 북한대표부 대표, 1989년 유엔식량농업기구 상임대표, 노동당 부부장, 1994년 아시아 · 태평양평화위원회 부위원장, 1995년 2월 북한 바로 알리기를 위한 미국 순방, 1995년 대일 쌀협상 때 능숙한 솜씨 발휘. 1996년 4월 미 · 북 기독학자 미국 조지아대학 김한식 교수가 주관하는 세미나에 참석

이지찬(李支燦) 1919년 출생, 일본 구마모토대학 졸업, 1948년 당중앙위원회 후보위원, 1955년 전기성부상, 1959년 전기석탄공업성 부상, 1970년 당중앙위원회 위원, 1985년 정무원 전력공업위원회 위원장, 제 8~9기 대의원

이창선(李昌善) 1925년 출생, 1945년 김일성종합대학을 거쳐 모스크바대학 졸업, 김일성 호위병, 1962년 문화성부상, 1973년 남북 연락대표회의 참석, 1977년 정무원 문화예술부장, 1980년 당중앙위원회 위원, 1985년 당중앙위원회 부장, 1989년 노동자사 부사장, 제5 · 7 · 8 · 9기 대의원, 김정일이 김일성의 후계자로 내정된 후 처음 손을 댄 분야가 문화예술이었는데 이 분야에서 사회문화 연락부장으로 많은 업적을 쌓았다

이철(李撤) 1935년 출생, 김일성종합대학 · 국제관계대학 졸업, 1980년 당 조직지도부 서기실 책임비서, 스위스 주재 북한대표부 공사, 1988년 스위스 주재 대사 겸 제네바 대사, 김일성의 유럽 비밀계좌 전담

이철봉(李哲奉) 1936년 출생, 만경대혁명학원 졸업, 1970년 인민군 소장, 당중앙위원회 후보위원, 1984년 사회안전부 부장, 인민군 상장, 당중앙위원회 위원, 1989년 정무원 도시경영부장, 1990년 조선 · 라오스 친선협회 위원장, 제9기 대의원

이충성(李忠成) 1975년 전력공업부 부부장, 1981년 조 · 중 수력발전회사 조선 측 이사장, 1985년 전력공업위원회 부위원장, 1986년 상설회의 예산심의회 위원, 1991년 국제댐위원회 제17차 대회 참석, 제7~9기 대의원

이태호(李泰昊) 1930년 출생, 인민군 총정치국 선전부 부부장(인민군 대좌), 1983~1988년 군사정전위원회 북측 수석대표(인민군 소장), 1990년 조선반제투사노병위원회 위원

이하일(李夏一) 1935년 양강도 출생, 만경대혁명학원 · 소련군사대학 졸업, 1979년 인민군 제8군단 군단장, 1980년 당중앙위원회 위원, 1982년 당군사부장, 당중앙군사위원회 위원, 김일성 훈장 수훈, 1987년 당중앙부장, 1990년 국방위원회 위원, 1992년 인민군 대장, 1995년 인민군 차수, 제8 · 9기 대의원, 김정일의 군부 내 5인방의 한 사람

이형철(李衡哲) 1948년 평안북도 출생, 전 당중앙위 조직지도부 부부장 이화선의 아들, 국제관계대학 졸업, 평화통일연구소 수석연구위원, 평화군축연구소 실장, 1990년 5월 미국 조지워싱턴대 주최 학술회의 참석, 1990년 7월 미국 스탠퍼드대학 주최 '한반도의 평화와 안보에 관한 회의' 참석, 외교부 미국 담당국장, 1995년 5월 미 · 북 쿠알라룸푸르 준고위급회담 참

가, 1996년 4월 미·북 미사일 베를린회담 북측 수석대표로 참석

임계철(林季哲) 1959년 국가계획위원장, 1960년 경공업위원장, 1961년 당중앙위원회 위원, 1980년 당중앙위원회 위원

임기택(林基澤) 1989년 바베이도스·트리니다트토바고·가이아나 주재 대사, 1990년 세인트루시아·세인트빈센트그레나딘 주재 대사

임록재(任綠在) 1920년 황해도 출생, 1946년 월북, 1964년 평양식물원 부원장, 1980년 당중앙위원회 후보위원, 1982년 중앙식물원장, 조국평화통일위원회 상무위원, 1986년 중앙식물원장, 조국평화통일위원회 상무위원, 1986년 산림과학원장, 제5·8기 대의원, 당예산심의위원회 위원. 1990년 생물학협회 위원장, 1976년 노력영웅· 1986년 인민과학자 칭호 수수

임춘길(林春吉) 1937년 출생, 남북 적십자회담 자문위원, 조국평화통일위원회 부위원장, 남북 고위급회담 때 수행

임춘추(林春秋) 1912년 길림 연길 출생, 1930년대에 항일투쟁에 참여, 동만에서 조선인 사무처에서 공작하는 임무를 맡았었기 때문에 해방 후에는 육로로 평양에 들어간다. 김일성 이력 조작자로 유명하며 1960년에 발표한《항일 무장투쟁 시기를 회상하며》라는 책으로 김일성의 경력을 위조·날조·조작

임태덕(林泰德) 1946년 평양 출생, 김일성종합대학 경제학부 졸업, 1975년 정무원 대외경제사업부 지도원, 1981년 동 사업부 과장, 1990년 대외경제협력추진위원회 서기장, 1992년 2월 두만강 지역 공동개발을 위한 계획관리위원회 제1차 서울회담에 참석했고, 동 1992년 7월 김달현 부총리를 수행, 서울을 다시 방문, 1994년 1월 나진·선봉 개발의 일선책임을 맡아 남한 기업의 대북투자 유치를 위한 비공개 접촉을 적극 추진하면서 한국 기업인들이 북한을 방문하면 북한 측 대표로 프로젝트를 설명하고 안내를 맡아 한국 기업인들에게는 익숙한 인물이다. 그를 접촉한 남한 인사들에 의하면 영어도 수준급이고 국제 감각과 자본주의경제에 대한 지식도 갖춘 상당히 합리적인 인물이라고 한다. 조선경제개발총회사 총사장, 대외경제추진위원회 경제협력총국장, 1995년 7월 베이징 남북경협 회담에 전금철과 함께 참가했다. 남북 적십자회담 자문위원, 제9기 대의원, 남북 고위급회담 수행원, 당통일정책위원

임형구(林亨求) 1923년 함경남도 갑산 출생, 김일성종합대학·모스크바대학 졸업, 1954년 당선전선동부 지도원, 1955년 민주청년동맹 황해북도 위원장, 1961년 황해북도 선전선동부 부장, 1967년 동 책임비서, 1970년 신의주 당책임비서, 당중앙위원회 위원, 1973년 인민봉사위원장, 1980년 당중앙위원회 위원, 1982년 조·수단 친선협회 위원장, 1985년 강원도당 책임비서, 1990년 중앙위원, 제9기 대의원

임호군(林虎君) 1930년 양강도 출생, 김일성종합대학 졸업, 1956년 당 선전선동부 지도원, 1962년 당연락부 지도원, 1967년 당 조사부 부부장, 1978년 당중앙위원회 위원, 당 조사부 부장, 1983년 당 중앙위원회 작전부장, 제7·9기 대의원

장국찬(張國贊) 1972년 농업과학원 부원

장, 1976년 농업위원회 부위원장, 1980년 당중앙위원회 위원, 1985년 당중앙위원회 부부장

장성우(張成宇) 1933년 강원도 출생, 만경대혁명학원 · 김일성군사종합대학 졸업, 조직지도부 제1부 부부장 장성택의 큰형이자 김정일의 매제로서 총애를 받고 있는 군부 3인 중 한 사람. 1980년 당중앙위원회 위원, 1984년 인민군 중장, 1989년 사회안전부 제1부부장, 1990년 인민군 상장, 대의원 자격심사위원, 1991년 사회안전부 정치국 국장, 1992년 인민군 대장, 1996년 호위 총사령관, 제7~9기 대의원

장성택(張成澤) 1946년 함경북도 청진 출생, 김일성의 딸이자 김정일의 누이동생인 김경희의 남편으로 현재 김정일의 측근 중의 측근이며 당조직담당 총책으로 부각될 것이란 예측이 무성하다. 김일성종합대학 · 김일성고급당학교 졸업, 모스크바대학 유학, 1985년 당중앙위원회 제1부부장, 1989년 노력영웅 칭호 수수, 제8~9기 대의원, 청년 및 3대 혁명소조부 부장, 1992년 김일성 훈장 수훈, 1995년 조직지도부 제1부부장, 장성우 대장의 친동생

장웅(張雄) 1938년 평양 출생, 평양외국어대학 수료, 1985년 조선올림픽위원회 서기장, 1989년 남북체육회담 대표, 1990년 11월 남북 체육회담 대표부 단장, 1991년 2월 남북 탁구단일팀 북측 공동위원장, 1991년 4월 제41회 세계탁구대회 남북 단일팀 섭외담당으로 참가. 조선올림픽위원회 사무총장, 1996년 4월 애틀랜타 올림픽시설 참관차 미국 방문

장정환(張正煥) 1923년 청진 출생, 유년기에 만주로 이주, 중국어 · 러시아어 · 영어에 능통, 1949년 인민군 정치총국 주임, 제4군단 정치부군단장(중좌), 1954년 소련군사대학 유학, 1957년 외무성 제3부부장, 노동당 중앙위원회 선전선동부 부부장(인민군 소장), 1961~1964년 군사정전위원회 공산 측 수석대표, 군정치국 부국장(인민군 중장), 1966~1970년 쿠바 주재 대사, 1967년 최고인민회의 제4기 대의원, 1971~1978년 인민무력부 부부장, 1979년 당중앙위원회 후보위원, 장성택의 삼촌으로 김일성 집안과 사돈지간

장철(張澈) 1926년 일본 출생, 일본 메이지대학 정경학부 졸업, 1961년 조총련 중앙위원회 교육부 부장, 1965년 129차 북송선으로 입북, 1966년 문화성부상, 1970년 중앙위원회 후보위원, 1972년 문화예술부 부부장, 1983년 공연협회장, 1986년 정무원 문화예술부 부장, 1987년 김일성 훈장 수훈, 1990년 10월 범민족 통일음악제 참가차 서울 방문, 정무원 당중앙위원회 부총리 겸 문화예술부 부장, 제8 · 9기 대의원, 1992~1995년 정부 문화대표단 단장으로 중국 · 베트남 · 태국 · 방글라데시 방문

전금철(金今哲) 1932년 함경북도 선봉 출생, 김일성종합대학 철학과 졸업, 1958년 동 대학 정치경제학 박사학위 취득, 1954년 당중앙위원회 사회부 지도원, 1960년 당조직지도부 과장, 1962년 당정치대 강좌장, 1968년 당문화부 과장, 1972년 동 부부장, 남북 조절위원회 대변인 간사, 1980년 조국평화통일위원회 부위원장, 1985년 동 서기국장, 남북 국회회담 예비접촉 북측 대표, 1988년 동 연석회의 준비접촉 북측대표 단장, 최고회의 통일정책심의위원회 위원, 1990년 조국통일범민족연합 결성(베를린), 제9기 대의원

전문섭(全文燮) 1920년 함경북도 무산 출생, 해방 전 빨치산 활동, 1948년 연대장, 1950년 사단장, 1956년 군단장, 1960년 제2집단군사령장, 1961년 당중앙위원회 위원, 1964년 사회안전성부상, 1969년 영웅 칭호 수수, 1970년 당중앙위원회 위원, 1972년 대의원, 1975년 정치위원회 후보위원, 1980년 정치국 위원, 중앙군사 위원, 1981년 국가검열위원회 위원장, 1987년 인민군 대장, 1988년 인민무력부 부부장, 제9기 대의원, 최광·김철만과 같은 서열의 혁명 1세대

전병호(全炳浩) 1924년 함경북도 무산 출생, 김일성종합대학·모스크바대학 졸업, 1956년 당조직지도부 지도원, 1960년 동 책임지도원, 1968년 동 부부장, 1970년 중앙위원회 후보위원, 1976년 당조직지도부 제1부부장, 1979년 동 부장, 1980년 중앙위원, 제7~9기 대의원, 1986년 당중앙위원회 서기, 1988년 정치국 위원

전영률(全榮律) 1978년 사회과학원 역사연구소 부소장, 1988년 동 소장, 1989년 조선 역사학회장

전진수(全鎭洙) 1930년 함경남도 출생, 만경대혁명학원·소련군사대학 졸업, 1980년 당중앙위원회 후보위원, 1982년 인민군 소장, 1984년 당중앙위원회 위원, 1985년 인민군 부총참모장(인민군 중장), 1992년 인민군 상장, 제4군 단장

전하철(全夏哲) 1970년 내각지질총국장, 동년 당중앙위원회 후보위원, 제7·9기 대의원, 1983년 당중앙위원회 위원, 1984년 당중앙위원회 총무부장, 1989년 자원개발부 부장

정경희(鄭敬姬) 1928년 대구 출생, 중앙당학교 송도 정치경제대학 졸업, 1949년 인천 전신전화국 폭파로 복역 중 1950년 탈옥 입북, 1956년 함경남도당 선전선동부 지도원, 1961년 동 부부장, 1970년 중앙위원, 1971년 당부장, 1973년 당문화부 부부장, 1975년 동 연락부장, 1980년 중앙위원, 정치국 후보위원, 1983년 당중앙위원회 부장

정기철(鄭基哲) 1982년 조선평화옹호 전국민족위원회 부위원장, 1986년 당중앙위원회 위원, 1990년 과학원 중앙품질계량과학연구소 소장

정덕기(鄭德基) 1989년 적십자회 지도원, 남북 적십자회담 대표, 1991년 조국평화통일위원회 서기국부장, 1992년 남북교류협력분과위원회 위원

정덕철(鄭德哲) 1984년 조선문학예술총동맹 부위원장, 1986년 작가동맹 부위원장, 1989년 조선문학 창작사 부사장

정동철(鄭東喆) 1909년 함경남도 출생, 1958년 양강도 인민위원장, 1961년 당중앙위원회 검사위원, 1970년 중앙검찰소 소장, 1976년 당중앙위원회 위원, 1977년 조국통일민주주의전선 의장, 1980년 당중앙위원회 위원

정두환(鄭斗煥) 1912년 출생, 1956년 당중앙위원회 후보위원, 1959년 상업상, 1961년 당중앙위원회 위원, 1962년 루마니아 주재 대사, 1968년 소련 주재 대사, 1972년 노동행정부 부장, 1977년 이집트 주재 대사, 1980년 조국통일민주주의전선 중앙위원회 의장, 당 중앙검사위원회 위원, 1982년 최고회의 상설회의 위원,

1992년 김일성 훈장 수훈, 제2~5기 및 7~9기 대의원

정송남(鄭松南) 1926년 평양 출생, 1968년 대외경제위원회 부위원장, 1969년 대외과학기술 교류협 부위원장, 1972년 대외경제사업부 부부장, 1974년 동 부장, 1980년 당중앙위원회 후보위원, 1982년 조선·쿠바 단결위원회 위원장, 1986년 대외경제사업부 부장, 제5~9기 대의원, 정무원 산하 대외경세위원회(위원장 이성대) 10명의 부위원장 중 한 사람

정신혁(鄭新赫) 1979년 천도교 청우당 중앙위원장, 1984년 조국통일민주주의전선 중앙위원회 의장, 1989년 천도교 청우당 중앙위원장, 1990년 최고인민회의 상설회의 의원, 종교인협의회 의장, 1991년 조·일 우호친선협회 부회장, 1993년 조선평화통일위원회 부위원장, 제7~9기 대의원

정준기(鄭準基) 1924년 평안남도 안주 출생, 김일성종합대학·모스크바대학 졸업, 1953년 당선전선동부 지도원, 1961년 동부부장, 1963년 〈로동신문〉 책임주필, 기자동맹 위원장, 노동출판 사장, 1966년 중앙위원회 위원, 1970년 중앙위원, 1973년 부총리, 1974년 정치국 후보위원, 1980년 당중앙위원, 1981년 조국평화통일위원회 위원, 자연보호연맹 중앙위원장, 최고인민회의 상설회의 의원, 제9기 대의원, 당외교위원회 부위원장

정하철(鄭夏哲) 1986년 중앙방송위원회 부위원장, 1992년 12월 당중앙위원회 위원, 제9기 대의원, 최고회의 상설위원회 위원

조경순(趙景淳) 1937년 황해남도 재령

출생, 1956년 군사령부예술선전대 배우, 1960년 4.25예술영화촬영소 배우, 1983년 4.25예술영화촬영소 책임연출가, 1975년 인민배우 칭호 수수, 1989년 김일성상 수상, 1990년 10월 제1회 남북영화제 참석(뉴욕), 1992년 노력영웅 칭호 수수

조명록(趙明綠) 1928년 만주 연길 출생, 해방 이전부터 김일성과 같이 행동한 빨치산 출신으로 1945년 입북, 만경대혁명학원 수학, 김일성호위부대 중대장, 대대장, 1980년 당중앙위원회 위원, 당중앙군사위원회 위원, 공군사령관, 1985년 인민군 상장, 1992년 인민군 대장, 1995년 인민군 총정치국장, 제8~9기 대의원, 1992년 대장, 1995년 인민군 차수

조세웅(趙世雄) 1928년 평안북도 창성 출생, 공산당학교·김책공업종합대학 졸업, 소련 유학, 1964년 당조직지도부 과장, 1967년 중공업부 부장, 1970년 중앙위원, 1976년 제3기계공업부 부장, 1980년 부총리, 중앙위원회 정치국 후보위원, 1981년 평안남도당 책임비서, 1983년 함경북도당 책임비서, 1984년 부총리, 1985년 함경북도당 책임비서, 1986년 중앙인민위원회 위원, 1988년 부총리 겸 건설건재공업 위원장, 1989년 평안북도당 책임비서, 인민위원장, 1990년 정치국 후보위원, 제5·7·8·9기 대의원

조영출(趙靈出) 1913년 충청남도 아산 출생, 1940년 일본 와세다대학 불문과 졸업, 월북작가, 시인·작사가·연출가, 1953년 작가동맹중앙위원회 후보위원, 1957년 민족예술극장 총장, 1960년 교육문화성부상, 1982년 조·중 친선협회 부위원장, 대표작 〈울어라 문풍지〉, 〈울며 헤어진 부산항〉, 〈낙화유수〉

조정림(趙貞林) 1940년 황해남도 출생, 악단 지휘자, 평양음악무용대학(현 김원균 평양음악대학) 졸업, 1953~1957년 루마니아 유학, 1975년 공훈예술가 칭호 수수, 1987년 국기훈장1급 수훈, 모란봉예술단 피바다가극단 상임지휘자, 만수대예술단 지휘자, 인민예술가 칭호 수수

조철준(趙哲俊) 1964년 국가건설위원회 부위원장, 1966년 건설협회 위원장, 1973년 건설부 부부장, 1980년 건설부 부장, 당중앙위원회 후보위원, 1988년 건설건재공업위원회 부위원장, 건설부 부장, 제9기 대의원

주길본(朱吉本) 1980년 함흥비료연합기업소 당책임비서, 1980년 10월 당중앙위원회 위원, 1982년 4월 김일성훈장 수훈, 1986년 화학경공업위원회 위원장, 1986년 최고회의 제8기 대의원, 1991년 12월 화학공업 부장, 1992년 동직 해임

주영훈(朱榮勳) 함흥화학공대 1988년 건재공업 위원장, 1989년 건재공업 부장, 1990년 당중앙위원회 후보위원, 제9기 대의원

주창준(朱昌俊) 1922년 함경북도 명천 출생, 일본 니혼대학 중퇴, 소련 고급당학교 졸업, 1956년 당선전선동부 과장, 1957년 대외문화연락부 위원장, 1958년 출판총국장, 당선전선동부 부부장, 1959년 군사정전위원회 공산 측 수석대표, 1961년 출판총국장, 1962년 최고인민회의 대의원, 1963년 미얀마 주재 총영사, 1972년 대외문화연락위원회 국장, 적십자회 서기장, 남북 적십자회담 북한 측 부단장, 1980년 유고 주재 대사, 1984년 당중앙위원회 위원, 1985년 중앙방송위원회 위원장, 1987년 〈로동신문〉 주필, 1988년 중국 주재 대사, 제7~9기 대의원

지재룡(池在龍) 1986년 유고 주재 대사, 당외교부 부부장, 지를 단장으로 하는 외교사절단이 1995년 7월 · 8월 우크라이나 벨로루시, 카자흐스탄, 타지키스탄 순방

지창세(池昌世) 1942년 출생, 1977년 제6기 대의원, 1980년 용성기계공장 지배인, 1985년 용성기계연합총국 지배인, 1988년 당중앙위원회 후보위원, 제8기 대의원

지창익(池昌益) 1919년 출생, 1954년 중앙당학교 교무부장, 1957년 당과학교육부 부부장, 1962년 국제대학장, 1964년 김일성종합대학 제1부총장, 1969년 조선 · 소련 친선협회 상무위원, 1973년 동 부위원장, 1980년 당중앙위원회 후보위원, 1986년 당중앙위원회 위원, 김일성종합대학 총장, 중앙인민위원, 중앙인민위원회 서기장, 제9기 대의원

차용진(車容鎭) 1980년 평안남도 안주군 책임비서, 1987년 평안남도당 비서, 1989년 중앙위원회 후보위원, 1992년 당중앙위원회 위원

채규빈(蔡圭彬) 1986년 정무원 사무국 국장, 1988년 금속공업부 부부장, 1989년 중앙자재총연합상사 총사장

채문덕(蔡文德) 1943년 함경남도 출생, 1983년 사회안전부 부부장, 1985년 평양시 안전국 국장, 1995년 사회안전부 정치국장

채형식(蔡亨植) 1933년 출생, 1979년 당중앙위원회 제1경제부 부부장, 1983년 사

회주의노동청년동맹 철도부 위원장, 1991년 당중앙위원회 후보위원

채화섭(蔡華燮) 1978~1984년 잠비아 주재 대사, 보츠와나 대사 겸임, 1982년 말라위 주재 대사, 1986년 국가관광총국 부총국장

채희국 해방 전 경성제대 출신, 1950년 9월 월북, 북한 고고학 원로학자, 김일성종합대학 역사학부 교수, 1993년 복원된 동명왕릉과 단군릉 조성에 관여했다. 대성산 일대의 고분군 발굴복원에 참여한 후 고조선과 고구려시대 유적 연구 발표

채희정(蔡喜正) 1924년 함경남도 출생, 김일성종합대학 · 모스크바대학 졸업, 1958년 과학원 사회과학위원, 1960년 인민경제대학 교무부장, 1961년 당중앙위원회 위원, 중앙위원회 부부장, 1966년 당문서부장, 1977년 근로행정 부장, 1980년 당중앙위원회 후보위원, 1983년 비서, 1988년 노동행정부 부장, 합영공업부 부장, 1989년 합영촉진위원회 위원장, 1990년 중앙인민위원회 경제정책위원회 부위원장, 최고인민회의 예산심의 부위원장, 제9기 대의원

천연옥(千連玉) 1945년 출생, 1985년 대외문화연락위원회 부위원장, 세계인민들과의 연대성조선위원회 부위원장, 1988년 조선민주여성동맹 중앙위원회 위원장, 1990년 조선 · 터키 친선협회 위원장

최광(崔光) 1917년 함경북도 출생, 김일성과 함께 항일빨치산 활동, 같은 빨치산 출신인 여성동맹 제1부위원장 김옥순(金玉順)과 결혼, 1945년 입북, 1948년 사단장, 1952년 군관학교장, 1953년 군단장, 1954년 제1집 단군참모장, 1956년 중앙위원회 후보위원, 1958년 공군사령관, 1961년 중앙위원회 위원, 1962년 민족보위성부상, 1963년 군총참모장, 1966년 정치위원 후보, 1968년 영웅 칭호 수수, 1969년 유일지도체제에 소극적이라 숙청되어 광산노동자로 추방, 13년간 탄광노동자 생활, 1980년 황해남도 인민위원장, 1980년 당중앙위원회 위원, 정치국 후보위원, 1983년 부총리 겸 수산위원장, 1986년 부총리, 1988년 인민군 총참모장, 인민군 대장, 1990년 정치국 위원, 국방위원회 부위원장, 1992년 인민군 차수, 제9기 대의원, 김정일의 측근, 1995년 10월 8일 인민무력부장, 인민군 원수

최기룡(崔基龍) 1985년 고등교육부 부부장, 1986년 김책공업종합대학 부학장, 1989년 고등교육부장, 교육위원장, 조선 · 이집트 친선협회 위원장, 1990년 당중앙위원회 후보, 국가학위학직수여위원회 부위원장, 제9기 대의원, 정무원 교육위원장, 1996년 8월 연길학술회의에서 남북 컴퓨터용어 · 자판 통일에 남북 합의

최기철(崔基澈) 1910년 출생, 1950년 정치보위부장, 1959년 내외문화연락위원회 부위원장, 1962년 내무성 정치국장, 제3기 대의원, 1964년 오스트리아 주재 대사, 1989년 빈 유엔사무국 주재 상임옵저버 대표 겸 국제기구 상임대표

최문선(崔文善) 1926년 황해도 은율 출생, 김일성종합대학 · 모스크바대학 졸업, 1958년 당선전선동 부지도원, 1967년 동부부장, 1971년 동 책임비서, 중앙위원 후보, 1980년 당중앙위원회 위원, 1989년 평양시당 책임비서, 인민위원장, 1990년 중앙인민위원, 제5 · 9기 대의원

최봉춘(崔逢春) 1931년 함경북도 출생, 1972년 남북 적십자회담 연락원, 1984년 9월 적십자회 수재물자 인도 대표, 1985년 적십자회담 제3차 연락대표, 1985년 9월 고향방문단 및 예술단 인솔 서울 방문, 1990년 남북 고위급회담 책임연락원 및 총리 보좌역, 1990년 제1·3차 고위급회담 수행

최상욱(崔相旭) 1929년 평안북도 창성 출생, 만경대혁명학원·군관학교·모스크바군사대학 졸업, 1961년 당군사부 책임지도원, 1964년 사단장, 1966년 사단장, 1972년 군단장, 1976년 당중앙위원회 후보위원, 1978년 경보병사령관, 1980년 당중앙위원회 위원, 포병사령관, 1987년 인민군 중장, 제8~9기 대의원

최수헌(崔守憲) 1939년 평양 출생, 국제관계대학 졸업, 1980년 외교부 순회대사, 1983년 외교부 국장, 1986년 외교부 부부장, 1988년 유네스코 민족위원회 위원장, 1990년 최고인민회의 법제위원회 위원, 1995년 10월 11일 유엔 기조연설

최영림(崔英林) 1926년 함경남도 원산 출생, 김일성종합대학·모스크바대학 졸업, 1956년 당조직지도부 책임지도원, 1962년 당국제사업부 부부장, 1966년 당중앙위원회 후보위원, 1967년 당중앙위원회 부부장, 1970년 중앙위원, 1971년 당중앙위원회 부장, 1980년 정치국 후보위원, 1982년 정치국 위원, 1984년 부총리, 1990년 부총리 겸 국가기획 위원장, 정치국 후보위원, 1992년 12월 부총리 겸 금속공업부 부장, 제5·9기 대의원

최영화(崔榮華) 1926년 강원도 화천 출생, 김일성종합대학 조선문학과 졸업,

1966년 조선·네팔 친선협회 부위원장, 1985년 조선평화옹호 전국민족위원회 부위원장, 1986년 문화예술총동맹 제1부위원장, 시집《날개》,《크나큰 사랑》

최용해(崔龍海) 1950년 황해남도 출생, 빨치산 출신으로 인민무력부장을 지낸 최현(崔賢)의 아들이다. 김일성종합대학 정치경제학과 졸업, 1980년 사회주의노동청년동맹 해외교양지도국장, 1986년 최고회의 상설회의 위원, 당중앙위원회 위원, 사회주의노동청년동맹 중앙위원장, 제8~9기 대의원

최우진(崔宇鎭) 1933년 출생, 김일성종합대학 사학과 졸업, 1975년 덴마크 주재 대사관 참사관, 1978년 가나 주재 대사, 1989년 군축평화연구소 부소장, 1990년 남북 고위급회담 북측 대표, 1992년 남북 핵통제공동위원회 북측 위원장, 1993년 조국통일담당 외교부 부부장, 1994년 외교부 산하 유네스코민족위원회 위원장

최원석(崔元碩) 1965년 과학원 동의학연구소 소장, 1982년 보건부 부부장, 1984년 적십자회 상무위원, 1988년 조선의학협회 위원장

최원익(崔元益) 1972년 부수상, 1987년 함경남도 인민위원회 부위원장, 정무원 사회안전부장, 1992년 12월 중앙재판소 소장, 1993년 당법제위원

최인덕(崔仁德) 1920년 함경북도 출생, 해방 전 빨치산 활동, 1970년 인민군 중장, 1978년 인민군 상장, 1980년 당중앙위원회 위원, 1982년 김일성군사종합대학 총장, 1987년 인민군 대장, 1992년 인민군 차수, 제5~9기 대의원

최재오(崔在五) 1927년 평안북도 정주 출생, 김일성종합대학 및 1952년 모스크바대학 졸업, 1954년 중앙당학교 교원, 1959년 김일성종합대학 교무부장, 1961년 과학원 측지·물리학회 위원장, 1962년 김일성종합대학 부총장(과학담당), 민주과학자협회 대표단장으로 1966년 7월 중국 방문

최재우(崔載羽) 1913년 함경북도 출생, 1958년 기계공업상, 1960년 중공업위원회 부위원장, 1961년 당중앙위원회 후보위원, 1972년 부총리, 당중앙위원, 1981년 금속공업부 부장, 제8~9기 대의원.

최정근(崔鼎根) 1978~1988년 무역부 부장, 1980년 당중앙위원회 위원, 1986년 조선·니카라과 연대위원회 위원장, 제8기 대의원, 1992년 고려민족발전협회 회장, 금강산그룹 회장, 광명성 총회사 총사장

최태복(崔泰福) 1929년 함경북도 길주 출생, 김일성종합대학·라이프치히공대, 1959년 당교육부 지도원, 1961년 함흥화학공대 교수, 1965년 과학원 화학연구소 함흥연구소 소장, 1968년 함흥화학공대 교수부장, 1976년 당중앙위원회 부부장, 1978년 고등교육부장 겸 교육위원회 부위원장, 1980년 고등교육부장 겸 교육위원장, 1986년 서기, 중앙위원, 당비서국 비서, 1990년 정치국 후보위원, 1993년 외교위원장, 제7~9기 대의원, 계응태·김기남·김국태 등과 함께 김정일의 핵심브레인, 당비서

태병렬(太炳烈) 1913년 함경북도 무산 출생, 1961년 당중앙위원회 후보위원, 1962년 제3기 대의원, 1976년 인민군 중장, 당중앙위원회 위원, 군사위원, 1982년

당중앙위원회 부장, 1986년 인민군 상장, 1992년 인민군 대장, 제8~9기 대의원

피창린(皮昌麟) 1930년 남만주 공산주의 운동, 1961년 당중앙위원회 위원, 1970년 당중앙위원회 위원, 1985년 농업과학원 부원장, 황해도당 책임비서

한기창(韓基昌) 1954년 김책제철소 기술부장, 1955년 노력영웅 칭호 수수, 1959년 김책 제철소 부지배인, 1962년 동 지배인, 1962~1967년 제3~4기 대의원, 1982~1990년 제7~9기 대의원, 1992년 직업총동맹 위원장, 1992년 12월 당중앙위원회 후보위원

한덕수(韓德銖) 1907년 경상북도 출생, 1927년 도일, 1929년 일본 니혼대학 사회학과 입학(중퇴), 일본공산당 가입, 재일조선인 좌익운동, 1947년 재일본조선인총연합회(조총련) 중앙위원회 문교국장, 1955년 조총련 중앙상임위의장, 1957년 동경조선대학장, 1967년 동 이사장, 제4~9기 대의원, 1972년 노력영웅 칭호 수수

한상규(轉相圭) 1926년 함경남도 삼수 출생. 김일성종합대학 졸업, 1957년 당조직지도부 지도원, 1965년 동 부부장, 1976년 당행정부 부부장, 1977년 최고회의 대의원, 1980년 황해북도 인민위원장, 당중앙위원회 후보위원, 1986년 중앙검찰소 소장, 최고인민회의 법제위원, 당중앙위원회 후보위원, 제8~9기 대의원

한성렬(韓成烈) 유엔 조선대표부 공사, 1996년 6월 미·북 극비회담을 워싱턴에서 개최, 4자회담을 논의

한성룡(韓成龍) 1923년 함경북도 출생,

만경대혁명학원·김책공업종합대학·체코 프라하공업대학 졸업, 1970년 제2기계공업부장, 1972년 선박기계공업부장, 1980년 당중앙위원회 후보위원, 1985년 자강도 행정경제지도위원회 부위원장, 1986년 당중앙위원회 위원, 1988년 정치국 후보위원, 서기, 1990년 정치국 위원, 중앙인민위원회 위원, 제5·7·8·9기 대의원, 당예산위원회 위원장, 당비서

한시해(韓時海) 1934년 함경북도 출생, 1975년 유엔대표부 주재 차석대사, 1976년 외교부국장, 1977년 유엔대표부 주재 대사, 1985년 당중앙위원회 부장, 1989년 조국평화통일위원회 부위원장, 1991년 최고인민회의 외교위원회 부위원장, 그 후 평의원, 남북 비밀접촉 창구, 제9기 대의원, 1996년 조국평화통일위원회 서기국장

한영옥(韓榮玉) 1928년 평안북도 출생, 1962년 제3기 대의원, 1970년 인민군 소장, 1972년 제5기 대의원, 1973년 군 총정치국 선전국 부국장, 1980년 당중앙위원회 위원

한웅식(韓雄植) 1934년 출생, 1972년 남북 조절위원회 대표단의 일원으로 서울 내왕, 1985년 조선 적십자회 부위원장, 1990년 조국평화통일위원회 상무위원, 당 중앙위원회 책임지도위원, 조국통일연구원 원장

한주경(韓柱庚) 1925년 서울 출생, 1950년 10월 제27사단 선동원(중좌), 1962~1973년 군사정전위원회 비서장, 1973년 10월 이집트 주재 대사관 무관, 이집트 당국이 간첩교사 혐의로 추방(1974), 1975~1982년 군사정전위원회 북측 수석대표(인민군 소장)

한진섭(韓鎭燮) 1914년 경기도 출생, 1959년 6월 평양국립연극단 배우, 1962년 연극극장 예술부 총장, 1980년 국립 제1극장 소속 인민배우, 연출가, 혁명가, 극 〈성황당〉에서 지주 역

한필화(韓弼花) 1942년 남포 출생, 1963년 세계빙속선수권대회(일본) 참가, 1964년 동계올림픽대회(오스트리아) 참가, 3000m에서 2위, 1965년 세계빙속선수권대회 3000m 3위, 1971년 일본 삿포로대회 1500m 2위, 남한 거주 오빠 한필성과 상봉, 1971년 7월 인민체육인 칭호 수수, 1991년 1월 범민족중앙위원, 국가체육위원회 부국장

한형옥(韓瑩玉) 1918년 출생, 1970년 군사정전위원회 북측 수석대표, 1979년 정치보위국장, 1992년 인민군 상장

허종(許鍾) 1946년 출생, 평양외국어대학 졸업, 1990년대부터 대미외교창구로서 유엔 주재 부대사, 외교부 통역관, 미·북 핵회담 실무대표(1992, 1993, 1994, 1995 쿠알라룸푸르 회담 경수로공급협상 북측 대표단 단장). 1996년 7월 경수로 공급을 위한 3개 부속합의 의정서에 케도 사무국장과 더불어 서명 교환

허창숙(許昌淑) 1971년 조선민주여성동맹 중앙위원회 비서, 1980년 당중앙위원회 후보위원, 1983년 조선민주여성동맹 부위원장

현승걸(玄承傑) 1937년 출생, 1956년 작가 등단, 1965년 김일성종합대학 졸업, 1984년 조선문학예술총동맹 부위원장, 1986년 4.15문학창작단 부단장, 주요 작품으로 《백두산 기슭》, 《아침해》

현준극(玄峻極) 1924년 함경북도 출생, 만경대혁명학원·김일성종합대학 졸업, 한국전쟁 기간에 모스크바대학 유학, 1954년 당선동부 지도원, 1956년 〈로동신문〉 편집부장, 1959년 동 부주필, 1962년 외무성 참사, 1963년 동 부상, 1967~1970년 중국 주재 대사, 1972년 최고인민회의 대의원, 1975년 당중앙위원회 후보위원, 1979년 당국제사업부 부부장, 1980년 대외문화연락위원회 부위원장, 당중앙위원회 위원, 당국제사업부 제1부부장, 1986년 동 부장, 1988년 동 국제부장, 〈로동신문〉 책임주필, 1989년 기자동맹 중앙위원장, 1990년 제9기 대의원

현철규(玄哲奎) 1970년 당중앙위원회 위원, 1972년 당중앙위원회 부장, 1982년 제7기 대의원, 1986년 함경남도당 책임비서, 인민위원장, 제8~9기 대의원, 1996년 귀순한 현성일의 부친

현철해(玄哲海) 1934년 출생, 만경대혁명학원·김일성종합대학·루마니아공학대학 졸업, 1968년 인민군 소장, 1986년 인민군 중장, 1992년 인민군 상장, 1995년 인민군 대장, 현철규의 동생이며 1996년 귀순한 현성일의 삼촌

홍봉수(洪鳳壽) 1963년 조선·스리랑카 친선협회 서기장, 1966년 대외연락위원회 국장, 제5~6기 대의원, 1990년 재일본 조선불교도협회 회장

홍석형(洪錫亨) 1929년 출생, 국문학자 홍기문의 아들, 김달현의 후임 국가기획위원장으로 김일성종합대학과 모스크바대학에서 경제학을 전공한 정통 경제관료, 김정일의 경제참모이면서 다른 참모들보다는 대남경제협력에 적극적인 인물로 평가.

1986년 당중앙위원회 후보위원, 1988년 김책제철연합기업소 당책임비서, 부총리 겸 국가기획위원회 위원장

홍성남(洪成南) 1924년 원산 출생, 김일성종합대학·프라하공대 졸업, 1954년 노동당 중공업부 과장, 1964년 동 부부장, 1970년 당중앙위원회 후보위원, 1971년 당중공업부 부장, 1972년 제5기 대의원, 1973년 부총리 겸 국가기획위원회 위원장, 1978년 당중앙위원회 위원, 1982년 평안남도당 책임비서, 정치국 후보위원, 1985년 국가기획위원회 부위원장, 1986년 정치국 위원, 부총리 겸 국가경제위원회 위원장, 1989년 정치국 후보위원, 1990년 제9기 대의원, 경제담당 부총리, 1994년 파키스탄 방문, 1996년 5월 이종옥 부주석과 김복신 부총리 등 북한 고위관리와 중국 방문, 경제교류협정 준비

홍성룡(洪成龍) 1977년 국가기획위원회 위원장, 1980년 당중앙위원회 위원, 1985년 국가계획위원회 위원장, 1996년 부총리

홍시학(洪時學) 1912년 함경북도 은성 출신, 소련 고급당학교 졸업, 1958년 함경북도당 위원장, 1962년 청진시당 위원장, 1962년 제3기 대의원, 1968년 평안북도당 책임비서, 1969년 광업상, 1970년 당중앙위원회 위원, 1972년 강원도당 책임비서, 1977년 정치위원 후보, 중앙인민위원회 위원, 1980년 당중앙위원회 위원, 서기, 1981년 부총리, 채취공업위원회 위원장, 1986년 부총리 겸 채취공업위원회 위원장, 정치국 후보위원, 1987년 함경남도당 부책임비서, 인민위원장, 1990년 부총리, 중앙인민위원회 위원, 1992년 12월 부총리 해임, 제9기 대의원

홍영희(洪英姬) 1955년 황해도 개성 출생, 1972년 영화 〈꽃파는 처녀〉 주연, 공훈배우 칭호 수수, 1976년부터 조선예술영화촬영소 소속 배우, 1980년 인민배우 칭호 수수, 국기훈장1급 수훈, 1990년 10월 뉴욕에서 열린 남북영화제 참가

홍정화(洪貞花) 1939년 평안북도 출생, 1957년 국립무용학교 졸업, 1980년 평양예술단 단원, 일본 방문 공연, 1981년 인민배우 칭호 수수, 국기훈장1급 수훈, 인민군협주단 무용지도원, 1987년 인민군협주단 무용과장

황장엽(黃長燁) 1923년 함경북도 주을 출생, 김일성의 조카, 일본 주오대 · 김일성종합대학 · 모스크바대학 졸업, 철학박사, 1954년 김일성종합대학 교수, 1959년 당선전선동부 부부장, 1962년 제3기 대의원, 1965년 김일성종합대학 총장, 1972년 최고인민회의 의장 겸 상설회의 의장, 1980년 당중앙위원회 위원, 서기, 1984년 조국평화통일위원회 부위원장, 1987년 사회과학자협회 위원장, 제8~9기 대의원, 오늘의 주체사상에 토대를 닦아놓은 인물로 김정일 시대에 당내 브레인으로서 활약, 최고인민회의 외교위원장, 최고인민회의 의장 양형섭과 더불어 김정일이 김일성의 후계자로서의 이미지를 조작 · 날조하는 데 공을 세웠고, 김정일 생일인 2월 16일을 공휴일로 정하는 데 공헌, 김정일의 생모 김정숙을 우상화에도 기여, 무엇보다 1970년대 김정일과 후계자 권력투쟁을 벌이던 김영주와 김성애를 견제 축출함으로써 김정일의 권력기반을 다지는 결정적 역할을 했기 때문에 김정일 시대에 각광을 받으리라는 전망이다